U0512224

本书为国家社科基金项目"现代新儒家美学的现代性研究"(14BZX108)的结项成果

国家社科基金丛书
GUOJIA SHEKE JIJIN CONGSHU

现代新儒家美学的现代性研究

Research on Aesthetic Modernity
of New-Confucianism

李春娟　著

人民出版社

目　　录

序

张节末

我面前的这部书,是李春娟同名国家社科课题的完成形态,书稿紧紧抓住"现代性"这一现代美学发展的核心命题,论述集中于"现代性""美学现代性""新儒家美学的现代性""中国美学的现代性"四个密切相关的层面,以此为基本线索,细致梳理了现代中国美学发展的历史,尤其是着力以个案方式描述此一历史前进过程所呈现之复杂态势。在现代美学发展史上看,这是具有开拓性的研究思路。捧读全书,本书的写作具有以下几个方面的突出特征:

一、注重对美学现代性的西方缘起与历史演绎进行梳理分析

现代性是西方近现代以来历史和文化发展进程中的一个重要概念。本书第一章"美学现代性的西方缘起与内涵演绎",细致梳理了西方现代性与资本主义的工业革命、思想启蒙运动、科学理性精神的发展同步演进的历程过程。提出现代性是对西方现代以来社会变迁与文化发展的抽象表述,它的发展前后历经三个阶段,即启蒙现代性、审美现代性和现代性危机。启蒙现代性是现代性的第一阶段,促成了主体性意识的萌起,激发了西方世界对人的自由和理性的追求,强调对主体的精神世界的全面开发,也强调对客观世界的全面认知,它是一种主客统一的理想性原则。审美现代性本是启蒙现代性的一部分,

却随着理性的无限膨胀而展现为一种审美自救,其直接结果是美学学科的创建。康德三大批判,本意是为了判明纯粹理性、实践理性和审美判断力各自的作用范围,以截断科学理性对人的思想系统的全面掌控,却在事实上进一步加速了感性与理性,审美、道德与科学的分裂。之后的现代性危机主要表现为启蒙理性演变为片面的工具理性,启蒙现代性阶段树立的信念、理想、价值等一切坚固的东西都烟消云散了,价值中立或价值失落是这一时期最大的危机,这也是现代新儒家集体批判最尖锐最深刻的一个阶段。

二、注重对中国美学的现代开启与西方现代性之间复杂关系的梳理分析

本书第二章"中国美学的现代发生及其现代性问题",重点分析了现代中国美学开创时期的历史背景,提出中国美学现代性的确立以及中国美学由传统向现代的转型并非中国文化体系内在的逻辑演变,而是伴随着中国政治的变革被迫发生的。如同西方现代性缘起于西方式启蒙一样,中国的现代性同样也是缘起于中国式现代启蒙,它是中国救亡图存的时代使命的一部分。在历经"救亡与启蒙的双重变奏""五四运动的文化启蒙"等系列启蒙运动之后,中国知识分子论及如科学与玄学、东方文化和西方文化、传统与现代化等中国文化建设的核心议题,体现了20世纪初中国思想界反省西方现代性思潮的初期成果。由此,中国美学的现代开启无可避免地与启蒙论主题交织在一起,美学和美育被引入中国,起始就被赋予了民族启蒙的时代大任。

本书梳理了在20世纪前30年中,纷繁登场的诸多美学流派和思想家们集中讨论的美学论题,诸如启蒙与救亡、功利与非功利等,以及对西方美学与中国传统美学的选择、取舍等问题,提出中国美学的现代式启蒙在20世纪上半叶整体上呈现出三条发展路线,即功利主义美学、非功利主义美学和价值论美学。其中功利主义美学以审美作为社会改革的重要手段,这是当时主导的美学流派,代表人物大多为新文化运动主将。非功利美学以审美作为个人人

格培养与审美境界提升的路径,维护审美的独立性,代表人物有王国维、宗白华等。现代新儒家美学,从对中国传统美学的现代考察、中西比较研究以及价值重建的视角,贡献了另一条美学建构的路线,即基于生命立场的价值论美学。

三、注重以中国美学现代性建构为线索,导出现代新儒家美学的历史地位

考察现代新儒家美学,针对并依托于中国美学的现代化进程,春娟敏锐地关注到这一历史事实,即现代中国美学始于对西方美学学科的引入,同时也就不可避免地将西方美学现代问题的复杂性和矛盾性一并引入。因此,中国美学的现代性建构就需要处理两方面的问题:一是保留西方美学现代性的合理成分;二是提炼中国美学自身的现代性内核,避免重蹈西方现代性危机覆辙,谨防被西方文化的强势话语统挟。

本书提出,对比西方审美现代性的三大核心要义:主体性原则、启蒙理性和审美自律,可以发现,现代新儒家同样具有审美现代性的鲜明特质,同时又展现出不同于西方的中国美学的自身特色。第一,他们集体发掘了中国美学的主体性原则。现代新儒家的美学建构始终围绕着中国美学主体性意识的开发展开,为此他们全面对接了中国传统美学的心性论传统,深入阐发了心体的感通能力,尤其是尝试在儒家与道家之间打出一条通道,论证了美、艺术与道德对于整全生命的形而上学意义,体现了某种超越传统的哲学的思辨推敲与综合趋势。第二,重释了现代性的第二原则理性精神。现代新儒家的理性精神体现为以道德理性为核心的建构愿景,道德理性依赖心体的感通能力,将心内与心外、个体与他人、自然与人贯穿、综合为一个整体,人的价值与宇宙的价值、审美与道德、感性与理性亦都具有内在融通关系,这些价值要素相互制约、相互促成,而非相互对立,体现出强大的心体能量。第三,开创了中国式审美自律。春娟提出,审美自律并非对审美孤立的形式主义的理解,而是对审美现

象、审美活动之规律与独特价值的自觉揭示。现代新儒家考察美学的独立价值是以整全的、综合的方法进行的。他们从中国传统大生命美学之立场出发，以为讨论美学的独立价值，必须采用综合的方法，在真善美价值的统一性中去判定。中国式的综合方法是一种有机整体主义的态度，在各种价值关系的处理中见出美学的独特价值，这就是中国式审美自律。现代新儒家所开出的价值论美学路线温和而不保守、开拓而并非激进，是一条持中而又富有建设性的美学建构路线，可以在一定程度上对同期的功利主义美学和非功利主义美学两条路线起到纠偏、调和的作用。

四、注重对现代新儒家美学现代性方案的个案考察

第四章至第七章，以方东美、徐复观、唐君毅、牟宗三为中心展开个案研究。之所以选择这四位，乃是因为他们的美学思想在现代新儒家群体中尤其具有代表性。他们有出入中西的学术背景，有中国文化现代重建的危机意识，有接续传统美学的续统意识，更有中西会通的现代性自觉。他们关于美学现代性的研究，方案策略又各不相同：方东美创建了生命美学的现代形态，徐复观创建了心性美学的现代形态，唐君毅创建了人文美学的现代形态，牟宗三创建了道德美学的现代形态。方案虽不同，却不约而同地向生命之内寻找美的根源和依据，倡导真善美合一的价值观，体现了作为一个学术团体的共有特征。

五、注重在历史进程中评定现代新儒家美学的意义及其困境

纵观百年现代中国美学发展史，现代中国美学就是与现代性问题相生相伴的百年。以西方现代性危机作为自身建构背景的现代新儒家美学，从一开始就具有强烈的现代性诉求和自我反省意识。为了挺立自家传统，现代新儒家对中国传统价值论美学、生命美学进行了现代转换，推进了现代中国美学的主体性意识、理性精神和审美自律的发展。在此过程中，现代新儒家一方面深入发掘传统美学的整体性思维，以对抗西方的恶性二分法；另一方面也有意识

地保持中国美学与西方诸多美学流派之间的互动、会通,如道德哲学、生命哲学、现象学、机体主义、存在主义等。这种立足于传统的现代主义美学观,使得现代新儒家美学既能深入传统美学的核心,又能与西方主流美学接轨,较好地保持了中国美学的民族性与世界性的双重品格。

从20世纪以来的美学发展历程可以看出,现代中国美学呈现出强烈的时代性特征,但中国美学发展的稳固根基始终阙如,似乎现代中国美学一直处于"飘"的状态,而作为中国美学健康发展的内在基因的现代性也始终没有明确起来。现代新儒家通过集体的努力,提出了相对完整的中国美学的发展框架、建构思维、基本品格,即以生命为基础的价值论美学架构;注重整体性的机体主义美学建构思维;以超越而内在为特征的美学基本品格。从现代中国美学的发展与美学的现代性的生成两个层面来看,本书认为,现代新儒家美学有助于现代中国美学寻根立本,而其整体性思维和价值论观点,也有助于打破现代中国美学学派之间、学科之间互相拉扯的界线,弥合因美学学科知识化而带来的条块分割,将知识型美学体系重塑到价值型美学体系中。

但是,现代新儒家是一群凝结着浓郁"士"精神的学术团体,其诸多建构都体现了强烈的理想性特征。这也使得其在理论和实践两方面面临着诸多困境。现代新儒家虽致力于推陈出新,融贯中西,但其方案仅停留于理论层面,对于正在发生中的各种新鲜审美体验,对于后现代社会中的各种碎片化、零散化、去中心化的审美活动,缺少足够的关心,也没有找到与之相调适的合理方案。此外,现代新儒家的卫道情绪浓重,无法敞开心胸接纳其他与之相左的美学流派的观点,如马克思主义美学、红色情调塑造下的美学转向、享乐主义、波普艺术、科技美学等。现代新儒家显然还没有准备好以新的态度或身份去接纳这些现实经验,并从中寻求新的美学生长点。倘若他们不放下自己精英阶层的自我定位,直面现实生命的真实面貌,他们所理想的价值生命又将安放于何处呢?尽管第三代现代新儒家如刘述先、杜维明、成中英等都已积极探寻新的转型途径,但他们的理论功力还做不到青出于蓝,其过程必是艰难的。

前　言

　　从现代性的历史发生来看,现代性是一场以理性精神、主体性原则作为内在支撑的启蒙运动,它以追求感性与理性合一为原初目标,却在西方现代化进程中演变为一系列文化价值上的对立与分化。现代性是一个典型的历史性概念,对现代性的解读依据时代发展也体现出强烈的历史性特征。康德把现代性视为启蒙运动的延续,是人类运用理性从不成熟走向成熟的过程;黑格尔提出,现代性的核心原则是主体性原则;马克思把现代性理解为资本主义的经济法则和文化法则;马歇尔·伯曼则提出现代性至少有三个不同面向,即退却的现代主义、否定的现代主义和肯定的现代主义。汤因比在历史的四个时代划分中,把现代断定为文艺复兴和启蒙运动时期;马克斯·韦伯把现代性理解为一种人类社会的理性化倾向;哈贝马斯把现代性视为一场未竟的事业,是主体精神的自由表达和公共领域的意志实现。20世纪以后的更多思想家把现代性解释为人类文明的意义危机和价值危机,是工具理性对审美感性的压制。它被视为以工具理性作为内在支撑的侵略性原则,带来了文化上的断裂,是造成现代人的物化、世俗化、分裂化的罪魁祸首。时至今日,现代性已是危机四伏,成为众矢之的,受到来自前现代、现代、后现代阵营中的倒戈者的无情批判。

　　现代性的真相究竟如何? 它的初衷与历史演绎究竟发生了怎样的断裂?

是否现代性真的罪无可赦,终将无可避免地将自己送入坟墓? 还是能够冲出重围,重建自己的文化理想? 这些问题将直接关系到中国美学现代建构的基本走向。

现代中国美学学科,它的建构与发展肇始于19世纪末20世纪初的中国现代启蒙运动,这场运动与17世纪欧洲启蒙运动尽管在时代、地域、文化等方面存在巨大差异,但无法否认的是,它与欧洲启蒙运动一样刺激了中国发展科学与现代民主的决心,也刺激了中国传统文化的现代分化,激发了中国人的科学理性精神。身处现代化进程中的中国美学,在舶来西方美学学科相关理念的同时,也连带地引入了西方关于现代性的纷争这一烫手的山芋。因此,中国美学建构,在如何处理传统与现代、中国与西方的关系的同时,也必须厘清乃至重塑中国美学自身的现代性内核。其中的关键问题是,如何在重塑中国美学自身的现代性内核过程中,既保留西方美学现代性的合理成分,又能够提炼中国美学自身的特性,避免被西方文化的强势话语统挟。就此而言,梳理西方现代性的缘起与演进,揭示西方现代性的主要内涵与基本原则,分析西方现代性的特质与多重面向,有助于廓清中国美学的现实处境,提示中国美学发展过程中尽量规避西方美学现代性演绎中出现的各种风险与危机。

现代中国美学的建构相比于西方前现代、现代与后现代依次更替的基本格局要复杂得多。19世纪末中国人开眼看世界,同时大量引介、选择、接受西方思想,开启了中国的启蒙时代。然而与文艺复兴后的西方启蒙不同的是,中国的启蒙是一种被迫的选择,西方的思想是被坚船利炮送进来的,因此,中国近代启蒙从一开始就掺入了浓烈的国破家亡的情感体验和保国保种、救亡图存的历史使命,中国学人不得不在中西古今的多重矛盾心理中作出抉择。进入中国学人视野的西方美学家包括马克思、康德、柏格森、怀特海、叔本华、尼采、克罗齐、黑格尔、杜威等,围绕启蒙与救赎的话题,这些思想分别被中国学人依照不同的标准和各自的性情开出几条完全不同的学术路线,也开启了此后美学领域的不同流派及其纷争。

　　在中国美学现代转型早期的几支美学进路中,现代新儒家无疑是影响深远的一支。现代新儒家作为自觉地走返本开新之路的现代学术团体,从20世纪初开创,现代新儒家已经历经了一个多世纪的探索与发展,其学术思想已开枝散叶,对旅居海外的华人学者之民族话语的建构和民族身份的认同起到了很大的影响。反观国内20世纪50年代以后直至21世纪之前,美学讨论的核心话语大都是在现代西方美学的基本问题中展开的,如何接续传统,如何自立根基,如何处理传统与现代、中国与西方这些关系中国美学建构的核心论题很少被深入讨论,甚至没有能够从西方美学话语中突围出来,这也使得中国现代美学始终没有建立明确的具有中国特色的现代性内核,建立中国美学的现代形态仍然任重道远。中国美学的现代转型与现代性问题关系密切,在处理中国美学的现代性及其可能面向过程中,现代新儒家从西方的现代性危机出发,一方面着力倡明中国美学的主体性原则、自律意识和理性精神,以创建中国美学的现代特质;另一方面又以传统美学的整体性思维,对抗西方的恶性二分法,彰显了中国美学的民族性与世界性的双重品格。也因此,现代新儒家在复兴传统文化的过程中对传统美学的现代阐释与转换,对中国美学的现代转型具有重要参考意义。

第一章　美学现代性的西方
缘起与内涵演绎

　　现代性概念之所以如此容易引起歧义与纷争，一个重要原因是现代性概念本身的发展性。从可以向前推溯的现代性的最早起点——文艺复兴开始，直至当下，这个概念本身历经了 5 个多世纪的历史进程。在这 5 个发展世纪中，资本主义世界完成了由资本主义萌芽至资本主义制度的全面发展，完成了由手工生产向机器化大生产、信息化处理、智能开发的过渡，此间，人与自然、人与社会、人与人的关系经历了翻天覆地的变化，古典文明过渡到了现代文明阶段。现代性是对社会变迁与文化发展的抽象表述，必与社会变迁和文化发展的阶段性特点相对应。因此，现代性概念的前后变化，它所呈现出来的模糊性、复杂性、含混性、矛盾性也就很容易理解。审美现代性作为现代性发展到一定阶段的产物，它与现代性一样表现了强烈的时代性特征，同样具有现代性所具有的各种含混与复杂。因此，若要提炼审美现代性的核心原则，必须回溯现代性的发展源流，对其各阶段的特征与问题作出分析才能得出有效结论。

第一节　启蒙现代性

　　一般认为，第一个在现代意义上使用"现代性"一词的是诗人波德莱尔，他从自己对所处时代的城市化碎片体验出发,将现代性定义为"现代性就是过渡、短暂、偶然;它是艺术的一半,另一半则是永恒与不变"①。韦伯是第一个精确使用"现代性"一词的社会学家,韦伯站在社会学的角度,将现代性视为一种不断分化的历史进程,尤其是社会文化领域,经济、政治、审美、知识等各种价值领域的分化,它们从传统形而上学的捆绑中解放出来,成为各自独立的专业系统。但最早对现代性提出自我确证要求并将这一概念从历史概念提升到哲学概念的是黑格尔。哈贝马斯在考察现代历史的起点时,曾以黑格尔的表述为代表进行了分析,黑格尔将他所在的时代称为现代时期,并且将现代的起点设定为文艺复兴。斯温伍德在《现代性与文化》一文中认为:

> 到了 19 世纪末,该词已经颇为流行,被广泛使用于社会学、哲学、文学批评、小说等领域。这一术语的历史起源曾得到广泛讨论,许多人把它的源头追溯到文艺复兴时期对时间的发展和对历史的远古时期、中世纪和现代时期的区分,追溯到 17 世纪著名的"古今之争",追溯到中世纪的 modernitus(现代时期)和 modernity(当代人)概念。到 18 世纪末,社会的概念已经建立在历史时间感之上,社会的发展也被看成是独特的进化阶段的动态发展过程。现代性的当代意义因而与启蒙运动的理性、对进步的虔信、经验科学以及实证主义交织在一起。现代性意味着一种创新的文化,一种以批判性思维、经验知识和人文主义的名义挑战传统和礼仪的理性精神特质。②

他的这一说法能够代表大多数西方学者对现代性溯源的基本认知。譬如斯图亚特·霍尔在《现代性的多重建构》中也认为:"随着基督教改革运动、文

---

① [德]哈贝马斯等著,周宪编:《文化现代性精粹读本》,中国人民大学出版社 2006 年版,第 10 页。

② [德]哈贝马斯等著,周宪编:《文化现代性精粹读本》,中国人民大学出版社 2006 年版,第 55—56 页。

艺复兴、17 世纪的科技革命、18 世纪的启蒙运动逐渐产生了一个新的知识和认知的世界,而这个新世界的诞生又成为现代社会出现的标志。"①哈贝马斯也说:"1500 年前后发生的三件大事,即'新大陆'的发现、文艺复兴和宗教改革,则构成了现代与中世纪之间的时代分水岭。……综观整个 18 世纪,1500年这个时代分水岭一直都被追溯为现代的源头。"②

因此,我们可以判断,现代性的第一阶段是从文艺复兴至启蒙运动,即 14世纪至 18 世纪的五个多世纪的时间,而这段时间的现代性主题是启蒙。

一、文艺复兴和启蒙运动:主体性意识的萌起

14—16 世纪是西方历史上的文艺复兴时期,这一时期从外部表现来看是对古典艺术的继承与再现,但是其实质却是资产阶级借助文艺的力量登上历史舞台,并确立自己的人文理想和制度原则的过程。恩格斯曾将意大利称之为西欧的第一个"资本主义民族",而将文艺复兴发源地佛罗伦萨称为"意大利的雅典"。文艺复兴有两个主题,一是资产阶级的人文主义理想,二是自然科学的兴起。就人文主义理想而言,以意大利为中心,聚集了大量优秀艺术家、文学家,如但丁、薄伽丘、达·芬奇、米开朗基罗、拉斐尔等,他们在作品中批判神权,肯定人的尊严与价值,鼓励普通人大胆突破神学权威,追求自己的世俗生活。但丁在《神曲》中以幻游和隐喻的方式,深刻揭示了基督教神学的丑恶与荒诞,他痛斥教皇、主教、牧师等教职人员,打着基督的名义干着买职卖职、搜刮民膏的污秽行径,因此,他把这些人送进了地狱里接受惩罚。拉斐尔改革了中世纪圣母画的标准画法,去除了过去圣母画的抽象神圣性,以人间母亲的形象展示了圣母温婉可亲的一面,圣母走下神坛是对世俗生活的极大激

---

① [德]哈贝马斯等著,周宪编:《文化现代性精粹读本》,中国人民大学出版社 2006 年版,第 44 页。
② [德]哈贝马斯等著,周宪编:《文化现代性精粹读本》,中国人民大学出版社 2006 年版,第 7 页。

励,普通民众逐渐在思想上摆脱了受控于神权的状况,敢于谈人生、人性、爱情、婚姻、家庭、自由等违禁话题,人的主体性意识开始萌发,这为其后的启蒙运动对人权的争取铺平了道路。因此,文艺复兴是新兴资产阶级借助文艺形式对基督教会的禁欲主义和愚民政策的反抗,是西欧近代史上的第一次思想解放运动。

随后的启蒙运动是第二次思想解放运动。如果说文艺复兴的各种目的还要借助着基督教的主题来诉说,那么启蒙运动已经完全摆脱了基督教的外壳,不再过度依赖文学和艺术,而是直接表达资产阶级的各种要求。启蒙运动反对封建主义,提倡理性思考,宣扬新的政治制度,伏尔泰、孟德斯鸠、卢梭等人分别提出"天赋人权""社会契约论""三权分立""人人在法律面前平等""财产私有"等口号,在哲学、伦理学、经济学、政治学、文学等领域展开了全面改革,并为 18 世纪末的资产阶级革命奠定了思想基础。

康德在《什么是启蒙运动》中说:"启蒙运动除了自由而外并不需要任何别的东西,而且还确乎是一切可以称之为自由的东西之中最无害的东西,那就是在一切事情上都有公开运用自己理性的自由。"①康德的这一说法是对文艺复兴以来的启蒙思想的一个很好的总结,可以说,对人的自由和理性的追求是启蒙运动的第一主题。

二、启蒙现代性的初衷与核心特征

文艺复兴肯定了人的自由,相信人类自己通过理性和知识认识世界的能力,这也促使文艺复兴成为近代自然科学兴起的第一个高峰。在文艺复兴时期,自然科学获得了巨大的进展,数学中的三次方程、韦达定理,生理学中的人体结构,医学中血液循环系统等都是这一时期的伟大发现。文艺复兴之后,伴随着科技的进步和人类认识能力的提升,宗教的权威被不断质疑,当培根喊出

---

① [德]康德:《历史理性批判文集》,何兆武译,商务印书馆 1996 年版,第 24 页。

"知识就是力量"的时候,宗教理性已经让位于科学理性。在启蒙运动的推动下,人类对于知识和理性精神的信任达到前所未有的高度,人们相信知识和理性可以改变世界,同时可以推动人类自身的全面发展。这种启蒙理性精神,就其实质而言,张扬的是人类的主体性思维,是人对自身认识能力的确信,恰如笛卡尔"我思故我在"想要表达的逻辑一样,是"我"要掌控一切。因此,启蒙理性塑造的是一个大写的"人",它与后期异化的工具理性下受奴役的、被囚禁的人是完全相反的。

除此之外,关于启蒙现代性,对比于日后现代性的各种分裂化的演绎,有几点特别需要说明的地方:

第一,此时,审美感性和科学理性还没有分裂。

从文艺复兴到启蒙运动前中期,科学、艺术与道德并没有分化,而是结合在一起相互促进并发展。在文艺复兴时期,科学的进展很快影响艺术的革新,吉贝尔蒂在《天堂之门》的浮雕创作中率先将绘画中的三维透视原则及人体解剖知识运用于雕塑,创作出了逼真的效果。其后的艺术家皆能够及时吸取数学、医学、物理学中的最新知识,将之应用于艺术创作。为了在绘画中追求逼真的写实效果与和谐的构图,达·芬奇曾亲手解剖了许多因黑死病而亡的尸体,并认真创作许多生动精准的人体解剖图,他的研究还深入到各种人体的比例、结构、血液运行乃至机械构图、结构原理等诸多领域。文艺复兴的艺术家们运用严谨科学的方法从事艺术创作,这种创作理念既是对古希腊以来的西方艺术传统的继承,同时又将艺术与科学的结合推至新的高度。他们可以身兼艺术家与科学家双重身份,既是以艺术家的身份在进行科学研究,也是以科学家的身份在从事艺术创作,科学与艺术在他们身上获得了完美的合一。

科学与艺术的合一在其哲学表达上,是审美感性与科学理性的合一,这是西方自古希腊以来的优良传统。从古希腊遗留给我们的许多伟大的雕塑与建筑艺术,以及一些宝贵的艺术创作理论中,我们知道,希腊完美和谐的艺术形式中,包含了许多科学的理念与精确的计算,文艺复兴是对这一传统的继承。

在跨越中世纪之后,文艺复兴的审美感性已经不再是中世纪的宗教神秘主义情感体验,理性也不再是上帝的说教,而是以现实的物质生活为基础的新感性和新理性。艺术家们为感性与理性的合一做了真实的范本,他们一方面借助于文艺的感性力量鼓舞人们追求幸福的世俗生活;另一方面又用科学理性的思维从事着可以放飞想象力的艺术创作,而这所有的一切无外乎一个目的:呼唤人的主体觉醒,促进人类精神的全面开发。在文艺复兴与启蒙运动的艺术家和美学家那里,审美感性与启蒙理性一样,都担负着思想启蒙的重任。甚至我们可以说,与现代主义阶段审美感性和工具理性截然二分的情形相反,现代性最初追求的理想目标之一恰恰是感性与理性的合一。

第二,此时,审美感性与道德理性还没有分裂。

在古希腊,任何审美和艺术形式都要接受道德的审判。柏拉图在他的理想国中,主张把一部分诗人逐出理想国,只保留歌颂神与歌颂好人的诗人,最高的理念是真善美的理念,它们是评判一切的真理,也是现实世界的终极价值所在。亚里士多德在评判一切悲喜剧和其他艺术形式时,也是依据善的原则来进行,悲喜剧中所有的矛盾冲突,都是源于他对主人公好与坏的道德评判。鲍桑葵在《美学史》中考察了希腊人关于美的理论的基本轮廓,认为希腊美学的一项重要原则是"道德主义原则",他说:"柏拉图和亚里士多德两人在关于美的艺术之性质的整个探讨中,都背着道德主义的包袱。这是谁也无法否认的。"①鲍桑葵站在19世纪末的时代立场上,认为柏拉图和亚里士多德以道德原则评判审美与艺术的做法令人不能理解也不能接受,他说:"美实际上却是同整个道德秩序并列并且不受道德秩序的规则约束的,是一个更大的事物的错综统一体的表现。……美在它自己为表现而表现的领域内,的确是不能根据纯道德的理由加以赞美或责难。"②这里就可以看出,至鲍桑葵的时代,审美感性与道德理性已经完成了分化,尽管如此,鲍桑葵还是认为,"这种评价方

---

① [英]B.鲍桑葵:《美学史》,张今译,中国人民大学出版社2010年版,第17页。
② [英]B.鲍桑葵:《美学史》,张今译,中国人民大学出版社2010年版,第21页。

法证明,人们本能地要求,在再现以道德秩序为其重要考虑之一的那种世界秩序的各种力量时,艺术要有深度和完备性"①。

对美与艺术的道德要求,实际上就是美善统一的老话题。从文艺复兴到启蒙运动,美与艺术的发展并没有要求自身要脱离道德。美是形式,善是内容,美的形式是对自古希腊以来节奏、韵律、和谐、匀称、比例恰当等要求的继承,善的内容则是对符合时代道德标准的善良、公平、勇敢、正义等内容的反映。从总体上来看,从文艺复兴到启蒙运动,无论是文学还是艺术,都以资产阶级的时代需求为核心,重点表现为对旧时代的批判,对新生政权和道德理想的弘扬。因此,这一阶段的文学和艺术也被称为启蒙文学和启蒙艺术。启蒙文艺在本质上是启蒙思想在文艺上的延续,也表现出"理性崇拜"的特征,文艺复兴时期文艺以反王权、反宗教、反封建为主要内容,启蒙运动时期则以表现个人价值、宣传商业发展、鼓励科学进步、赞颂立宪政体等为主要内容,到启蒙运动后期,更是对资产阶级所倡导的自由、平等、博爱等道德准则的反映。启蒙艺术家与文学家都是资产阶级的先锋代表,他们渴望能够以自己的文艺作品的力量加入现实的斗争,创作了许多影响深远的作品,如丹尼尔·笛福的《鲁滨逊漂流记》、莫里哀的《伪君子》、卢梭的《爱弥儿》和《忏悔录》、席勒的《阴谋与爱情》、歌德的《浮士德》等,以及配合资产阶级的革命运动而兴起的新古典主义的美术作品,如大卫的《马拉之死》《拿破仑加冕式》《荷拉斯兄弟之誓》等,既有传统画面的严谨、和谐、典雅,又以英雄故事的题材赞扬公平道德,鼓舞革命斗志。启蒙文艺讨论的问题涉及时代发展的教育、哲学、政治、宗教等众多领域,具有强烈的道德说教意味,刮起了轰轰烈烈的启蒙旋风。因此,启蒙现代性阶段,审美感性与道德理性并没有分裂,它与中国传统"文以载道"的要求相类似,追求美善统一。

第三,此时,主体性原则同时也是整体性原则。

---

① [英]B.鲍桑葵:《美学史》,张今译,中国人民大学出版社 2010 年版,第 21 页。

主体性原则是启蒙现代性除理性原则之外的另一主要原则。所谓主体性原则，简单而言就是行为主体明确意识到自我的存在，确信自己作为存在主体的存在价值、存在能力，以及自己作为实践主体在实践活动和认知活动中的自主性、自由性。

西方传统文化与传统哲学是从一种朴素的认识论开始的。古希腊时期，人们讨论的关键问题是世界是什么？宇宙是什么？事物的本质是什么？这是一种向外的思维方式，它探讨世界的本原却不反身向内，不关注主体自身的、内在的或精神世界的各种现象与问题。除了关注外部世界的真理、真相，他们还关注获得真理与知识的方法，在经验的感知以外，古希腊人更将数学、几何学、物理学的最新知识应用于哲学思考，从而形成了一套完整的数理逻辑、科学分析等认知方法，奠定了传统形而上学的基本模式。尽管苏格拉底也强调要"认识你自己"，但纵观整个西方世界，可以说在笛卡尔之前，并没有真正意义上的"认识自己"，主体性原则一直是让位于客体性原则的。

启蒙现代性第一次全面促发了西方世界的主体性意识。在基督教的世界里，"我的存在"是个完全从属于上帝的命题，笛卡尔从怀疑并挑战基督教的权威开始，提出了"我思故我在"的著名论断。他认为，我可以怀疑一切，却无法怀疑这个怀疑一切的主体，即"我"的存在。这个论断背后潜在的含义是，当我用理性来思考世界、认知世界的时候，我就可以确证自身存在的价值，即我的理性和主体性是存在的价值。此后，人类的主体性意识被激发出来，整个启蒙时代，人类达到了从未有过的自信，因此，康德和黑格尔都把主体性原则视为启蒙现代性的第一原则。

主体性原则同时也是整体性原则。启蒙时代的主体性既强调对主体的精神世界的全面开发，也强调对客观世界的全面认知，它是一种主客统一的理想性原则。就主体的精神世界的全面开发而言，它要求人类的认知能力、情感体验、道德意志，即知、情、意得到统一的发展，这一要求与此时的科学、艺术和道德的统一是一致的。就主客体的统一而言，如马克思所言，人的主体性意识与他们的客体性存在是统一的,人与人所创造的世界是统一的,主体运用理性的能力是通过作为理性认知与改造对象的客观世界来获得确证的。因此,启蒙现代性的主体性原则包含了强烈的整体性理想,它要表达的是对人的主观世界与客观世界的全面开发。

黑格尔在《精神现象学》中通过分析绝对自由意志的自我发展,提出了主体性的统一,他说:"绝对自由也从它那摧毁着自己本身的现实王国过渡到另一个有自我意识的精神的王国,在这里,绝对自由带着这种非现实性被看成了真理;而精神,既然它现在是并且继续是思想,既然它知道这种封闭于自我意识中的存在是完全的和完满的本质,它就因为这种有关真理的思想而元气恢复,活力重振。这就产生了新的意识形态,道德精神。"①在黑格尔那里,主体性即绝对精神的表现,它通过正反合的异化过程完成了对自身的确证,因此,它必须是一种统一的存在,包括主客统一,自体与他体的统一,一切意识、现象与价值的统一。

就此而言,18 世纪中后期以后,各种学科的分化和知识的专业分化打破了早期的整体性理想,不仅科学、艺术、道德各自独立,人的意识世界也脱离了客观世界进入了孤独的意识流阶段,精神世界的单飞、唯我主义、种种分裂完全背离了启蒙现代性的整体性原则。事实上,黑格尔早已意识到知识分化所带来的危险,他对主体性原则的整体性特征的强调,也是对正在进行的各种知识、文化乃至精神世界的四分五裂的挽救。哈贝马斯援引黑格尔的话说:"说到底,现代世界的原则就是主体性的自由。也就是说,精神总体性中关键的方方面面都应得到充分的发挥。"②黑格尔坚持认为:"在现代,宗教生活、国家和社会,以及科学、道德和艺术等都体现了主体性原则。它们在哲学中表现为这样一种结构,即笛卡儿'我思故我在'中的抽象主体性和康德哲学中绝对的自

---

① ［德］黑格尔:《精神现象学》(下),贺麟、王玖兴译,商务印书馆 1979 年版,第 123 页。

② ［德］哈贝马斯等著,周宪编:《文化现代性精粹读本》,中国人民大学出版社 2006 年版,第 16 页。

我意识。这里涉及认知主体的自我关联结构;为了像在一幅镜像中一样,即'通过思辨'把握自身,主体反躬自问,并且把自己当做客体。康德的三大《批判》奠定了这种反思哲学的基础。"①

但是,不管怎样努力,分裂已是现代性发展的必然趋势,主体的认知能力越强,越要求不断分化自身,以便充分发掘各个方向的潜能,康德的纯粹理性批判、实践理性批判和判断力批判即是对认知能力、道德实践能力和审美能力的充分发掘。黑格尔也坦承:"教化越普及,表现生活越丰富多彩,分裂的力量也就越大,整个教化也就越异化,生活追求重新和谐也就失去意义。"②因此,现代性也就不可阻挡地朝向自己所理想的反面,奔驰而去。

第二节 审美现代性

一般认为,审美现代性始于美与艺术的独立划分,始于审美自律的确立。但是实际上,倘若我们从一个更完整的历史发生来看,启蒙现代性显然是一个更宽泛的范畴,如上文所言,启蒙现代性中,艺术、道德与科学是统一的,理性与主体性同样是审美与艺术的内在支撑原则。因此,审美现代性应是启蒙现代性的一部分,它的发展节奏、核心原则与启蒙现代性在第一阶段的发展中,是完全重合的。换句话说,在审美现代性的第一阶段,即启蒙阶段,审美现代性同样确立了三个核心原则:第一,理性原则;第二,主体性原则;第三,整体性原则。一般所谓的确立了审美自律的审美现代性已经是审美现代性发展的第二阶段了。

现在需要进一步考察的是,在审美现代性的第二阶段,分裂是如何发生

---

① [德]哈贝马斯等著,周宪编:《文化现代性精粹读本》,中国人民大学出版社 2006 年版,第 18 页。
② [德]哈贝马斯等著,周宪编:《文化现代性精粹读本》,中国人民大学出版社 2006 年版,第 20 页。

的？分裂后的审美现代性有哪些特点？在这一进程中,有三个标志性事件可以看出审美现代性的演绎路径,即古今之争、鲍姆嘉通创立美学学科和康德的三大批判。

一、古今之争

古今之争发生于 17 世纪末的法国文坛,在西方历史进程中,这是堪与文艺复兴和启蒙运动相并列的重要文化事件。1687 年的一天,诗人佩罗创作并当众朗读了一首名为《路易大帝的世纪》的诗歌,诗歌中他尽情歌颂了当时的法国皇帝太阳王路易十四,并盛赞他所统治的时代超越历史上最辉煌的时代古希腊和古罗马,当代作家的成就也在古希腊和古罗马作家之上。佩罗的诗歌当时就引起了坚守古典原则的新古典主义代表人物布瓦罗的批评,二人发生了激烈的争论,也由此开启了古今之争的大幕。法国文坛当时分裂为"厚古派"与"崇今派"两大派别,许多文坛大家都加入了论争,古今之争前后持续了近三十年的时间,直到 1716 年双方和解,这场无硝烟的战争看似也没有分出胜负,但是争论中双方所持的观点却对西方美学意义深远,它预示着古典主义的没落和启蒙运动的到来,既有启蒙的意义,也划分了科学与艺术的界限,第一次提出美与艺术的独立与自律,标志着审美现代性开始进入第二阶段。

在思想上,17 世纪末是笛卡尔的唯理主义统治的时代,科学与理性是时代的主潮流。在古今之争开始前,科学、理性、艺术、道德始终统一在一起,人们沿用古典时期流传的审美标准与道德标准来评判一切文艺作品,如上所述,真善美的理想是一个整体。古今之争中,人们开始反思科学与艺术是否遵循统一的发展模式。佩罗作为"崇今派"的代表,他一方面热情歌颂理性的力量和科技的进步;另一方面对当时理性精神和科学技术统领文艺创作的现状提出了质疑,他认为,科学的进展依赖于理性能力的提升和知识的积累,但是文学和艺术的创作则是依赖于作者的想象力和个人的天才与审美趣味,二者的发展应该分属不同的领域，具有各自不同的适应原则。佩罗写了《古今之比较》一书，书中除了对古今文学与艺术创作风格、创作成就进行对比以外，还专门设置了科学篇，用以讨论科学与艺术的界限。事实上，在佩罗之前，法国哲学家、科普作家丰特奈尔早已指明了科学与文艺的差异，他说："如果说现代人能够在古人基础上不断改进，那么他们所致力于的领域就应该承认进步现象的存在。雄辩术和诗歌与其他艺术相比，要求的只是一些更为严谨的观念，而它们有赖于主要由想象力的活跃所造成的效果。现在人们很容易地在几个世纪内积累下一些观念，而想象力无需花费长时间的经验，也无需大量的规则，就能够达到它所能达到的一切完美境界。然而物理学、医学和数学都是由一些观念构成，而且有赖于以极慢速度不断进步的思想。很显然这一过程是永无止境的，最终物理学家和数学家自然就会成为最出色的人。"①

古今之争最终成功地将美与艺术从科学研究的领域中独立出来，美与艺术的独特性被重视，审美自律由此产生，这被认为是审美现代性确立的一个重要标志。许多思想家在分析现代性问题的时候，都曾回顾过这场古今之争，其中美国哲学家列奥·施特劳斯对古今之争的再评论最具争议，也最具影响力。施特劳斯从现代性危机出发，认为古今之争中，崇今派看似取得了最终的胜利，但这只是表面现象，这场争论造成了事实与价值的分裂、科学与艺术的分裂，科学主义只关心科学的进展而放弃了事物的价值和意义，导致社会科学领域中道德的中立，它的结果是产生了普遍的精神危机，进一步导向了相对主义和虚无主义。古今之争中，崇今派认为现代的一定优于古代的，新进的一定胜于旧有的，这是错误的看法，从历史发展来看，科学的进步并不一定指向幸福，古人对有些问题的理解比现代人要深刻得多。他说："现代人与古代人之争这段公案必须重新开审；换言之，我们必须学会严肃而不带偏见地考虑

① PATEY D L.*Ancients and Moderns in H.B*［M］//NISBET，RAW SON C，eds.The Cambridge History of Literary Criticism，Volume Ⅳ.cambridge：Cambridge University Press，1997：38.

这种可能性:斯威夫特当年把现代世界比作小人国,而把古典世界比作巨人国,他是对的。"①不得不说,虽然施特劳斯力主在古典政治的视域下解决现代性危机的方案过于褊狭,但是他对古今之争的分析确有过人之处,诚如他所言,古今之争需要重新审视,因为它既是现代性创建过程中的重要节点,也是现代性危机的起点。

二、美学学科的创建

依据启蒙理性不断向外扩张的天性,它在推动物质和科技进步的同时,也不断地要求重新发现和认识人自身,重新确立人类的文化系统,以使其更加符合理性发展的原则,最大限度地开发人类的各个领域的潜能。这种发展带来的必然结果是知识的分化和现代学科的确立,传统社会统一于一体的真善美被分化出来,以获得自身的独立发展,从而形成了现代科学、伦理学和美学的学科系统。鲍姆嘉通创建美学学科是审美现代性正式确立的标志性事件,它是理性原则对美学的自律性诉求的结果。

美学学科的创建是在德国启蒙运动的背景下发生的。十七八世纪的德国,在政治经济文化等方面明显落后于法国和英国,因此它的启蒙运动的发生较法国和英国也晚一些,并且是以法英的启蒙运动为标杆而发动的。德国启蒙运动与法国"古今之争"一样,同样开始于一场大辩论,辩论的主题是德国究竟应该向法国学习以理性为主导的新古典主义,还是应该学习英国的经验主义和萌芽中的浪漫主义。朱光潜先生在《德国启蒙运动中的美学思想——鲍姆嘉通、文克尔曼和莱辛等》②一文中,详细分析了德国启蒙运动的发生,他认为,当时的德国分裂为两派,一派是以高特雪特为中心形成了德国的新古典

---

① ［美］列奥·施特劳斯:《自然权利与历史》,彭刚译,生活·读书·新知三联书店2003年版,第24页。

② 朱光潜:《德国启蒙运动中的美学思想——鲍姆嘉通、文克尔曼和莱辛等》,《北京大学学报》1962年第2期。

主义,一派是以波特玛和屈黎西派为中心的浪漫主义。高特雪特是当时德国文学界的最高权威,他力主德国文学要向法国理性主义和新古典主义学习,因此奉法国新古典主义大师布瓦罗为典范,并以布瓦罗的《论诗艺》为模板,写了《批判的诗学》一书,书中他依据笛卡尔的理性主义和莱布尼兹与伍尔夫的理性主义,为文艺的创作制定了严格的公式化的程序,他说:"诗人先挑选一个他要用感性形式去印刻在读者心中的道德主张。于是他拟好一个故事的轮廓,以便把这个道德主张显示出来。接着他就从历史里找出生平事迹颇类似所拟故事情节的有名人物,就借用他们的名字套上剧中人物,这样就使剧中人物显得煊赫。"①可以看出,高特雪特这种创作模式摒弃了作者的主观情感和想象力,完全把文学创作视为理性的产物,他的这种对法国的简单移植很快就被德国文学界抛弃了。当时受到德国莱布尼兹与伍尔夫的理性主义影响的还有波特玛和布莱丁格,他们一方面相信艺术模仿自然和艺术的教育功用,这是对理性主义的继承;另一方面他们也强调感性和想象,主张把英国经验主义和意大利关于想象的理论接受过来,结合到莱布尼兹的哲学思想上去。从而将诗人所模仿的自然转化为基于现实世界而又不同于现实世界的"可能世界"。如此一样,以波特玛和布莱丁格为代表的屈黎西派就将艺术想象与艺术理想结合起来,综合进艺术创作中去了。

鲍姆嘉通的美学就是在这种背景下提出来的。在上述大争辩中,鲍姆嘉通的美学贴近屈黎西派的观点,他接受了莱布尼兹与伍尔夫的理性哲学,对人类的心理活动进行了分类整理并使之系统化。他认为,人类的心理活动可分为知、情、意三方面,相应的哲学系统中就有对应于研究知性或理性认识的学科,即"逻辑学",对应于道德意志的学科即"伦理学",而对应于研究人的情感活动或感性认识,却一直没有相应的学科,因此,"他建议应设立一门这样的新科学,叫做'埃斯特惕卡',这字照希腊字根的原义看,是'感觉学'。从此可

---

① 朱光潜:《德国启蒙运动中的美学思想——鲍姆嘉通、文克尔曼和莱辛等》,《北京大学学报》1962年第2期。

见,这门新科学是作为一种认识论提出来的,而且是与逻辑学相对立的"①。

1750 年,鲍姆嘉通正式使用"埃斯特惕卡"(希腊语:αισθητική;英语:Aesthetic)来命名他的新书,即《美学》,美学学科由此创立。在这本书中,鲍姆嘉通给美学的研究对象下了这样的定义:"美学的对象就是感性认识的完善(单就它本身来看),这就是美;与此相反的就是感性认识的不完善,这就是丑。正确,指教导怎样以正确的方式去思维,是作为研究高级认识方式的科学,即作为高级认识论的逻辑学的任务;美,指教导怎样以美的方式去思维,是作为研究低级认识方式的科学,即作为低级认识论的美学的任务。美学是以美的方式去思维的艺术,是美的艺术的理论。"②从这个定义我们可以看出,鲍姆嘉通是把美学作为一门以认识论为内容的科学而提出来的,尽管它是研究感性认识的科学,但它背后的指导原则毫无疑问仍然是理性,是一种以理性思维对感官认识的研究,分析感性认识如何臻于完善,感官认识的机能如何运作。朱光潜先生评论说:"鲍姆嘉通承认离开认识主体的'对象和物质'本身可以有美,但认为美学所研究的是凭感官认识到的美,这种美不能脱离认识主体的认识活动,'美是凭感官认识到的完善'一个定义就同时顾到客观性质与主观认识。"③可见,鲍姆嘉通把美学定义为感性认识的科学,把美视为感性认识的完善,从其主观目的上来看,仍然具有将感性与理性融通的理想,无论是"科学"还是"完善",都是理性的表达对象。因此,对感性认识、审美或愉悦进行理性解析才是鲍姆嘉通确立美学学科的原初目的,这里既有对美学独立价值的确认,也体现了对启蒙现代性理想的继承。

但是无论如何,鲍姆嘉通把美学定义为"感性认识的完善",都无法避开

①　朱光潜:《德国启蒙运动中的美学思想——鲍姆嘉通、文克尔曼和莱辛等》,《北京大学学报》1962 年第 2 期。

②　朱光潜:《德国启蒙运动中的美学思想——鲍姆嘉通、文克尔曼和莱辛等》,《北京大学学报》1962 年第 2 期。

③　朱光潜:《德国启蒙运动中的美学思想——鲍姆嘉通、文克尔曼和莱辛等》,《北京大学学报》1962 年第 2 期。

一个嫌疑,即由此切断了理性与美学的关系,也在事实上开启了直觉论美学、主观主义美学的发展道路。对此,朱光潜先生说:"鲍姆嘉通在把美学对象限定为感性认识,把它和研究理性认识的逻辑学对立起来,这就决定了由康德到克罗齐本人的在西方占势力最大的一个美学派别的发展方向。这一派美学一向都以为审美和艺术活动都只关感性认识(康德把它叫做'观照',克罗齐把它叫做'直觉'),与理智无关。鲍姆嘉通的基本观点的毛病倒不在克罗齐所说的感性认识还没有和理性认识彻底分开,而在把这两项分开过于彻底,艺术仿佛绝对没有理性的内容。"[①]这里,朱先生显然是在指陈鲍姆嘉通的美学所造成的不良影响,朱先生并非真的认为鲍姆嘉通绝对切割了感性与理性的关系,而是说他把美学限定于感性认识领域的做法,导致了美学越来越向主观论和直觉论方向发展,这个开头无论如何"不完全是健康的"。因此,可以说,始于鲍姆嘉通的现代美学既要求圈定美学自身的研究范围和研究对象,追求美学学科自身的自律性,以确定美学的独立价值,同时也开启了美学的孤立化的大门,美学越来越倾向于感性、直觉、主观,而与理性、事实和经验越来越远。

三、康德的现代性奠基

康德所处的时代是 18—19 世纪,西方主要国家已经先后通过启蒙运动和资产阶级革命取得了政权,资本主义的政治制度和经济制度基本确立起来了。工业文明的力量逐渐显现,而工业文明所带来的负面效果还没有显露,资产阶级迷信于科学理性带来的巨大价值,整个西方社会充满了盲目的科学乐观主义精神。身处这样的社会环境,康德一方面继承了启蒙运动的主要思想,倡导自由和理性;另一方面他逐渐意识到资产阶级所倡导的自由与理性中可能潜藏着巨大的危机,并自觉进行了反思与批判。因此,康德哲学是西方近代与现代的分水岭,他既是启蒙运动的重要代表人物,也是最早进行现代性批

---

① 朱光潜:《德国启蒙运动中的美学思想——鲍姆嘉通、文克尔曼和莱辛等》,《北京大学学报》1962 年第 2 期。

判的代表人物。康德从考察理性的作用范围开始的,对启蒙现代性进行了重新奠基。一方面继承了启蒙现代性所要求的两个核心原则即理性原则和主体性原则;另一方面通过理性对自我的批判,为这两项原则注入了全新的内容。

第一,真正的理性是自主的理性,而不是科学理性。启蒙运动把理性视为衡量一切的标准,它既是人类认识自然、改造自然的强大武器,是一切自然科学进展赖以依靠的自在动力,也是驱散迷信与愚昧,打破封建专制,引导人们争取自由、平等的思想武器。换言之,西方自进入现代以来,理性即认知理性、科学理性树立了绝对的不容挑战的权威,它支配一切、管控一切,无论是自然的、科学的,还是人文的、道德的一切领域,理性都是女王。康德对这种绝对理性提出了质疑,他在《答复这个问题:"什么是启蒙运动?"》一文中说:"启蒙运动就是人类脱离自己所加之于自己的不成熟状态。不成熟状态就是不经别人的引导,就对运用自己的理智无能为力。当其原因不在于缺乏理智,而在于不经别人的引导就缺乏勇气与决心去加以运用时,那么这种不成熟状态就是自己所加之于自己的了。Sapere aude! 要有勇气运用你自己的理知! 这就是启蒙运动的口号。"①

康德这里提出的"有勇气运用自己的理知"实际上是指一种"主动理性",经由别人引导才去遵守的理性则是一种"被动理性",这种理性才是真正的不成熟,是迷信、愚昧。因此,康德认为真正的启蒙不是简单的反封建、反专制、反宗教,而是学会主动运用自己的理性。他反对启蒙思想家们把一种绝对权威的理性思想,如自由、平等或自然科学观念强行加入人类的头脑,促使人们不动头脑地接受,这无异于以一种理性的权威去代替宗教的权威,并不能真正开启人们的心智。因此,可以说,康德站在主体的角度重新提出了一种内在于人的理性,这种理性是人的主体性表现,是对自我的精神力量的发掘,理性不

① ［德］康德:《历史理性批判文集》,何兆武译,商务印书馆1996年版,第22页。

是某些天才人物规定好的理性,而是落实于个体身上的具体的自我思考的能力。因此,康德将理性理解为一种自由,一种"公开运用自己理性的自由",所以他说,"启蒙运动除了自由而外并不需要任何别的东西。"①

第二,真正的自由是自律的自由,而不是他律的自由。

在启蒙现代性中,自由是主体性原则的主要体现。启蒙思想家们将主体性理解为一种自由,即主体在思维与实践过程中的自主性与自由性。他们认为,自由是不可剥夺的天赋人权,人们可以自由决定自己的社会、经济和政治生活,有权利通过各种暴力或非暴力的方式打破一切捆绑在他们身上的封建专制的枷锁,但他们很少提到自由的限制问题。康德同样强调自由,他将自由视为自己哲学大厦的"拱顶石"②。康德认为,自由是意志的先天要求,它无条件地存在并且独立于自然规律和因果法则之上,意志是绝对自由的。"但那独立于经验性的(也就是属于感官世界的)条件的自由意志却仍然必须是可以规定的:所以一个自由意志,独立于法则的质料却仍然必须在法则中找到一个规定根据。"③而这个能够为自由提供规则的是道德律,自由的价值就在于它是道德律的条件。他解释说:"自由固然是道德律的 ratio essendi[存在理由],但道德律却是自由的 ratio cognoscendi[认识理由]。"④康德认为,一个人的意志虽然是主观的,但是这个意志却是依靠理性而自我强制的,目的就是使个人意志在形式上获得最高规定的普遍形式,即德性原则。"正是为了那种不顾意志的一切主观差异而使这个德性原则成为意志的形式上的最高规定根据的普遍形式,理性才同时把这个德性原则宣布为一条对一切有理性的存在者而言的法则。"⑤意思是说,意志的最高级存在形式是超越一切主观差异的道德原则,这一道德原则同时也就成为所有个体依据自身理性的内在要求而

---

① [德]康德:《历史理性批判文集》,何兆武译,商务印书馆1996年版,第24页。
② [德]康德:《实践理性批判·序言》,邓晓芒译,杨祖陶校,人民出版社2003年版,第2页。
③ [德]康德:《实践理性批判》,邓晓芒译,杨祖陶校,人民出版社2003年版,第37页。
④ [德]康德:《实践理性批判·序言》,邓晓芒译,杨祖陶校,人民出版社2003年版,第2页。
⑤ [德]康德:《实践理性批判》,邓晓芒译,杨祖陶校,人民出版社2003年版,第42页。

自觉遵循的行为法则,所以意志自由的第一呈现就是道德律,而道德律则是意志自由存在的理由。

可见,与启蒙思想家不同,康德看到了自由的辩证性,自由是有规则的自由,是理性为自己的意志实践立法的自由,因此,自由的实质即自律。只有在自律中才能有真正的自由,反之,任何他律都是不自由的,"那种独立性是消极理解的自由,而纯粹的且本身实践的理性的这种自己立法则是积极理解的自由。所以道德律仅仅表达了纯粹实践理性的自律,亦即自由的自律。"① 同时,自由只相对于道德实践才有价值,抛却道德原则,即没有自由,自由与道德是相互依存的关系。

不得不说,康德对启蒙运动的理性原则和主体性原则是具有高度警惕性的,尽管继承了这两大原则,却节制了二者的无尽泛滥,既为理性提供了自我反思的能力,也为自由注入了道德的保证,在理论上遏制了科学理性滑向工具理性的步伐,从这个意义上说,康德无疑是现代性批判的早期代表。

第三,三大批判加速了价值分裂。

康德认为,尽管理性是自由的,没有什么可以为理性订立规则,但理性的自由终究是有边界的,理性需要为自己立法,自己批判自己,并寻找自己的边界所在。为了完成理性为自己立法的任务,康德详细考察了理性的类型与作用范畴,最终写成三大批判。

1. 理论理性为求真,限于现象界。

康德认为,人类的知识从经验开始,这本没错,却不能说经验是人类知识的来源,人类具有某些先天的认知能力和理性能力,它可以以单纯的思维自我运作的方式获得确认,譬如逻辑学,也可以以理性的形式存在于科学之中。既然我们承认科学之中包含理性,那么我们就必须承认,科学中有某种东西先天地被认识,"理性知识也就能以两种方式与其对象发生关系,即要么是仅仅规

---

① [德]康德:《实践理性批判》,邓晓芒译,杨祖陶校,人民出版社 2003 年版,第 44 页。

定这个对象及其概念,要么还要现实地把对象做出来。前者是理性的理论知识,后者是理性的实践知识"①。也就是说,在科学知识中,理性通过规定科学研究对象及其概念而完成了知识的积累与革新,其中数学和物理学是最典型的学科。在这些科学门类中,知识的可靠性在于科学家根据先天的能力提出一些概念并将事物放进这些概念来进行经验性验证,这就是自然科学的经验性原则。"理性必须一手执着自己的原则(唯有按照这些原则,协调一致的现象才能被视为法则),另一手执着它按照这些原则设想出来的实验,而走向自然……以一个受任命的法官的身份迫使证人们回答他向他们提出来的问题。"②这句话也即康德所谓"人为自然立法"。

2. 实践理性为求善,限于道德界。

在理论理性中,先验理性的认知能力需要获得经验的论证。但是康德发现,人类的有些能力却永远都无法获得经验的验证,譬如关于上帝存在的证明,或者人的灵魂自由等,但是我们先天的认识能力却能够确认它们的普遍存在,很明显,它们不存在于自然界,并不在理论理性(或思辨理性)的作用范围,譬如我无法通过经验观察来认识我的灵魂。如此一来,理论理性想要作用于上帝、灵魂不死等概念就是明显的僭越。在传统研究领域中,这些概念被划属于形而上学范畴。康德认为,尽管现在人们不需要在宗教领域去论证上帝的存在,但是出于人们道德实践的内在要求,这些概念必须存在,康德将这些概念看作是道德实践理性的一个"悬设"。康德在解释为什么必须悬设上帝的存在时说:"道德律导致了一个没有任何感性动机的加入而只通过纯粹理性来颁布的实践任务,这就导致至善的最先和最重要的部分即德性的必然完整性,并且由于这个任务只有在某种永恒中才能完全得到解决,就导致了对不

① [德]康德:《纯粹理性批判·第二版序》,邓晓芒译,杨祖陶校,人民出版社 2004 年版,第 11 页。
② [德]康德:《纯粹理性批判·第二版序》,邓晓芒译,杨祖陶校,人民出版社 2004 年版,第 13 页。

朽的悬设。正是这条法则……导致至善的第二个要素,即与那个德性相适合的幸福的可能性。"①可见,上帝的存在是为了保证最终的至善的实现,并保证福德一致。在没有感性参与的道德实践中,只有上帝才能为最完满的结局提供依据,而且上帝只为这一目的而存在。因此,上帝不是一个宗教学的概念,而是道德学的概念,但是对上帝的信仰仍然是形而上学范围内的事,因为它不是被给予的事物,而是"自在之物"。"因此我不得不悬置知识,以便给信仰腾出位置,""在未来的时代,一切反对道德和宗教的异议都将以苏格拉底的方式,即最清楚地证明对手的无知的方式结束了。因为在这个世界上一直都有某种形而上学存在,并且今后还将在世上遇见形而上学。"②因此,康德所谓形而上学是指道德形而上学而非传统认识论中的形而上学,也正是在这个层面,牟宗三才认为康德的道德哲学与中国的道德形而上学具有诸多可会通之处。

3. 审美判断力对自然与自由的弥合。

由上可见,康德在对主体的纯粹批判中,把人先天的能力划分于两个决然不通的封闭领域:一个是现象界,一个是本体界;一个是理论理性即知性的作用范围,一个是实践理性的作用范围;一个成就科学体系,一个成就道德信仰;一个为自然,一个为自由。如康德自己所言:"作为感官之物的自然概念领地和作为超感官之物的自由概念领地之间固定下来了一道不可估量的鸿沟,以至于从前者到后者根本不可能有任何过渡,好像这是两个各不相同的世界一样。"③

不过康德认为,"在高层认识能力的家族内却还有一个处于知性和理性之间的中间环节。这个中间环节就是判断力"。④ 所谓判断力,就是"把特殊思考为包含在普遍之下的能力",通过判断力,原本两个并不相干的自然领地

---

① [德]康德:《实践理性批判》,邓晓芒译,杨祖陶校,人民出版社 2003 年版,第 170 页。
② [德]康德:《纯粹理性批判·第二版序》,邓晓芒译,杨祖陶校,人民出版社 2004 年版,第 22—23 页。
③ [德]康德:《判断力批判》,邓晓芒译,杨祖陶校,人民出版社 2002 年版,第 10 页。
④ [德]康德:《判断力批判》,邓晓芒译,杨祖陶校,人民出版社 2002 年版,第 11 页。

和自由领地获得了会通的可能,"判断力同样也将造成一个从纯粹认识能力即从自然概念的领地向自由概念的领地的过渡,正如它在逻辑的运用中使知性向理性的过渡成为可能一样"①。

康德花了大量篇幅用来论证审美判断力是如何连接自然与自由的。按照康德的解释,反思判断力通过主观的愉快或不愉快的情感来判断一个客体的形式对于主观的合目的性,这里不牵涉任何概念的东西,也不带来任何知识判断,却能够产生美。这种鉴赏判断或审美判断因为不带有任何功利目的而通向自由,又因为它运用想象力和知性的协同能力而符合自然的先天合目的性,因此它成为自然与自由的桥梁。如康德所言:"但对由反思事物的(自然的和艺术的)形式而来的愉快的感受性不仅表明了主体身上按照自然概念在与反思判断力的关系中的诸客体的合目的性,而且反过来也表明了就诸对象而言根据其形式甚至无形式按照自由概念的主体的合目的性;而这样一来就是:审美判断不仅作为鉴赏判断与美相关,而且作为出自某种精神情感的判断与崇高相关,所以那个审美判断力批判就必须分为与此相应的两个主要部分。"②

至此,康德完成了他的三大批判,并在《判断力批判》一书中以列表的形式概要地揭示了他对人的全部认识能力的界说:

表1　康德关于人类认知系统的划分

内心的全部能力	诸认识能力	诸先天原则	应用范围
认识能力	知性	合规律性	自然
愉快和不愉快的情感	判断力	合目的性	艺术
欲求能力	理性	终极目的	自由

应该说,康德对于人类认知系统的划分具有非常明确的对现代性进行再

---

① [德]康德:《判断力批判》,邓晓芒译,杨祖陶校,人民出版社2002年版,第13页。
② [德]康德:《判断力批判》,邓晓芒译,杨祖陶校,人民出版社2002年版,第27页。

设计的意图,他从反思现代性的潜在危机入手,试图截断科学理性对人的思维与实践全面控制的发展势头,他竭力挖掘人的主动思维和感性思维能力,对理性的认知能力和实践的自由限度进行了严格的限定,将自律引入其中,能够从理论上限定资本主义以经济利益为核心的自由与道德信仰的无限泛滥。张政文在《康德的审美现代性设计及对后现代美学的启示》一文中认为,"他所设计的审美现代性有两个基本特点:一是具有强烈的自律性,不受认识和实践的规范,无概念、无功利、无目的;二是突出情感、想象等感性元素,拒绝理性的工具化和机械化。显然,审美现代性是对他的理性现代性规划的调整和批判。他认为这一设计实现了现象与本体、自然与人性、必然与自由的统一,拯救了理性现代性的危机。"①

然而,无论他的本意如何,无论他如何沟通业已划分的界限,也无法改变这种划分所带来的事实上的后果。哈贝马斯认为:

> 康德把实践理性能力和理论知识的判断区别开来,并为它们奠定了各自的基础。由于批判理性确立了客观知识、道德认识和审美评价,所以它不但保证了其自身的主观能力,即它不但建立了明晰的理性建筑术,而且还充当了整个文化领域中的最高法官。正如艾米尔·拉斯克(Emil Lask)后来所说的,哲学完全从形式角度把文化价值领域分为科学和技术、法律和道德、艺术和艺术批评,所有这些领域彼此对立。此外,哲学还在此范围内把它们加以合法化。……康德并没有意识到理性内部的分化、文化形态的划分,以及所有这些领域的分离等就是意味着分裂。所以,康德拒绝把被迫分离的主体性统一起来的要求。②

的确,康德并未真正意识到他的这种分离所带来的后果,他之所以会选择

---

① 张政文:《康德的审美现代性设计及对后现代美学的启示》,《文艺研究》2010年第11期。
② [德]哈贝马斯等著,周宪编:《文化现代性精粹读本》,中国人民大学出版社2006年版,第19页。

用审美判断把自由与自然联系起来,完全是从他的哲学设计的必然性考虑的,面对他人对其三分法的质疑,康德曾解释说:"有人曾对我的纯粹哲学的划分几乎总是得出三分的结果感到困惑。但这是植根于事物的本性中的。如果一个划分要先天地进行,那么它要么是按照矛盾律而分析的;而这时它总是两分的。要么它就是综合的;而如果它在这种情况下要从先天的概念引出来,那么这一划分就必须按照一般统合统一所要求的,而必然是三分法的。"①康德无法预见分裂的后果并不是他的责任,因为现代性的演化归根到底受控于现代化的进程,康德能够在他的时代及时将驰骋向外的思维方式扭转为内在批判,对于重新发现人以及人的价值来讲,已经具有重大意义。康德从认知理性、道德理性和审美感性三个方面考察了人类的主体性能力及其边界,这既是对文艺复兴运动以来人类学、社会学和心理学各项进展的哲学分析,也是对人类主体性精神的讴歌。但三分法导致统一于人性的真善美被进一步割裂,这是无法否认的事实。尽管康德试图通过审美判断力去弥合三者之间的间隙,但主体性思维的膨胀使美学的建构始终无法安置客体的合理位置,无法摆正主客关系,以致主客严重对立。因此,康德的现代性奠基成为审美现代性进一步滑向 20 世纪审美乌托邦的中介。

第三节　现代性危机

19 世纪中后叶以后,随着西方现代化进程的发展,现代性朝向两个极端的方向快速分化,一是科学理性因其对知识塑造的系统性和专业化,转化为现实生产力的能力越来越强,逐渐转化为工具理性,成为囚禁现代人的思维牢笼;二是审美感性因为抗拒工具理性的侵蚀而越来越抽象、幻象、激情,艺术家们宁愿搭造一个空中楼阁,也不愿与现实生活有任何濡染。人的生命体验开

---

① ［德］康德:《判断力批判》,邓晓芒译,杨祖陶校,人民出版社 2002 年版,第 33 页。

始变为零散、困惑、焦虑,理想与现实、心内与身外再也无法统一,找不到存在的意义,人的真实的价值世界失落了,这就是千夫所指的现代性危机。

曾经,现代性意味着历史的进步,人们热情地拥抱所有新出现的事物,诚如黑格尔所言,"升起的太阳就如闪电般一下子建立起了新形象"①。然而新世界并没有照亮人们太久,很快人们便感到了不安。伯曼在《现代性——昨天,今天和明天》一文中描述说:

> 如果我们向前推进一百年左右,找出 19 世纪现代性的重要节奏和音律,我们首先注意到的是现代性体验发生其中的、高度发展的、分化的、动力的新景象。这是蒸汽机、自动化工厂、铁路和广大的新工业区的景象,是给人带来可怕影响、一夜之间暴增的城市的景象,是更为广阔范围内的通讯如报纸、电报和其他大众传媒的景象,是日益强大的民族国家和资本的多国积累的景象,是用自下的现代化形式抗击自上的现代化的大量社会运动的景象,是除了坚固性和稳固性什么都有、包含一切的日益扩大的世界市场的景象。这一市场既有令人瞩目的发展,也有令人恐惧的浪费和破坏。19 世纪的伟大现代主义者们都激烈地攻击这一环境,竭力破坏它或在内部粉碎它。然而,他们又都发现自己在这一环境中如鱼得水,觉察到它的种种可能性。他们甚至在激烈的否定里存在着肯定,在最严肃和最深刻处表现出游戏和反讽。②

的确,现代性的矛盾暴露出来了。一方面,所有人都在物质生活上分享现代化所带来的成果;另一方面,发现自己已经困顿其中无法自拔。人们习惯了现代化所塑造一切模式,除了物质上的耽溺之外,更严重的是陷入了工具理性的牢笼。

---

① [德]黑格尔:《精神现象学》(上),贺麟、王玖兴译,商务印书馆 1979 年版,第 7 页。
② [德]哈贝马斯等著,周宪编:《文化现代性精粹读本》,中国人民大学出版社 2006 年版,第 24—25 页。

一、启蒙理性演变为片面的工具理性

启蒙时期,理性是自由的象征。康德主张将理性限定在自然科学的范围内,然而启蒙哲学家们的目的显然并非如此,他们试图将理性法则应用于一切领域,并缔造一个全新的依靠理性而建立起来的新制度。哈贝马斯说:"由启蒙哲学家们在 18 世纪精心阐述过的现代性规划,是一种遵循其内在逻辑坚持发展客观的科学、普遍的道德和法律与自主的艺术的努力。同时,这个规划旨在把每个领域的认知潜能解放出来,使之从令人费解的宗教形式中摆脱出来。启蒙哲学家想要利用这些专门化的文化积累以丰富日常生活,也就是说,为了社会日常生活的理性组织。"①从事实的发展上看,显然理性的目的达到了,理性按照自身的逻辑开始了疯狂的排他性发展,最终导致理性自身被套上沉重的枷锁。

(一) 理性的客观化

所谓理性的客观化,是指理性按照自身的发展逻辑对其所辖之物的一种客体化的过程,即理性在客观世界中的自我实现过程。理性本是主体的认知能力,但是它要求通过诸如科学成就、法律体系、道德实践等外在事物来确证自身,当理性全面支配人类自然科学和社会生活的时候,理性就不断外化为各种科学、制度、法律、历史、艺术等,正是在这个意义上,梯利将之称为"客观的理性"。

理性的客观化是一个无法阻止的进程,许多西方思想家已经充分认识到这一点。阿多尔诺在《否定的辩证法》中说:"资产阶级理性着手从自身之中产生它在自身之外曾否定的秩序。然而,这种秩序一旦产生出来,就不再是一

① [德]哈贝马斯等著,周宪编:《文化现代性精粹读本》,中国人民大学出版社 2006 年版,第 143 页。

种秩序,而是贪得无厌的东西。"①客观化的理性以体制、法律、文化和艺术等多种形式控制着人们的大脑,一切都顺理成章,一切都稳定运转。我们生活的架构已经确定,每一天的生活业已被规定,我们只用按部就班,无需思考。然而,这种客观化的理性毕竟不是理性本来的面貌。理性的本质是人的自主能力,如今,客观化的理性连同它所创造的一切制度与技术体系变成了一套僵化的自动装置,离人、人性和自由越来越远,诚如皮希特所言:"理性在把自己客观化的同时,也把真理的可能性所依赖的那种同一性客观化了。于是,理性在社会过程中客观化的产物总是表现为一个体系,更确切地说,总是表现为一个支配体系。但是正如上面已经提到的,理性是凝固和僵化在这些体系中的。它通过客观化这一举措而把自己与自由隔阂开了。理性在自己的产物面前不是自主的,而是他律的。"②这一结局是可悲的,现代社会中的人在环环相扣的客观理性所织成的一套严密的社会制度与结构的大网中无法逃脱。"理性在自身内部不再发现自己的光的源泉;它不再有能力从自身中勾勒出可能性的界限。不再可能把自主性设想为理性的可能性条件;换种方式说,不再可能把自由理解为自主性。"③启蒙理性失去了它的光芒,它义无反顾地走进了自己亲手挖掘的坟墓。

(二) 理性的工具化

理性的客观化与理性的工具化是同一过程的两面。如果说理性客观化的结果是一整套资本主义的社会与文化制度的话,那么理性的工具化则是指在这套制度下所支配的工具化的思维模式。韦伯依据资本主义的发展逻辑将理

---

① [德]特奥多·阿多尔诺:《否定的辩证法》,张峰译,重庆出版社 1993 年版,第 20 页。
② [美]詹姆斯·施密特编:《启蒙运动与现代性》,徐向东、卢华萍译,上海人民出版社 2005 年版,第 382 页。
③ [美]詹姆斯·施密特编:《启蒙运动与现代性》,徐向东、卢华萍译,上海人民出版社 2005 年版,第 386 页。

性分为价值理性与工具理性,二者都是主体对于自身"合理性行为"的一种选择方式。价值理性是基于"价值合乎理性"而对自身行为的选择,主体的行为完全是为了无条件实现自身所信奉的一些价值信念,诸如"伦理的、美学的、宗教的或作任何其他阐释的——无条件的固有价值的纯粹信仰"①等,价值理性着眼于价值体系的维护和行为意义的创设。工具理性则是基于"目的合乎理性"而对于自身行为的选择,"即通过对外界事物的情况和其他人的举止的期待,并利用这种期待作为'条件'或者作为'手段',以期实现自己合乎理性所争取和考虑的作为成果的目的"②,主体的行为方式是为了实现某一特定功利目的而进行的利益最大化、成本最小化的选择,它带有明确的可操作上的精确性和可计算性。

韦伯认为,19 世纪以来,资本主义的价值理性在各个领域已经完全让位于工具理性:在经济领域,工具理性表现为按照经济利益最大化原则而对资本或资源的统筹分配;在政治领域,工具理性表现为对一套法理型政治制度的服从,整套法理型制度以合理的司法形式控制着每个个体的行为选择;在行政领域,工具理性表现为一套以司法制度为基础的行政管理制度,它像一个庞大的机器,高效精准地指挥着党政军各系统的运转;在宗教文化领域,工具理性表现为资本主义的理性信仰,在宗教和文化上表达着资本主义的经济和道德原则。总之,"理性自身为万能经济机器的辅助工具。理性成为用于制造一切其他工具的工具,它目标专一,与可精确计算的物质生产活动一样后果严重。"③如韦伯所言,工具理性制造了一个"铁的牢笼"(Iron cage),每个人都无法逃脱。

---

① [德]马克斯·韦伯:《经济与社会》,林荣远译,商务印书馆 1997 年版,第 56 页。
② [德]马克斯·韦伯:《经济与社会》,林荣远译,商务印书馆 1997 年版,第 56 页。
③ [德]马克斯·霍克海默、西奥多·阿道尔诺:《启蒙辩证法——哲学断片》,渠敬东、曹卫东译,上海人民出版社 2003 年版,第 27 页。

二、现代性体验:一切坚固的东西都烟消云散了

马克思在《共产党宣言》中说:"生产的不断变革,一切社会状况不停的动荡,永远的不安定和变动,这就是资产阶级时代不同于过去一切时代的地方。一切固定的僵化的关系以及与之相适应的素被尊崇的观念和见解都被消除了,一切新形成的关系等不到固定下来就陈旧了。一切等级的和固定的东西都烟消云散了,一切神圣的东西都被亵渎了。"①这种状况是对资本主义的现代社会的真实写照。马歇尔·伯曼借用马克思的"一切坚固的东西都烟消云散了"一语,用来概括他对现代性的体验,并以之命名自己有关现代性批判的书名。

从有关描述来看,现代性体验可概括为过渡、分裂、短暂、被抛、恐惧、焦虑、无家可归、虚无等各种状态。波德莱尔之所以被认为是第一个在现代意义上使用现代性一词的人,就是因为他从现代性体验的角度将之定义为"过渡、短暂、偶然"。波德莱尔在《恶之花》中描述说:"老巴黎不复存在(城市的模样,唉,比凡人的心变得还要迅疾)"(《天鹅》)②。当人心抓不住瞬息万变的世界时,迷茫和不安便随之而来。卢梭说:"我开始感到了昏醉,骚动的、喧嚣的生活将你推入其中的那种昏醉。许多的东西从我的眼前飘过,我开始变得头晕目眩。我遭遇的所有东西中,没有一样能牵动我的心,但一切又都让我感到不安,以至我忘了我是什么,我属于谁。"③这是一种能够将人的内心推向分裂的生命体验,一方面人被不断带入现代的物质生活中,追求并享受着世俗的欢乐;另一方面渴望精神的自我洁净,免受污染。歌德通过浮士德的形象深刻揭示了这种被撕裂的人生:魔鬼认为浮士德抵御不了世俗生活的引诱,终将满

---

① 《马克思恩格斯选集》第 1 卷,人民出版社 1995 年版,第 275 页。

② [法]夏尔波德莱尔:《恶之花》,郭宏安译,广西师范大学出版社 2002 年版,第 289 页。

③ [德]哈贝马斯等:《文化现代性精粹读本》,周宪编,中国人民大学出版社 2006 年版,第24 页。

足并迷失于其中,而浮士德则认为,自己在享受世俗快乐之后定将受理智的牵引回归于人的本性。尽管事实证明浮士德是对的,但他在每次享乐之后都会陷入无尽的自责的痛苦之中。浮士德自我剖析说:"我心中藏着两个灵魂,一个要和另一个分离:一个耽于粗俗的情欲,执着的感官把人间抱紧;另一个脱出祖传的境界,顽强地想要超脱凡尘。"①这种心内心外的被撕裂状态痛苦地折磨着每一个有进取心的时代人,波德莱尔在《恶之花》中写道:"我感到一条受难之船的痛楚,在我身上震颤,顺风、暴风和它的一切的抽搐,在深渊的上面,把我摇晃。有时候又安详平静,如绝望之大镜!"(《音乐》)②"而我,灵魂已经破裂,烦闷之中,它想用歌声充满凛冽的夜空,它的嗓子却常常会衰弱疲软。"(《破裂的钟》)③

　　这种现代性体验也是现代性危机的一个典型表现。现代新儒家在分析西方现代性的时候,矛盾而痛苦的现代性体验正是他们批判的对象。方东美认为,西方科学理性推动了天文学、物理学、化学、心理学、医学上的巨大变革和长足进展,但时空的抽象与无穷也导致近代欧洲人在盲目外求的过程中常无法获得心灵的依托,造成了近代欧洲人心内与心外的多重矛盾,就心内来讲,心理上试图把握时空的欲望与事实上无法把握时空所产生的空虚感形成强烈的冲突,恰如歌德所描绘的浮士德一样,人格演绎为一场内在分裂的悲剧,方东美称之为"进取的虚无主义"。现代性越往后发展,越进入更加恶劣的现代性体验,20世纪之后,随着两次世界大战的爆发,现代性最初许诺的幸福早已不复存在,恐惧、焦虑乃至精神上的无家可归让人们饱尝了现代性的恶果,海德格尔将现代人的生命状态形象地描述为"被抛状态",每一个此在都是在"平均日常生活规定为沉沦着展开的、被抛地筹划着的在世"。④ 诗人帕斯悲

---

① [德]歌德:《浮士德》,樊修章译,译林出版社1993年版,第55页。
② [法]夏尔波德莱尔:《恶之花》,郭宏安译,广西师范大学出版社2002年版,第267页。
③ [法]夏尔波德莱尔:《恶之花》,郭宏安译,广西师范大学出版社2002年版,第269页。
④ [德]海德格尔:《存在与时间》,陈嘉映、王庆节合译,熊伟校,生活·读书·新知三联书店1987年版,第220页。

叹道："现代性'被割断了与过去的联系,不断地踩着眩晕的步伐摇摇晃晃向前猛冲,乃至无法生根,而只是过一天算一天;它无法回到自己的开端从而恢复自己的更新能力。'"[①]

三、审美现代性的抗争

哪里有压迫哪里就有反抗,现代性的演绎也是如此。人对保全自己生命精神的完整性和鲜活性具有永恒的自觉意识。波德莱尔在描述现代性为"过渡、短暂和偶然"之后,坚持认为艺术还有另一半,即"永恒与不变"。如果说现代性在 19 世纪末至 20 世纪的发展中已经背离了自己的初衷,那么不甘被牢笼所困的一批人便开始了抗争,他们依托文学、艺术与审美,任感性高飞,在其中表达着自己对于工具理性的批判、对现实生活的抗拒,自给自足地营造着他们关于理想人生的理念,这一批人被统称为现代主义者。

马歇尔·伯曼在提到现代主义者对现代生活的抗争时认为,根据人们对整个现代生活的三种态度,即避开的、否定的和肯定的,至 20 世纪 60 年代现代主义大致可分为三种倾向。

其一,避开的现代主义。伯曼指出:

> 第一种,即竭力避开现代生活的现代主义,由巴尔特在文学领域并由格林伯格在视觉艺术领域中最有力地表示出来。格林伯格坚持认为,现代主义艺术唯一应当关注的是艺术自身;而且,对任何给定的形式,一个艺术家唯一应当注意的是这种形式的本性和界限;表达的手段就是传达的信息,或媒介即信息。例如,对一个现代主义画家来说,唯一可允许的主题是,在其之上作画的表现(画布等等)的平坦状态,因为"唯有平坦状态才是这种艺术独一无二的特有的东西"。所以,现代主义就是对纯粹的、自指的艺术对象的追求。总而

---

① ［美］伯曼:《一切坚固的东西都烟消云散了——现代性体验·导论》,徐大建、张辑译,商务印书馆 2003 年版,第 43 页。

言之：现代艺术与现代生活的正当关系就是根本没有关系。巴尔特对这种社会生活的缺席作了正面的甚至是夸大的说明：现代作家"把他的背转向社会，面向对象世界而不讨论历史或社会生活的任何形式"。现代主义于是表现为要将现代艺术家从现代生活的不纯和粗俗中解放出来的一种伟大努力。许多艺术家和作家——甚至还有艺术和文学批评家——都感谢这种现代主义为他们建立了职业的自主和尊严。但是现代的艺术家或作家极少有人长期地赞成这种现代主义：一种没有个人感情或社会联系的艺术必然很快就会显得枯燥无趣，没有生命力。它所给予的自由只是那种形式美丽、密封的坟墓的自由。①

从伯曼的描述可见，极力避开现代生活的现代主义，是通过"现代艺术与现代生活的正当关系就是根本没有关系"这样一种逻辑来达到对艺术的"提纯"，其目标就是在这种纯粹的、自指的艺术中实现对个体感性、个体价值的留存。避开的现代主义者在自指的艺术中获得了"自主和尊严"，艺术的提纯仿佛就是艺术家自身的提纯一样，他们在这种艺术中能够体验到个体精神在其自身的那种安全感和归属感。伯曼也提到，这种避开的现代主义也是实属无奈，因为这些艺术家们非常明确地知道，艺术的真实性与持久生命力显然并不在单纯的艺术形式中，如此蛮横地切断艺术与社会的所有关联并不明智，纯粹形式的铺排最终实现的所谓自由可能只是"形式美丽、密封的坟墓的自由"。

其二，否定的现代主义。伯曼指出："其次有一种看法，把现代主义视为反对全部现代经验的一种永不停歇的革命：现代主义是'一种反传统的传统'（罗森堡语），一种'敌对文化'（特里林语），一种'否定的文化'（波焦利语），现代艺术作品据说是'用一种侵略性的荒谬来骚扰我们'（斯坦伯格语）。它

---

① ［美］伯曼：《一切坚固的东西都烟消云散了——现代性体验·导论》，徐大建、张辑译，商务印书馆 2003 年版，第 35—36 页。

要激烈地推翻我们的一切价值观念,却又不考虑重建被它摧毁的世界。随着60年代的进步和政治气候的变热,这种想法获得了力量和信任:在某些圈子里,'现代主义'成了表示一切反叛力量的代名词。"①

这是一种否定的现代主义,它反对一切与工业社会相关的艺术与生活,试图去解构现有结构下的一切稳定的东西。如毕加索的名画《格尔尼卡》,就是通过解构传统画面来达到对新思想的表达。笔者曾以美国文论家詹姆逊的观点为例,分析过现代主义者在其作品中所要表达的理念,詹姆逊认为,"毕加索的《格尔尼卡》要打破的,正是西方视角中最重要的一个方面,那就是传统的定点画法和透视法"②,因为定点法和透视法"都必须环绕着一个中心",但是,"透视其实不是人类的观察方法,我们人类的视角从来都是移动的,因此可以说透视是不真实的,只是一种幻觉,是一种意识形态。"③因此,"现代主义的绘画用各种各样的方式,想达到的一个目的就是摧毁透视,摧毁画框带来的整体性,要冲出的不仅是一种风格体裁,而是一整套意识形态。"④

其实,不管是避开的还是否定的现代主义,他们都是对现代工业制度下的意识形态和工具理性的批判与抗拒,他们在艺术中进行的所有创新都与工业时代的逻辑格格不入,因而都被称为激进的先锋派。然而,在先锋派看似疯狂的艺术表现的背后,其实是深深的孤独感与焦虑感,疯狂、激进只是无可奈何的软弱的自救而已,如同挪威画家蒙克的《呐喊》一样,以一个不完整的人的形象发出无声的呐喊,以警醒人们正在被工业文明和工具理性所吞噬的灵魂。

---

① [美]伯曼:《一切坚固的东西都烟消云散了——现代性体验·导论》,徐大建、张辑译,商务印书馆2003年版,第36—37页。
② [美]弗雷德里克·杰姆逊:《后现代与文化理论》,唐小兵译,北京大学出版社1997年版,第172页。
③ [美]弗雷德里克·杰姆逊:《后现代与文化理论》,唐小兵译,北京大学出版社1997年版,第172页。
④ [美]弗雷德里克·杰姆逊:《后现代与文化理论》,唐小兵译,北京大学出版社1997年版,第172页。

其三,肯定的现代主义。

还有一些人意识到,无论是避开还是否定都不是正途,唯有与现代文明的发展保持一致,积极正视现代性危机,才有可能在其中发现生命的转机,重塑人的价值与主体精神。伯曼指出:

> 对现代主义持肯定态度的看法是在 20 世纪 60 年代由一批不同种类的作家发展起来的,其中包括凯奇、阿洛韦、麦克卢汉、菲德勒、松塔、波伊里、文图里等人。它差不多与 60 年代早期出现的波普艺术同步。它的主题是,我们必须"醒过来回到我们的实际生活中去"(凯奇语),必须"越过边界,关闭裂缝"(菲德勒语)。其中的含义之一便是,要拆毁"艺术"与其他的人类活动如商业娱乐、工业技术、时装设计、政治等之间的篱笆。它还鼓励作家、画家、舞蹈家、作曲家和电影制作者共同致力于创造出更多丰富多彩的艺术的复合媒介产品和表演。①

至此可以看出,现代主义最终的散场已经与后现代主义合而为一了。尽管现代主义者怀有坚定的理想与崇高的情怀,一直想要努力保全人的整体性和主体性,却不得不与工业文明妥协。以至于有些人认为,"只要能把现代主义这条蛇驱逐出现代的乐园,时间、空间和宇宙就会摆正自己的位置。这样,一个技术—田园牧歌式的黄金时代就可以回来,人与机器从此就可以在一起过着永远幸福的生活"②。

现代化和工业化是不可逆转的社会现实,这是现代人的审美经验和艺术理想赖以确立的基础,对它的逃避只能导致美学建构的虚无主义。因此,当后现代主义时代的大众文化以压倒一切的气势席卷而来的时候,审美现代性=

---

① [美]伯曼:《一切坚固的东西都烟消云散了——现代性体验·导论》,徐大建、张辑译,商务印书馆 2003 年版,第38—39 页。

② [美]伯曼:《一切坚固的东西都烟消云散了——现代性体验·导论》,徐大建、张辑译,商务印书馆 2003 年版,第38 页。

审美自律＝审美孤立的自圈运动立刻土崩瓦解了,因此审美现代性必须重找出路。在工业现代化和大众文化泛滥的现实处境下,现代主义式的逃避显然不是办法,现代化问题的解决方案也必然来自现代化的内部,如何在现实生活中重建感性与理性、人与技术之间的新关系,才是美学发展真正应当关注的问题。对于大众文化,民众身处其中,热情欢呼,与之共生共存,而现代主义则视为洪水猛兽,认为这是工业文明生成的无中心、无深度、碎片化的消费文化,国际国内美学主流观点都将大众文化视为美学现代性建构的最大障碍。但单纯地批判无济于事,正视、接受并反思才是正途。的确,大众文化具有可复制性、同质化、机械化等特点,在一定程度上带来了审美观念的肤浅、同化、零散甚至被强制性接受的特点,压制了人的主动性、创造性、想象力、道德感和深层情感,丰富的人性被压制得单薄而片面,但大众文化是否也能孕育出崇高审美理想和复归人性的可能条件却是我们值得思考的问题,或许诚如哈贝马斯所言,现代性还是一项远未完成的未竟事业,新的时代呼唤新的启蒙。

第二章　中国美学的现代发生及其现代性问题

　　中国传统思维方式是一种综合而内省的思维方式,这与自给自足的农业经济模式有着很大的关系。自给自足即不必行走、不必外求、不必冒险,中国人赖以生存的一切要素都源自大自然的馈赠,这使得中国人自古养成了与自然最为亲密和谐的关系,日出而作、日落而息,春种、夏耘、秋收、冬藏。因此,中国人爱天地、敬天地、护天地、酬天地,勤劳的中国人时刻保持着自己与天地自然的统一性和一致性,时刻警醒着自己与天地自然的不统一、不一致而带来的天罚。因此,中国所有文化的建构也都围绕天人和谐来进行,传统文化各家在天人关系上皆殊途而同归,都以纯粹而真诚的心性维护着人与天的各层和谐。儒家讲"诚者,天之道也;诚之者,人之道也",道家讲"忘乎物,忘乎天","用心若镜",都是从天人关系上来思考的。中国人的思维始终在天—地—人之间循环运转,形成了天人合一的圆融之境。

　　中国传统美学依托于中国传统的农业经济,形成了以儒、道、佛为主线的天人合一式的和谐、圆融的大生命美学。从儒家来看,它追求美善合一的人格境界、追求参赞化育的生命价值;从道家来看,它追求以天合天的天人和谐、追求有无相生的审美境界;从佛教来看,它追求放下以成的心灵境界、追求以空证有的人生智慧。总体上,中国传统美学塑造的是形上形下的整体圆融与田园牧歌式的审美境界。

在中国国门被武力打开之前,中国人一直用这种传统审美文化养护着自己的心性,普通耕读之家,有余力而学文,学而优则仕。这种文化在逻辑分析思维和科技创新方面有着先天的不足,从不善于谋求西方式的科学与理性,也没有西方式的工具性思维。因此中国传统文化在追求科技强国方面,缺少充足的内在基因,也不具备主动开启西方式的现代性与现代美学的内在基因。中国现代性的确立以及中国美学由传统向现代的转型不是中国文化体系内在的逻辑演变,而是伴随着中国政治的变革被迫发生的。

第一节　中国式现代启蒙

18 世纪中叶,当西方的启蒙运动与工业革命正在如火如荼进行的时候,中国正躺在乾嘉开创的末世辉煌上做着最后的天朝上国的梦。随着西方主要国家资本主义制度的确立和他们对海外市场的侵占瓜分,中国因广阔的市场逐渐受到了西方国家的关注。但当时清政府持闭关锁国政策,1757 年,乾隆皇帝下令,中国沿海各港口,除广州外,停止与西方的贸易。而对于所有输入的洋商货物,清政府皆索以重税。英国为了扭转对华贸易逆差,竟干起了罪恶的鸦片贸易,林则徐的虎门销烟成了英国入侵中国的借口。

自 1840 年鸦片战争开始,中国就在列强的一次次武力攻击下走向没落,1860 年英法联军入侵北京、1894 年中日甲午海战、1900 年八国联军再次入侵北京,直至 1912 年清政府彻底垮台。这期间,清政府与西方列强签订了一系列不平等条约,包括《南京条约》《五口通商章程》《虎门条约》《望厦条约》《黄埔条约》《天津条约》《北京条约》《中法新约》《马关条约》《辛丑条约》等,这些条约不仅让中国割地赔款,更使中国从此国门大开,丧失了商贸自主权,中国沦为半殖民地半封建国家。

丧权辱国的悲剧体验迫使中国由此开眼看世界。中国人目睹了西方科技力量的强大和天朝上国的不堪一击,于是有识之士开始谋求西方式的变革,希望能够"师夷长技以制夷"。自 19 世纪 60 年代开始至 1898 年发动戊戌变法,晚清政府先后进行了长达 30 年的洋务运动,最终以失败而告终。洋务运动是对西方的科学技术尤其是军事技术和政治体制的直接模仿,洋务运动的失败使中国知识分子意识到,失利的根本原因并不在于技术而在于制度和文化,于是中国知识分子开始从文化上探索洋务运动失败的原因,探讨中西文化的根本差异以及如何抉择的问题,他们在内忧外患中开启了中国式启蒙,中国的现代性就此拉开序幕,而现代中国美学正是中国式启蒙的产物。

一、救亡与启蒙的双重变奏

一般来说,中国以 1840 年鸦片战争的爆发作为中国进入近现代史的标志。与此相应,中国的现代性也由此发端。与西方现代史以追求科学进步、个体自由为核心不同,中国近现代史几乎就是一部战争史,是中国人民争取民族独立与解放的救亡图存的历史。因此,中国近现代历史中,几乎所有的时代课题都围绕救亡图存这一主题来展开,个体性让位于民族性和集体性。无论是艺术、审美还是文化,都染上了浓重的政治性色彩,这与西方现代性对个体性的重视呈现很大差异。李泽厚曾以"救亡与启蒙的双重变奏"来概括中国现代思想史的基本脉络。他认为,启蒙与救亡作为中国现代思想史的一个双重主题,相辅相成。经过戊戌、辛亥之后,五四运动主要人物把重点放在启蒙、文化上,认为只有革新文化,打倒旧道德旧文化,才能救中国。但中国现代历史的客观逻辑(主要是日本帝国主义的侵略)终于使文化启蒙先是从属于救亡,后是完全为救亡所压倒;因为其他的课题和任务都得服从有关民族生死存亡的主题。

近代以来,救亡与启蒙从进程上来讲几乎是同时开启的,只是不同时段侧重不同。清政府垮台之前,民族救亡为第一要务,此一阶段从晚清政府到民间志士乃至于太平军都积极学习西方科学技术、更新军事装备、改革政治制度,以救亡对抗列强,以曾国藩、李鸿章、康有为等人为此期社会改革的代表人物。在各种急功近利地学习、模仿、生搬硬套失败之后,中国人意识到革新文化、培育新民乃为救国之本,于是以梁启超、蔡元培、陈独秀、胡适、鲁迅等人为代表的一批先进知识分子积极引入现代西方文化、宣扬西方科学、批判孔子和儒家思想、改革旧思想、重建人生观。从 20 世纪初开始至日本全面侵华之前,中国知识分子开展了五四运动、科玄论战、白话文运动等各种新文化运动,大量兴建新文化团体、创办新思想刊物,开启了轰轰烈烈的中国式文化启蒙。

在这一阶段,中国思想界异常活跃,各种新思想悉数登场,有主张全盘西化者,有主张部分西化者,有信仰马克思主义者。从总体上来讲,中国启蒙各派虽以文化运动为主体手段,但根本目标并不指向文化的发展,而是通过文化运动培养新的意识形态以代替儒家思想的主导作用,以西方现代民主、科学与法制思想启发国民摆脱旧观念,建立新理性,以图拯救民族危亡,重建富强民主之新中国。李泽厚认为:"当时青年是面向未来作乐观的眺望,希望去实现那理想的完美社会,而并不是对黑暗现实作绝望的反抗而已。他们还没有现代主义那种荒谬感、孤独感、无可依归感,他们还不是为反而反,不是纯批判性或破坏性的捣毁,而毋宁是在追求某些肯定性的理想。"[①]李泽厚所言,提醒了一个非常容易被忽视的问题,即中国的现代化进程开始于对西方现代文明的引入,但这中间有一个时间的错位:当中国大量引入西方现代文明以开启中国现代启蒙的时候,正是西方现代文明的负面价值日益显现、西方全面进入对现代性危机进行批判与反思的时候。尽管当时有不少思想家提出了要警惕西方现代性危机,审慎对待中西文化的取舍问题,但救亡的需求高于一切,启蒙与救亡是时代的主旋律。

二、五四运动的文化启蒙

现代性是对现代化进程中的各种特征、变化及其性质的抽象表述,尤其是

---

① 李泽厚:《中国现代思想史论》,东方出版社 1987 年版,第 21—22 页。

物质生产条件、现实生活条件的改变所造成的文化、思维模式、思想观念等的前后变化，以及其中的内在矛盾。中国的现代化进程，从历史上看自鸦片战争开始，然而从文化上看，中国迈入现代的进程，当于五四运动之后。五四运动不仅包括1919年5月4日前后由学生、知识分子及工人推动的爱国反帝运动，也包括这一政治运动前后发生的新文化运动，在时间上泛指从1915年《新青年》创刊，终于1923年科玄论战结束。陈独秀、李大钊作为五四新文化运动的主要代表，也直接参加了五四爱国反帝运动，因此这两个层面的内容是结合在一起的。五四运动是中国近代知识分子有意识、有目的规划的一场大的思想改革运动，是中国式现代启蒙的高峰。通过五四运动，中国启蒙知识分子实现了批判旧文化、引入新文化、培育新国民、重塑人生观的启蒙任务，开启了中国思想文化的现代化进程。

（一）五四运动的标志性事件

1. 新文化运动

五四运动不仅包括爱国反帝的政治运动，还包括新文化运动。新文化运动是西学东渐的背景下，中国知识分子批判传统文化，理解和接受西方文化，推动中国文化现代化的运动。这场运动是在此前的洋务运动的经济救国和戊戌变法、辛亥革命等各种政治改革遭遇困难矛盾的情况下，从文化上探索中国的现代化之路。

新文化运动激烈批判旧文化旧世界。中国社会在政治制度上虽然有了大变革，但封建礼教和伦理纲常仍占据着人们的头脑，人们的思想观念与现代自由平等的原则不相容，不利于真正建立共和立宪制，导致社会生活中充满了矛盾，人们称此为"制度革命思想不革命"。新文化运动者希望能从文化上捍卫辛亥革命创建的共和体制，他们认为旧文化成了共和国体建设的障碍："此时，我们中国多数国民口里虽然是不反对共和，脑子里实在装满了帝制时代的旧思想，欧美社会国家的文明制度，连影儿也没有"，"要诚心巩固共和国体，非将这班反对共和的伦理文学等等旧思想,完全洗刷得干干净净不可"①。因为旧文化已不适合中国社会和时代潮流,所以新文化运动者1915年创办了《新青年》,试图用新文化塑造新青年。

　　新文化运动者殷切期盼新文化新世界,这里新文化主要指西方文化,新世界主要指西方世界。新文化运动最鲜明的口号就是德先生(Democracy,民主)和赛先生(Science,科学),他们希望将西方科学与民主观念全面输入中国,为人理解与接受。胡适的一段话可见一斑:"无论懂与不懂的人,无论守旧和维新的人,都不敢公然对他表示轻视或戏侮的态度。那个名词就是'科学',这种几乎全国一致的崇信,究竟有无价值,那是另一问题。我们至少可以说,自从中国讲变法维新以来,没有一个自命为新人物的人敢公然诽谤'科学'的。"②《新青年》(1915年)和《新潮》(1919年)是传播新文化的主要阵地,试图让中国"溶于世界文化之流"③。

　　新文化运动时的中国虽然强烈要求学习西方的科学技术和民主政治,但是西方刚经历了第一次世界大战,欧洲现代文明暴露出了明显的问题,出现了后现代思潮。这促使中国知识分子既要学习西方长处,又面临反省西方现代化的问题,改变自洋务运动以来盲目崇拜西方科学技术的心态,民族意识开始觉醒,知识分子走向了自主探索民族发展之路。正如有学者指出:"新文化运动根本的思想取向在追求现代性",虽然其主持者对西方反省现代性思潮并不认同,但受到了西方反省现代性思潮的影响。④ 因此胡适借用尼采的名言提倡"重新估定一切价值",体现了新文化运动对现代性的多重反省,体现了他们对中国现代化之路的探索与追求。

　　由于新文化运动时期政治上有救亡的迫切要求,因此当时学者对现代性

---

① 陈独秀:《旧思想与国体问题》,《新青年》3卷3号。
② 胡适:《〈科学与人生观〉序》,《胡适文集》第3卷,北京大学出版社1998年版,第152页。
③ 傅斯年:《发刊旨趣书》,《新潮》创刊号。
④ 郑师渠:《新文化运动与反省现代性思潮》,《近代史研究》2009年第4期。

的反省很不彻底。中国的民主与科学是无根的民主与科学,它是伴随西方暴力入侵一起被输入中国的,在中国当时的条件下还不具备民主与科学生根的土壤,很多民主与科学的讨论话题在当时并非真正的中国问题,中国的真正问题是民族独立和真正的民主国家的建立问题。因此,李泽厚提出当时的背景是救亡压倒启蒙是很准确的。

2. 白话文运动

中国传统文章以文言书写,是为文言文。文言是在先秦口语基础上形成的上古书面语言,不仅四书五经等古代经典是以文言文写成,而且它的书写规范为后世文人遵从。随着儒学成为中国社会的主导思想,文言文成为官方书面语言,各种学术著作主要以文言文写作。自唐宋以来,白话文在通俗文学中已出现。随着清朝解体,封建社会结束,文言文独尊的局面开始动摇。由于文言文与日常交流语言的距离较远,无法适应现代中国社会发展的需要。连守旧派学者刘师培都提出:"言文不合一之弊,乃创为白话报之体,以启发愚蒙。"①晚清中国社会的现代化变革促使了白话文运动的发生,白话文运动又为中国的现代化提供了语言的媒介。正如有学者指出:"白话文成为了现代西方知识传播的最有效的媒介,也成为了启蒙运动最便利的工具。"②白话文运动主张以通俗化的语言进行写作,实现了言文一致,开启了现代中国的知识重建运动。

白话文运动分为晚清白话文运动和五四白话文运动两个阶段。晚清白话文运动的代表人物有章太炎、刘师培等,他们虽以研究国学而闻名,但都感于文言与实际交流用语的距离,希望在应用文言的同时,也用白话文办报纸、做撰述向普通百姓普及新知识。例如刘师培主张"一修俗语,以启沦齐民;一用古文,以保存国学"③,章太炎也主张将通俗之文与学术之言分开。虽然刘、章

① 刘师培:《论白话报与中国前途之一关系》,《警钟日报》1904 年 4 月 25 日。
② 旷新年:《胡适与白话文运动》,《中国现代文学研究丛刊》1999 年第 2 期。
③ 刘师培:《中古文学史·论文杂记》,人民文学出版社 1984 年版,第 110 页。

二人都看到了白话文在促进通俗文章发展、启蒙民智方面的作用,但仍然希望在士大夫阶层和学术文化层面保留文言文。这种将文言文与白话文并行的做法,是一种妥协的做法,这也是晚清白话运动不彻底的根源。

五四白话文运动以陈独秀、胡适、鲁迅、周作人等为代表,他们的白话文有开一代风气的作用。胡适 1917 年在《文学改良刍议》一文中提出了文学改良的八项主张,分别是需言之有物、不模仿古人、需讲求文法、不做无病之呻吟、务去滥调套语、不用典、不讲对仗、不避俗字俗语。他从中国文学发展历史与规律的角度提出白话文符合当代中国文学发展趋势的主张:"以今历史进化的眼光观之,则白话文学之为中国文学之正宗,又为将来文学必用之利器。"① 他指出:"今日之文学,其足与世界'第一流'文学比较而无愧色者,独有白话小说一项"②,将施耐庵、曹雪芹、吴趼人看成文学的正宗,因为这些白话文小说不避俗字俗语,没有刻意模仿古人,实现了言文合一。胡适 1917—1918 年还发表了《历史的文学概念》和《建设的革命文学论》等论文,论证了白话文学的发展具有历史的必然性。钱玄同、刘半农等人也都支持胡适的主张。

五四白话文运动不仅实现了言文合一、读音统一,促进了社会文化交流,而且彻底推翻了作为封建文化载体的文言文,为各种新思想的传播创造了条件,为中国文化的现代化扫清了道路。胡适将白话文学作品提升到经典的位置,认为白话文学是"一种思想文化和语言上的根本变革",提出要"努力使白话文变得丰富与优美,发现和提高白话文的美学价值"。③ 白话文运动与新文化运动互相促进,推进了中国文化现代化的进程。

白话文运动是中国传统社会走向现代社会的一个分水岭,五四白话文运动虽然成功了,但因为提倡白话文而打倒文言文,却在传统文化与现代化之间留下了一条裂痕。语言是文化的载体,传统文化中的优秀典籍、诗歌、散文都

---

① 朱文华编选:《反省与尝试——胡适集》,上海文艺出版社 1998 年版,第 236 页。
② 朱文华编选:《反省与尝试——胡适集》,上海文艺出版社 1998 年版,第 228 页。
③ 旷新年:《胡适与白话文运动》,《中国现代文学研究丛刊》1999 年第 2 期。

是以文言的形式创作的,如何在语言转换的同时,协调好传统与现代的关系,乃至中国文化与西方文化的关系,这是一个需要慎重对待的问题。胡适对待白话文的态度是相当激进的,如同他在中西文化之间激进地选择全盘西化一样,选择白话文也连带把以文言为载体的传统文化一并抛弃显然是矫枉过正的。

3.科玄论战

新文化运动高举科学与民主的大旗,全社会都对科学顶礼膜拜,似乎科学无所不能。这种情况受到了一些文化保守主义者的关注与批判。张君劢1923 年 2 月 14 日在清华大学做了题为"人生观"的演讲,分析了科学与人生观的区别,提出了中国文化的价值重估和重建问题。他主张中国文化的重建关键是重建人生观,五四新文化运动片面提倡科学,给人以科学能解决所有问题的印象,这是一种错误的引导。他认为科学的性质是客观的、逻辑的、分析的、因果性的和一致性的,而人生观则是主观的、直觉的、综合的、自由意志的和单一性的,因此,"不管科学发展到什么程度,也不能解决人生观的问题"①,人生观问题的解决"惟赖诸人类之自身而已"。张君劢否定科学万能论,实际上是希望人们不要盲目地崇拜西方文明,而激烈地否定东方文明。张君劢通过第一次世界大战看到了西方科学及其创造的物质文明存在巨大问题,他批判西方的人生观,提倡中国古代的精神文明,希望用重视内心修养的儒家思想来解决人类陷入战争的痛苦的问题,提出人类的理想社会是没有斗争和革命的道德化的大同社会。张君劢的观点得到了梁启超、张东荪、林宰平、范寿康、菊农等人的支持,是为玄学派。

张君劢的演讲引起了广泛讨论,批判与质疑也接踵而来。地质学家丁文江很快发表了题为《玄学与科学——评张君劢的〈人生观〉》的文章,认为任何知识没有经过批判和逻辑的研究,都不能被认为是知识,因此科学在知识的领

---

① 张君劢:《人生观》,《清华周刊》1923 年第 272 期。

域内是万能的。他认为科学对人生观的树立有积极作用,科学精神是教育和修养最好的工具,因为人生观受到科学方法的制约,要受科学的公理、定义和方法的支配,所以真正的科学精神有利于树立理智化、高尚的人生观。第一次世界大战之后有人提出欧洲文化破产论,丁文江认为:"欧洲文化纵然是破产(目前并无此事),科学绝对不负这种责任,因为破产的大原因是国际战争,对于战争最应该负责任的人是政治家同教育家,这两种人多数仍然是不科学的。"①他认为欧洲出现战争问题,负责任的应该是玄学家、教育家、政治家,而不能把责任推给纯洁高尚的科学。他将张君劢的人生观哲学斥为"玄学",称张君劢是"玄学鬼附身",认为当时的中国要反对"玄学鬼",就迫切需要"科学神"。丁文江的观点得到了胡适、吴稚晖、王星拱、任叔永、朱经农、唐钺等人的支持,是为科学派。

　　科玄论战比较集中的时间是1923年2月至1923年底。1923年有学者将辩论文章编为《科学与人生观》和《人生观之论战》两本相似的论文集。陈独秀1923年11月为《科学与人生观》论文集作序。陈独秀反对玄学派从先天的形式、良心、直觉、自由意志、情感来解释人生观的观点,认为:"不同的人生观,都是他们所遭受的客观的环境造成的,绝不是天外飞来主观的意志造成的,这本是社会科学可以说明的,绝不是形而上的玄学可以说明的"②,玄学派提出的影响人生观的一些神秘莫测的因素都可以从社会环境和历史发展,尤其是经济发展来解释,都受客观的因果所支配;陈独秀认为丁文江没有说清科学何以能支配人生观,认为丁文江将欧洲大战的责任归到玄学家、教育家和政治家身上不合理,提出欧洲战争是英德工业资本争夺世界市场的结果。陈独秀也反对胡适"坚持物的原因外,尚有心的原因——即知识、思想、言论、教育,也可以变动社会,也可以解释历史,也可以支配人生观"的言论,认为胡适

---

① 张君劢、丁文江等:《科学与人生观》,山东人民出版社1997年版,第54—55页。
② 陈独秀:《〈科学与人生观〉序》,张君劢、丁文江等:《科学与人生观》,山东人民出版社1997年版,第3页。

陷入了心物二元论的泥潭。陈独秀提出:"只有客观的物质原因可以变动社会,可以解释历史,可以支配人生观,这便是'唯物的历史观'"[1],他鲜明地站在马克思主义的唯物史观立场上辩论,可称为唯物史观派。

在科玄论战中,现代中国三大思想主潮马克思主义者(陈独秀、瞿秋白)、现代新儒家(张君劢)和自由主义者(胡适)都发出了自己的声音,其思想倾向与特质已初步显露。马克思主义者强调唯物历史观对人生观领域的革命性变革,现代新儒家强调了儒学为代表的传统文化在中国人的人生观中的巨大影响,自由主义者胡适则提出了建立在科学基础上的新人生观。虽然陈独秀和胡适都认为这场论战相互都未切中论辩的要害,但这次论战中涉及的学术问题,如科学与玄学关系、东方文化和西方文化的关系、传统与现代化的关系,都是近代中国文化建设的核心论题,代表了现代中国知识分子反省现代性思潮的初期成果。

(二) 中国式启蒙的价值诉求

新文化运动的价值诉求非常明确,即批判旧文化,引入新文化,希望用新文化塑造科学的人生观,培育新国民,为现代中国的政治变革、社会变革准备思想文化基础、人才基础和群众基础。

1. 批判旧文化

新文化运动对中国传统文化进行了深入的反省和检讨。由于1840年以来的中国各种变法、革命都没有彻底改变中国的面貌,五四新文化运动的学者们将批判的矛头指向中国传统文化。清王朝的解体让以儒家为代表的传统文化失去了制度的依附,旧的文化、信仰、观念、习俗、规范都开始动摇或走向崩溃。虽然有清末康有为等维新者的托孔改制以及民国初年袁世凯推行尊孔读经,但未能在儒家思想的基础上为国家指出一个光明的前途,这更激起了新文

---

[1] 陈独秀:《〈科学与人生观〉序》,张君劢、丁文江等:《科学与人生观》,山东人民出版社1997年版,第7页。

化运动者对传统文化进行整体批判的决心,以期摧毁恢复帝制派和文化保守派的文化根基。

五四新文化运动的学者认为旧文化已成为中国社会走向现代化的障碍。陈独秀在《吾人最后之觉悟》一文中指出:自明代中叶以来西方文化传入中国,中西文化的交流碰撞主要有七次,每一次都使中国人有所觉悟。他将第七期民国宪法实行时代称为新旧思潮的大激战,在此激战中产生了最后的政治觉悟以及"伦理的觉悟"。他将伦理的觉悟称为"最后觉悟之最后觉悟"①。西方的共和立宪制以独立、平等、自由为原则,和儒家的纲常等级思想是不相容的,因此要发展民主政治,必然要从文化上破除以儒家为代表的重视尊卑等级的旧文化,提倡西方自由平等独立的新文化,从而为发展国民政治准备思想的基础。陈独秀 1919 年阐明《新青年》批判旧文化的具体指向即"破坏礼教,破坏礼法,破坏国粹,破坏旧伦理(忠、孝、节、义),破坏旧艺术(中国戏),破坏旧宗教(鬼神),破坏旧文学,破坏旧政治(特权人治)",这几乎是全盘的反传统,将中国传统文化一切推倒重建。

陈独秀对旧文化的批判集中于儒家的三纲思想。随着封建帝制的消亡,传统家庭制度成为儒家伦理思想依附的最后现实基础,因此陈独秀首先对传统大家庭制度进行了批判。他将儒家三纲思想看成中国古代伦理政治的总根源,"三纲之根本义,阶级制度是也。所谓名教,所谓礼教,皆以拥护此别尊卑、明贵贱之制度者也。近世西洋之道德政治,乃以自由、平等、独立之说为大原,与阶级制度极端相反。"②由批判家庭制度进而批判封建帝制背后的传统伦理思想、阶级等级观念,似要釜底抽薪,于是以孔子为代表的儒家思想在这场批判中完全丧失了权威,维系中国古代社会秩序的伦理思想也受到了致命的打击,中国社会出现了一个意识形态的真空,给其他社会思潮的传播提供了空间,这正是新文化运动者努力追求的方向。

---

① 陈独秀等著,王中江、苑淑娅选编:《新青年》,中州古籍出版社 1999 年版,第 110 页。
② 陈独秀等著,王中江、苑淑娅选编:《新青年》,中州古籍出版社 1999 年版,第 110 页。

新文化运动学习西方文化的态度是明确而彻底的,但对中国文化则认为可以采取批判的方式对待。一方面,他们主张对其中封建性的、专制性的、不平等的内容进行批判,废除其中落后腐朽的部分;另一方面,主张对于中国旧有的学术思想也应持"评判的态度"。胡适反对盲从传统文化,要求重新估定一切价值;反对将古今中外的文化进行调和;主张"整理国故",整理出古代学术思想的条理和系统,研究学术思想的渊源和前因后果,用科学的方法对传统文化做精确的考证,把古人的意义搞清楚。胡适其实是主张将科学研究的方法引入传统文化研究之中,这对现代学术方法的建立有推动作用。

2. 引入新文化

随着西方列强用武力打开中国的大门,西方文化随之在中国广泛传播。尤其随着封建社会的解体,中国传统文化陷入困境,中国出现了意识形态的真空,给西方文化的传播与发展以契机,西方实用主义、自由主义、功利主义、社会主义甚至无政府主义在中国都广泛传播。至五四新文化运动,知识分子自觉地以《新青年》为阵地,大力提倡以民主和科学为主要内容的新文化。1918年冬,傅斯年、潘家洵、康白情等在北京创办《新潮》月刊,该刊提出以批评的精神、科学的主义和革新的文辞为指导,支持新思想和新文学运动。

新文化运动者具有引入西方文化的高度自觉,他们普遍认为西方的民主政治体制需要西化的文化思想为支撑。陈独秀说:"盖共和立宪制,以独立平等自由为原则,与纲常阶级制为绝对不可相容之物,存其一必废其一"[1],因此有学者指出陈独秀伦理革命的目标是"推倒以三纲五常为核心的儒家伦理道德,建立西方近代资产阶级的伦理道德"[2]。胡适提出要死心塌地地去学人家,要全盘的西化。陈独秀通过比较中西文化,撰写了《东西民族根本思想之差异》《法兰西人与近代文明》等文章,对西方文化进行传播。因此有学者提

---

[1] 陈独秀:《吾人最后之觉悟》,《青年杂志》1 卷 5 号。
[2] 徐国利:《陈独秀"伦理革命"思想的再认识》,《安徽史学》2005 年第 4 期。

出"五四新文化运动是中国与世界文明主流全面接轨的运动"①,揭示了中国知识分子传播西方文化,推动中国文化走向现代化和世界化的努力。

新文化运动者赞美西方现代文明,将西化看成真正的现代化的方向。他们认为,即使不能"全盘西化",至少应是"充分西化"。新文化所谓的"新"是社会、政治、经济、文化等改革的全面的新。陈独秀指出:"新文化运动,是觉得旧的文化还有不足的地方,要加上新的科学、宗教、道德、文学、美术、音乐等运动。"②他所讲的新科学不仅指自然科学,也包括拿研究自然科学的方法来研究的社会科学,如社会学、伦理学、历史学、法律学、经济学等;新宗教是指除去了旧宗教非科学的迷信成分且没有坚固起信基础的宗教;新道德是指将传统道德关于家庭的孝悌扩充到全社会的友爱的社会公德;新文学是指以白话文撰写的、通俗易解并表达人类高尚情感的文学;新艺术如音乐和美术也同样需要表现人类最高的情感。

在对西方文化的学习中,新文化运动者关于学习的具体对象产生了分歧。有学者提倡学习欧美的政治与文化,也有学者提倡学习俄国的革命理论。钱玄同在《新青年》上发文章说:"既在二十世纪建立民国,便该把法国、美国做榜样"③,陈独秀也主张学习法国,将法国称为近世文明的代表,认为人权说、生物进化论、社会主义都发源于法国,"可称曰'近世文明'者,乃欧罗巴人之所独有,即西洋文明也,亦谓之欧罗巴文明"④,而罗家伦在《新潮》创刊号上却撰文指出,20世纪的思想趋势是俄国的革命思想:"现在的革命不是以前的革命了! 以前的革命是法国式的革命,以后的革命是俄国式的革命",认为法国式的革命是资产阶级革命,俄国式的革命则是无产阶级革命。李大钊也在《新青年》第六卷上发表《我的马克思主义观》,热情盛赞马克思主义革命理

① 李新宇:《什么是"新文化运动"?》,《社会科学战线》2004 年第 3 期。
② 陈独秀等著,王中江、苑淑娅选编:《新青年》,中州古籍出版社 1999 年版,第 424 页。
③ 钱玄同:《热风·随感录二十八》,《新青年》5 卷 3 号。
④ 陈独秀:《法兰西人与近世文明》,《青年杂志》1 卷 1 号。

想,对马克思主义的社会主义经济学、唯物史观和阶级竞争论进行了阐发。新文化的不同取向,也为后来中国的社会变革和中国共产党的成立及武装夺取政权的革命政治路线的制定奠定了思想基础。

3. 培育新国民

虽然辛亥革命推翻了清王朝,但上至官员,下至百姓,他们头脑中依然为传统思想所控制,民主共和思想并未进入人心,更谈不上深入人心。正如鲁迅所说:"最要紧的是改革国民性,否则,无论是专制,是共和,是什么什么,招牌虽换,货色照旧,全不行的。"[①]因此新文化运动者不再像之前的革命者一样专注于政治运动,他们关注的焦点是文化的改革,通过文化的改造而实现国民性的改造和民主的启蒙。代表的文章有陈独秀的《东西民族根本思想之差异》、梁启超的《国民的改造》等。

陈独秀1915年在《青年杂志》的发刊词《敬告青年》中向青年提了六点要求,以促发青年人树立起新人格,即建立以自由、平等和独立为核心的资产阶级新道德,树立积极进取、求真务实的人生价值观。显然,陈独秀提倡的人生观是为了巩固辛亥革命的成果,推动资产阶级民主政治体制的建立而提出的,同时批判了儒家的旧道德、旧的价值观和人生观。他认为儒家旧的价值观和人生观不仅在封建社会造成了不平等、不民主,而且袁世凯、张勋复辟的帝制中,以孔教为核心的封建礼教也被利用了。新文化运动以民主与科学为口号,其实质是为了借民主与科学来"救中国政治上道德上学术上思想上一切的黑暗"[②],从而推动伦理思想的革命,促进新人生观的塑造。李大钊指出:"我狠盼望我们新青年打起精神,于政治、社会、文学、思想种种方面开辟一条新径路,创造一种新生活,以包容覆载那些残废颓败的老人。"[③]

---

① 《鲁迅全集》第11卷,人民文学出版社1981年版,第31页。
② 《〈新青年〉罪案之答辩书》,《陈独秀著作选》第1卷,上海人民出版社1993年版,第443页。
③ 陈独秀等著,王中江、苑淑娅选编:《新青年》,中州古籍出版社1999年版,第239页。

陈独秀发动新文化运动,以塑造新人格为直接目的,由此推动中国社会的彻底改变。新文化运动不仅希望改造青年,而且希望能影响军人、劳动者、资本家、当政者,从而彻底引起中国人思想观念的变革,并引发改革行为,最终推进中国社会在实践层面的各种变革。正如陈独秀指出:"新文化运动要影响到别的运动上面。新文化运动影响到军事上,最好能令战争止住,其次也要叫他做新文化运动底朋友不是敌人。新文化运动影响到产业上,应该令劳动者觉悟他们自己的地位,令资本家要把劳动者当做同类的'人'看待,不要当做机器、牛马、奴隶看待。新文化运动影响到政治上,是要创造新的政治理想,不要受现实政治底羁绊。"①只有国民性的革新,才能真正建设一个新社会,这是新文化运动最核心的价值诉求,是对文化救国道路的探索。

第二节　美学的现代开启及其启蒙论主题

欲救国,先新民,这是当时历经民族苦难、一心救亡图存的有识之士的共同认识。在亲历了变法图强、改良政治等一系列务实举措的失败之后,他们选择了教育新民这一务本的做法。1892 年,郑观应在《盛世危言》中提出,"学校者,造就人才之地,治天下之大本也",1895 年,严复也提出国家之强盛,关键在于"鼓民力""开民智""新民德"。而倡新民说最力者当为梁启超,他在《新民说》《论教育当定宗旨》等文章中,直陈新民的时代意义与紧迫性。从上述新文化运动的过程及其主旨中,可以看出,文化的革新是全方位的,在这样一个大背景下,美学和美育被引入中国,并从一开始就被赋予了民族启蒙的时代重任。

1901 年,蔡元培在《哲学总论》中第一次从西方引入"美育"概念,并将美育界定为"情感之应用"。关于这个概念,1931 年蔡元培在《二十五年来中国

---

① 陈独秀等著,王中江、苑淑娅选编:《新青年》,中州古籍出版社 1999 年版,第 429 页。

之美育》中回忆说,是从德文 asthetiche erzeihung 翻译过来的,而这个词正是西方美育第一人席勒所使用的概念。事实上,蔡元培的美育观念正是以席勒的审美救赎论与康德审美无功利为基础构建起来的,中国近代美学的这一开端,奠定了美学理论在此后的基本格局。王国维在蔡元培之后系统介绍了席勒和康德的美育思想,1903 年至 1907 年,王国维在《论教育之宗旨》《孔子之美育主义》《教育家之希尔列尔》等文章中阐发了美育的基本功能与价值,他从席勒对审美在弥合感性与理性的分裂及恢复人性的完整性中的重要作用出发,将美育的价值定位于使人"为完全之人物",并首倡智、德、美、体全面发展的教育宗旨。在蔡元培与王国维等社会名流的积极倡导下,美育渐成 20 世纪前 30 年中国社会关注的热点,特别是 1917 年蔡元培发表《以美育代宗教》一文之后,美育更是激起了文艺界、学术界异乎寻常的热情,包括王国维、蔡元培、梁启超、鲁迅、吕澂、朱光潜、宗白华等都加入了美育大讨论的行列。

在 20 世纪前 30 年中,美学的讨论主要集中于对美学的启蒙与救亡、功利与非功利方面的讨论,虽然现代中国美学的前期发展不能简化为启蒙与救亡、功利与非功利的二元对立,但这一主线还是有利于我们看清当代中国美学发展脉络的。在对审美功利与非功利的探讨中,还要加入对西方美学与中国传统美学的选择、取舍的问题,不同派别,立足点不同选择就不同。功利论者以审美作为社会改革的重要手段,这是当时主流的审美流派,代表人物大多为新文化运动主将,如梁启超、鲁迅、胡适、左翼作家联盟等。非功利论者以审美作为个人人格培养与审美境界提升的路径,代表人物有王国维、宗白华等。除此之外,一个重要的美学流派即现代新儒家美学,从对中国传统美学的现代考察、中西比较研究以及价值重建的视角,提出了另一种美学建构的路线,即基于生命立场的价值论美学。因此,中国美学的现代式启蒙在 20 世纪上半叶整体上呈现出三条发展路线,即功利主义美学、非功利主义美学和价值论美学。

一、功利主义美学的现代进路

急切希望以文艺的力量开民智、塑民情的功利主义走向,以早期梁启超、鲁迅等为代表。为了充分发挥文艺新民救国的功能,梁启超先后倡导"诗界革命""文界革命""小说界革命",主张借用西方的新文体、新语言、新风格改革中国诗坛与文坛,以摆脱旧式形式主义的写作模式,使新文艺成为新思想的载体。鲁迅作为新文化运动的健将,更是把文艺创作视为唤醒国民最有力的武器,他在《摩罗诗力说》中阐述了诗歌在思想启蒙和塑造新人性中的巨大魔力。在他们的推动下,这条功利主义路线成为新文化运动的主流。

(一) 梁启超的文学革命论

梁启超不是一位只坐书斋的古典文人,而是一位侠心救世的现代知识分子,他提倡新民说,以革新中国人的思想世界为己任,试图通过"诗界革命""文界革命"和"小说界革命",用新思想实现民众的思想启蒙。作为启蒙运动的战将,梁启超 1902 年创办了《新民丛报》,刊名是"取《大学》新民之意,以为欲维新吾国,当维新吾民"①,希望采纳中西道德开展德育,希望广罗中西政学理论开展智育,培养人民的公德意识和国家思想。《新民丛报》是"为吾国前途起见,一以国民公利公益为目的"②。梁启超以《新民丛报》为阵地,先后发表了《新民说》《少年中国说》等影响深远的文章,这些文章铿锵有力,在陈腐的中国社会掀起了轰轰烈烈的新民运动。为了达成新民的目标,梁启超考察了新民的有力途径即文艺,并提出了"诗界革命""诗界革命"与"小说界革命"的理论。

首先,关于"诗界革命"。梁启超说:"过渡时代,必有革命。然革命者,当革其精神,非革其形式。吾党近好言诗界革命","能以旧风格含新意境,斯可

---

① 梁启超:《本报告白》,《新民丛报》第 1 期。
② 梁启超:《本报告白》,《新民丛报》第 1 期。

以举革命之实矣"。① 他认为古代的诗、词、曲多为陈设之古玩,诗界革命则提倡新境界,要求诗歌表现出新的思想情操和精神面貌,从而焕发中国古典诗歌的活力。梁启超关于新诗之"新"有三点内容:"第一要新意境,第二要新语句,而又须以古人之风格入之,然后成其为诗"②,具备这三点则能成为 20 世纪中国的"诗王"。可见,梁启超的新诗革命并非完全抛弃传统,而是"熔铸新理想以入旧风格"③。能够达此境界的现代诗歌中,他最推崇的是黄遵宪的《出军歌》,认为其中充满了雄壮的气势和军人的气节与勇气,最可扫除中国萎靡不振的社会局面,而谭嗣同的诗也很得他的赞赏,他称谭诗能够将个人的革命气概与志节融入其中,可谓"独辟新界而渊含古声"④。

其次,关于"文界革命"。梁启超提出"文界革命"是针对文学作品的文体文风的变革。梁启超认为,新思想必须有新载体,旧式文言"或务渊彭古茂,或务沉博绝丽,或务瑰奇奥诡"⑤,古奥的文义不利于思想的传达。时势之务,在于新民,在于传播新思想。因此他在 1902 年提出了"文界革命",主张:"觉世之文,则辞达而已矣,当以条理细备、词笔锐达为上,不必求工也。"⑥事实上,关于文体之争,当时之世已相当激烈,有主张固守古体者,有主张全盘白话者,梁启超则在新诗的形式上主张保留传统诗歌形式,而在文学写作上主张白话,并与以严复为代表的以文言来翻译西方著作的翻译家展开了辩论。"文界革命"是梁启超推行思想启蒙的重要内容,从审美形式上来讲,白话文通俗生动,活泼有力,能够将个人情感融入朗朗上口的语句,非常接近普通百姓的审美口味,因此而成为新民的有力工具。

最后,关于"小说界革命"。梁启超 1902 年发表了《论小说与群治之关

---

① 梁启超:《中国现代美学名家文丛:梁启超卷》,浙江大学出版社 2009 年版,第 211 页。
② 《梁启超全集》,北京出版社 1999 年版,第 1219 页。
③ 《中国现代美学名家文丛:梁启超卷》,浙江大学出版社 2009 年版,第 207 页。
④ 《中国现代美学名家文丛:梁启超卷》,浙江大学出版社 2009 年版,第 207 页。
⑤ 梁启超:《湖南时务学堂学约》,《饮冰室合集》第 1 册,中华书局 1989 年版。
⑥ 梁启超:《湖南时务学堂学约》,《饮冰室合集》第 1 册,中华书局 1989 年版。

系》一文,提出了小说界革命的思想。他认为,"小说有不可思议之力支配人道"①,"今日欲改良群治,必自小说界革命始!欲新民,必自新小说始"②,道德、宗教、政治、风俗、学艺、人心、人格的革新都要从革新小说开始。梁启超试图改变视小说仅为街谈巷议的传统观念,提出小说可以支配人道,影响国家前途,让小说登上了文学的正统地位。梁启超认为,小说可以"导人游于它境界",满足了人们对外面世界的向往;小说能够细致描写人们的喜怒哀乐,感人至深,这两点正是文章的真谛。他指出,小说支配人道,对读者产生影响的力量有熏、浸、刺、提四种,从心理学角度揭示了小说的易入人、易感人的审美功能和社会功能。鉴于小说在明清时期已沦为江湖盗贼、妖巫狐鬼等奇谈怪论的主要载体,沦为"中国群治腐败之总根源"③,梁启超提出必须进行"小说界革命",主张小说的主要内容应该应时代而改变,不能再以状元宰相、佳人才子、江湖盗贼、妖巫狐鬼为对象,而应描写新风尚、新思想,重塑社会新风气。因此,小说于启蒙一事,是警醒民众,改造国民精神世界的重要手段。

（二）鲁迅:文艺之剑的破与立

鲁迅认为:"文艺是国民精神所发的火光,同时也是引导国民精神的前途的灯火。"④他在日本仙台学医时看到记录战争的画片,"在画片上忽然会见我久违的许多中国人了,一个绑在中间,许多站在左右,一样是强壮的体格,而显出麻木的精神"⑤,这画面让他感到医学并非一件要紧的事,第一要紧的是要改变他们的精神,他当时认为"善于改变精神的是,我那时以为当然要推文艺,于是想提倡文艺运动了"⑥。

---

① 《中国现代美学名家文丛:梁启超卷》,浙江大学出版社 2009 年版,第 369 页。
② 《中国现代美学名家文丛:梁启超卷》,浙江大学出版社 2009 年版,第 372 页。
③ 《中国现代美学名家文丛:梁启超卷》,浙江大学出版社 2009 年版,第 371 页。
④ 《鲁迅全集》第 1 卷,人民文学出版社 2005 年版,第 254 页。
⑤ 《鲁迅全集》第 1 卷,人民文学出版社 2005 年版,第 438 页。
⑥ 《鲁迅全集》第 1 卷,人民文学出版社 2005 年版,第 439 页。

鲁迅对国民现代性的启蒙首先着重于"破"。他所要"破"的是依托于传统封建社会的沉静、中庸的生命精神和生活态度。中国自古以农业为核心，形成了乡土中国内敛圆融、中和灵动的生命之美，鲁迅认为传统的价值观已经不适应现代社会的激烈变革，它缺乏活力和积极进取的精神。鲁迅分析国民性格时指出，中国人好遵古训，古训教人不要改变生活的样法，造就了中国"少年尚且老成，老年当然成老"，"安弱守雌，笃于旧习"。鲁迅因此提出："没有冲破一切传统思想和手法的闯将，中国是不会有真的新文艺的"①，他善于用小说、杂文、诗等文学形式暴露中国社会的黑暗，这些文章简单凝练，人们把它比作匕首和投枪。鲁迅通过对传统社会价值观念和习俗的批判，建构了其文化与美学的现代性价值，他的美学是在对中国旧社会的无情、彻底批判中形成的。

"破"后要"立"。在如何确立中国人新的价值观问题上，鲁迅并没有能够从中国文化自身寻找到新的生长点，而是主张向西方学习，大胆吸收新文化，跟上世界文化发展的潮流，改造国民的性格。鲁迅学过军事、采矿和医学，对现代自然科学有一定了解，他的《人之历史》《科学史教篇》等论文体现了他对西方自古希腊以来的生理学、生物学、几何学、物理学、天文学、化学等自然科学的了解，他看到了自然科学探索改造自然和改变社会的力量，因而感叹："科学者，神圣之光，照世界也。"②他劝告青年人"少读，或者简直不读中国书"③，他主张新文学应当如《斯巴达之魂》一样，宣扬宁死不屈的战斗精神。他在《摩罗诗力说》《文化偏至论》等文章中大力提倡刚健不挠、争天抗俗的摩罗诗人精神，赞扬尼采哲学所讲的敢于冲破传统价值观的超人精神。后来更创办了《新生》杂志，以助力全社会树立新的文艺观。

可见，鲁迅的"破"与"立"也是应时代启蒙之需而提出的，他积极主张以

---

① 《鲁迅全集》第 1 卷，人民文学出版社 2005 年版，第 255 页。
② 《鲁迅全集》第 1 卷，人民文学出版社 2005 年版，第 35 页。
③ 《鲁迅全集》第 1 卷，人民文学出版社 2005 年版，第 302 页。

西方美学中的"崇高"的审美精神来替代旧中国缠绵悱恻、沉静细腻的"阴柔"之美,但是这种中西之间的简单置换毕竟只能供一时之需。中国传统文化有着自己的脊梁与内在逻辑,即使叛逆如鲁迅,仍然在嬉笑怒骂中展示了传统文人内在的精神气质,他的作品看似要对传统文化进行彻底的批判,但在《故事新编》《在现代中国的孔夫子》等多篇文章中,鲁迅对儒家、对传统经典并非完全没有好感,他的整副人格所展示的也正是传统文人的形象,恰如刘半农对鲁迅的评价:"托尼学说,魏晋文章"①,即依托托尔斯泰的民族主义、平等主义和尼采的超人思想、强力意志来改变中国,却写出了魏晋文章的风采和魏晋文人的狂与逸。其实他所反对的是被封建权贵当作"敲门砖"的孔夫子,和用来愚民的吃人的礼教,在他内心深处对传统文化还是有所念恋的,如其所言:"新文化仍然有所承传,于旧文化也仍然有所择取。"②但从鲁迅"破"与"立"的实际抉择来看,他没能够做到对传统文化"有所承传",而是选择以西方文艺精神来革新中国文艺,因此,他的现代性启蒙带有强烈的功利性指向,虽启发了个体性,却也损伤了文艺的民族性。

在救亡与新民的时代主潮中,众多仁人志士立志改变旧中国的面貌,激发民众的个体自觉与爱国精神,除上述梁启超与鲁迅外,胡适以及后来的马克思主义的众多左派作家都自觉加入了这一阵营。从总体上来看,以救亡新民为目标的新文艺是时代的产物,它带有非常明确的功利性目的。概括而言,这些新文艺观和审美观可以总结出如下几个特点:

第一,启发了民众的个体自觉,改变了旧中国的精神面貌。

功利主义美学在以审美和文艺形式应对社会政治危机方面起到了应有的积极作用。新文化运动以后,国家意识、民族意识逐渐成为个体自觉,国家和民族的生存权利和政治权利获得了高度的国民认同,旧中国萎靡不振

---

①　曹聚仁:《鲁迅评传》,复旦大学出版社 2006 年版,第 37 页。

②　《集外集拾遗·〈浮士德与城〉后记》,《鲁迅全集》第 7 卷,人民文学出版社 1981 年版,第 355 页。

的气息逐渐被涤荡,全国政治热情高涨,终于在抗日战争中爆发。从启蒙的角度讲,功利主义美学启发了民众的个体自觉,但这种个体自觉与西方启蒙现代性所提出的个体对自由与自我价值的明确认知是有差别的。功利主义美学以小说、诗歌、版画、雕刻等各种文艺和审美形式,以及带有强烈情感色彩的案例来渲染旧中国各种恶俗陋习,在西强中弱的强烈对比中激发中国人自觉的爱国主义精神和政治自由意识。应该说这种个体意识并不等同于启蒙现代性所指的个体性,它只属于启蒙现代性所要求的个体性的一部分,仅仅是其中的个体政治自由意识的觉醒,而且这种政治自由意识往往被裹挟进激烈的政治洪流中而展现为一种集体的政治意识,个体性相应被弱化了。启蒙现代性要求的个体性是一种对个体全面发展的自我要求,除了政治上的平等与自由之外,个体的理性和感性都要获得最大程度的开发,要在人性成长中完成对真善美的价值追求。显然,功利主义美学所开创的现代性启蒙仅仅部分地完成了启蒙的任务,而剩下的部分则有待于其他美学流派去实现。

第二,将文艺与政治联姻,忽略了文艺的自律性和独立性。

功利主义美学最大的特色是将文艺与政治联姻。几乎所有的新文化运动以及左翼作家联盟的领袖都不是单纯的文学家、艺术家,他们或者是社会活动家,或者就是政治领袖。在他们的艺术创作中,都表达了直接而清晰的政治目的,因此,对于功利主义美学而言,文艺是政治的载体。从历史渊源上讲,这种功利主义文艺观是对传统"文以载道"观念的继承,只是传统"文以载道"中,"道"的内容并不限于政治目的,道是文艺表达的主题,天道、地道、人道、政道皆可入题,而且"道"往往是一种隐性存在,文艺作品的创作遵循着自身的规律,譬如《诗经》里的讽谏诗,《水浒传》里的政治批判,《红楼梦》里的道德劝谕,也都遵循艺术性第一的特征。功利主义文艺作品集中表达了时代的政治主题,尽管优秀作品众多,但仍然政治性高于艺术性,一定程度上忽略了文艺的自律性和独立性,虽解决了一时之需,唤起了国民的自强意识,却难以具有超越时代的艺术魅力。

第三,切断了新文艺与传统文化和审美理念的内在关联,没有建立现代文艺美学的健康机制。

功利主义美学应时代所需以启蒙新民为核心,而新民所依赖的主要思想来自西方,以西方的自由、平等、爱国、自强等为主。为此,大多数启蒙者都对传统文化进行了无情的批判,以便扫清障碍,为新文化让道。如胡适主张全盘西化,鲁迅对旧文化的批判更是影响深远,即便他们认为有些传统文化值得吸收,但在时代主题面前,仍然毫不犹豫地抛弃了。因此可以讲,功利主义美学切断了新文艺与传统文化和审美理念的内在关联,没有能够从中国文化自身的血脉中寻找可能的新生点,而是直接引入外来文化,以外来文化取代传统文化,这是一种急功近利的文艺观,并没有建立起现代文艺美学的健康生长机制。

二、非功利主义美学的现代进路

由于功利主义美学偏于国民性的改造和社会的变革,无法完成美育所谓"完整之人性"的教育目标,另一条以审美为净化心灵、陶冶情操、完善人格的非功利主义路线也适时登场了。非功利论者以审美作为个人人格培养与审美境界提升的路径,代表人物有蔡元培、王国维等。从历史进程来看,非功利主义美学的登场是早于功利主义美学的。现代中国美学如果以 1901 年蔡元培提出"审美学"和"美育"概念作为正式起点的话,那么他所主张的以个体人格之健全为美育目的的非功利主义美学,就要早于稍后由新文化运动带动起来的功利主义美学。在此一进路中,蔡元培、王国维作为先行者,先后提出了要在中国创建美育和美学学科,并撰写多篇文章系统阐述了美育和美学学科的研究范围、实施目的、学科特征等,奠定了现代中国美学的最初雏形。他们从席勒、康德等人的审美理念出发,将美学界定为无关功利的情感之学,而将美育视为人格健全成长的必要途径。

（一）蔡元培的美学与美育思想

1901 年,蔡元培在《普通学报》第一、二期连载发表《哲学总论》一文,文章从现代学科划分的角度,对哲学学科进行了梳析,他将哲学断为"无形学",以区别于科学所对应的理学,即有形学。而哲学的"无形学"中又分为无形中的无形学,即研究神体的宗教学,和无形中的有形学,即研究各种心性所对之智力、意志、情感之学,由此形成论理学、伦理学、审美学等学科。他提出:"心理学虽心象之学,而心象有情感、智力、意志之三种。心理学者,考定此各种之性质、作用而已,故为理论学。其说此各种之应用者,为论理、伦理、审美之三学。伦理学说心象中意志之应用;论理学示智力之应用;审美学论情感之应用。故此三学者,为适合心理学之理论于实地,而称应用学也。其他有教育学之一科,则亦心理之应用,即教育学中,智育者教智力之应用,德育者教意志之应用,美育者教情感之应用是也。以上诸学皆关于一人之学,而未关于一国一社会之学。"①这是中国第一次从西方引入"美育"概念,蔡元培将美育界定为"情感之应用"。

1931 年蔡元培在《二十五年来中国之美育》中回忆说,美育一词是他从德文 Asthetische Erziehung 翻译过来的,这个词正是西方美育第一人席勒所使用的概念。蔡元培所讲的美育的意义即"陶冶性情"②,中国古代的音乐、文学、书画都具有美育的作用,现代美育的范围更加广泛,例如现代造形美术、演剧、影戏、留声机、无线电播音机等都是美育的设施。

蔡元培之所以提倡美育,因为他认为:"科学愈昌明,宗教愈没落,物质愈发达,情感愈衰颓,人类与人类一天天隔膜起来,而互相残杀。……我们提倡美育,便是使人类能在音乐、雕刻、图画、文学里又找到他们遗失了的情感。"③

---

① 蔡元培:《哲学总论》,《普通学报》第 1 期,第 6—7 页。
② 高平叔编:《蔡元培全集》第六卷,中华书局 1988 年版,第 54 页。
③ 《中国现代美学名家文丛:蔡元培卷》,浙江大学出版社 2009 年版,第 220 页。

近代科学引导人们盲目崇尚物质,物质竞争最终演变为世界大战,蔡元培希望通过美育陶冶人类的情感,让人类在美育中培养高尚的情操。他认为:"艺术—审美可以超越政治,体验、感悟这一人生理想,成就独立自由的人格精神之美"①。从蔡元培的教育理念看,他认为美育可以与智育一起辅助德育的完成,最终实现教育养成健全人格的宗旨。他在民国时期参与制定国家教育方针,从创办艺术学校、设置美育课程和创办艺术教育学术团体等方面将其美育理论付诸实践。蔡元培的学生傅斯年评价道:"蔡先生实在代表两种伟大的文化,一是中国传统圣贤之修养,一是法兰西革命中标揭自由、平等、博爱之理想"②,正揭示了蔡元培美育理论的中西渊源。从西方来讲,蔡元培论证美的普遍性和超脱性是对席勒的审美救赎论、"对康德审美无利害性观点的发挥"③。从中国传统一面来讲,蔡元培的美育观念继承了儒家乐教的基本理念,蔡元培在《孔子的精神生活》中指出:孔子的精神生活的特点之一是"利用美术的陶养"④,孔子以乐为六艺之一,他在齐闻韶乐三个月不知肉味,完全沉浸在音乐的美感之中,这一点可以作为当今的"师法"。因此,蔡元培的美育观既继承了中国传统文化重视人文教育的精神,又借鉴了西方美学和美育理论,对二者进行了一定的融合创新。

　　蔡元培指出:"美的对象,何以能陶养情感? 因为他有两种特性:一是普遍;二是超脱。"⑤他所讲的美的普遍性即美景人人皆可欣赏,具有公共性,不像物质只容一人占有。美的超脱性即美的作用超越于利害关系之上,例如宫墙上的雕刻和彩画就是为了欣赏,而不是为了避风雨。蔡元培认为:"既有普

---

　　① 《导读:蔡元培及其美学》,《中国现代美学名家文丛:蔡元培卷》,浙江大学出版社2009年版,第6页。

　　② 傅斯年:《我所景仰的蔡先生之风格》,《傅斯年全集》第五卷,湖南教育出版社2000年版,第491页。

　　③ 《导读:蔡元培及其美学》,《中国现代美学名家文丛:蔡元培卷》,浙江大学出版社2009年版,第8页。

　　④ 《中国现代美学名家文丛:蔡元培卷》,浙江大学出版社2009年版,第128页。

　　⑤ 《中国现代美学名家文丛:蔡元培卷》,浙江大学出版社2009年版,第125页。

遍性以打破人我的成见,又有超脱性以透出利害的关系"①,所以美育能够培养人们富贵不能淫的气概、杀身以成仁的勇敢,这些都不是智育能够实现的,而是美育对人们情感陶冶的结果。

在提倡美育的过程中,蔡元培一个非常有影响力的观点是"以美育代宗教"。他在《以美育代宗教》这篇文章中,把宗教视为未开化时代的精神依托,随着科学的发展,各种蒙昧现象一一得到科学的解释,宗教也就成为过时之物,并在实际发展中成为不同宗教党同伐异的战乱起源。而宗教的建筑、雕塑、美术、音乐、诗文皆以感性的审美力量表达宗教主题,"美育之附丽于宗教者,常受宗教之累,失其陶养之作用",反而会刺激感情而煽动互相仇杀的情绪,故而提出"以美育代宗教"的观点。他认为:"纯粹之美育,所以陶养吾人之感情,使有高尚纯粹之习惯,而使人我之见,利己损人之思念,渐消沮者也。"②

以美育代宗教之说在强调审美的独立价值的同时,也在一定程度上弱化了宗教的价值。应该说,蔡元培对美育的强调以及对德智体美的综合素质的共同提倡,从人格成长的内在需要角度,开启了现代人生启蒙,具有重要的时代价值,也呼应了西方现代性启蒙对于人格、人性全面发展的基本要求,但对宗教的平面化的理解,已经取消了宗教作为纵向的信仰维度的存在价值。失去了宗教所坚守的信仰价值深度,美育作为人生终极关怀的根本作用可能会变得单薄。应该说王国维和蔡元培开启的这条审美无功利路线相比于梁启超和鲁迅的功利主义路线,更加凸显了审美的独立价值,揭示了审美对于人生的永恒意义,从而超越了审美功利主义而进入审美人生论的论域。但是审美的无功利并非审美的自我孤立,完整的人格是真善美的统一,美与真、美与善需要相互融通,它需要处理与其他价值的关系问题,恰如蔡元培所谓"兼容并

---

① 《中国现代美学名家文丛:蔡元培卷》,浙江大学出版社 2009 年版,第 126 页。
② 《中国现代美学名家文丛:蔡元培卷》,浙江大学出版社 2009 年版,第 14 页。

包"一样,道德、审美与宗教乃至科学同样需要获得兼容并包。

(二) 王国维的境界论与美育论

王国维生在清末一个穷困的书香家庭,他的求学过程需要自谋生计。他以清朝遗老自居,为中国传统文化的遭遇感到绝望。个人生活境遇和社会文化变迁影响了他的悲剧人生观的形成,造就了他的忧郁性格和悲观厌世主义的人生观。王国维在中国文化方面最契于老、庄,老子和庄子都以身体欲望为人生的累赘,希望超脱于身体的束缚,追求物我两忘,这直接影响了王国维美学思想中的超功利性格。与功利主义美学关心社会变革不同,王国维美学更多关注个体人生。

如前所述,王国维在西方哲学中倾心于叔本华。他1889年看到叔本华的著作即"心甚喜之",叔氏的悲观主义哲学正迎合了王国维的人生际遇,也加速了王国维悲剧人生观的形成。王国维接受了叔本华以欲望为人生的本质,指出"生活之本质何?欲而已矣"①,由于欲望无限,不断追求和得不到满足都会感到痛苦。他用叔本华的思想来解读《红楼梦》,认为宝玉的玉其实就是欲望,宝玉衔玉而生表明人生是一个欲望的凝聚体,《红楼梦》正揭示了人生的痛苦皆由人造成,解脱之道也只能依靠人自己。与其说王国维受到西方思想的影响,不如说他用西方悲剧思想论证了自己的悲剧观,可以说他是悲剧人生与悲剧学术的二合一。

找到并倾心于非功利主义美学似乎是王国维学术人生的必然归宿。谁能救赎这悲剧的人生,使之暂时脱离悲剧而有值得追求的意义?王国维在西方思想家中找到了席勒、谢林和康德。王国维在蔡元培之后系统介绍了席勒和康德的美育思想,1903年至1907年,王国维在《论教育之宗旨》《孔子之美育主义》《教育家之希尔列尔》等文章中阐发了美育的基本功能与价值,他从席

---

① 《中国现代美学名家文丛:王国维卷》,浙江大学出版社2009年版,第115页。

勒对审美在弥合感性与理性的分裂及恢复人性的完整性中的重要作用出发，将美育的价值定位于使人"为完全之人物"①，并首倡智、德、美、体全面发展的教育宗旨。王国维在《论教育之宗旨》中提道："完全之人物，不可不备真美善之三德。欲达此理想，于是教育之事起。教育之事亦分为三部：智育、德育（即意育）、美育（即情育）是也。"②王国维谈到美育时，认为美可以让人忘掉现实的利益，而进入高尚纯洁之域，是"最纯粹之快乐"③。他在《论教育之宗旨》中既提到了孔子的兴于诗成于乐，也提到了古代希腊的音乐学科和近代德国美学家"希痕林、希尔列尔"④（"希痕林"今译为谢林，"希尔列尔"今译为席勒）。他在《孔子之美育主义》一文中提到了"汗德"⑤（即康德）的美育思想，肯定了康德"以美之快乐为不关利害之快乐"⑥，提出现代德国美育思想由席勒"大成其说"⑦。显然，王国维的美育理念受到了谢林、席勒和康德的影响，既有席勒的复归完整人性的审美救赎目标，又有康德真善美三分基础上的审美无功利的观念。

在王国维那里，审美救赎的功利性目的是通过无关功利的审美体验的形式获得的，正是在这个层面上，王国维把"无我之境"视为审美的第一等境界。王国维指出："美之性质，一言以蔽之，曰：可爱玩而不可利用者是已。虽物之美者，有时亦足供吾人之利用，但人之视为美时，决不计及其可利用之点。其性质如是，故其价值亦存于美之自身，而不存乎其外。"⑧美在王国维这里是超越功利的，审美主体对审美对象不能怀有功利目的。王国维"天下有最神圣、

① 《中国现代美学名家文丛：王国维卷》，浙江大学出版社 2009 年版，第 90 页。
② 《中国现代美学名家文丛：王国维卷》，浙江大学出版社 2009 年版，第 89 页。
③ 《中国现代美学名家文丛：王国维卷》，浙江大学出版社 2009 年版，第 90 页。
④ 《中国现代美学名家文丛：王国维卷》，浙江大学出版社 2009 年版，第 90 页。
⑤ 《中国现代美学名家文丛：王国维卷》，浙江大学出版社 2009 年版，第 104 页。
⑥ 《中国现代美学名家文丛：王国维卷》，浙江大学出版社 2009 年版，第 104 页。
⑦ 《中国现代美学名家文丛：王国维卷》，浙江大学出版社 2009 年版，第 105 页。
⑧ 《中国现代美学名家文丛：王国维卷》，浙江大学出版社 2009 年版，第 100 页。

最尊贵而无与于当世之用者,哲学与美术是已"①,哲学与美术的价值在于认识宇宙人生的真理,获得心胸意境的升华,这种思想精神的价值不同于有形的政治权势,它无形而影响深远,这正是他所欣赏的庄子所讲的无用之大用。王国维这里点明了纯美术的路子,强调了艺术的独立价值,希望通过忘掉物我关系而进入纯粹的审美境界。

非功利主义美学避免了政治变革和社会启蒙的功利要求,而是追求纯粹的美和精神境界的提升,强调通过审美情感的陶冶而塑造健全的人格。相比于功利主义的急功近利、以美为启蒙工具的做法,非功利主义美学更为强调了美学作为一门学科的独立价值,强调了审美、美育所具有的超越于时代的人生价值。由于蔡元培、王国维等人的努力,非功利主义美学正式开启了现代中国美学的大门,其时代意义是显而易见的:

第一,重视美学的学科独立性,重视对西方美学理论的借鉴和运用。如果说梁启超、鲁迅的美学完全服务于其政治宣传,将美学视为启发民众的民主意识、科学精神的工具,以王国维、蔡元培为代表的非功利主义美学家则重视个体的审美问题,将个体人格成长作为美学的基本论题放在了他们美学思想的核心位置,审美的价值目的在于情感的陶冶和境界的提升。可以说,非功利主义美学一派的学者真正从西方引入了美学学科,并观照了美学作为生命成长内在需要的这一根本价值维度。王国维、蔡元培借鉴了叔本华、席勒、康德的美学思想,蔡元培研究了美学的对象和研究方法,因为他们的努力,现代中国美学一开始就获得了一个比较良好的开端。

第二,重视美育和健全人格的塑造。蔡元培和王国维提倡美育,将其放在智育、德育同样重要的位置。他们都提出了德、智、体、美全面发展的问题,论述了美育在整个教育体系中的重要地位。尤其是蔡元培,作为教育管理者,系统提出了美育理念与方法,并在国家教育体系中不断充实美育的内容。可以

---

① 《中国现代美学名家文丛:王国维卷》,浙江大学出版社2009年版,第3页。

说,蔡元培提倡美育的呼声,振聋发聩,在近百年来的美育历史中无出其右者,美育对于人格塑造和精神提升的巨大作用,经由他而被鲜明地阐发出来,到今天仍有标杆意义。

第三,非功利主义美学试图接续中国美学的传统,努力在中西美学的思想资源的基础上,建构现代中国的美学理论体系。王国维重视对孔子、老子、庄子美学思想的借鉴与继承,对于孔子的乐教思想多有阐发,对于老庄思想的超越性多有分析,他认为这些内容对于人格的塑造和人生境界的提升都具有重要的作用。同时他认为,儒道哲学与文化观念也深深影响了中国古代的诗词、音乐、绘画、书法、塑造等审美特征的形成,他对于中国的诗词美学、绘画美学、戏曲美学、小说美学等的开拓性研究,也有利于推动中国传统美学的现代转型。

然而非功利主义美学的问题是,尽管他们倡导人的全面发展,但在理论上并没有能够解决康德的真、善、美三分法所遗留下来的价值分割的问题。真、善、美之间如何获得内在的融通,这对于主体整全人格的提升至关重要。这个问题不解决,审美在实际作用上只能沦为个人逃避现实、自我迷醉的药方。王国维同意康德"审美之境界乃物质之境界与道德之境界之津梁"[1]的说法,认为随着审美境界的提升,物质欲望会逐渐得到约束,道德之心也会逐渐产生,美育于是成了智育和德育之间的桥梁。他所期望实现的美的境界是"无希望,无恐怖,无内界之争斗,无利无害,无人无我"[2],这有似庄子所讲的道通为一的境界。他认为如果个人如此即可成圣,全社会都如此,则成为无为而治的华胥国。但这毕竟只是单纯的理想,无论是蔡元培还是王国维,他们都没有能够将审美与道德、宗教、科学之间打通,既没有在教育实践上树立综合统一的理念,也没有在学术上对各种价值之间的内在关系进行理论论证。他们过多地强调了审美境界的超脱性,美育虽然张扬了人性启蒙的主题,却割裂了审美与现实的关系,并没有完成整全人格的塑造。

---

① 《中国现代美学名家文丛:王国维卷》,浙江大学出版社 2009 年版,第 105 页。
② 《中国现代美学名家文丛:王国维卷》,浙江大学出版社 2009 年版,第 106 页。

从总体上来看,20 世纪 20 年代前的美学与美育理论摇摆于工具论与纯粹论两个极端,或者让审美承担了过多的社会改革的重担,或者把审美孤立于社会之外,始终无法在审美与社会、审美与人生之间找到完美的平衡点。1920年之前是中国美学的萌发阶段,中国美学的学科建设非常不完善,直到 1920年以后,随着朱光潜、宗白华系统引入西方美学,深入中西美学思想比较研究,中国美学学科建设才有了突破性进展。

朱光潜同那个时代的美学家一样,“都毫无例外地把自己的学术研究视野投向了人生”[1],并提出了“人生的艺术化”命题。他于 1925 年至 1933 年留学欧洲,留学期间写作了《文艺心理学》《谈美》《诗论》《变态心理学》以及博士论文《悲剧心理学》等,这一批著作都是在西方美学观念的影响下写成的。他 1963 年至 1964 年出版的《西方美学史》是中国学者撰写的第一部西方美学史著作,不仅有拓荒之功,更代表了中国研究西方美学的水平。朱光潜一生创作并翻译了大量西方美学著作,把柏拉图、黑格尔、歌德、维柯等西方重要美学家介绍给国人,奠定了中国 20 世纪 80 年代之前对西方美学研究的总体面貌。从个人立场上来说,朱光潜一生的美学研究都在努力实现“人生的艺术化”这一初衷。1982 年朱光潜在《悲剧心理学》的“中译本自序”中指出:“一般读者都认为我是克罗齐式的唯心主义信徒,现在我自己才认识到我实在是尼采式的唯心主义信徒。在我心灵里植根的倒不是克罗齐的《美学原理》中的直觉说,而是尼采的《悲剧的诞生》中的酒神精神和日神精神。”[2]酒神艺术和日神艺术都是通过艺术的形式逃避现实的痛苦,宛小平先生认为,“这种‘从形象中得解放’暗含或者说是契合了朱先生早在出国之前就已确立的艺术是‘超脱’现实苦难的鹄(人生艺术化)的观点”[3]。朱光潜所讲的以人生艺术化来

---

[1] 《导读:朱光潜及其美学》,朱光潜:《中国现代美学名家文丛:朱光潜卷》,浙江大学出版社 2009 年版,第 1 页。

[2] 《朱光潜全集》第二卷,安徽教育出版社 1987 年版,第 210 页。

[3] 《导读:朱光潜及其美学》,朱光潜:《中国现代美学名家文丛:朱光潜卷》,浙江大学出版社 2009 年版,第 3 页。

超脱现实的困境,与蔡元培、王国维借艺术实现境界的提升和人格的塑造有明显的相似性,都没有给美学和艺术赋予过多的政治内涵和诉求,可算作为非功利主义美学一类。

朱光潜的美学思想融贯中西,他以传播西方美学名世,但其美学以人生的艺术化为归宿,以美学为"人生之学",就这一点而言,他的美学思想与中国传统审美人格修养论也是相契合的。另外,他的美学思想与美学研究方法较多地借鉴了西方美学理论。例如,他关于美感经验的分析从形象的直觉出发,借鉴布络的距离说和立普斯的移情说,将美感经验描述为主体和客体交互的动态心理过程。他尝试将西方科学思维与逻辑分析的方法应用于中国传统美学思想的研究,如同他在《诗论》中所表现出来的态度一样,关于这种尝试的效果,似乎并不能令人满意。即便这样,朱光潜努力进行中西美学的会通研究,将西方美学方法与理念应用于中国美学的创新性研究,仍然是美学研究的重要方向。

如果说朱光潜给人最鲜明的印象是介绍西方美学,创造性地从心理学角度研究美学,宗白华则深入阐发了中国美学和艺术理论。宗白华1920年留学德国,深入学习了西方美学、艺术和哲学。他精通德语,翻译了歌德、康德、马尔库塞等西方学者的美学著作,发表了介绍歌德、康德等西方哲学和美学的论文。20世纪30年代开始,宗白华逐渐发表了《论中西画法的渊源与基础》《中国画法所表现的空间意识》《中国艺术意境之诞生》《论文艺的空灵与充实》《中国诗画中所表现的空间意识》《中国书法里的美学思想》《中国古代的音乐寓言和音乐思想》等著名论文,从园林、绘画、雕塑、音乐、书法等具体艺术形式研究中国艺术的特征,探讨了中国艺术意境的内在结构与特点,创造性地提出了意境理论和律历美学,比较了中西艺术的差异,推动了中国特色的艺术理论的建构。宗白华所讲的意境与伦理的、政治的、宗教的境界不同,它是情和景的交融,超越了现实功利的约束。从这一点看,宗白华美学也可归入非功利美学的范畴。

　　和朱光潜一样,宗白华也将"人生艺术化"作为自己的价值追求,他要求以艺术的态度面对生活。他指出:"艺术创造的目的是一个优美高尚的艺术品,我们人生的目的是一个优美高尚的艺术品似的人生。"①他将人生看作一个艺术品,人的活动就是这一艺术品的创造过程。宗白华详细分析了将人生艺术化的功能与价值,认为应以唯美的眼光看待人生和社会。纯粹唯美主义的眼光可以从丑的现象中看出美来,可以从无序的现象中看出秩序来,由此可以消除厌恶和烦闷的心理。人们欣赏艺术品可以让个人的哀乐烦闷停止,心中由此获得安慰宁静和愉快,艺术品可以让人格变得高尚。人生艺术化不仅有益于个人,还有益于社会,他说:"我们持了唯美主义的人生观,消极方面可以减少小己的烦闷和痛苦,而积极的方面,又可以替社会提倡艺术的教育和艺术的创造。"②由此可见,他的人生艺术化的观念继承了儒家为己之学重视人格修养和道家人格追求超越的传统精神,也近似于叔本华以艺术为人生解脱的方式。

　　现代新儒家是一个以接续中国文化道统为己任,以复兴中国文化为归宿的学术派别。他们的美学既不同于梁启超、鲁迅为代表的功利主义美学,赋予美学以太多的启蒙任务和政治诉求,又不同于蔡元培、王国维以及后来的朱光潜、宗白华为代表的非功利主义美学,将美与艺术从现实社会中划开,成为逃离现实苦难烦闷的精神圣地。现代新儒家美学走的是一条中间路线,他们重视社会文化的整体重建,具有强烈的文化自觉,试图接续中国文化的正统,这其中当然包含接续中国传统美学的正统。现代新儒家这种既包含着强烈的社会关怀,又具有强烈的超越属性的美学,可称为价值论美学或生命美学。下文将在与以上各家美学的对比中论述现代新儒家价值论美学的进路,探讨现代新儒家如何在功利主义美学和非功利主义美学之外走出了一条中间路线,分析他们如何接续了中国美学的正统。

---

① 《中国现代美学名家文丛:宗白华卷》,浙江大学出版社 2009 年版,第 12 页。
② 《中国现代美学名家文丛:宗白华卷》,浙江大学出版社 2009 年版,第 24 页。

第三章　现代新儒家美学的
现代进路

　　从"现代性"问题的发生、演变可以看出,现代性是西方文化发展进程中的核心问题。这一问题伴随着整个西方资本主义生产方式、社会制度的形成与演变,既见证了资本主义世界关于人文建构的宏伟理想,也见证了它日益深陷的分裂和碎片化。时至今日,西方现代性已是危机四伏,成为众矢之的,受到来自前现代、后现代乃至现代阵营中的倒戈者的无情批判。中国美学的现代化进程,始于对西方美学学科的引入,也就不可避免地将西方美学现代问题的复杂性和矛盾性一并引入。因此,在探寻中国美学的现代性,建构现代形态的中国美学的过程中,我们既需要解决中国自身的问题,也需要厘清西方美学现代性的异质成分和恶性演变的根源,避免重蹈覆辙,重塑中国美学现代性的精神内核。

　　中国美学的现代性问题是如何在重塑中国美学自身的现代性内核过程中,既保留西方美学现代性的合理成分,又能够提炼中国美学自身的特性,避免被西方文化的强势话语统挟。在中国美学的建构过程中,功利主义美学将文艺与政治联姻,忽略了文艺的自律性和独立性,切断了新文艺与传统文化和审美理念的内在关联,没有建立起现代文艺美学发展的机制。非功利主义美学重视美学学科的独立性,试图接续中国美学的传统,对中西美学思想资源都进行借鉴和创新,重视美育和健全人格的塑造,但单纯以美拯救人生,不免将审美陷入孤绝的境地。无论是功利主义美学还是非功利主义美学,他们在传统美学与现代美学、中国美学与西方美学的关系问题上仍多有矛盾,他们没有解决康德的真、善、美三分法遗留下来的价值分割的问题,这是中国美学现代性的先天矛盾。

　　现代新儒家作为自觉地走返本开新之路的现代学术团体,它的形成、发展始终与建构中国特色的哲学与美学的现代形态这一主题相契。现代新儒家在西风强劲的环境下力主反思自身,以确立中国文化的主体性和身份认同,这种努力是值得肯定的。现代新儒家几代人的奋斗乃是为了接续中国文化的精华与正统,树立现代中国文化的灵魂。在中西古今文化交汇的大熔炉中,现代新儒家有甄辨地对西方现代性问题进行了接受与选择,力求确立现代中国文化现代性的合理内核,他们以其在哲学与文化问题上深入思考,走出了一条解决中国美学现代性矛盾的第三条路。

第一节　现代新儒家美学建构之路的开启

一、现代新儒家美学的开启

　　现代新儒家是一个通过不断回溯而创建起来的学术群体,梁漱溟因其1919 年发表《东西文化及其哲学》的演讲,鲜明地亮出儒家文化立场,以继承发扬儒家思想为己任,成为现代新儒家的开山者。关于现代新儒家代表人物,本书采用现代新儒家第三代代表人物刘述先先生关于现代新儒家“三代四群”的架构:第一代第一群有梁漱溟、熊十力、马一浮和张君劢;第一代第二群有冯友兰、贺麟、钱穆和方东美;第二代第三群有唐君毅、牟宗三、徐复观;第三代第四群有余英时、刘述先、成中英和杜维明。① 现代新儒家主要以哲学与文

---

① 刘述先:《论儒家哲学的三个大时代》,贵州人民出版社 2009 年版,第 170 页。

化研究名世,但他们的哲学与文化研究中,包含了很多关于美学与文艺的内容,是一种对中国文化的整体重建。

以西方现代性危机作为自身建构背景的现代新儒家美学,从一开始就具有强烈的现代性诉求和自我反省意识。为了挺立自家传统,现代新儒家对中国传统价值论美学、生命美学进行了现代转换,促进了现代中国美学的主体性意识、理性精神和审美自律的发展。在此过程中,现代新儒家一方面深入发掘传统美学的整体性思维,以对抗西方的恶性二分法;另一方面也有意识地保持中国美学与西方诸多美学流派之间的互动、会通,如道德哲学、生命哲学、现象学、机体主义、存在主义等,这种立足于传统的现代主义美学观使得现代新儒家美学既能深入传统美学的核心,又能与西方主流美学接轨,较好地保持了中国美学的民族性与世界性的双重品格。

20 世纪 90 年代以来,生命美学成为中国美学富有活力的发展方向。国内明确提出生命美学概念并进行系统阐释的以潘知常、封孝伦为典型。潘知常 1991 年出版的《生命美学》一书是生命美学概念提出的标志性著作。此书提出"美学必须以人类自身的生命活动作为自己的现代视界"[1],需要在人类自身的生命活动基础上重新建构自身。他所讲的生命美学以"从生命活动的角度考察审美活动"[2]为基本取向,将审美看成是最高的生命活动。他批判了柏拉图、康德以来"认识—反映"的追求美的本质的思维框架,转向了"价值—意义"的思维框架,由对美的本质追求转向了对美的意义的追问,提出"美学应当是研究进入审美关系的人类生命活动的意义与价值之学、研究人类审美活动的意义与价值之学"[3]。他的生命美学研究以审美活动为中心,以个体的觉醒和信仰的觉醒为基本点。潘知常从生命美学的视角强调需要重新解读的

---

① 潘知常:《生命美学》,河南人民出版社 1991 年版,第 2 页。
② 潘知常:《再谈生命美学与实践美学的论争》,《学术月刊》2000 年第 5 期。
③ 潘知常:《重要的不是美学的问题,而是美学问题——关于生命美学的思考》,《学术月刊》2014 年第 9 期。

中国美学经典资源有"《山海经》《庄子》《古诗十九首》、魏晋玄学、《世说新语》以及陶渊明、李煜、禅宗典籍、苏轼、李清照、李贽、公安三袁、曹雪芹、王国维、鲁迅等"①,他认为中国正式讲生命美学是"20 世纪从王国维、鲁迅开始的"②,王国维、鲁迅发现了个体觉醒的问题,从启蒙论者的忧世进入了生命美学的忧生层面。他自觉地"接着王国维、鲁迅讲"③,着力为美学补"神性"(爱心),认为"没有悲悯、仁慈、爱心,我们就永远不可能理解生命美学"④。

封孝伦根据"人的本质是生命"来演绎他的生命美学理论体系。他认为"人类的审美活动是一种满足生命需要的活动"⑤,符合人的生命追求的条件的事物就是美的,"美就是人的生命追求的精神实现"⑥。他将人的生命区分为生物生命、精神生命和社会生命三重,人的审美活动、艺术活动以及审美对象需要满足三重生命的需要,自然美、社会美、人体美、艺术美都在一定维度上满足了人生的生命需要。封孝伦追溯生命美学思想的起源,提到 20 世纪二三十年代"范寿康、吕澄、郭沫若甚至宗白华等人注意过生命与美的联系并提出过一些零星的有价值的意见,解放初期高尔泰也以人的生命为基础思考过美学理论。"⑦

本书所讲的现代新儒家的生命美学概念,不同于潘知常、封孝伦等学者对生命美学的定位。现代新儒家所讲的生命美学以儒家心性论为形而上学基础,将美善视为生命的内在构成,重视礼乐等文化形式的价值诉求,以人格完

---

① 潘知常:《生命美学论稿 在阐释中理解当代生命美学》,郑州大学出版社 2002 年版,第229 页。

② 潘知常:《生命美学论稿 在阐释中理解当代生命美学》,郑州大学出版社 2002 年版,第1 页。

③ 潘知常:《生命美学论稿 在阐释中理解当代生命美学》,郑州大学出版社 2002 年版,第3 页。

④ 潘知常:《生命美学论稿 在阐释中理解当代生命美学》,郑州大学出版社 2002 年版,第1 页。

⑤ 封孝伦:《人类生命系统中的美学》,安徽教育出版社 1999 年版,第412 页。

⑥ 封孝伦:《人类生命系统中的美学》,安徽教育出版社 1999 年版,第413 页。

⑦ 封孝伦:《人类生命系统中的美学》,安徽教育出版社 1999 年版,第420 页。

善为直接追求,以社会和谐、天人和谐为理论归宿,以真善美统一论为最高的理论形态。现代新儒家自觉继承了儒家美学的统绪,应对了现代西方美学的价值虚无和真善美的分裂问题。现代新儒家的生命美学所讲的生命,不仅指人的自然生命,还包括社会生命、民族生命,最终指向宇宙生命,不同于潘知常所讲的"作为感性存在的人、个体存在的人、一次性存在的人"①,也不同于封孝伦所讲的生物生命、精神生命和社会生命三重生命。现代新儒家生命美学建构在传统儒道价值论和生命美学的基础之上,具有继承传统文化正统的自觉。20世纪90年代以来中国美学界提倡生命美学的学者们皆未强调对传统文化正统的接续问题,他们多数认为生命美学是从王国维、鲁迅那里开始提出的,不同于现代新儒家从孔孟礼乐文化那里开始讲。

二、梁漱溟:追求人生的艺术

现代新儒家的开山者梁漱溟先生自觉走上了儒家生命美学的道路。他认为儒家和道家都是以生命为根本,儒家讲"致中和,天地位焉,万物育焉",重视自然生命,儒家美学始终是关联着人生和生命。梁漱溟指出:"在我思想中的根本观念是'生命'、'自然',看宇宙是活的,一切以自然为宗。"②梁漱溟指出:"道德是什么?即是生命的和谐,也就是人生的艺术"③,而不是拘谨守规矩。所谓生命的和谐,就是人生生理心理的和谐,知、情、意的和谐,同时实现自我与他人的和谐。所谓人生的艺术化就是让生命和谐。梁漱溟还进一步谈到了整个社会人生的艺术化,即从个人的活动到群体的活动环境和设施上都艺术化,这便是他设想的"人类文化最理想优美"④的状态。

---

① 潘知常:《生命美学论稿 在阐释中理解当代生命美学》,郑州大学出版社2002年版,第399页。

② 《梁漱溟全集》第二卷,山东人民出版社2005年版,第125页。

③ 《梁漱溟全集》第二卷,山东人民出版社2005年版,第88页。

④ 梁漱溟:《人心与人生》,学林出版社1984年版,第233页。

梁漱溟所讲的美即"真切动人感情"①的意思,美不仅指悦耳悦目,还指怡神解忧。他将美视为一个关于文学艺术的宽泛范畴,不仅包括诗歌、词曲、小说、戏剧等文学形式,还包括电影、音乐、绘画、舞蹈、建筑等艺术形式。这些文艺作品与观众之间通过精神上的交流,使人们受到启发和教育。在各种艺术形式中,梁漱溟认为音乐给人的影响作用最大。儒家讲"乐通伦理",这是现代新儒家美学的基本立场。梁漱溟指出:"我对于音乐历来是看得很重的,因为它可以变化人的心理,激励人的人格。我觉得中国之复兴,必有待于礼乐之复兴。"②他认为,人的高尚品德的涵养与扶持都需要依靠礼乐来实现。一个社会必须有礼乐,才有生机活力,所以他盼望社会上出现音乐人才。他引证指出:"音乐起治疗功用是因为音乐能镇定大脑视觉神经床。视觉神经床是人脑最先成熟的一部分。它是一切情绪的中心。视觉神经床一安定,病人便能产生一种轻快安闲之感,把一切幻想焦虑都排斥了。"③这便是借用现代自然科学理论来分析儒家乐教理论的内在机理,推进了儒家乐教理论的科学化。

梁漱溟重视艺术对人的陶养作用。他指出,人类理智的最大危险是使生活落于阴冷、沉滞、麻痹,"艺术正好与此相反,它处处是发舒、流畅,给人得到当下的满足"④。儒家的礼乐文化就是儒家的重大创造,这一创造使人们的日常生活都充满礼乐,一切都礼乐化,由此让人免除阴冷、沉滞、麻痹的危险。他赞同人们所讲的"唱戏的是疯子,看戏的是傻子"⑤,唱戏的人唱得入神,忘了自己在唱戏,进入一种半疯的状态才能唱好戏;看戏的人只有将自己融入剧情里,忘了自己在看戏,才能真正懂得。他指出:"唱戏听戏的最大特征,是使人解脱于分别计较,从支离破杂的心理得到很浑然整个的生命,发扬出真的有

①　梁漱溟:《人心与人生》,学林出版社 1984 年版,第 231 页。
②　《梁漱溟全集》第二卷,山东人民出版社 2005 年版,第 122 页。
③　梁漱溟:《人心与人生》,学林出版社 1984 年版,第 233 页。
④　《梁漱溟全集》第二卷,山东人民出版社 2005 年版,第 138 页。
⑤　《梁漱溟全集》第二卷,山东人民出版社 2005 年版,第 136 页。

力的生命,把一切俗俚琐碎的事都忘了"①,此时的人类生命最活泼最真切,这就是梁漱溟所讲的戏剧艺术的价值。梁漱溟还比较了中西绘画,西洋绘画有写实主义、印象主义,力求逼真写实,中国画不追求对象形似,而能"创造地表现自我内在精神或意趣"②。这是中西绘画的差别,西洋画关注的是外形,而中国画关注的是心灵。

可见,梁漱溟关于艺术作品的评价,最终落实到人心上。他指出:"一切文艺美术意趣高妙深醇者,即达于心之高处深处。其引发身体兴趣动荡者便属低级趣味。人格高下视乎其兴趣之高下。"③梁漱溟认为,那些意境很高的文艺作品,能够感召高尚深微的心情,达到人类生命的深处,从而提高人的精神品德,如陶渊明的诗、倪云林的画、云冈石窟、龙门造像、欧洲中世纪教堂,"皆由人心广大深远通乎宇宙本体"④。可见,在这里,梁漱溟虽然没有明确真善美合一的观念,但强调艺术可以扩大提升人的境界,使之趋于高尚广大,以至通于宇宙,涵养天地,这便使艺术中包含了道德的意味,不同于非功利主义都将艺术自封于一体的做法。

梁漱溟提出以礼乐实现宗教与艺术的融合。儒家的礼乐文化是他所理想的宗教与艺术合一的文化。他指出,宗教让人们生活在礼乐艺术之中,宗教对人的整个身心产生影响来自艺术的魔力,"宗教全借此艺术化的人生活动而起着其伟大影响作用,超越语言文字"⑤。宗教的价值在于社会人生的慰藉,这正是艺术(礼乐)的重要作用。他在早年的著作《东西文化及其哲学》中便提出"文艺、美术只须为宗教而存"⑥,强调艺术、美术对人的精神陶养作用。他还提出:"从来未有舍开宗教利用美术而做到非常伟大功效如一个大宗教

---

① 《梁漱溟全集》第二卷,山东人民出版社 2005 年版,第 137 页。
② 梁漱溟:《人心与人生》,学林出版社 1984 年版,第 236 页。
③ 《梁漱溟全集》第八卷,山东人民出版社 2005 年版,第 25 页。
④ 梁漱溟:《人心与人生》,学林出版社 1984 年版,第 236 页。
⑤ 梁漱溟:《人心与人生》,学林出版社 1984 年版,第 241 页。
⑥ 梁漱溟:《东西文化及其哲学》,商务印书馆 2005 年版,第 64 页。

者,有之,就是孔子的礼乐。以后世界是要以礼乐换过法律的,全符合了孔家宗旨而后已。"①礼乐作用能够让人们的精神集中在当下,行礼之前的斋戒沐浴能让人们去除身上的浮躁之气,激发人们的正大诚敬之心,使人倾注向外的情感回归自身。中国古代的礼乐是宗教与艺术的完美结合,世界未来文化是中国文化的复兴,而中国文化的复兴就是礼乐文化的复兴。

梁漱溟美学具有鲜明的儒家美学立场。他认为,儒家礼乐文化具有不可替代的未来价值,是人类未来文化的发展趋势。中国古礼"可为今后人类新社会所需要的文化设施作参考"②。可见,梁漱溟不仅选择了儒家文化的立场,也选择了儒家美学的立场。他既不像功利主义美学那样赋予美学太多的政治诉求,又不同于非功利美学那样偏于自我审美意境的创造。他认为艺术可以发挥道德和宗教作用,主张将美与艺术落实在性情培养、人格塑造上来讲,由此复建一个礼乐化的社会。他所讲的礼乐化的社会,要"纳一切行事于礼乐之中,即举一切生活而艺术化之"③。可见,梁漱溟的这一观点具有将礼乐泛化的倾向,他对儒家美学与艺术的复兴有一种盲目的乐观与崇信。西周礼乐文化是一种由个体至集体的社会性定制,是儒家美善统一的价值论美学的外化。梁漱溟对儒家文化和儒家美学的肯定,体现了强烈的卫道情绪,他对现代社会制度下礼乐文化如何调适生根缺少足够的辨析,但他对中国传统文化的主动靠拢,却也体现了他对中国美学的民族性的坚守。

三、马一浮:六艺之教是至美

马一浮是现代新儒家群体中一位特立独行的人物,其国学、佛学、书法、诗文成就皆为世人称道。马一浮1883年出生于四川成都一个书香之家,自幼在父亲的安排下在家读书。他既有深厚的家学渊源,又有西学背景。他1899年

---

① 梁漱溟:《东西文化及其哲学》,商务印书馆2005年版,第198页。
② 梁漱溟:《人心与人生》,学林出版社1984年版,第245页。
③ 梁漱溟:《人心与人生》,学林出版社1984年版,第250页。

到上海同文会堂学习英文和法文,1903年至1904年任清政府驻美国使馆留学生监督公署的秘书,其间游历了英国和德国,读了很多西方文学、哲学著作,如《拜伦诗》《但丁诗》《莎士比亚集》《黑格尔论理学》《康德传》等,甚至读了《资本论》。马一浮1904年5月赴日本游学半年,学习了日文和德文,1905年居镇江焦山海西庵一年,研究西方理论和文艺。1906年马一浮转入国学研究,对儒学和佛教用力尤多,他住在杭州西湖广化寺阅读佛经,去文渊阁读《四库全书》,成为当时著名的国学大师和佛学大师。

马一浮和其他现代新儒家代表人物一样,不以美学家名世,但其思想中有丰富的美学思想。他鲜明地提出了国学的概念,认为国学就是《诗》《书》《礼》《乐》《易》《春秋》六艺之学,也可称为六艺之书、六艺之文和六艺之道。马一浮认为,六艺是孔子之教,是中国一切学术的源头,可以统摄诸子和经史子集四部以及其他诸学,可以说,一切道术皆统一于六艺。马一浮甚至提出六艺还可以统摄西方学术,他说:"西方哲人所说的真、善、美,皆包含于六艺之中,《诗》《书》是至善,《礼》《乐》是至美,《易》《春秋》是至真。《诗》教主仁,《书》教主智,合仁与智,岂不是至善么?《礼》是大序,《乐》是大和,合序与和,岂不是至美么?《易》穷神知化,显天道之常;《春秋》正名拨乱,示人道之正,合正与常,岂不是至真么?"①在马一浮这里,西方"文学、艺术统于《诗》《乐》"②。一切学术文化皆是对真善美的追求,美学、美育思想是其六艺之教的延伸。

马一浮的美学是六艺之学的一部分,而整个六艺之学,又建立在儒家心性之学的基础上。他提出"六艺统摄于一心"的观点:"学者须知六艺本是吾人性分内所具的事,不是圣人安排出来。吾人性量本来广大,性德本来具足,故六艺之道即是此性德中自然流出的,性外无道也。"③这里的心既是人心,又是

---

① 《马一浮全集》第一册上,浙江古籍出版社2013年版,第19—20页。
② 《马一浮全集》第一册上,浙江古籍出版社2013年版,第18页。
③ 《马一浮全集》第一册上,浙江古籍出版社2013年版,第15页。

仁心、天心、道心,人心本来具足仁、义、礼、智诸德,圣人之道便是要变化气质,恢复人的本然善性。

在儒家心性论基础上,马一浮提出了"心统六艺""心统性情"①的美学理论,这一理论是对传统心性美学思想的继承。马一浮认为,"六经为理宗,治经所以明性德"②,所有六经皆修德之事。他由此提出自己的审美教育理念,即通过对于仁的体认与追求,实现对心性的陶养与复归。通过教育教学,引导学生确立儒家式的修仁德仁心的价值追求,唯其如此,"对自己完成人格,对国家社会乃可以担当大事"③。可见,马一浮所思乃是修身、齐家、治国、平天下的理路,修身乃立家立国之本,六艺又为修身之本,因此,习六艺,身心既定,人的本性复归,恶习无所生,社会风气必复归清明,由此而实现国家安定和世界安宁,这便是马一浮所继承的往圣先贤的盛德大业。

除了以心性之学定美育主旨外,马一浮在具体美育措施上,还格外强调了六艺之乐教和诗教:

其一,提倡乐教。马一浮继承了儒家"成于乐"的美育理论,提倡乐教。他认为孔子集先贤文化之大成,"集大成也者,金声而玉振之也。金声也者,始条理也。玉振之也者,终条理也"④,孔子"兼综众理,成就万德"⑤,所以是集大成。古时大学名"成均",均即韵,取义于"八音克谐,无相夺伦"。马一浮所讲的乐教,不是从音乐美学的角度来欣赏声音之美,而是从变化气质、德性修养的角度来解说。马一浮将乐教与礼教一起论,强调礼是天地之序,乐是天地之和。马一浮居杭州时与李叔同交往密切,他们都爱好书艺和古琴。马一浮"精通音律,他室内墙壁上挂着一张琴,却很少有人有幸听他弹琴"⑥,他

---

① 《马一浮全集》第一册上,浙江古籍出版社 2013 年版,第 16 页。
② 《马一浮全集》第一册下,浙江古籍出版社 2013 年版,第 449 页。
③ 《马一浮全集》第一册上,浙江古籍出版社 2013 年版,第 2 页。
④ 《马一浮全集》第一册上,浙江古籍出版社 2013 年版,第 22 页。
⑤ 《马一浮全集》第一册上,浙江古籍出版社 2013 年版,第 23 页。
⑥ 陈星:《隐士儒宗·马一浮》,山东画报出版社 1996 年版,第 13 页。

1917 年在写给李叔同的信中曾邀他来弹古琴,可惜马一浮精通音律的具体情况不得而知。

其二,提倡诗教。马一浮精于诗文,他从小便表现出诗才和文才的天赋,十岁时母亲命其以菊做诗,当时即成"我爱陶元亮,东篱采菊花。枝枝傲霜雪,瓣瓣生云霞。本是仙人种,移来处士家。晨餐秋更洁,不必羡胡麻"①,一时传为佳话。马一浮提倡诗教,他指出:"圣人始教,以《诗》为先。《诗》以感为体,令人感发兴起,必假言说,故一切言语之足以感人者皆诗也。此心之所以能感者便是仁,故《诗》教主仁。"②这里需要强调的是,孔子所言的"诗"皆是依照《诗经》的评选标准而确定的歌诗,是诗舞乐合一的艺术形式,往往在重要场合与礼仪合一演示,此时,诗与礼作为一种仪式化表演,也就具有伦理启示和教化的功能,因此,《礼记·乐记》才提出"乐者,通伦理者也"。马一浮认为,人心具有感通性,由感通而识仁,仁心从此显现,这正是《论语》所言"兴于诗"之义。他认为《诗》"以感为体,感人为用",诗可以"正得失,动天地,感鬼神"③,这里不仅揭示了诗歌的感性审美特征,更揭示了诗歌的感性与理性合一的功能。一方面,诗歌能够激发人的情感,具有强烈的感性特色;另一方面,此感性还具有感通的作用,即由情感萌动而触发仁心,进而进入道德理性层面,引起人"正得失"的道德理性判断,最终由小我而进入"动天地,感鬼神"的天人合一的大我境界。正因为此,马一浮对春秋之后诗教的衰落充满了惋惜:"春秋之世,朝聘燕飨,皆用歌诗,以微言相感。天竺浮屠之俗,宾主相见,说偈赞颂,犹有诗教之遗。中土自汉魏以来,德衰政失,郊庙乐章不复可观。"④所以,在现世提倡诗教,也是对传统乐教理论的接续。

可见,马一浮对儒家乐教和诗教理论的提倡,不仅契合了鲍姆嘉通"审美

---

① 陈星:《隐士儒宗·马一浮》,山东画报出版社 1996 年版,第 1 页。
② 《马一浮全集》第一册上,浙江古籍出版社 2013 年版,第 136 页。
③ 《马一浮全集》第二册上,浙江古籍出版社 2013 年版,第 36 页。
④ 《马一浮全集》第二册上,浙江古籍出版社 2013 年版,第 37 页。

是感性认识的完善"的定义,同时还经由心性论的阐发而将被西方割裂的审美感性与道德理性统合为一。这一思路正是对儒家心性论强大的融通思维的继承,中国文化的价值观念不曾失落,不曾出现西方现代性恶化所带来的价值分裂,根本原因就在于中国文化中的圆融思维。后来牟宗三撰写《心体与性体》,唐君毅提出心通九境之说,也皆是着眼于心的强大感通能力。因此可以说,马一浮借由诗教对心性感通论的阐发,正式开启了现代新儒家价值统会论的先河。

除了乐教与诗教,马一浮还顺应乐教与诗教的理路,将书法和绘画引向了书教和画教一途。他在《伊墨卿字卷跋》中指出:"书虽艺事,实关妙悟。……秦刻精整,故是法家。西汉简质,颇近黄老;东京矩度宽平,乃有儒者气象。桓、灵之际,颇见妍巧,乃枭淳散朴于是始矣。钟、王并挹玄言,故神味隽永;魏、齐诸刻,已流夷俗,故益鹜险峻。"①他重视书法所体现的气象与精神,认为书法是每一朝代思想面貌的体现,提出秦朝书法与法家、西汉书法与黄老道家、东汉书法与儒家、魏晋书法与玄学都有直接的精神关联。他从书法所体现的精神角度评价弘一法师的书法道:"大师书法得力于《张猛龙碑》,晚岁离尘,刊落锋颖,乃一味恬静,在书家当为逸品。……今观大师书,精严净妙,乃似宣律师文字……非具眼者未足以知之也。"②弘一法师也以自己的书法被马一浮称赞而得意。马一浮在《护生画集序》中指出:"今天下交言艺术,思进乎美善,而杀机方炽,人怀怨害,何其与美善远也。"③他将人心比作画,希望能够用《护生画集》来守护人心,因此,马一浮论书画之精妙皆在于其思想精神,强调书画对世人的教化作用。

马一浮熟悉西方文化,他1907年翻译了俄国杜思退的《正艺》④(即托尔

① 《马一浮全集》第二册上,浙江古籍出版社2013年版,第79页。
② 《马一浮全集》第二册上,浙江古籍出版社2013年版,第83页。
③ 《马一浮全集》第二册上,浙江古籍出版社2013年版,第20页。
④ 《马一浮全集》第四册上,浙江古籍出版社2013年版,第437页。

斯泰的《艺术论》)的三章内容,译文谈到了艺术的范围、美的定义以及真善美之间的关系,涉及鲍姆嘉通、康德、黑格尔等关于美的论述,译文可谓是简短的西方美学史。在译文的按语中,马一浮谈到了他对美的看法,他指出:"以吾国字义言之,美于文从羊从大,训甘,本义限于味而已,引申之则凡可好者皆谓之美"①。美善互训也是中国文化关于美的定义的重要特征,"以广义训之则与善为转注,以狭义训之则善可以包美,美不可以该善"②。马一浮重视用中西比较的研究方法揭示中国文化的价值,他在《曲苑珠英序》中指出:"今世治欧罗巴文字,稍能言其文学美术之旨趣者,或谓轶过中夏。"③他鲜明地反对盲目崇拜西方文化,认为中国声音之美莫过于《颂》,西方在戏剧方面的突出成就是悲剧,由于中国的圣贤未施教化于西方,所以中西戏曲方面有明显的差异,他将马致远看作与莎士比亚同样水平的作家,体现了他对中国文化价值的认同。

马一浮美学的特征有:

第一,以儒家六艺统摄一切学术,提倡儒家的六艺之教,追求人格修养和品格的塑造。成人是传统儒家教育的基本价值诉求。马一浮美学是在儒家六经、六艺框架下提出来的,继承了儒家人格美学的特色,无论是诗教、书教、礼教、乐教、易教、春秋之教,都指向了人格的养成和社会的完善,继承了儒家的学问作为为己之学的特质。

第二,提倡诗乐教化为至美,这是马一浮美学最集中的体现。儒家思想中最具审美意味的是礼乐,孔子继承三代以来文化,主要努力方向也是恢复周代的礼乐文化。诗教在当时与礼乐教合一,也是周代重要的审美教育手段。马一浮提倡诗教和乐教,并对诗乐教的感性物质与感通作用进行分析,以论证艺术具有通过感性形式而通达伦理的功能,实现了对儒家真善美合一的价值统

---

① 《马一浮全集》第四册上,浙江古籍出版社2013年版,第442页。
② 《马一浮全集》第四册上,浙江古籍出版社2013年版,第442页。
③ 《马一浮全集》第二册上,浙江古籍出版社2013年版,第5页。

会观的辩护,也启发了后来现代新儒家美学的基本思路。

第三,在中西文化比较中鲜明地提倡中国文化的价值。他早年学习了西方的语言和文化,对西方学术比较了解,归国后则鲜明地提倡国学,在中西文化比较中提倡中国文化的价值,重视人格的修养和塑造,在这一点上,他与梁漱溟可谓志同道合,也引导了新儒家生命美学的走向。

第二节　现代新儒家美学的主体性意识

一、儒家心性论是现代新儒家美学的形上学基础

现代新儒家美学的最大特点是集体发掘了中国美学的主体性意识。从审美现代性的主体性原则来看,康德奠基的主体性意识和人对意志自由的祈向成为美学现代性的内在支撑。从这个意义上讲,现代新儒家对主体心性的弘扬具有与现代美学融通的内在机理。牟宗三在儒学的现代转型中对康德的借用与重释恰可说明二者在某种程度上的契合,因此现代新儒家具有在对传统美学的现代转型中开启中国美学现代形态的先天优势。

现代新儒家的美学建构始终围绕着中国美学主体性意识的开发展开,心性论是现代新儒家确立中国美学主体性意识的基本方案。在中国传统美学中,道家美学是自然主义的,主体常隐而不见,人与自然合一的状态是以天合天,美感经验建立在人对自然的当下直观中,与道德无关,这是中国人最初的审美自律。受此观念的影响,中国书画中所体现的美学精神是混沌玄渺的宇宙生命大一统境界,这种境界并非有人质疑的那样是中国美学的主体性缺失,而是齐物论所揭示的万物平等对话,是更具有建设性的主体间性体现。

现代新儒家从传统儒家心性论出发,深入阐发了心体的感通能力,在儒家与道家之间打出了一条通道,论证了美、艺术与道德对于整全生命的形而上学意义。人格的培养既需要美的解放与提升,又需要道德的提携和护佑,真善美

对于主体而言具有"内在目的性",主体在借用不同的人生修养方法开出丰富的生命境界方面具有无限的潜能。梁漱溟、马一浮等第一代现代新儒家已重视对心性的阐扬,但梁漱溟是以西方现代心理学为基础来探讨心性的问题,马一浮主要是沿着宋明理学的路径来谈心性修养的问题,没有将心性提升至本体的高度,所以他们对儒家心性论的开创性转化尚不突出。

相比于梁、马,熊十力的体用论则在继承传统心性论基础上,对其有了突破性的创新和转化。熊十力反复强调他的学问"贵在见体",他所讲的体是人的生命本体,是宇宙万物生生不息的源头。见体不是另有一心来见此本心,而是"本心之自觉自证"①。他认为,一切事物的本体不是离开自心的外在者,"仁者本心也,即吾人与天地万物所同具之本体也"②,同时,他将本心与天、命、道、性、心等而视之,只是从不同角度看而称谓不同而已,实现了天道与人道相贯通,继承了孟子尽心知性知天的致思路径,是儒家天人合一思维方式的现代表达。正如郭齐勇先生指出:熊十力在现代新儒学建构方面的最大贡献是"面对西学的冲击,在儒学价值系统崩坏的时代,重建儒学的本体论,重建人的道德自我,重建中国文化的主体性"③。他所处的时代正是西方科学主义在中国大行其道的时代,工具理性对价值理性有明显的压制,人文价值和道德价值都陷入了危机之中。熊十力致力于建构的本体,不仅是宇宙万物的生命本体,也是人的内在道德主体,是对王阳明所讲的天地万物一体之仁的境界的继承和发展。

一方面,熊十力从本体论角度开启了生命美学的建构。熊十力不同意蔡元培"以美育代宗教"的观点,他在给蔡元培的信中指出:"美术实关重要,真以为当与宗教相辅而行,所怀疑者,仅先生所云以'美术代宗教'之一代字

---

① 《熊十力全集》第8卷,湖北教育出版社2009年版,第155页。
② 《熊十力全集》第3卷,湖北教育出版社2009年版,第397—398页。
③ 郭齐勇:《熊十力传》,上海文艺出版社1994年版,第159页。

耳。"①在他看来,美育和宗教有各自的功能:"哲学与美学及宗教不同者:美学是由情感的鉴赏,而渗透宇宙的生命。宗教是由情感的虔信,而意想宇宙的实在。哲学则是由明智即最高的理性作用,对于真理的证解。"②他强调美学是由人们情感而通于宇宙生命,没有停留在为审美而审美的层次,体现了中国美学对追求内在超越性的重视。

熊十力始终以仁为本心的内涵,将本心看作人的内在德性,看作人与天地万物同具的本体,将人的内在德性看作是宇宙生命的根源。证悟至此,即可超越宇宙万物之间的分隔,实现先哲所讲的浑然与物同体的境界。这一观点正是传统哲学中万物皆有生命、天地万物一体之仁的观点的现代版。

熊十力是在现代语境下谈生命美学,与陆王心学相比,具有鲜明的现代性特征。熊十力对现代社会中人的物化问题表示了深深的担忧,认为这是现代工业化大生产和科学技术驱使下所导致的人的异化问题。人异化之后,就会产生物化之心,物化之心追逐外物而不知满足,"直不应名为心"③。熊十力重视人的生命,此生命既不是西洋生命论者所讲的"生之冲动",也不同于道家和佛教"只证寂静"。他肯定柏格森关于生命的能动性、创造性思想,但认为其将宇宙看成无限发展的生命之流,具有盲目冲动的非理性思想。而佛教"只证寂静"也为不妥,应从寂静中见出刚健有为。因此他主张,既要为宇宙生命注入了道德主体性,以防生命的盲目冲动,又要勇于担当,开创刚健有为的人生,由此开启了中国生命美学主体性的建构。

另一方面,熊十力主张摄智归仁,强调以内在仁性约束向外追求的量智。熊十力标举中国先哲言仁识性,认为这是中国文化的特质,他指出:"西洋学人将理智与情感划分,只是不见自性,即不识本性。"④中国先哲从情感方面看

---

①　《熊十力全集》第8卷,湖北教育出版社2009年版,第24页。
②　《熊十力全集》第8卷,湖北教育出版社2009年版,第111页。
③　熊十力:《新唯识论》,中华书局1985年版,第552页。
④　《熊十力全集》第8卷,湖北教育出版社2009年版,第258页。

心称为仁,从理智方面看心称为知。中国先哲千言万语都是为了知性尽性,熊十力和中国先哲一样,强调"德性之知"和不学而知的"良知"。他进一步指出:"向外追逐与计较利害得失之智,是染污智,非本心也"①,这就是量智,是现代科学发展所需要的,但它需要性智来统辖。摄智归仁是熊十力心性思想的鲜明特色。

　　熊十力主张"先器识而后文艺",强调道德人格塑造和心性修养相对于文艺学习的优先地位。譬如文章之学,可分为应用文章和艺术文章两类,应用文章乃是实学,可教人器识,提升人格修养,不可不重视。他赞同顾炎武提倡实学,反对华而不实的文辞,他说:"实学废,文辞兴,然后有名士,是以顾宁人耻之也"②。他指出:"今人日日言新文学旧文学,而对于文学之本体,殊无明了之观念。"③他所言文学之本体,即是能够抓牢"器识"之教以成就道德心性修养。文艺的功能也在于以美助人生境界的提升和超越,譬如《诗经》,其《周南》《召南》两篇,"于现实生活之中而具超脱意趣,未尝沦溺于物欲",因此可赞其"大美哉,深厚哉,二南之风也"④,中国先哲的人生观的养成也多是以此为基本路径。

　　如果说梁漱溟是直接用西方柏格森等人的生命哲学比附中国哲学,那么熊十力则是借鉴西方生命哲学的相关理论,结合中国哲学的根本精神,进行现代中国生命哲学理论的建构。他建于儒家心性论基础上的生命哲学直接影响了以牟宗三、唐君毅、徐复观为代表的第二代现代新儒家美学理论的形成。牟宗三试图运用"智的直觉"去打通被康德判为两截的现象与物自身,其道德的形上学体系是以主体的无限心智为建构基点。唐君毅从心的感通作用出发去考察生命存在与心灵境界,从而提出了"心通九境"之说。徐复观更是将心视

---

① 《熊十力全集》第 8 卷,湖北教育出版社 2009 年版,第 259 页。
② 熊十力:《新唯识论》,中华书局 1985 年版,第 34 页。
③ 《熊十力全集》第 8 卷,湖北教育出版社 2009 年版,第 26 页。
④ 郭齐勇:《熊十力传》,上海文艺出版社 1994 年版,第 47 页。

为一切价值的承担者,并从心性观出发创建了他的中国艺术精神体系。与西方的主体性意识带来的"恶性二分法"不同,现代新儒家立足于中国传统文化的主体性的开发,打开了前现代性与后现代性的通道,实现了"主体性—主体间性"的现代转型。

现代新儒家所讲的主体性,既是人对内在良知本体的认知,又具有民族文化主体的内涵。现代新儒家将良知上升到了形而上学的高度,这种由良知构成的主体性不同于西方美学的认知主体性,而是道德主体性。现代新儒家高度重视中华民族文化的传承,重视中华文化生命的延续,这就是民族文化的主体性。因此,现代新儒家不仅关注个体人生的艺术化,也关心民族艺术的发展以及社会生活的艺术化、礼乐化。

二、重视生命价值是现代新儒家美学的特色

现代新儒家在文化上的主要贡献是对道德理性的弘扬和生命价值的彰显。道德理性既是中国文化的长处,又可以补西方科学主义的弱点,是中国文化最具现代性价值之处。人的异化是现代科学发展最突出的问题,异化的人为物所役,溺于物质财富的追求与狂欢之中,消费文化成为大众文化的主体,人类的精神价值在消费文化、金钱利益面前显得不堪一击,这正是现代新儒家的忧心之处。在现代新儒家看来,现代中国的内忧外患,其实是科学主义大行其道所带来的恶果,因为欲救中国,不是仅仅从政治上谋求独立,更要在文化上挺立人的精神价值。这一问题必然要诉之中国古代的圣贤文化,儒家思想追求的正是要堂堂正正做个自尊、自信、自立、自强的人。

现代科学的价值问题、科学在中国文化中的地位问题,在五四运动前后是学术界争论的热点话题,科玄论战是这一问题的标志性事件。当时的中国,科学主义大行其道,科学派代表人物丁文江、胡适完全服膺科学的客观有效性。而以张君劢为代表的玄学派则认为科学知识的正确性是有限度的,科学不能解决人生观问题。古代儒家讲见闻之知和德性之知,佛教讲真谛和俗谛,讨论

的便是知识正确性的限度问题。现代新儒家群体基本上都主张科学知识的正确性有限度,熊十力关于性智与量智的论述、牟宗三关于智的直觉和感触的直觉的论述,都是对科学知识的有限性和有效性的分析。现代新儒家一致认为,要以价值理性来约束工具理性的恶性膨胀,要在现代社会发扬儒家道德理性的重要价值。

在现代新儒家的文化重建系统中,他们对于美学问题的考察时刻注意以启蒙理性向工具理性转化所带来的现代性危机作为参照背景,尽管当时中国的现代化还没有起步,现代新儒家们已经非常敏感地意识到工具理性可能对中国青年带来的严重后果。他们在作品中深刻剖析了西方近代以来科技发展带来的价值中立和人性分裂现象,并对西方的大众文化、新兴传媒对中国青年产生的负面影响表示了担忧。一方面,现代新儒家肯定了西方科技进步的伟大成就。《中国文化与世界》宣言指出:“由科学进步之应用于自然之改造,及对社会政治经济制度之改造,二者相互为用,相得益彰”①,肯定了科学推动西方文化发展和社会进步的作用。另一方面,现代新儒家揭示了科学带来的负面作用。他们指出:“在今日科学已发展至核子武器,足以毁灭人类之时期,人类之前途乃惶惶不可终日。此皆近代西方文化之突飞猛进所带来之后果。”②

方东美在论及当时的思想界现状时说:“近五十年来,中国文化、典章制度、学术,都有现代化的必要,可是他们把现代化只看成西方化,口喊西化,但是对于西化并非西方的根源谈起,如:文学,艺术,哲学,宗教,只知道从外表去看,这使得近代青年一直觉得西方月亮比东方圆。西方学者只从外表看中国,充满误解,但中国学者自己不少人忘本,使得中国青年由文字起,到思想习惯,都有一种内在贫乏症。”③因此,现代新儒家的文化重建,根本目的就是要重新

---

① 唐君毅:《中国文化与世界》,《唐君毅全集》第9卷,九州出版社2016年版,第41页。
② 唐君毅:《中国文化与世界》,《唐君毅全集》第9卷,九州出版社2016年版,第41—42页。
③ 方东美:《原始儒家道家哲学》,台湾黎明文化事业股份有限公司1983年版,第3页。

确立中国人的生命精神和价值传统。

　　价值理性和道德理性的发扬,有利于反思科学理性的负面作用,从而约束现代社会物欲膨胀的局面。现代新儒家在西学东渐的背景下,都表现出了对西方物质文明的忧思,强调中华文化的人文价值和道德价值,体现了中国文化对生命价值的独特思考,这正是中国文化对世界文化的独特贡献。梁漱溟认为发生世界大战是物欲膨胀的结果,因此主张以中国文化的意欲调和持中约束西方文化的意欲向前,因此世界未来文化的发展应走向中国文化调和持中的路向。马一浮以六艺统摄西方学术,提出“自然科学可统于《易》……因《易》明天道;凡研究自然界一切现象者皆属之……今人以数学、物理为基本科学,是皆《易》之支与流裔。”[1]这些观点既体现了对中国文化价值的高度自信,揭示了中国文化在世界文化中的地位,也体现了他们对现代社会科学主义带来的价值危机的思考。

　　现代新儒家所讲的生命有个体生命、民族文化生命、宇宙生命等多个层次。现代新儒家由个体生命的存在进而推知民族文化生命的存在,他们指出:“如果我们同你们都是活的,而大家心中同有中国文化,则中国文化便不能是死的。”[2]历史文化是一代代人用自己的生命心血写成的,著作是他们生命心血的延续,是他们精神生命的表现,这就将个体生命与民族文化生命联系在一起了。现代新儒家认为中华民族文化是活的精神生命。唐君毅、牟宗三等共同起草的《为中国文化敬告世界人士宣言》批判西方人士出于考古的好奇心研究中国文化的做法,西方人士将中国文化作为没有生命的文物,尤其像斯宾格勒认为中国文化到汉代已经死亡,而不是“直接注目于中国这个活的民族之文化生命、文化精神之来源与发展之路向”[3]。现代新儒家希望中国和世界

---

① 马一浮:《马一浮全集》第1册上,浙江古籍出版社2013年版,第17—18页。
② 唐君毅:《中国文化与世界》,《唐君毅全集》第9卷,九州出版社2016年版,第7页。
③ 唐君毅:《中国文化与世界》,《唐君毅全集》第9卷,九州出版社2016年版,第5页。

人士"承认中国文化之活的生命之存在"①,不能像五四运动以来流行的整理国故以保存档案的做法,也不能像斯坦因、伯希和那样着力寻找中国的文物作为研究材料,而应将历史文化看作客观的人类精神生命的表现,应对历史文化怀有同情和敬意。

胡适曾谈及整理国故的价值,撰写了《整理国故与"打鬼"》一文,强调用实事求是的科学方法来研究中国传统文化,"用精密的方法,考出古文化的真相,用明白晓畅的文字报告出来,叫有眼光的都可以看见,有脑筋的都可以明白"②。这种方法克服了清代以前学者对古代经典的固守与盲从,对家法与师法的膜拜,开启了现代意义上的中国社会的科学研究,有开学术风气之先的作用。但是中国传统文化在胡适这里也被视作国故,是历史遗存,而没有被视为具有生命力的存在,对此,现代新儒家也是批判的。

现代新儒家认为个人的生命即是宇宙的生命,揭示了人生的永恒意义。熊十力的《新唯识论》的核心观念之一是"吾人生命与宇宙大生命本来不二"③。他的观点来源于孟子所讲的"上下与天地同流""万物皆备于我"的思想和庄子所讲的"人乃官天地府万物"的思想。熊十力鲜明地主张宇宙论与人生论统一起来,不同于西方哲学向外寻找万物的根源,这是中国哲学区别于西方哲学的重要内容,阐明了中国哲学本体论的重要特征。他所讲的体用不二的本体论,即通过人心的涵养而契入宇宙本体,正如他说:"言吾之心,上极乎天,下彻乎地,互相流通为一体,非可以一己与天地分裂为二也"④。这里所讲的宇宙即天地万物,是各种物质和精神现象的通称。心即良知本心,本心是人与天地万物共有的真性。儒家讲尽心知性知天,尽己性以尽物性,熊十力认为这是儒家的根本观念,他称之为"圣学血脉",《新唯识论》正继承了儒家此

---

① 唐君毅:《中国文化与世界》,《唐君毅全集》第9卷,九州出版社2016年版,第7页。
② 胡适:《整理国故与"打鬼"》,《胡适文存》第3集,黄山书社1996年版,第105—106页。
③ 《熊十力全集》第6卷,湖北教育出版社2009年版,第3页。
④ 《熊十力全集》第6卷,湖北教育出版社2009年版,第4页。

核心观念。熊十力将生命本体与个人生命统合为一,本体论就是生命论。这也是他的体用论的核心内容。熊十力的体用论主要来源于《周易》,所以他指出"本论骨子里似是生命论"①。他认为《周易》有大生、广生之说,又曰"生生之谓易",强调了宇宙万物变动不居的特性,揭示了宇宙生命万象的变化规律,揭示了生命的崇高价值,这些都是值得继承的。

现代新儒家的突出贡献是重视生命的价值,尤其挺立了人在宇宙中的价值。他们在不断回溯传统,尤其是儒家思想传统的基础上,发展出了儒家生命哲学的现代形态。他们注重将个体生命的价值与民族文化生命的价值、宇宙生命的价值联系在一起,由此建构了一套基于生命哲学之上的生命美学、价值论美学理论体系。这一体系形上与形下融贯、宇宙与人生相通、真善美相统一,它以人生的艺术化和宇宙的和谐为归宿,具有鲜明的中国特色。他们的致思路径不同于 20 世纪五六十年代关于美的主客观问题的争论,也不同于 20 世纪 80 年代以马克思主义的实践概念为基础的实践美学,而是一套立足中国古典美学传统,又消化吸收了西方美学话语的现代中国美学理论,他们建构中国美学的方案为复兴中国古典美学探索出了一条可供借鉴之路。

第三节　现代新儒家建构中国美学的方案

现代新儒家美学没有陷入救亡的现实功利主义路线,又没有偏于美学学科的独立性而忽视民族文化的建设与转型。现代新儒家美学的建构方案全面回应了西方美学的现代性困境问题,是一套以中国传统文化,尤其是儒家心性理论为基础的生命美学、价值论美学、道德理性美学,是实现了真善美相统一的美学,推进了中国传统美学的现代转型。现代新儒家所处的时代是东西方文化碰撞的时代,是传统文化与现代文化交织的时代,中国社会向现代转型过

---

① 《熊十力全集》第 6 卷,湖北教育出版社 2009 年版,第 4 页。

程中各种问题集中表现出来了。现代新儒家作为五四新文化运动前后出场的学术群体,没有像五四运动的主将们那样激烈地反传统,也没有全面地拥抱西方文化。他们既看到了西方文化的长处,又深刻揭示了西方文化的弊端。他们既看到了中国文化的不足,又深刻揭示了中国文化的生命力及其现代价值。他们认识到了现代化是时代发展的潮流,但又明确提出现代化是建立在传统文化基础之上的现代化,传统文化的精神价值必须贯注于现代化之中。现代新儒家正是在这种复杂的国内国际理论环境下提出了独具特色的美学理论。现代新儒家建构中国美学的方案与策略值得深入研究。

一、立足儒家,以价值论美学淡化功利论与非功利论的二元对立

当前学术界有一些关于价值论美学的研究。例如,黄凯锋所讲的价值论美学以马克思主义价值论为基础,以"现实生存的人的审美活动"[①]为逻辑起点,研究内容包括探讨人类的审美需要,研究审美主体、审美客体、审美价值、审美评价等内容。李咏吟认为中国古代孔、孟、老、庄、荀都有审美价值学说,就审美与生命、审美与存在的关系进行了思考,确立了天道与人道、仁爱与节俭的审美精神价值,"古典文明中的价值论美学,重视美德伦理的价值与宗教信仰的价值,那么,现代文明中的审美价值,则更重视政治民主平等的价值、个体自由创造的价值以及现代科学技术条件下的生存伦理价值"[②]。舒也提出"价值论美学是一种主客体统一论美学"[③],是一种相对论美学,审美价值只有在确定的审美关系、审美活动和审美实践中才成为客观存在,审美价值是与功利价值、道德价值、宗教价值相联系的复合价值。以上价值论美学的共同特征是希望美学由知识论、反映论、机械论走向生存论、价值论、目的论,重视人文

[①] 黄凯锋:《价值论美学——美学研究的未来走向》,《哲学动态》1998 年第 7 期。

[②] 李咏吟:《价值论美学》,浙江大学出版社 2008 年版,第 2 页。

[③] 舒也:《价值论美学对认识论美学的挑战》,《浙江社会科学》2012 年第 1 期。

忧思和生命关怀,希望美学由对美的本质追问走向对审美价值的追求。

现代新儒家所讲的价值论美学是立足于生命本体论基础上的价值论,即关注人的价值生命,重视审美之于生命的内在意义,强调审美对于人生境界和社会环境的提升。价值论美学不仅关注审美价值,同样关注道德价值以及信仰价值,重视在真善美的统一中实现美的意境。在学术界关于价值论美学的研究中,李咏吟以儒家思想和道家思想为中国古典价值论美学的基本范式,以现代新儒家思想为现代价值论美学的典型代表。他高度评价了现代新儒家的价值论美学:"我们在探讨现代中国美学思想时,要返回到那些真正的哲学家或真正的思想家的著作中去,也许,在他们的论著中,通篇见不到'美'这个词,但是,在那字里行间,无处不可读到这种哲学的智慧和美学的智慧,诸如,宗白华、方东美、冯友兰、唐君毅、牟宗三、徐复观,等等。值得注意的是,熊十力、梁漱溟、钱穆等,这些不大关心美学的思想家,也有十分深刻的美学思想。"①本文的主要工作,正是系统梳理现代新儒家建立在生命哲学基础上的价值论美学体系。

一般认为,传统儒家出于道德建构的考虑而对审美和艺术持功利态度,这种功利性的态度会对美与艺术的纯粹性造成损害。以梁启超、鲁迅、胡适为代表的功利主义美学和以王国维、宗白华为代表的非功利主义美学,在现代中国美学理论的建构上留下了各种矛盾,功利主义美学忽视了文艺的自律性和独立性,切断了新文化与传统文化和审美理念的内在关联,非功利主义美学虽重视健全人格的塑造,但是没有解决康德真善美三分遗留下来的价值分割问题。现代新儒家一直想要努力证明,审美与道德、感性与理性作为人的价值结构的组成部分,具有内在融通关系,它们能够相互促进而非相互对立。现代新儒家采用整体重建的策略,完全避开了对知情意的理性批判走向,从中国心性论立场,寻找人类心智及其实践成果之间的融会贯通,道德、审美、认知一体化,建

---

① 李咏吟:《价值论美学》,浙江大学出版社 2008 年版,第7页。

构了"天心—道心—人心"三位一体的超越而内在的形上学。

礼乐作为传统儒家最基本的人格培养方式,在现代新儒家这里受到了所有人的重视,也成为他们论证美善关系的重要突破口。除了上文梁漱溟、马一浮对礼乐思想的阐发与提倡外,唐君毅也对礼乐在传统儒家道德建设中的重要价值进行了分析,并对建立现代礼乐生活进行了积极探索。而关于礼乐与道德的关系,最典型也最深刻的阐发,当是徐复观。徐复观著有《中国艺术精神》一书,提出了"中国艺术精神"的概念,并称孔子为中国艺术精神的典型代表,而孔子所代表的艺术精神就是道德与艺术的完美统一。孔子有"兴于诗,立于礼,成于乐"之说,徐复观认为,在孔子的思想中,将道德与情欲经由音乐的中和作用而完成了统一。"成于乐"的"成"是一种圆融的境界,道德与生理的对抗性消失,仁对于个体而言成为"情绪中的享受"①,"这种道德化,是直接由生命深处所透出的艺术之情,凑泊上良心而来,化得无形无迹,所以便可称之为'化神'"。② 由此,徐复观论证了,儒家"仁"的精神,也是一种与艺术合一的精神;儒家的理想盛世是"礼乐之治",既是一种仁政,也承载了儒家的艺术精神。因此,徐复观说:"由此可以了解礼乐之治,何以成为儒家在政治上永恒的乡愁"。③

徐复观的弟子陈昭瑛认为,徐复观在论证艺术与道德的关系时,采用的是一种类似于黑格尔在论证生命之有机整体性时采用的"内在目的论"。她认为,徐复观在论证艺术的实用功能与道德功能时,恰如"一植物有生根、发芽、长枝叶、开花、结果等等潜能,这一切成长活动也就是植物的内在目的之实现,既然成长是植物的内在目的,我们便不能说成长是植物的工具"。④ 正是在这个意义上,徐复观才有理由在反驳"儒家道德观束缚文学的发展"一类的言论

① 李维武编:《徐复观文集》第四卷,湖北人民出版社2002年版,第27—28页。
② 李维武编:《徐复观文集》第四卷,湖北人民出版社2002年版,第24页。
③ 李维武编:《徐复观文集》第四卷,湖北人民出版社2002年版,第20页。
④ 陈昭瑛:《儒家美学与经典诠释》,华东师范大学出版社2008年版,第120页。

时说："由修养而道德内在化,内在化为作者之心,'心'与'道德'是一体,则由道德而来的仁心与勇气,加深扩大了感发的对象与动机,能见人之所不及见,感人之所不能感,言人之所不敢言,这便只有提高、开拓文学作品的素质与疆域,有何束缚可言? 古今中外真正古典的、伟大的作品,不挂道德规范的招牌,但其中必然有某种深刻的道德意味以作其鼓动的生命力。"①"道德与艺术,在其最根源之地常融和而不可分。"②

此外,牟宗三在圆善的境界里分析了道德理性与审美感性的圆融关系。圆善是道德理性成就的目标,在圆善的境界里,"仁与天俱代表无限的理性,无限的智心。"③但圆善并非单纯的善,同样是道德理想与审美境界的合一。牟宗三认为,道德理性具有普遍性和必然性,代表着精神的超越。而审美活动则有感性之情的特殊性,二者结合,人们就可以在审美的体验中超越个人的想象、情感和意志,进入一种融贯天地的境界,因为良知的介入,审美体验终成"即真即善即美"的境界。方东美从机体形上学的角度,认为真善美、道德、宗教、艺术都是形上生命本体的先验本质,是生命的内在要求,由此提出"人生就是价值统会的集团"。

尽管每位现代新儒家价值统会的方式不同,但他们共同的理想是:一方面,以道德良知充实、规范和提携审美心性,以使其获得崇高的内在支撑;另一方面,以美和艺术激发道德理性的感人魅力,以使其体现鲜活的感性特征。在现代新儒家的解读下,美学的建构要以人的心性与情感为中心定位人与美的关系问题,在道德感和美感生成中强调由感性情感体验向理性价值塑形的转化。

审美自律并非对审美片面的形式主义的理解,而是对审美现象、审美活动

---

① 徐复观:《中国文学精神》,上海书店出版社 2006 年版,第 19 页。
② 徐复观:《中国文学精神》,上海书店出版社 2006 年版,第 5 页。
③ 牟宗三:《圆善论》,《牟宗三先生全集》第 22 册,台北联经出版事业公司 2003 年版,第 300 页。

之规律与独特价值的自觉揭示。与鲍姆嘉通运用理性分析的方法将美学独立
于伦理学和逻辑学的做法不同,现代新儒家考察美学的独立价值是以整体的、
综合的方法进行的。现代新儒家并非不了解西方的分析法,却不认同这种分
析法在处理价值问题时的有效性。方东美认为:"这种方法的优点是不含
混,不笼统,但有危机:分析法一次只能处理一个问题,容易造成孤立的系
统。"①他进一步分析了以分析法处理价值问题给西方带来的严重后果:"西
方的分析法把宇宙化为简单的数量关系,一切不能化为数量关系的,如价
值,宗教,艺术,伦理中的善,都被视为幻相,对一切真善美价值都采取中立
的态度。"②如此一来,在科学分析的过程中,真正的价值反而流失了。相
反,"中国机体形上学则求会通,将真善美的价值融会起来成为丰富的真相
系统,价值系统。在机体形上学之下,中国的思想不会成为抽象的体系,不
会价值中立。"③

可以说,现代新儒家美学的审美自律正是以一种价值统会的整体性策略
体现出来,综合性和整体性对于现代新儒家而言,既是方法也是方案。他们将
审美的独特价值定位于人性的统一性中,用综合的方法与真善美整体重建的
方案,考量了中国文学和艺术中的审美精神和道德精神,从整全人格的意义上
把握美与艺术在人的精神境界中所占据的位置与比重,将美视为内在于生命
的先验价值,从形而上学的角度确立了美与审美的先验合法性。他们没有执
着于当时社会环境下流行的功利主义与非功利主义的论辩,而是超越了这场
争论,从生命本体建构的根基处,淡化了功利主义与非功利主义的二元对立,
从传统文化资源中寻找灵感,在儒家道德形而上学的基础上实现了真善美的
统一。

---

① 方东美:《原始儒家道家哲学》,台湾黎明文化事业股份有限公司1983年版,第23页。
② 方东美:《原始儒家道家哲学》,台湾黎明文化事业股份有限公司1983年版,第24页。
③ 方东美:《原始儒家道家哲学》,台湾黎明文化事业股份有限公司1983年版,第25页。

二、会通中西,以现代转型的开拓淡化西化论与保守论的二元对立

五四新文化运动以来,在处理中西文化的关系上,中国思想界有传统派、西化派和中西调和派。在当时的文化领域,如果说胡适、陈独秀、陈序经等是激进的西化派,他们希望抛弃中国传统文化,全盘接受西方文化,那么章太炎、刘师培、王新命则可算作是传统派,力图保存传统文化的命脉。1923 年发生的科玄论战是西方反省现代性思潮在中国思想界激起的一场争论。胡适、丁文江诸人径直指责张君劢等人是追随柏格森的"玄学鬼",这表明胡适、丁文江对于反省现代性思潮的不满已甚。美国学者艾恺认为,亚洲的反省现代性(现代化)所以到欧战后才显出其重要性,原因即在于它实际上是欧洲现代思潮变动的产物。他说:"无可讳言,认为亚洲保有一个独特的精神文明这个观点基本上是一个西方的念头;而这念头则基本上是西方对现代化进行的批评的一部分。"①当然,西方派也并非完全不研究传统文化,胡适在研究儒家、墨家、佛教、《红楼梦》方面也创见甚丰。传统派也并非完全不借鉴西方文化,章太炎翻译了英国斯宾塞的文集。因此,这种派别的划分只是就整体特征,为了论述的方便而做的一种分类。其实,当时的大部分思想家,包括西化派和传统派的思想家,都试图融合中西文化,在借鉴西方文化的基础上为中国文化找出路。

正当新文化运动者在权衡东西文化的优劣时,西方刚经历了第一次世界大战(1914 年 7 月至 1918 年 11 月)。1918 年至 1919 年,梁启超赴欧洲考察,回国后于 1920 年发表了旅欧游记《欧游心影录》,此书对战后欧洲的政治、经济、文化等做了全面细致的考察,看到西方国家在战争的灾难后的破败景象,有的西方人甚至反感西方文化而羡慕中国文化,分析了战争对西方人心灵上

---

① [美]艾恺:《世界范围内的反现代化思潮——论文化守成主义》,贵州人民出版社 1991 年版,第 87—88 页。

的创伤。《欧游心影录》让新文化运动中激进的西化派看到了西方文化并不是万能的,意识到中国学习西方不能盲从,这大大提升了人们对中国传统文化的自信心。随着梁启超游欧归来发表《欧游心影录》和梁漱溟的《东西文化及其哲学》影响日大,反省西方现代性问题也逐渐成为学界热潮,但是新文化运动者们却对这种批判西方现代性的思潮怀有敌意。

五四新文化运动广泛运用了东西文化比较的方法,但是比较的内容很多缺乏事实的证据,其合理性无从证实。冯友兰对此提出了质疑,他说:"切实研究,既一时不能有效,所以具体的事实,都没有清理出来,而发表意见的人,都是从他们个人的主观的直觉,去下些判断",而这些判断往往"查无实据"。陈独秀、胡适为代表的新文化运动者是西化派的代表,他们以西方文化为现代化的标准进行中西文化比较,也缺乏科学的论证,很自然地将中国文化判定成传统的、封建的、落后的文化。以梁漱溟等为代表的现代新儒家则是站在中国文化立场上的中西文化比较,试图发掘中国文化的价值,延续中国文化的生命,重建现代中国文化。二者对中国传统文化的反省批判有价值取向上的明显差异。

在处理中西美学的关系上,我国学术界也有传统派、西化派和中西调和派。传统派美学以王国维、宗白华为代表,西化派美学则以朱光潜为代表。这里的区别是相对的,传统派的王国维、宗白华同样对西方美学有深入的了解和研究,西化派的朱光潜同样创作了《诗论》,从儒家思想的角度对《诗经》进行了解读。这里的区分,只是考虑到王国维、宗白华的美学创见和产生极大社会影响的理论都是有浓厚中国元素、民族特色的美学理论,而朱光潜在美学理论的创见则受西方美学的影响非常大,甚至是西方美学理论的中国化运用。

中西美学之间的冲突,在王国维、朱光潜那里有鲜明的表现,王国维经历了崇拜西方到回归传统的转变。王国维对古雅之美的阐发是他在美学上的独创性贡献,这是他由推崇"康德、叔本华的'天才论'逐渐转向中国传统文化鉴赏趣味"①,由对西方美学的膜拜转向了对中国文化的欣赏的标志。王国维投昆明湖自杀,虽与其个人忧郁的气质有关,但更重要的原因应是其思想的矛盾,其思想中充满了中国文化与西方文化的矛盾、传统文化与现代文化的矛盾,他曾倾心叔本华、尼采,又无法抛却中国文化的无我之境,由此造成了他精神与肉体上的痛苦,清朝的覆灭导致中国文化失去了制度上的支撑,这给了他最后一击,直至投湖自尽,这既是殉清,更是为中国文化而绝望的表现。朱光潜介绍和研究西方美学的影响非常大,西方美学的话语体系正是通过朱光潜的译介而传入中国,但"传统文化又是他们依恋的母体",他们对于叔本华、克罗齐的美学思想有一个"选择、接受、转化和疏离"的过程,这一过程正是中西文化交融的过程。② 总之,王国维、朱光潜的美学研究历程一直在中西美学之间进行着思想的斗争与抉择。

现代新儒家在处理中西文化和中西美学的关系问题上,没有表现出像西化派和传统派那样的思想斗争,没有在中西文化之间痛苦地摇摆。现代新儒家一出场便鲜明地亮出了儒家文化、中国文化的立场,他们没有像王国维那样纠结于东西方思想的取舍,而是坚定地站在儒家文化、中国文化的立场上推进中国文化的现代转型,包括从儒家立场建构现代中国美学。例如,梁漱溟作为现代新儒家学派的先驱人物,1919 年他正在北京大学教书,1920 年发表了《东西文化及其哲学》的演讲,都旗帜鲜明地为儒家说话,为中国文化争取地位。其后的几代现代新儒家始终坚守了中国文化,尤其是儒家文化的立场,力图继承夏商周秦汉唐宋元明清以来的文化统绪,努力为中国文化在世界文化中争得一席之地,也着力为世界文化的发展贡献中国智慧。

现代新儒家既接受了正统的中国传统文化教育,又对西方文化有深入的

---

① 王攸欣:《选择·接受与疏离:王国维接受叔本华、朱光潜接受克罗齐美学比较研究》,生活·读书·新知三联书店 1999 年版,第 4 页。
② 王攸欣:《选择·接受与疏离:王国维接受叔本华、朱光潜接受克罗齐美学比较研究》,生活·读书·新知三联书店 1999 年版,第 25—27 页。

了解,他们多数人有留学西方的经历。如前所述,马一浮、冯友兰、方东美、张君劢、刘述先、成中英、杜维明都曾留学西方,唐君毅、牟宗三自学生时代便重视西方哲学的研究。唐君毅三十岁之前的研究重点也是西方哲学。牟宗三最初师从张申府先生学习罗素、维特根斯坦、怀特海等人的思想,后师从熊十力先生转入中国哲学的研究。因此他们有融合中西文化的坚实基础。牟宗三在《中西哲学之会通十四讲》中提出:"未来中国的文化是一个大综和时期"①,他所讲的大综合,是要彻底了解中华民族文化的命脉,尤其是继承宋明儒学,同时又要了解西方文化的传统(从希腊的科学哲学传统到现代的自由、民主政治等),实现中国文化的现代化,适应现代社会。牟宗三正是以康德为媒介,进行中西哲学与美学的融合,他指出:"吸收西方文化以重铸中国哲学,把中国的义理撑起来,康德是最好的媒介"②。

牟宗三晚年翻译了《康德判断力之批判》,并写了《以合目的之原则为审美判断力之超越的原则之疑窦与商榷》一文,此文站在儒家思想的立场上,吸收消化了康德美学,试图以中国传统文化中真善美的融合解决康德美学中真善美之间的分离问题,提出了独具特色的美的概念和审美原则。

可见,现代新儒家美学既不像西方派那样忽视自家,拜倒在西方的话语之下,也不像传统派那样走不出传统文化的疆域,不愿适应新时代进行理论创新,甚至以自杀的方式与新时代决裂。现代新儒家坚守中国美学传统,努力接续中国美学的命脉,积极研究西方美学话语,寻求中国传统美学理论与之对话的路径,并以中国传统美学精神改造西方美学理论。

综上,现代新儒家虽然不以美学名世,但他们在哲学研究中找到了一条不同于梁启超、鲁迅、王国维、蔡元培、宗白华、朱光潜等的美学的现代性进路。正如龚鹏程指出:现代新儒家美学在朱光潜心理学的启示下发出了生命美学,"除了对王国维的境界说,及其以生命悲剧意识探讨《红楼梦》之美学路向,给

---

① 牟宗三:《中西哲学之会通十四讲》,上海古籍出版社 2007 年版,第 232 页。
② 牟宗三:《中西哲学之会通十四讲》,上海古籍出版社 2007 年版,第 240 页。

予高度肯定外,方东美、唐君毅、徐复观、牟宗三等人也都各自展开其生命美学之论述。通贯中国儒家道家甚至佛教之义理,或强调真善美统合人格的实现才是美学的终局;或认为应从人格把握艺术精神之主体;或主张美感经验当以价值追求为目的,重在生命意义的了解。波澜壮阔,影响深远。"①龚鹏程将现代新儒家主要代表人物的美学统称为人文美学,认为他们的美学思想"呈现出东方美学的特色来,当然值得格外关注"②。

下文第四章至第七章,将以方东美、唐君毅、徐复观、牟宗三为中心展开个案研究,因为他们的美学思想在现代新儒家群体中尤其具有代表性,他们有出入中西的学术背景;有中国文化现代重建的危机意识;有接续传统美学的统绪意识;有中西会通的现代性自觉。他们揭示了传统美学的精义,提出了建构现代中国美学的整体性方案,搭建了中西会通的平台。他们以传承中国传统美学精神的强烈责任感,以融会中西美学的博大胸怀,以面向世界面向未来的历史高度,探索建构了现代中国的价值美学、人文美学。面向未来,他们努力推进中国美学的现代转型,并为世界美学理论的发展作出中华民族的独特贡献。他们的美学建树对于解决现代中国美学发展问题具有重要的启示意义。

---

① 龚鹏程:《儒学与生活》,东方出版社 2018 年版,第 84 页。
② 龚鹏程:《儒学与生活》,东方出版社 2018 年版,第 86—87 页。

第四章　方东美生命美学的
现代性

　　方东美(1899—1977 年),名珣,字东美,是桐城望族桂林方氏二十三代孙,是桐城哲学家方以智和文学家方苞的同宗后人。方东美自称"诗哲",他出入中西哲学与文化数十载,他的思想体系恢宏广大、思析缜密,他的书写语言诗文并著、优美典雅,竟能在两百多年之后遥契先祖,将桐城派在哲学与文学上深厚的造诣兼而显之,传承创新,自成一派,成就了现代"诗化哲学"的典范。现代新儒家代表人物成中英先生指出:"方东美先生在台湾大学教哲学之前,与朱光潜、宗白华等中国最早研究美学的先生都有交往。他们一起推动了中国现代美学的创建与发展。"①

　　从时代上来看,方东美出生成长于 20 世纪之交的风云邅变期,新旧思想交替转换,西方诸多流派、主义纷至沓来,如此激变的时代也造成了方东美思想源起的多维性。方东美曾说:"我这个人,从家庭来说是儒家,就气质而论是道家,在宗教启示方面属于佛教,此外还曾接受过西方的知识训练。"②方东美的弟子孙智燊对此称道:"他学问真好。不在中文系,可中文比中文系教授好;不在外文系,可外文比外文系教授好;不在西洋,可西洋哲学比西洋人好;

---

　　① 　成中英:《美的深处:本体美学》,浙江大学出版社 2011 年版,第 30 页。
　　② 　《方东美先生演讲集》,台湾黎明文化事业股份有限公司 1979 年版,第 55 页。

不在和尚庙,可佛学比和尚好。"以方东美学习成长的桐城中学来看,桐城中学由晚清文学家、教育改革家吴汝纶先生于1902年创办,吴汝纶大力改革旧制,提倡新学,主张中西互通,育时代新人。从吴汝纶为桐城中学所题写的校训也可看出其教育主旨:"后十百年人才奋兴胚胎于此,合东西国学问精粹陶冶而成",横批"勉成国器"。而方东美的二哥方义怀更是两任桐城中学校长以及桐城教育局局长。在此环境下成长的方东美,此后的学术之路,正如桐城中学校训所言,"合东西国学问精粹陶冶而成"。

第一节　现代性问题中生成的
方东美生命美学

20世纪初,方东美作为新时代培养出来的新青年,对于时代问题、家国问题有非常敏感的洞察力,也有新青年的热血与梦想。1917年,18岁的方东美考入金陵大学(南京大学前身)哲学系,随后亲身经历了激情豪迈的五四运动,在南京参与创办了与北京五四运动遥相呼应的重要社团"少年中国学会",主编学会的重要刊物《少年世界》,成为五四运动南派的代表人物之一。方东美在《苦忆左舜生先生——因及少年中国学会二三事》一文中曾回忆过这段往事,叙述了自己反对激进的政治运动,主张以文化学术救国的理想抱负。[①] 1921年方东美赴美留学,正式开启了自己以学术救国的治学之路。

一、深入西方洞析现代性问题

在美国威斯康辛大学留学期间(1921—1924年),方东美主修生命哲学,并且在俄亥俄州立大学辅修了一年的黑格尔哲学。在深入西方哲学与文化的过程中,方东美梳理了西方哲学与文化的发展脉络,尤其关注怀特海和柏格森

---

① 《方东美先生演讲集》,台湾黎明文化事业股份有限公司1979年版,第299—305页。

的生命哲学。他注意以中西对比的视角研究西学,在揭示中西各自文化特征的过程中发现问题。1924 年,方东美回国任教,并在此后陆续出版一系列西学研究、中西对比研究的成果,包括《科学哲学与人生》《生命情调与美感》《生命悲剧之二重奏》等,在这些前期著作中,方东美不仅阐明了自己的学术立场,而且发现了西方文化自古希腊向近代转变的内在生命精神与价值的裂变过程,发现了西方文化发展的内在矛盾以及精神与物质相互割裂的二元对立走向,他称之为生命的悲剧,而他所分析的这些问题正是西方现代性最突出的问题。通过发展史的梳理,方东美认为,近代自然科学发展以来,古希腊物质与精神、科学与人生融为一体的状况发生了改变,出现了如下一些问题:

其一,物质世界被抽象化。

方东美认为,古希腊人所理解的物质世界是一个切实可感的世界,他们在这个世界中安顿自己的生命,一切有物可托,有法可循,他称之为物格化的宇宙观。"希腊人之宇宙只是一个形体净明的境界,他们寄寓于此,仰观天象,俯察地宜。处处都有所取法,其各方面的活动,各方面的创造,力求效法这种有限大的宇宙。"①近代自然科学发展以来,西方的宇宙观被彻底改写,由真实可感的物质世界一变而为抽象的数理时空,物质的真实性被抽空。这种转变是基于抽象数学的发展,"近代数学自笛卡尔以来凡数变,算术演为代数,据变项以言常项也,具体形学化为解析几何,执抽象条件以括特殊形体也,他历数有尽之整数变为分数、负数、虚数、级数、函数、无理数,欧克里德几何之变为非欧克里德几何,皆依抽象逻辑关系与秩序阐发名理以应乎无穷者也。"②由此一来,"近代科学所谓物质者,无量数微尘之抽象系统也;空间者,无量数空点或几何条件之抽象系统也;时序者无量数刹那或事变关系之抽象系统也。物质空时数量之精义,均有待于无穷分析之发挥。"③从此,人类赖以安身立命

①　方东美:《科学哲学与人生》,台湾黎明文化事业股份有限公司 1980 年版,第 89 页。
②　方东美:《生生之德》,台湾黎明文化事业股份有限公司 1980 年版,第 126 页。
③　方东美:《生生之德》,台湾黎明文化事业股份有限公司 1980 年版,第 125—126 页。

的时空变得不再熟悉,它不再是我们可观可感的模样,而是可以无限大、无限小,成为一个无限的系统,也由此引发了人们精神世界的变动。

其二,精神世界被虚无化。

人类的精神世界与物质世界是人生的两面,"无穷"的物理时空同样也激起了人类精神世界的"无穷欲"。人们认识到,"我们五官所接遇者只是这种无穷大的宇宙之皮相,只是沧海之一粟。它的全体、它的真相,我们应本理智的玄想,情感的妙悟,才能得其神似。"①因此,近代人的生命精神被抽象而无限的时空所激发,进入无限的带有浪漫主义精神的玄想时代,方东美说:"这个其际不可穷的宇宙有无量数的内容、无量数的宝藏,处处激起人类飞翔的玄想、超逸的理智。近代第一流的思想家,无论是诗人或是科学家,对于伟大的宇宙都有一种空灵的,无穷的感触。"②可是人们很快就发现,诗人的浪漫的玄想并不能带来持久的快乐,反而陷入了更深的生命精神的虚妄与恐惧。一方面,科学的发展激起人类对自身理智与能力的无限自信,不断展开未来的想象,飞驰的幻想与情感渴望把握宇宙的真相,深入宇宙的核心,携人类的智巧才能无所不及、无所不能;另一方面,人们发展宇宙的真相实际上遥不可及,科学越发展,人类对自身所处的宇宙越不确信,尤其是当宇宙的物质实在性被数学抽空而变成虚拟的数理时空以后,人类精神失去了赖以凭靠的基础,这引起了近代人极大的内心恐慌。方东美对此有深刻的表述,"近代欧洲人雄踞一己生命之危楼,虎视宇宙之远景,情则激越,理转退敛;理或远注,情又内亏;实情与真理两相刺谬,宇宙与生命彼此乖违。揭生命之情,不足以摄宇宙之理;举宇宙之理,不足以尽生命之情;情理异趣,物我参差,结果遂不免两相矛盾,销磨抵触,趋于空无,入于幻灭。这就是欧洲人在生命过程中所演的悲剧。"③方东美认为,这是一种不能从心所欲的悲剧,从而导致近代欧洲人心内心外皆

① 方东美:《科学哲学与人生》,台湾黎明文化事业股份有限公司 1980 年版,第 90 页。
② 方东美:《科学哲学与人生》,台湾黎明文化事业股份有限公司 1980 年版,第 92 页。
③ 方东美:《生生之德》,台湾黎明文化事业股份有限公司 1980 年版,第 102 页。

受到双重的折磨,就像浮士德一般,饱受戏剧式内在矛盾冲突,方东美称之为"进取的虚无主义"。

其三,科学与人生被撅为两截。

方东美认为,科学与人生本是一个完整的整体,它们都是生命欲的自然生发,是生命力的推进,是民族生命精神的表现,同属于生命的不同侧面。生命是一个情与理的统一体,理的蕴发成就科学与哲学,情的蕴发成就艺术与价值。生命本有避繁趋简、避苦就乐的本能,就生命之"理"而言,面对各种宇宙之"境",往往渴望抽绎其中的规律,发掘其真相。科学与哲学应之而生,科学主具体实践,哲学主抽象概括。因而在人类思想之初,科学中有哲学,哲学中有科学。就生命之"情"而言,人生的各种情趣,鲜活而生动,科学家与哲学家之活动,也是起自情的蕴发,是人类好奇心的表现。在具体的活动中,"科学家的眼光是锐利而冷静的,哲学家的心情是强烈而温存的"。[1] 因此,哲学家的活动更多是受到了情的蕴发,与文学家、艺术家和诗人的活动更为接近。实际上,科学活动与文学和艺术活动,都是对宇宙和人生的观察与解析;所不同者在于,科学的分析是冷静的,文艺家的描述是热情的,因此得出的结论各有不同的意趣。然而回到科学与文艺之初,都是为了把握宇宙和人生的真相。

对科学的热爱本是西方民族的性情,是西方人生命精神的一种表现。方东美称之为可以代表西欧的"文化的文字",他们生命无穷的创造力,"一方面刻绘无穷的宇宙,以激起伟大的理智;他方面维护进取的人生,以发扬曼妙的情蕴。最可贵者,那种伟大的理智与这种曼妙的情蕴,在历史上常是珠联璧合,构成庄严灿烂的近代……这真是以精神寄色相,以色相染精神的功夫了"。[2] 方东美这里描述的实际上是西方科学与艺术统合为一的历史,自古希腊至文艺复兴,科学家与艺术家的身份几乎是合而为一的。艺术家以科学家的精神从事艺术创造,科学家往往身负艺术家的才情与浪漫,如古希腊的伟大

---

① 方东美:《科学哲学与人生》,台湾黎明文化事业股份有限公司 1980 年版,第 15 页。
② 方东美:《科学哲学与人生》,台湾黎明文化事业股份有限公司 1980 年版,第 108 页。

的雕刻家、建筑家们,文艺复兴时期伟大的艺术家与科学家们。因此,西方的建筑、雕刻、绘画既是艺术,同时也是科学研究的成果。因此,从西方传统上来讲,西方人将理智与情蕴双双演绎到极致,真可谓"以精神寄色相,以色相染精神的功夫了"。

然而文艺复兴之后,随着科学的发展,科学却离真实的人生越来越远。西方世界所演绎的悲剧,方东美借用《爱丽丝梦游仙境》的故事喻释道:"科学的成就诚是金碧辉煌,然而人生在宇宙的地位却降低了。科学的甘露吃下去,而人生曼妙的倩影反而缩小了。"①方东美并不否认近代科学在物质世界所取得的巨大进步,他将近代科学的发展特点归纳为三:一是科学家信守自然界的秩序,能够从纷繁复杂的万象中抽出其中普遍的原则,执一而御万;二是科学家"证验自然,巨细毕究,本末兼察,务穷其原,必竟其委"②,一切科学结论皆依实证所得,不作纸上谈兵;三是科学的精蕴在于科学的方法,即归纳与演绎。这种方法对于自然界有着强大的力量,最终成就科学的精彩。然而,科学对于物质世界有效,却无益于人生、人性的发展。近代科学将其研究领域固封,只摆出功利的态度,以证明人定胜天,更关键在于,近代科学的发展将原本统一于一体的宇宙与人生作了"初性次性之分","近代科学家因为要实现简约的数学理想,遂将全整的宇宙劈成两橛,这方面是物质及其基性,那方面是心灵及其次性。"③"近代物质科学之后,暗藏一种潜伏的假设,断定人与自然,质相殊异,绝不能有同等的尊严。这种假设之用意,最初只求方法的简约,研究的便利,等到它在科学上的威权扩张了,乃遂忘其所以,傲岸凌人了。我所指之假设即是初性次性分别说。"④方东美这里所说的"初性次性分别说",就是指物质与人性、心灵的二元论,现代科学只以物质世界为研究对象,而将与人生、

① 方东美:《科学哲学与人生》,台湾黎明文化事业股份有限公司 1980 年版,第 88 页。
② 方东美:《科学哲学与人生》,台湾黎明文化事业股份有限公司 1980 年版,第 104 页。
③ 方东美:《科学哲学与人生》,台湾黎明文化事业股份有限公司 1980 年版,第 126 页。
④ 方东美:《科学哲学与人生》,台湾黎明文化事业股份有限公司 1980 年版,第 124 页。

人性、心灵、情感有关的一切都视为相对的,主观的,变幻无常的,是假相。方东美对此叹道:"撷取基性,遗弃次性,诚觉直截了当,只可惜它已忍把娇憨的人生抛弃了!"①"笛卡尔与牛顿等一方面歧视物质与人性,他方面更把人类丰富的识性幽因于渺小的物质脑壳里,使与大自然绝缘,不能更有丝萝之附,这是何等的不幸!近代科学原欲解放人类的活动,发舒人类的识力。揆其结果,反乃束缚人类,幽禁心性,于此可见思想革命之不易彻底啊。近代人啊!你受了科学家之诱惑,无端变作笼中鸟了!"②

其四,生命价值被中立。

由于上述原因,近代西方文化演绎出来的一个更为严重的后果就是"价值的中立"。方东美认为,真善美的价值是崇高生命的全部意义,科学的产生原本是为了实现对真善美的价值追求。他说:"科学系统完成之后,对于人生原有两种丰功伟烈:一是帮助人类征服自然,增加我们物质的享受;一是发舒人类生活的情趣,使我们领悟宇宙人生的玄机。"③因此,科学本应是"人生价值的护持者"。但是基于抽象数学的科学发展,却要求以平等的态度对待一切外物,剔除其中一切与人的情感有关的主观性成分,"取平等境,作齐物观","超越个别的感觉异相,共守事物的同理。必如是,我们才能用中立不偏的方法,将客观事象所共有的关系,所共守的定律,全盘托出,使我们各个的殊异的感相都有所依归,以明其类似性、共同点"。④ 因此,所有与人生相关的价值都从科学的发展中被剔除了。即便是以人类心理作为研究对象的现代心理学,也同样采用科学的方法,方东美称之为"平面心理学"。这种心理学将自古希腊以来视为人生完整的情绪情感、知识结构和意志三个方面全都透过科学的观念加以解析,将生动的生命机体,化成了"一个抽象的整个,化作分子

① 方东美:《科学哲学与人生》,台湾黎明文化事业股份有限公司1980年版,第124页。
② 方东美:《科学哲学与人生》,台湾黎明文化事业股份有限公司1980年版,第125页。
③ 方东美:《科学哲学与人生》,台湾黎明文化事业股份有限公司1980年版,第106页。
④ 方东美:《科学哲学与人生》,台湾黎明文化事业股份有限公司1980年版,第113页。

结构,核子结构",真正人生的情趣与价值在现代科学中都是站不住脚的。方东美对此痛斥道:

> 近代欧洲人的思想成了一个孤绝的现在,失去了历史的持续性,同时也无法处理价值问题。因此,近代的科学一兴起,马上就要求道德的中立,第二层则要求美学的中立,第三层又要求宗教的中立。结果道德,美感,宗教,价值一概不要,导致了宗教和哲学死亡,连伦理学也只成了一个玩弄伦理的名词,只是讲概念,而真正的道德精神,真正的价值却丧失了。①

由上可见,方东美对西方现代性问题的揭示与批判是非常深刻的。他对问题的洞悉丝毫不亚于任何最伟大的西方学者对现代性问题的揭示。方东美本着生命本身是情理统一体的基本立场,分析了科学之缘起乃是生命本身的自我生发,是生命之创造力的表现,本是为了追求更完美更完整的生命境界,此观点正契合了第一章所示,启蒙现代性、审美现代性乃是缘起于对生命之整全价值的开发,是人类理性、主体性、自由性的自我要求。但是随后的科学发展却导致了各种分裂以及价值的中立,方东美对此的批判与西方学者对现代性危机的揭示是完全一致的,现代性始于对生命的多重价值的追求,却终于各种价值的失落,可谓完全背离了自己的初衷,导致各种生命危机的出现。方东美谓之,原本想要翱翔于天空,结果却成了"笼中鸟",真正成了生命的悲剧,这种批判甚至比西方学者还要深刻、精辟。

更为重要的是,方东美不仅深刻剖析了西方的现代性问题,而且对中国20世纪以来不加辨析地接受西方思想,受到西方现代性问题的影响,也有深刻的分析。他说:"中国近几十年来也都在那个地方徬徨——从科学与人生观的论战开始,到西化主义,一直到今天我们可以说,在思想上面常是'鬼混主义',再加上没有正常的教育制度,现代所谓大众传播工具一来,无线电广

---

① 方东美:《原始儒家道家哲学》,台湾黎明文化事业股份有限公司 1983 年版,第 164 页。

播电视一来,每天都在那个地方从人生各个方面来挖我们的墙角。近代的广播电视很少有教育价值,电影也很少能产生人类的美感,产生人类在宗教上的神圣之感。这样一来,你就是设计了方法,建立了健康的教育制度,也禁不起这种大众广播从根上把我们生活上面,一切智能都摧毁了。"①方东美认为,20世纪以来,中国受西方现代性的影响,盲目崇拜科学,加上传统儒家思想的没落,中国人内在的价值观没有建立起来,因此形成所谓"鬼混主义"。这里,方东美甚至还批判了由广播电视所普及的西方后现代主义的大众文化、快餐文化,这些后现代的消费和娱乐形式深刻影响着年轻人,每天挖着年轻人思想的墙角,严重影响着年轻人建立崇高的价值观,这是西方现代性问题在中国的进一步延伸。

二、在中西比较中判明中国文化的优长

在深入西方文化的过程中,方东美时刻注意回顾中国文化。在《生命情调与美感》《哲学三慧》等文章中,方东美一方面为西方思想的发展正本清源,另一方面提炼概括中国思想的发展特征,以与之相对照。通过比较,他发现,中国传统文化是一种有机整合的文化,完全没有西方所出现的各种分裂。中国文化充分展露了生命的生机与美感,充满了丰盈的价值内涵,在许多方面正与西方各种现代性问题相左,或可弥补西方现代性问题的不足。与西方世界的发展相比,中国文化显示出了其独特的优长。

在《生命情调与美感》一文中,方东美用诗人的语言,提炼出了三组关系:第一,生命与宇宙、美感三者的关系。第二,生命与空间的关系。第三,生命与时间的关系。对这三组关系的解说,也代表了方东美早期所理解的生命的本质。在对这三组关系的解说中,方东美采用了中西比较的方法,以窥探中西方生命的不同特色。

---

① 方东美:《原始儒家道家哲学》,台湾黎明文化事业股份有限公司 1983 年版,第 173 页。

首先,生命与宇宙、美感的关系梳解。如上所言,方东美在《科学哲学与人生》一书里,已经将生命定义为情理统一体,对情感与理智的缘起生发有了详细的论说,但他并没有进一步对人生的意趣与所托身的宇宙进行解说。在《生命情调与美感》一文中,他说:"宇宙,心之鉴也,生命,情之府也,鉴能照映,府贵藏收,托身心于宇宙,寓美感于人生。"①"生命凭恃宇宙,宇宙依被人生,宇宙定位而心灵得养,心灵缘虑而宇宙皆和,智慧之积所以称宇宙之名理也,意绪之流所以畅人生之美感也。其二者均造极诣,则人我之烦惑狂乱可止,而悦心妍虑矣。"②依方东美所见,生命主情,散发为各民族悦心悦理之美感,外化为人类所追求的所有真善美的活动,客观化为人类的各种文化和艺术创造。因此,生命力之表现乃是为了怡情畅意,唯美感可以咸括人生。而生命的美感又必须托付于宇宙方能显现,生命、宇宙与美感三者如影于形,交相感应,得一可推其余,皆因各民族"准宇宙之形象以测生命之内蕴,更依生命之表现,以括艺术之理法"③,这是人类世界的生命法则,中西皆通。方东美正是在此法则的基础上,分析对比中西方各自不同的生命精神和文化发展。

其次,生命与空间的关系。方东美认为,各民族皆有其文化,而文化又皆有其独有的形态。"吾人苟欲密察一种民族文化之内容,往往因中外异地,古今异时,不能尽窥其间所蕴蓄之生命活动及其意向。无已,则惟有考核其文化符号之性质而征知其意义焉。"④为此,方东美提炼了两个文化的基本符号——时间和空间,以具体解说中西方文化与生命精神。就空间而言,方东美认为:"空间者,文化之基本符号也,吾人苟于一民族之空间观念彻底了悟,则其文化之意义可思虑过半矣。"⑤通过古希腊、近代欧洲和中国三种空间观的对比,方东美发现,中西方的空间观呈现巨大差异。

---

① 方东美:《生生之德》,台湾黎明文化事业股份有限公司1980年版,第114页。
② 方东美:《生生之德》,台湾黎明文化事业股份有限公司1980年版,第114页。
③ 方东美:《生生之德》,台湾黎明文化事业股份有限公司1980年版,第117页。
④ 方东美:《生生之德》,台湾黎明文化事业股份有限公司1980年版,第114页。
⑤ 方东美:《生生之德》,台湾黎明文化事业股份有限公司1980年版,第118页。

就古希腊而言,他们的空间具体而微,非常狭小,古希腊人窥探宇宙奥秘,"往往挟具体空间以衡之,故基所能仰观俯察者仅此品物流行,保合大和之昭明境相耳。"①依据具体可感之空间,希腊人安排他们的生命,发挥他们的创造力,追求极致的和谐与美,竟创造出了伟大的艺术与科学,而其特征便是写实。希腊人观察空间,一物为一物,其趣味见于有限之形体,绝不作空间实物之外的虚无妄想,其生命虽也合情合理,但不免局促有碍,可谓"袖中藏日月,掌上握乾坤"了。

就近代西方人的空间而言,完全是一个无限的抽象系统。如上文所言,近代西方随着科学的发展空间历经三变,而成抽象的数理空间。一变自牛顿始,物质的坚固性变成微尘,"复以其抽象之基本属性(惰性与体积)著称"②。二变始自热力学成立,原子论崛起,"使物质性溶作原子集聚,而原子复以其比重比量及价之抽象数学关系著称"。③三变自化学分析始。化学的发展使物质之"质"散为流动之"能",彻底消泯了物质的固有属性,而成抽象不可描摹之物。更有其后电力学的发展,将物质化为电波磁场,希腊人眼中质实的物质空间于是变成了抽象无穷的"非物质"的数理空间,这是近代西方人生命悲剧的重要导源。

就中国人的空间而言,则显示出了与西方完全不同的意趣。方东美认为,西方人以科学之境胜,而中国人则以艺术之境胜,无论儒家、道家或其他家,都不走科学路线,"中国人播艺术之神思以经纶宇宙,故其宇宙之景象顿显芳菲蓊勃之意境。"④一方面,中国人的空间是有限的空间。中国人观察宇宙空间,也如希腊人一样,仰观俯察,目之所及即空间之限,"语其形体,则仰望可极于'云盖',远瞩略尽于'四海'"⑤,从不对空间做物质之外的科学探索;另一方

---

① 方东美:《生生之德》,台湾黎明文化事业股份有限公司1980年版,第118—119页。
② 方东美:《生生之德》,台湾黎明文化事业股份有限公司1980年版,第122页。
③ 方东美:《生生之德》,台湾黎明文化事业股份有限公司1980年版,第122页。
④ 方东美:《生生之德》,台湾黎明文化事业股份有限公司1980年版,第126页。
⑤ 方东美:《生生之德》,台湾黎明文化事业股份有限公司1980年版,第129页。

面,中国人的空间是"貌似具体而实玄虚"。中国人的空间并不是僵死的物质空间,与希腊人相比,中国人有一样巨大的本领即"实者虚之",能够将有限的形体做无限的势用。"中国人视宇宙多舍其形体而穷其妙用,纵有执着形质者,亦且就其体以寻绎其用,盖因体有尽而用无穷,惟趣于无穷始能表显吾人艺术神思之情蕴焉耳。"①儒家谈易,设卦陈爻以贞观万物,"以应天地山泽雷风水火之形,日月四时之态……仅在立象以尽意,援爻以通情,玩占以观变"②,其主旨乃是为了"舍宇宙之形迹以显其势用"③。道家玄览万象,损其体,至其虚,"占象不滞于迹而神会其妙,观物不违其性而心通其徼,可谓参悟空虚,冥同大道"④。儒道两家皆能由形下而超于形上,上下贯通,以显空间流莹之神彩。因此方东美说:"实者虚之,最为吾民族心智之特性,据此灵性以玄览万象,真乃词人所谓,'酒美春浓花世界,得意人人千万态'。"⑤因此,空间对于中国人而言,是动魄摇情之所在,是"意绪之化境也,心情之灵府也,如空中音、相中色、水中月、镜中相,形有尽而意无穷"。⑥ 这种空间观非诗人无以咏其境,非画家无以摹其美,所以造就了中国发达的诗词歌赋,以及独成一派的中国绘画和艺术形式。这与古希腊质实的拟物的空间观不同,并非空间有限而不能流动,而是有限中蕴含无限;也与近代虚拟的数理空间不同,并非虚妄不实,而是虚实相生,实者虚之。可以说,中国人的空间,物我相忘,虚实相生,中国人"原天地之美而达万物之理",只余艺术上的空灵胜境。

再次,生命与时间的关系。时间也是文化的基本符号之一,任何民族之文化,都必须在空间中展开,在时间中延续。方东美认为,生命本是一个持续创进的过程,而不是一个点,或一个面,它是丰富而立体的,生命的创进必须依赖

---

①　方东美:《生生之德》,台湾黎明文化事业股份有限公司1980年版,第129页。
②　方东美:《生生之德》,台湾黎明文化事业股份有限公司1980年版,第128页。
③　方东美:《生生之德》,台湾黎明文化事业股份有限公司1980年版,第128页。
④　方东美:《生生之德》,台湾黎明文化事业股份有限公司1980年版,第128页。
⑤　方东美:《生生之德》,台湾黎明文化事业股份有限公司1980年版,第130页。
⑥　方东美:《生生之德》,台湾黎明文化事业股份有限公司1980年版,第131页。

于时间才能得以完成,时间是生命的载体,是生命创造力之表征,因此由时间窥入,也可观中西文化之精义。

就西方人的时间观而言,从古希腊到近代,都可谓"直线的时间"。古希腊人非常重视空间,但于时间却常缄默不言,根本原因在于他们并不重视时间。依方东美所见,古希腊人对时间作了一种空间化的理解,古希腊人有着发达的天文学和几何学,他们采用对空间度量的方式来度量时间,以一个空间几何学的形态,把宇宙之始终都囊括进去,相比于过去和未来,现代更重要。虽然如亚里士多德也讲发展,但这个发展仍然是一个线性的系统,只有先后却无持续。方东美认为,这种时间观一直影响着整个西方世界,至笛卡尔、牛顿、康德,仍然无法发现时间的意义,笛卡尔把宇宙都放入一个坐标系统内,仿佛整个世界都是共在时,就算是格外重视时间的黑格尔,也以现在为核心,把过去和未来化成现在的影像,将历史理解成一个"直线的进程"。事实上,西方人并非不重视时间,特别是近代西方人,方东美于此也是有体认的,比如科学家研究宇宙,非时间不能明其序,宇宙恒星及星云演化变迁,所经历的时序更迭更是近代科学研究的重要内容。问题在于,西方以科学的研究思路对待时间,至近代更以抽象数理逻辑分析时间,也抽去了时间与生命世界的真实联系,譬如西方计时以抽象数字秒、分、时,其大无尽延,其小无尽分。它是由一连串的点构成的直线,而不是立体的,与现实世界并无对应关系,这正是方东美所言之线性序列,这一直线的时间最大的问题是无法承载生命,无法含摄过去,也无法投射未来,更无法承载生命的价值。

就中国人的时间观而言,可谓是生生相续,"轮转而无穷"。与西方人相比,中国人格外重视时间的生命意义。时间不是如西方一样是科学的研究对象,而是生命本身。中国人处理时间和空间的态度是非常相似的,都是从我们的生命与生活出发,去考量它们存在的意义。上下四方曰宇,古往今来曰宙,我们的古人从出入屋宇中得出了空间的概念,从日出日落的劳作生活中得出了时间的概念。因此,对于中国人而言,时间正是我们生活的全部真相。

中国人计时,将太阳的运行与自然生命流转、气息的变化结合,创设出了一套与中国人劳动生活息息相关的历法,其中四时、节气、时辰皆应生命而动,体现了中国人的律历哲学。若从时间之线性特性上来看,中国人对时间的推算也是有限的,最长如邵雍的世运会元之说,一世三十年,一运有十二世,一会有三十运,一元有十二会,元为大周期,世界由元结束,复由元重启,如此循环不已。因此说一元复始,万象更新。如此算来,最长计时"元"也不过129600年而已,与西方可以无限大无限小的数理时间也是完全不同的。但是中国人的时间,虽有限却可以"轮转而无穷",方东美非常重视管子的这句话,认为这句话中"暗示了春秋战国时代一个极重要的时间观念,我在'中国人生观'当中,称它为回旋的时间观念,而不是直线的时间观念。"①也就是说,中国人的时间,不是抽象的数理时间,而是生命的生衰往复,是生命的时间。

中国人重视时间,从《周易》中即可见出。《周易》提出:"时之义大矣哉",从"易"的三义来看,简义、变易、不易中,变易最为关键。方东美认为,变易就是中国人的时间观,"'变易'的方式才是一个创造的进程,它的立足点是现在,但要把过去的缺点淘汰,使得过去的优点集中在现在,然后以这个现在为一个跳板,再依据一种持续的创造过程,把现在的转变成未来,如此保持一种时间的持续性,一种历史的持续性,然后才可以讲创造。"②他认为,整个《周易》就是在讲"生"的问题,大生、广生、创生、生生,也就是在讲时间问题,"趣时以言易,易之妙可极于'穷则变,变则通,通则久'之一义。"③他进一步解释道:

> 生化无已,行健不自,谓之变,变之为言革也,革也者,丧故取新也。转运无穷,往来相接之谓通,通之为言交也,交也者,绵延赓续也。丧而复得,存存不消,谓之久,久之为言积也,积也者,更迭恒益

① 方东美:《原始儒家道家哲学》,台湾黎明文化事业股份有限公司1983年版,第165页。
② 方东美:《原始儒家道家哲学》,台湾黎明文化事业股份有限公司1983年版,第165页。
③ 方东美:《生生之德》,台湾黎明文化事业股份有限公司1980年版,第133页。

也。时之化形于渐而消于顷,其成也毁也,故穷,穷而能革,则屈往以信来。①

中国人的时间观,正是周易所反映的生生不息、创进不已的生命观,中国人由时间而观生命,由生命而观时间,二者是二而一的关系。

中国人的时间在生命情趣上面,反映出来就是美的表现。如同中国人的空间,最终体现为艺术境界一样,方东美认为,中国人的时间最终同样也体现为一种艺术境界。因为中国人的时间所展现的完全是生命的节奏与韵律:

> 生命之创进,其营育成化,前后交奏,其进退得丧,更迭相酬,其动静辟翕,展转比合,其萎瘁盛衰,错综互变,皆有周期,协然中律,正若循环,穷则返本。据生命之进程以言时间,则其纪序妙肖音律,深合符节矣。是故善言天施地化及人事之纪者,必取象乎律吕。②

因此,中国人的时间观最终也落实为一套生命的美学。

在《哲学三慧》中,方东美以更为精炼而诗意的语言,概括了中西方三种生命文化之特色。文章延续了20年代《科学哲学与人生》一书中生命乃是"情理"统一体的看法,进一步提出"智""智符""慧""慧业""共命慧"等概念,用以说明各民族依其生命之情理所成就的智慧与文化。其中"共命慧"是指"哲学智慧寄于全民族之文化精神,互相摄受"③,《哲学三慧》正是依共命慧而分析古希腊、近代欧洲和中国三种文化形态的成果。他认为,希腊文化是"契理文化,要在援理证真",欧洲文化是"尚能文化,要在驰情入幻",中国文化是"妙性文化,要在挈幻归真",三者之中希腊文化演绎出一种"实质和谐",无论世界秩序、国家体制还是个人心性,都能够以"一体三相之和谐"的面貌表现出和谐与美的境界。近代欧洲凌空蹈虚,多端敌对,多元分裂,形成真虚妄、假和合的矛盾系统。中国人之智慧则显现为一种生命"交响和谐""保合

---

① 方东美:《生生之德》,台湾黎明文化事业股份有限公司1980年版,第133页。
② 方东美:《生生之德》,台湾黎明文化事业股份有限公司1980年版,第134页。
③ 方东美:《生生之德》,台湾黎明文化事业股份有限公司1980年版,第139页。

太和"之境。从中国孔、老、墨各家,礼、乐、诗、建筑、绘画等,皆可见出中国人与宇宙同情交感的中正中和智慧。中国智慧落实下来,乃是成就了中国伟大的艺术与道德。因此,了解中国的文化生命,须向中国的艺术境界与道德精神中寻求,因为"艺术遐想,道德慈心,性属至仁,意多不忍,往往移情于境相,召美感于俄顷"①。这是中国文化的特征,虽不如西方科学思想"坚贞持恒",却蕴含高的妙价值,散发艺术的芬芳。

由上可见,方东美在深入西方的过程中洞析了西方的现代性问题,又在中西比较中揭示了中国文化的优长。中国文化之优长,正可在许多方面解决西方的现代性问题。在比较分析中,也逐渐生成了方东美生命美学的基本立场与最初样貌:其一,他依据生命而言文化,将生命视为情理的统一体,又将文化视为生命之情理的创进的表现,生命情趣不同、理智追求各异,也形成不同民族的不同文化体系。其二,各民族之文学、艺术乃是重要的文化智符,是考察生命精神的重要路径。因此,必须"原美而达理",透过审美和艺术了解生命与文化的真相。其三,中国文化落实下来是一套大生命美学,中国人擅长以艺术才情窥探宇宙人生,禀内在仁德证悟价值理想,与西方民族生命情趣不同。中国亦有瑕疵,即失之无科学家之坚贞持恒,不易引发逻辑思想系统,西方科学思维,可补中国文化之失。但是更重要者,西方文化内在演化的各种现代性问题,也暴露了他们的不足,中国情理一贯的有机文化或可以为西方的各种分裂、对立以及价值危机问题提供启示,以助其寻求解决之道。

第二节 基于中国文化与美学的
现代性策略

1937 年以后,随着日本侵华战争爆发,方东美的爱国之情被点燃。他开

---

① 方东美:《生生之德》,台湾黎明文化事业股份有限公司 1980 年版,第 156 页。

始把学术关注的重点从西方转移到中国,以护卫中国的优秀文化,寻求基于自身传统的文化自立。1937 年,方东美在中央广播电台向全国人民讲述中国哲学与文化,以激起全国人民的爱国之心。这八次演讲后编辑成《中国人生哲学概要》一书出版。20 世纪 50 年代,在此书基础上,方东美发表英文版"*The Chinese View of Life*"(《中国人的人生观》)一书,两本书在 20 世纪 80 年代被合并为《中国人生哲学》一书由台湾黎明出版社出版。自 1937 年转入中国文化研究之后,方东美系统深入研究中国传统,提炼中国文化精神的核心,创建自己的生命哲学和生命文化体系,除《中国人生哲学》之外,先后写成了《原始儒家道家哲学》《新儒家哲学十八讲》《华严宗哲学》《中国大乘佛学》《方东美先生演讲集》《中国哲学之精神及其发展》等书。通过系统研究,方东美建立了以"普遍生命"为核心的机体形上学体系,提出了美善同体同构的生命美学的建构策略,以应对西方的价值危机,解决中国自身的各种发展问题,帮助现代青年重塑价值观。

一、重塑生命本体,以解决价值中立问题

在前期的研究阶段,方东美一定程度上受到了西方思想的影响,尤其是柏拉图的价值哲学、尼采的生命意志论和超人理论、柏格森的生命创进说,以及怀特海的生命哲学。柏拉图的价值学说尽管高标真善美的价值境界,却将价值界于形上层面,有意切断形上与形下的联系。尼采的生命意志论信奉生命欲的扩张权力,主张生命欲的强力伸张以至于成为超人。超人要成为新道德、新美学、新自由的标准,它挑战了基督教,却也充满了酒神狄奥尼索斯的非理性精神和悲剧意识。柏格森的生命创进说把生命视为原始冲动,是生命之流的无尽绵延,同样也具有强烈的非理性意识。方东美受其影响,在其早期著作中多次提到上述大哲,并赞其睿智,虽然他将生命视为情理一贯的价值总汇,却未能明言生命的内在条理与价值理性,多少沾染了西方生命观的无理性特征。这种状况在他深入中国文化,尤其是在对《周易》的解读中获得了彻底的

改进,他从《周易》体认到,生命之流是生生而有条理的,价值的源流是有始有终的,生命并非是任由情理本能任意伸张的生理场,而是被价值理性所贯注。从《周易》《中庸》中,方东美进一步修正了早期的生命观,建构了自己的生命本体论,将中国传统生命哲学、生命美学推进到了现代阶段,并以之解决西方价值失落问题。

方东美的生命美学体系,是建立在其生命本体论基础上的。生命本体是什么?纵观方东美一生的著作,生命本体应为"普遍生命"这一概念。这一概念最早在《科学哲学与人生》一书中就曾出现,但方东美只是在一般意义上使用它,并没有更多的解释。在《生命悲剧之二重奏》一文中,又多次使用这一概念,譬如在讨论中国思想的时候,他认为中国是"人天体合,正缘天与人都是普遍生命的流行"[1],在说明希腊人的生命精神的时候,认为希腊人视酒神大安理索斯(狄奥尼索斯)"不仅认作葡萄之树神,且视为强有力的符号,象征贯注万有的普遍生命。"[2]虽然对"普遍生命"一词仍无过多解释,但似乎已经在本体的意义上使用该词。

在《中国人生哲学》中,方东美明确使用了"普遍生命"一词,用来代表中国的生命本体。并在行文中处处将之与西方的生命精神进行对比,以显出中国生命文化的优势。他说:

> 宇宙根本是普遍生命之变化流行,其中物质条件与精神现象融会贯通,而毫无隔绝。因此,我们生在这世界上,不难以精神寄色相,以色相染精神,物质表现精神的意义,精神贯注物质的核心,精神与物质合在一起,如水乳交融,共同维持宇宙和人类的生命。[3]
>
> 中国先哲的宇宙观不仅是物质场合,更是普遍生命流行的境界。

---

[1]　方东美:《生生之德》,台湾黎明文化事业股份有限公司1980年版,第61页。
[2]　方东美:《生生之德》,台湾黎明文化事业股份有限公司1980年版,第62页。
[3]　方东美:《中国人生哲学》,台湾黎明文化事业股份有限公司1982年版,第17页。

这种说法也可叫作"万物有生论"。①

中国先哲把宇宙看作普遍生命的表现，其中物质条件与精神现象融会贯通，至于浑然一体而毫无隔绝。一切至善尽美的价值理想，尽管可以随生命之流行而得着实现，我们的宇宙是道德园地，亦即是艺术的意境。②

中国先哲所体认的宇宙，乃是普遍生命流行的境界，天大其生，万物资始，地广其生，万物咸亨，合天地生生之大德，遂成宇宙，其中生气盎然充满，旁通统贯，毫无窒碍。我们托足宇宙中，与天地和谐，与人人感应，与物物均调，无一处不随顺普遍生命，与之合作同流。我们的宇宙是生生不已，新新相续的创造领域，任何生命的冲动，都无灭绝的危险；任何生命的希望，都有满足的可能；任何生命的理想，都有实现的必要。③

方东美认为，"普遍生命"内含六种生命原理，分别是生之理、爱之理、化育之理、原始统会之理、中和之理、旁通之理。这六种生命原理，方东美曾在《哲学三慧》中已经提出，此书中再次细说，直接点明是为了解释"普遍生命"的概念。生之理是指生命大道的基本要义，具体包含五种：育种成性义、开物成务义、创进不息义、变化通几义、绵延不朽义，生命是一个绵延不息的进程，充满无尽的生机与潜能。爱之理是指生命内在的动力系统，具体有四义，借用周易的语汇，称之为睽通、慕悦、交泰、恒久，总义阴阳和会，继善成性。化育之理是指乾元化生，坤元化育，以成万类。原始统会之理是指宇宙生命由一而多，复由多而一的双向历程，多多互摄，复返于一，借用王弼的话，可称之为"统之有宗，会之有元，故繁而不乱，众而不惑"④。中和之理是"中国精神最

---

① 方东美：《中国人生哲学》，台湾黎明文化事业股份有限公司1982年版，第16—17页。
② 方东美：《中国人生哲学》，台湾黎明文化事业股份有限公司1982年版，第21页。
③ 方东美：《中国人生哲学》，台湾黎明文化事业股份有限公司1982年版，第37—38页。
④ 楼宇烈校释：《王弼集校释》下册，中华书局1999年版，第591页。

高深的妙谛,也是要了解中国文化最重要的标准,它寓于中国的音乐和诗歌之中,潜移默化了中国历史和社会风俗,更进一步形成修齐治平的政治理想。"①具体而言包括:一往平等性、大公无私性、同情体物性、空灵取象性、道统为一性。其中前三者指向宇宙万物生命的平等与独立价值,方东美说:"宇宙生命充满内在价值,各种形式的个体生命都根源于此,而秉承了尊严和价值,所以必需以平等性的爱心相对待。即使是其中任何一个受到斲丧,宇宙生命的内在价值都会黯然受损。"②旁通之理是根据周易"大道"运行所演化出来的辩证性原理,包括生生条理性、普通相对性、通变不穷性、一贯相禅性等四条要义。

由"普遍生命"所建构的本体论,与西方价值贫乏的宇宙观直接形成对照,由中国的本体论出发,方东美更是从价值本源、人的内在价值、宇宙的内在价值等几个方面一一解说,进一步说明中国的生命本体论在解决价值中立问题上的独特价值。

首先,"普遍生命"是生命之"道",是价值之源,具有超越而内在的本性。

> 它是一种途径,一种道路,足以循序渐进,止于至善;这创进不已的历程就是"道",若是"原其始",则为善之本质,由此源头而流衍出一切生命原动力,超乎一切价值之上,所以必然是超越性的(transcendental),不只是超越性,若是"要其终",则为善之完成,所谓"道"也就是在此历程之中尽性践形,正己成物;又因其包容万类,扶持众妙,所以也必然是内在性的(immanent),在万有之中彰显出造物主的创造性,如此在"原始要终"之间,正是大道生生不息的创造进程,蔚成宇宙的太和次序。③

所以他认为,根据中国文化的传统,"本体论也同时是价值论,一切万有

① 方东美:《中国人生哲学》,台湾黎明文化事业股份有限公司1982年版,第132页。
② 方东美:《中国人生哲学》,台湾黎明文化事业股份有限公司1982年版,第132页。
③ 方东美:《中国人生哲学》,台湾黎明文化事业股份有限公司1982年版,第94页。

存在都具有内在价值,在整个宇宙之中更没有一物缺乏意义。各物皆有价值,是因为一切万物都参与在普遍生命之流中与大化流衍一体并进,所以能够在继善成性,创造不息之中绵延长存,共同不朽。"①

其次,普遍生命贯注于人性,则成为人内在的美善价值。方东美认为,美善价值是作为本体的普遍生命所内在的价值属性,人类生命同样先验地具有内在美善价值。"宇宙之至善纯美挟普遍生命以周行,旁通统贯于各个人,而个人之良心仁性又顺积极精神而创造,流溢扩充于宇宙,因此,他的生命感应能与大化流行协合一致,精神气象能与天地上下同其流,而其尽性成物更能与大道至善相互辉映。"②因此,每个人都具有成为圣贤的潜在基因,他只需本人生之本性应时而动,修身养性,善心起则行善,爱心起则爱悦,慧心起则识智,美心起则审美,即可实现他生命的神圣性,而不至于成为价值贫乏的个体。相比而言,近代西方的生命观则问题重重,近代科学在对人与自然作了初性次性之分之后,无论是人还是自然界,只余客观性而无关心灵,"二分法到最后便导致人被割裂片片……人竟只成了'一束知觉'而已,毫无根本的统一;这样一来,人甚至不是一个心灵! 如果种种次性——可称心灵的唯一成分——在世上都不是真实存在的,那如何可以凭借它建树一个可敬的人性? 依此类推,其他所谓'第三性'(tertiary qualities),也就是真、善、美等价值,甚至比虚无还不如了,其风所及,人类根本不可能建构任何价值理想,因为根据科学家哲学家如史宾诺莎等人的看法,连价值也只是幻象而已。"③方东美认为,这种性无善恶说(中立论),或都叫性法自然说,也许有利于科学的发展,但若落实到人生哲学上,却缺点极大,毕竟人生的本质并不在于人的物质性或生物性。

再次,依据普遍生命本体,中国人的宇宙自然是美善充盈的价值之境,而不是机械的物质场。按照中国人的看法,就是要以价值的本源来说明宇宙的

---

① 方东美:《中国人生哲学》,台湾黎明文化事业股份有限公司 1982 年版,第 94 页。
② 方东美:《中国人生哲学》,台湾黎明文化事业股份有限公司 1982 年版,第 96 页。
③ 方东美:《中国人生哲学》,台湾黎明文化事业股份有限公司 1982 年版,第 90 页。

秩序,"本质上,中国的宇宙观乃是一种以价值为中心的哲学"①。依据普遍生命本体,方东美牢牢地将价值根植于一切生命之中,以如此生命观处理问题,完全可以解决近代西方价值中立的问题。近代科学将宇宙自然视为一个客观的物质世界,其中只有平等的物质属性,却无价值内含,人对宇宙自然只能起理性识智,去认识它的物理的化学的等客观规律,却不能起情感意趣,否则就会陷入主观虚妄的假想之中,真善美的价值在其中无从谈起。但中国的宇宙自然却完全不同,普遍生命携美善价值贯注宇宙自然之中,宇宙自然就是大德流行的场所。由上述方东美对时间与空间的分析可见,方东美将中国宇宙看成是道德与美流行的境界。人与宇宙的关系并非如近代西方是物我相对的关系,而是天人合一、和谐一体的关系,方东美借老子的话来说,是母与子的关系。老子说:"既得其母,以知其子;既知其子,复守其母"②,因此中国人常把自己的生命寓于宇宙自然之中,生于自然归于自然,以此完成生命价值。

二、提出"广大和谐"之道,以解决价值分裂问题

在西方现代性危机中,价值分裂与价值中立是一个不同的问题。价值中立主要指西方科学发展对价值的漂白作用,如上文所述。而价值分裂则侧重于西方人生观的方法论,主要是指西方人在处理人生问题、人与宇宙的关系问题、价值问题等方面所采取的二元或多元对立态度,方东美称之为"恶性二分法"。它的结果并非简单地将价值从自然宇宙中移除而已,而是采用多层划分的方式,制造了一系列二元或多元对立,从而导致西方世界在人生观、宇宙观和价值观上矛盾重重,多端敌对,而无法构成一个人与宇宙的和谐系统。因此,这是一个比价值中立更为严重的现代性危机。

事实上,西方的二分法作为一种思维模式,并非是近代欧洲以来所开创

---

① 方东美:《中国人生哲学》,台湾黎明文化事业股份有限公司 1982 年版,第 126 页。
② 陈鼓应:《老子今注今译》,商务印书馆 2003 年版,第 265 页。

的,自古希腊开始,就已经表现出了西方人在这方面的民族特性,应该讲这是一种西方人所惯用的逻辑分析思维的副产品。方东美对此有着非常透彻的认识,他细数了西方自古希腊以来的二元论思维所造成的各种分裂,一一剖析。他说:"我们可以用'逻辑化清晰的分离型'(Logically articulate segregation)作为西方思想的特性。在西方,人们为了经验上的方便起见,常采取分离的方式,把那些似乎是不相融贯的活动事项加以分割。"①譬如希腊,虽然希腊人的宇宙观看似是"三相贞夫一体"的和谐,但实则蕴含了多种分离。方东美认为苏格拉底是这种思想体系的创建者,并对以后的思想发展起到了决定性影响。苏格拉底喜欢把一切事物都安排得秩序井然,天、地、神、人构成了一个和谐的整体,但他又"习惯性地喜欢把所有的事物放在手术台上解剖,所以结果使得他这一和谐整体的想法,成为理论的虚构"。② 因为他为了追求智慧而把精神从肉体中分离,为了追求理性而排斥感性,为了追求至善而分离了理想世界与现实世界。柏拉图深受其影响,同样将肉体与精神分离,将理想与现实分离,并将理想价值界限于超越的理念世界里。亚里士多德则把万物都从时间的发展历程中抽离了出来,放在现在来进行分析,层层分解想要弄清其本质真相,却是"步步割裂,个别完成,很难一体俱化"。这些思想在后来也接引了基督教,使此后天国与人间、自然与超自然、精神与物质、肉体与精神多层分裂的思想统御了整个西方。

近代西方在这种分裂思想的发展上较传统有过之而无不及,方东美概括说:

见之于学理则有(一)初性次性分别说(Distinction between primary and Qualities);(二)感觉理性功用刺谬说(Descartes vs Hume);(三)精神物质势用相违说(Newton, et al. vs Hegel et al.);(四)物质生命理体乖舛说(Vitalism vs Mechanism);(五)心身遇合无缘说;

①　方东美:《生生之德》,台湾黎明文化事业股份有限公司1980年版,第260页。
②　方东美:《生生之德》,台湾黎明文化事业股份有限公司1980年版,第260页。

（六）现象物如并行相悖说（Kant）；（七）假相真相变现破产论（Hegel，Bradley）；（八）质能理体矛盾论（古典主义物理学与新兴物理学之对诤）；（九）体空相续，断灭和合论（The wavicle theory of matter）；（十）普遍因果似有还无论（休姆破因果论证及新量子论中之"不确定"原理）。①

诸种分裂之后，西方人自己也愈发体悟到自己生命的悲剧，"西方思想不论哪一学派，往往都充满'恶性二分法'，把很多事物放在水火不容的两极对立中，因此整个宇宙仿佛一个战场，很多现象在其中，纷争不已。"②于是一些思想家开始想方设法去消弭这些裂痕，遂出现了所谓的"第三者的论辩"③，试图要通过第三者为桥梁，去沟通种种彼此对立分裂的事物。直到康德，作为西方思想的集大成者，仍然沿袭着这种先分裂再沟通的老路，他的三大批判，对人类的认知系统做了明确的划分，将知性的作用范围划给自然，把理性的作用范围划给自由，又试图通过审美判断力的作用，把已被划出鸿沟的自然和自由统合起来。在方东美看来，这样做不仅是徒劳的，而且是无意义的，因为从中国的人生观、宇宙观和价值观去看，宇宙和人生本就是一个广大和谐的系统，本无分裂，何来沟通。

在《中国人生哲学》一书中，方东美推出了中国的"广大和谐之道"，以应对西方的多端敌对系统。他在该书之前身《中国人的人生观》英文本序言中，立场鲜明地向西方世界表明："本书所要表达的人生观，就在坚决反对以冲突矛盾为主的意识形态，因为这种错误思想至今仍在猖獗，到处在世上为害，唯有发扬广大和谐之道才足以克服，确保人类的生存可大可久，充满幸福。"④

何谓"广大和谐之道"？根据方东美的描述，广大和谐之道是一种基于普

① 方东美：《生生之德》，台湾黎明文化事业股份有限公司 1980 年版，第 143 页。
② 方东美：《中国人生哲学》，台湾黎明文化事业股份有限公司 1982 年版，第 92 页。
③ 方东美：《生生之德》，台湾黎明文化事业股份有限公司 1980 年版，第 260 页。
④ 方东美：《中国人生哲学》，台湾黎明文化事业股份有限公司 1982 年版，第 78 页。

遍生命的人与宇宙的和谐圆融之道,是中国文化最根本的特征。中国文化只讲和谐,不讲对立,中国思想中的三个中心——自然、人、价值,三者之间绝无任何间隙,而是一体俱融,和谐圆满的关系。方东美说:"中国人对生命问题一直是以广大和谐之道来旁通统贯,它仿佛是一种充量和谐的交响乐"。①"充量和谐"一词在《哲学三慧》中,方东美曾有过细致的解说,他认为充量和谐有别于西方的矛盾冲突系统,它是人与宇宙同情交感的中道智慧,普遍生命贯注万物,使万物皆能因生命同源而同感互摄,"慧相为尔我相待,彼是相因,两极相应,内外相孚",你中有我,我中有你,大方无隅,大公无私,共同臻于不朽。

第二次世界大战爆发以后,尤其是抗日战争爆发后,方东美面对中国和世界所遭受的战争的荼毒,更加深刻地体认了西方分裂型世界观所带来的严重危害,它使整个世界成为战场,以强凌弱,肆意践踏生命的尊严,当人类世界失去道德、失去美,余下的就只有丑陋。因此,从 1937 年开始,方东美就立意向西方世界推出中国文化的广大和谐之道,既是激起中国人的文化自信,不要盲目迷信西方文化,更是希望以中国文化为标准,引导西方建立更为和谐的理想文化。1964 年,方东美在第四届东西方哲学家会议上提交的论文《中国形上学中的宇宙与个人》,其主旨仍然在于以中西对比的方式向西方世界推出中国人的和谐观。在这篇文章中,方东美进一步从理论上对中国的和谐智慧进行了提升,提出"机体主义"的概念,来说明中国文化的整体性与和谐性特征。

"机体主义"包括广大和谐的整体性思维和和谐性原理,但又增加了新的要素,其特征如下:

第一,机体主义是中国的形上学。中国形上学有别于西方"超自然形上学",它不是将形上与形下判为两截,而是"超越形上学","一方面深植根基于现实界;另一方面,又腾冲超拔,趋入崇高理想的胜境而点化现实。它摒斥了

---

① 方东美:《中国人生哲学》,台湾黎明文化事业股份有限公司 1982 年版,第 92 页。

单纯二分法;更否认'二元论'为真理。"①西方世界一直否认中国有形上学,典型如黑格尔,认为圣智如孔子也只不过讲了一些经世致用的格言而已,并没有形上学的内容。方东美此处提出机体主义是中国的形上学和本体论,显然有意澄清西方人对中国文化的误解,并且将中国形上学称为"超越形上学",形上形下浑然一体,也是为了解决西方形上学秉承二元论原理将形上形下割裂所造成的危机。

第二,机体主义的方法论是"体用一如"。中国形上学之所以能够上下贯通,一个根本的原因在于,中国思想家能够就本体讲现象,依现象显本体,"建立一套'体用一如'、'变常不二'、'即现象即本体'、'即刹那即永恒'之形上学体系。"②这是中国人独特的智慧,我们从不曾执着于物而僵化死守,而是从一物而见大千世界,作形上之思,超拔提升至生命本来处,于现象中见本体。关于这一特征,熊十力的《体用论》亦有深入阐析。

第三,就消极面而言,机体主义否认人物对峙,各自成为绝对孤立系统;否认宇宙人生是机械秩序,是不同元素的机械拼凑;否认事物的无发展可能。

第四,就积极面而言,机体主义肯定人与物交融互摄,共成有机整体,其中"本体之统一,存在之统一,生命之统一、价值之统一……形成一个在本质上彼是相因,交融互摄,旁通统贯之广大和谐系统。"③

中国人的和谐不仅体现于中国人的宇宙观、人生观中,更重要的体现在中国人的价值观和文化观中。中国人能够体认到人类在宇宙中的位置,他并非宇宙中普通的生命存在,而是生命价值的"诚之者",承担着美善价值,并有扩而广之的责任,也承担着保和太合、维护各方和谐的责任。人类本此和谐之道以建立中国文化的价值标准,于是形成中国人所独有的"尚中"传统。方东美

---

① 方东美:《生生之德》,台湾黎明文化事业股份有限公司 1980 年版,第 283 页。
② 方东美:《生生之德》,台湾黎明文化事业股份有限公司 1980 年版,第 284 页。
③ 方东美:《生生之德》,台湾黎明文化事业股份有限公司 1980 年版,第 284 页。

认为，"同情交感之中道正是中国文化价值之模范"①。中是中和、是和谐，中国人所创造的文化都能从中和原则出发，乃是中国人对宇宙生命广大和谐的呼应。于是我们看到：

> 中国文化周礼六德之教，殿以中和，其著例一也，诗礼乐三科之在六艺，原本不分，故诗为中声之所止，乐乃中和之纪纲，礼是防伪之中教，周礼礼记言之綦详，其著例二也。中国建筑之山回水抱，得其环中，以应无穷，形成园艺和谐之美，其著例三也。六法境界之分疆叠段，不守透视定则，似是画法之失，然位置，向背，阴阳，远近，浓淡，大小，气脉，源流出入界划，信乎皴染，隐迹立形，气韵生动，断尽阂障，灵变遒奇，无违中道，不失和谐，其著例四也。中国各体文学传心灵之香，定神明之媚，音韵必协，声调务谐，劲气内转，秀势外舒，旋律轻重乎万籁，脉络往复走元龙，文心开朗如满月，意趣飘扬若天风，一一深回宛转，潜通密贯，妙合中庸和谐之道本，其著例五也。②

凡此种种，皆为中国文化所造和谐之境，美不胜收。

机体主义在 20 世纪 60 年代之后，一直都是方东美研究的一个重要概念。1969 年第五届东西方哲学家会议上，方东美再次向国际学界重申，中国人采用机体主义的途径去探究事物，能够超越各种限制，对宇宙人生得到一个整体的理解，能够解决西方世界"人的疏离"问题。③

通过深入的对比研究，方东美更为确信中国文化是到目前为止最为理想的文化类型，充满了积健为雄的生命精神，"对追求人生幸福之途实有莫大的重要性"④。他认为总括此中的根本精神，就是"广大和谐"的基本原则，并感

---

① 方东美：《生生之德》，台湾黎明文化事业股份有限公司 1980 年版，第 145 页。
② 方东美：《生生之德》，台湾黎明文化事业股份有限公司 1980 年版，第 145—146 页。
③ 参见方东美 1969 年第五届东西方哲学家会议论文《从宗教、哲学与哲学人性论看"人的疏离"》，《生生之德》，第 321 页。
④ 方东美：《中国人生哲学》，台湾黎明文化事业股份有限公司 1982 年版，第 106 页。

叹:"在这种广大和谐的光照之下,普遍流行于其他文化的邪魔力量终将被完全克服。因为在此同情交感之中,一切万物毫无仇隙,所有矛盾的偏见、所有割裂的昏念,所有杀戮的狂态,所有死亡的悲慨,要之,所有顽劣的破坏,都会在此穆穆雍雍之中化为太和意境,一体俱融。"①

第三节　建构中国生命美学的现代型态

从方东美构建生命本体论和价值论的过程可以看出,美和审美在他的思想体系中并非是独立出来的一个理论问题,而是他的本体论和价值论的重要内容,因为美和审美都根源于生命,是生命的内在要求与外在呈现。美与道德一样,都是生命价值,生命之伟大就在于它的价值,这是生命的本质,因此方东美一直强调本体论同时也就是价值论。

中国传统美学是一种基于生命本体的价值论美学。从儒家的立场来看,自孔子提出"尽善尽美"的观点以后,美与善的统一一直是儒家美学的重要特色。而从道家的立场来看,美就是浑然一体的宇宙生命的气韵,是长、育、亭、毒、养、覆的生命促成,是实者虚之、虚实相生的生命节奏。方东美的生命美学一方面继承了儒家美善统一的价值论,另一方面又继承了道家美学虚实相生的境界论。同时方东美又超越了儒道的立场,对儒道两家的生命观、价值观进行了整合融通。他吸收了《周易》的"生生"之学,将它与道家"道统为一"的宇宙创生论结合,提出了独具特色的机体主义美学观。他擅长从中国美学"一以贯之"处着眼,寻找中国美学的内在灵魂,并将之在现代语境中进行重构。

一、以美善同构为基础建构现代中国美学

方东美是诗人型的哲学家,他从不意图构建某种体系井然、边界划分明确

---

① 方东美:《中国人生哲学》,台湾黎明文化事业股份有限公司 1982 年版,第106页。

的学科型态,这是他的态度也是他的特点。因此,在现代中国美学的建设层面,他没有走王国维、朱光潜所走的学科型建设路线。相反,方东美所走的美学路线不是分析式的,而是综合型的,他在深入中国美学核心的过程中,探寻中国美学的本然形态,并用中国美学的方法论将之阐释出来,形成了他独具特色的现代中国美学。本文为行文方便,权且依照现代美学学科中的几个核心要点,将之概括如下:

1. 美的本质在于生命。

对于方东美而言,美从来不是人生中的附庸风雅、可有可无之事,因为它就是生命本身。方东美对于普遍生命本体的内在原理的阐释,本身也就包含着他对于生命之美的理解。普遍生命所蕴含的六大原理,生之理、爱之理、化育之理、原始统会之理、中和之理、旁通之理对此已有体现:

第一,前三者体现了生命之爱,爱即美。生命因爱而产生,爱中有情,天地、日月、男女、阴阳因为爱而感。《周易·咸象》曰:"天地感而万物化生"[1],《周易·系辞下》曰:"阴阳合德而刚柔有体,以体天地之撰"[2],老子说:"天地相合,以降甘露"[3],这就是天地之爱,天地万物因爱而永恒,所以《周易·恒象》曰:"观其所恒,而天地万物之情可见矣"[4]。方东美认为,这种生命之爱本身就是美,宇宙生命沉浸于爱中,"其意味是甜蜜蜜的,令人对之,兴奋陶醉,如饮甘露,这种美感是如何亲切而有味啊!"[5]生之理与化育之理是基于爱的,其中包含有天地之大德,这德性本身亦是美的,天德流行,万物化生,云雨滋润,各正性命,花常开,水长流,这不正是美的写照吗。

第二,后三者体现了生命之广大和谐,和谐即美。方东美认为,"孔子及原始儒家把宇宙人生看成纯美的大和境界"。《中庸》曰:"中也者,天下之大

① 黄寿祺、张善文:《周易译注》,上海古籍出版社2001年版,第257页。
② 黄寿祺、张善文:《周易译注》,上海古籍出版社2001年版,第589页。
③ 陈鼓应:《老子今注今译》,商务印书馆2003年版,第198页。
④ 黄寿祺、张善文:《周易译注》,上海古籍出版社2001年版,第265页。
⑤ 方东美:《中国人生哲学》,台湾黎明文化事业股份有限公司1982年版,第54页。

本也;和也者,天下之达道也。致中和,天地位焉,万物育焉"①,可见,中和是天地万物的本然样貌,和谐是幸福的状态,完全不同于西方矛盾冲突的状态,人居其中,其状态即为美。《周易·坤·文言》曰:"君子黄中通理,正位居体,美在其中,而畅于四支,发于事业,美之至也。"②

庄子曾言,天地有大美而不言,方东美对此发问:"究竟什么是天地的大美?"③在庄子那里,"大美"与"小美"相对,它不是人的口腹之欲、生理性享受,但庄子又说,天地有大美却"不言",这不言之美究竟是什么? 方东美认为,人类要推原天地之美,应本人类生命对天地的同情理解,才能体贴它的妙处。他说:"天地之大美即在普遍生命之流行变化,创造不息。圣人原天地之美,也就在协和宇宙,使人天合一,相与浃而俱化,以显露同样的创造。换句话说,宇宙之美寄于生命,生命之美形于创造。"④"一切美的修养,一切美的成就,一切美的欣赏,都是人类创造的生命欲之表现。"⑤从这一定义可以看出,方东美将生命视为美的本质,生命的流行变化、创生不已、广大和谐本身就是美。这种美既体现在它循环往复的生命节奏中,也体现在它积健为雄的创造,更体现在它天人无间的和谐,遍在万物的仁爱。因此,方东美关于美的定义本身就侧重于美的价值论内涵。

2.美与善是内在统一的,同为生命的构成要素。

美善关系是中国传统美学中的一组重要关系,儒道两家对于美与善的关系都有论述。从各种表述来看,儒道各家皆殊途而同归,共持美善统一的观点,美善统一是中国美学的一个基本立场。但是关于对美与善的内涵的理解,各家是有所不同的。

①　(宋)朱熹:《四书章句集注》,中华书局 1983 年版,第 18 页。
②　黄寿祺、张善文:《周易译注》,上海古籍出版社 2001 年版,第 36 页。
③　方东美:《中国人生哲学》,台湾黎明文化事业股份有限公司 1982 年版,第 53 页。
④　方东美:《中国人生哲学》,台湾黎明文化事业股份有限公司 1982 年版,第 53 页。
⑤　方东美:《中国人生哲学》,台湾黎明文化事业股份有限公司 1982 年版,第 56 页。

第一，在儒家，美与善的内涵及其关系是发展的。孔子、孟子、荀子对此的理解呈现出较大的差异性。孔子在《论语》中借助对音乐的评价，提出了这组关系："子谓《韶》，'尽美矣，又尽善也。'谓《武》，'尽美矣，未尽善也。'"①从孔子的表述来看，此处的美是音乐所表现出来的外在节奏和韵律，是和谐而完美的。因此，美应该侧重于事物的外在形式，而善则是音乐所表达的内在思想，是符合仁德的。他的态度是主张尽善尽美，美善统一，即外在形式与内在道德的统一。而孔子又同时提出"里仁为美"，显然在美与善的关系中，善具有主导性作用，他反对脱离善而独美，而善则具有强烈的社会伦理和内在道德的指向。综合孔子的各种论述，可以发现，孔子虽然提出了"仁"作为儒家美学的核心支撑，但是他并没有进一步追溯"仁"或者"美"的内在根源，即没有为善或美的普遍性确立某种形上根基。后来孟子提出了"不忍之心—天道"的论证模式，将内在于己的仁心追溯到了"天道"流行的境界，提出了"由仁义行，非行仁义也"②，由此接上了《中庸》"天命之谓性，率性之谓道"③的形上学路线。因此，孟子在论述儒家人格养成的时候，所提出的善、信、美、大、圣、神几个概念，特别是对善与美的理解，就具有了与孔子不同的内涵。他说："可欲之谓善，有诸己之谓信，充实之谓美，充实而有光辉之谓大，大而化之之谓圣，圣而不可知之之谓神"④，这组概念是逐层提升的，善是人生的出发点，它是可欲，可欲是人的自然本性，可见，孟子将善即仁义，视为人先天内在于己的生命本性。因此，求善无须外求，只需转身向内，这也接续了孔子"为仁由己"的命题，所以紧跟着"信"即是对自我内在仁德的返身，开启了内在道德自觉，而美则是内在道德充沛的样子，这是一种道德人格养成的快乐和自由的感受，这种状态即是美。可见，由孔子到孟子，完成了对儒家美学美善关系的核心论

---

① 杨伯峻：《论语译注》，中华书局1980年版，第37页。
② 杨伯峻：《孟子译注》，中华书局1960年版，第191页。
③ （宋）朱熹：《四书章句集注》，中华书局1983年版，第17页。
④ （宋）朱熹：《四书章句集注》，中华书局1983年版，第370页。

证,即,首先,善是内在仁德,美是善的完成,是善的外在表现。其次,美与善是统一的,但善是主导,美是从属,美无法脱离善而独存。最后,从孟子性善论看,自然生命即道德生命,善是生命本性,具有形上属性,作为善的呈现方式,美也就具有某种形上属性。

美善关系至荀子发生了重要的变化。荀子并不认同孟子式的自然生命即道德生命的看法,而是认为,道德生命的养成需要借助外力,美即是道德生命养成中的重要外力。荀子在《乐论》中提出"美善相乐"的观点:"君子以钟鼓道志,以琴瑟乐心,动以干戚,饰以羽旄,从以磬管。故其清明象天,其广大象地,其俯仰周旋有似于四时。故乐行而志清,礼修而行成,耳目聪明,血气和平,移风易俗,天下皆宁,美善相乐。"①虽然荀子仍然坚持美善统一的观点,但他所理解的美显然是外在于生命的,美在荀子是礼乐之统称,礼乐之设计,原是摹仿天地和顺之气象,即所谓"清明象天,其广大象地,其俯仰周旋有似于四时"②,故而可以"入人也深,化人也速"③。在荀子这里,美有助于善的养成,美与善的统一是在道德实践过程中的统一,二者并不具有内在统一性,而是外在统一,是可统可分的,其界线亦鲜明。

第二,在道家,美与善统一于审美的超越。道家的生命是一种祈向自由与超越的生命,落实到人生上就是一种审美的生命。因此,道家对于美与善都有不同于儒家的理解。老子说:"天下皆知美之为美,斯恶已;皆知善之为善,斯不善已"④,所以美不是通常意义上的美的事物和艺术,善也不是通常意义上的仁义道德。儒家意义上的美与善对于道家而言是具有相对性的"小美"和"小善",而道家推崇的则是具有绝对性的"大美""大善"。庄子说:"天地有大美而不言"⑤,大美是从宇宙万物一往而平等的意义而言的自然之美,任何

---

① (清)王先谦:《荀子集解》(下),中华书局1988年版,第381—382页。
② (清)王先谦:《荀子集解》(下),中华书局1988年版,第381—382页。
③ (清)王先谦:《荀子集解》(下),中华书局1988年版,第380页。
④ 陈鼓应:《庄子今注今译》,商务印书馆2007年版,第80页。
⑤ (清)郭庆藩撰,王孝鱼点校:《庄子集释》,中华书局1961年版,第735页。

人为皆可能有损于自然之美。道家主张摒弃小我,入于大我,以一种主体"虚位"的方式进入主体间性的平等对话,所以老子说人无弃人,物无弃物,庄子说道在蝼蚁,道在屎溺。对于道家而言,只有以这种主体间性的方式观于万物,观于宇宙人生,才是体味真正的"大善",老子说:"道生之,德畜之,物形之,势成之。是以万物莫不尊道而贵德。道之尊,德之贵,夫莫之命而常自然。故道生之,德畜之;长之育之;亭之毒之;养之覆之。生而不有,为而不恃,长而不宰,是谓玄德。"①这生生之德才是宇宙的大德、至善。就此大德而言,与《周易》和儒家的生生之德是相通的。因此,圣人无为,只需以万物一往平等的视角,赞叹欣赏这蓬勃的生命世界,感悟人与万物合一的快乐,即可心游万仞,进入逍遥而自由的大美大善之境。方东美认为,道家的价值中蕴含着三层原则,即"个体化与价值原则""超脱原则"和"自发的自由原则",所谓"个体化与价值原则"即"万物在各自的性分上面,能够得其所得,知其所适,获得一种存在的满足,一种价值的享受。"②"超脱原则"是指每一种生命都有权力从他所依赖的外在条件的限制中,依靠内在精神的提升点化,而成为自己生命的主宰,获得一种生命超脱的解放和自由。"自发的自由原则"是指个体对于自由的自觉,透过庄子"真人""至人""神人"的了解,自发的自由是每个人对于自由的自觉意识,要成为自己精神世界的造物主而不是常识世界的英雄。把握此三层原则,即可实现道家美与善的统一的人生。

方东美讨论美与善的关系,采取的是综合儒道而创新的方式。从儒家来看,他重视《尚书》→《周易》→孔子→《中庸》→孟子的一条线。方东美从一个比较高的站位上,梳理了儒家思想的形成及其中美善价值理念确立的过程。他认为,儒家思想的传统有两个来源:一个是《尚书》,尤其是其中的《洪范》篇,体现了儒家思想继承的一面;一个是《周易》,尤其是《周易》中的十翼部分,体现了儒家思想创新的一面。《尚书》在"洪范篇"中提出了"九畴"的概

---

① 陈鼓应:《老子今注今译》,商务印书馆 2003 年版,第 260 页。
② 方东美:《原始儒家道家哲学》,台湾黎明文化事业股份有限公司 1983 年版,第 254 页。

念,其中第五为"建用皇极"。方东美认为,"皇极"是一个极其超越性的概念,"从尔雅到汉儒都一直解释为'皇者大也,极者中也'之'大中',也就是周易的'大中以正'中的'大中'"①,大中作为一个原始符号,是早期先民带有宗教祈向的价值中心。经过儒家的解释与哲学化的转型,"大中"成为带有本体论性质的价值标准,"透过哲学来看,它或是变作道德世界的道德秩序,或是变作学术世界的美感秩序,最后成为光天化日之下的理性世界。这一段转变,叫做'哲学的制定'。"②经过这一制定,确立了中国生命乃是美善相守的生命,美善不可分,其后儒家侧重于从善的视角去看美善统一,而道家则侧重于从美的视角去看美善统一,即所谓"圣人者,原天地之美而达万物之理"③。从《周易》来看,方东美认为,孔子之前《周易》完全是一个符号系统,有《易经》和卦爻辞两部分,这是儒道共同的文化来源,孔子和其弟子商瞿一起作了十翼,对《周易》作了哲学化的阐释,确立了儒家的价值立场。他说:"孔子作象传的时候,完全把人类外在的世界拉进来,在人类生命内部,心灵内部看世界,于是在象传中产生一个对于世界革命性的观念,就是把外在的自然界以艺术、道德的精神点化了,成为富有'美'、'善'的价值世界。"④《周易》的哲学化、价值化表现了中国人对宇宙生命的理性思考,是中国文化早熟的表现。中国人此时即要求对自己的外部世界和内在心灵世界进行原始要终的理性透视、价值透视。在《周易》中,生命价值的来源被集中在"天"上,《周易》从乾卦开始,乾是"乾元",而《周易·乾文言》中解释说:"元者,善之长也"⑤,方东美认为,"'乾元'是一个代表宇宙一切价值的总枢纽的基本符号,是一切卓越价值的来源,系辞大传中则透过审美的观念把宇宙化成美。由此看来,中国古代的人和希腊人的才情极为接近,希腊人不只把宇宙间的价值讲成道德的价值:Agathon-aga-

---

① 方东美:《原始儒家道家哲学》,台湾黎明文化事业股份有限公司 1983 年版,第 57 页。
② 方东美:《原始儒家道家哲学》,台湾黎明文化事业股份有限公司 1983 年版,第 98 页。
③ (清)郭庆藩撰,王孝鱼点校:《庄子集释》,中华书局 1961 年版,第 735 页。
④ 方东美:《原始儒家道家哲学》,台湾黎明文化事业股份有限公司 1983 年版,第 131 页。
⑤ 黄寿祺、张善文:《周易译注》,上海古籍出版社 2001 年版,第 10 页。

theia—而且 Kalos-kalokagatheia—合并写,为'尽善尽美'。"①方东美认为,儒家对于美的重视可体现在礼乐中、《诗经》中,孔子在其言说中,也多次强调"艺"的重要性,比如"志于道,据于德,依于仁,游于艺"②,"不学诗,无以言"③等,因此,儒家需要建构一个"美学的秩序","在美学秩序这方面是中国古代儒家的贡献比较大","不仅要讲(善),还要讲(美),变成,尽善尽美"。④

由上可见,方东美视儒家的尽善尽美乃是形上形下贯通的价值论,生命由乾元开始,即是美善统一的价值源泉,儒家人秉此观念而将美善落实于形下,遂成就一套美善统一的礼乐文化和生活。方东美认为,道家的尽善尽美的实现乃是源于对生命观法的改变,这一进程正是道家人生境界的提升过程。方东美在综合继承儒道两家的美善统一论之后,又创造性地透过他对"普遍生命本体"的阐释,将美与善的统一定位于生命之初的形上统一。如前所述,美与善皆为生命的形上构成要素,在"普遍生命"的六大构成原理中,美与善皆列于其中,随同普遍生命形上而形下,复又由形下而提升回归于形上的双回向进程,美与善遂相生相守于宇宙万物与人生的方方面面。这是对美善关系的形上学论证,美与善都是具有超越性的美和善,是带有价值引导作用的生命之美、生命之善。

二、以普遍生命为基础建构中国艺术精神

1."一切艺术都是从体贴生命的伟大处得来的"⑤。

方东美认为,普遍生命是美的本质,同时也是中国艺术的本质,普遍生命

---

① 方东美:《原始儒家道家哲学》,台湾黎明文化事业股份有限公司 1983 年版,第 131 页。
② 杨伯峻:《论语译注》,中华书局 1980 年版,第 67 页。
③ 杨伯峻:《论语译注》,中华书局 1980 年版,第 178 页。
④ 方东美:《原始儒家道家哲学》,台湾黎明文化事业股份有限公司 1983 年版,第 157 页。
⑤ 方东美:《中国人生哲学》,台湾黎明文化事业股份有限公司 1982 年版,第 218 页。

的灿然生意和创造力正是中国一切艺术的源泉。对于中国人而言,"不论在创造活动或是欣赏活动,若是要直透美的艺术精神,都必须先与生命的普遍流行浩然同流,据以展露相同的创造机趣,凡是中国的艺术品,不论他们是任何形式,都是充分的表现这种盎然生意(一切艺术都是从体现生命之伟大处得来的),我认为这是所有中国艺术的基本原则,甚至中国佛教的雕塑、壁画与绘画,也不例外"。①

从中国艺术史来看,方东美认为中国艺术精神乃是由儒家和道家共同支撑起来的,"整个中国艺术所表现的创造精神,正是这两家在哲学上所表现的思想"。② 从道家看,天地之美本就是"妙道","天地相合,以降甘露",若无法领悟道家这种生命之美的哲理,便无从领悟中国艺术中的许多机趣。而对于儒家的艺术精神,方东美借助儒家乐论来分析。《礼记·乐记》中说:"大乐与天地同和,大礼与天地同节"③;"地气上齐,天气下降,阴阳相摩,天地相荡,鼓之以雷霆,奋之以风雨,动之以四时,暖之以日月,而百化兴焉。如此,则乐者天地之和也"④;"发以声音,而文以琴瑟,动以干戚,饰以羽旄,从以箫管,奋至德之光,动四气之和,以著万物之理。是故清明象天,广大象地,终始象四时,周还象风雨,五色成文而不乱,八风从律而不奸,百度得数而有常,小大相成,始终相生,倡和清浊,迭相为径。"⑤从《乐记》的表述看,儒家音乐乃是直透生命精神的表现,是生命的象征,因此孔子爱乐,就是要"据以饮其太和,寄其同情"⑥。

2. 中国艺术的通性在于表现盎然的生命。

方东美认为,中国艺术说到底是对普遍生命的表现。中国艺术形式上可

---

① 方东美:《中国人生哲学》,台湾黎明文化事业股份有限公司 1982 年版,第 218 页。
② 方东美:《中国人生哲学》,台湾黎明文化事业股份有限公司 1982 年版,第 213 页。
③ 杨天宇撰:《礼记译注》,上海古籍出版社 1997 年版,第 636 页。
④ 杨天宇撰:《礼记译注》,上海古籍出版社 1997 年版,第 640 页。
⑤ 杨天宇撰:《礼记译注》,上海古籍出版社 1997 年版,第 649 页。
⑥ 方东美:《中国人生哲学》,台湾黎明文化事业股份有限公司 1982 年版,第 217 页。

能多彩纷呈,但对生命的表现则是中国艺术共有的通性。具体而言,中国艺术的通性可归纳为四点:

第一,玄学性重于科学性。中国艺术家不擅长条缕分析,无法如西方艺术家从科学的态度刻画自然事物的细密结构,但擅长驰骋玄思。所谓玄思,"就是以广大和谐的原则来玄览一致性"①,"他应该是一个整合的心灵与创造的精神,其中包含了哲人的玄妙神思、诗人的抒情心灵、画家的透视慧眼、雕刻家的熟练驾御,以及作曲家的创造能力,合而言之,乃是能够直透灵魂深处,把上述的所有慧心都融会贯通,据以展现全体宇宙的真相及其普遍生命之美"。②即使在中国艺术的技术表现系统中,"不论色彩、线条、轮廓、音质、距离与气韵,也都在尽情地表达这种宇宙观念,'它是对其整体性的一种观点,也是对人类私欲偏见的一种超脱,对精神怡然自得的一种提升。'这是所有中国艺术的通性,不限于绘画,也不限于某一时期、某一派别"。③ 如果不了解中国艺术家对于宇宙整全生命的玄思,就不可能了解中国艺术的真谛。

第二,中国艺术是象征性的。"所谓象征性,一方面不同于描绘性,一方面接近于理想性。"④描绘性艺术是西方艺术的特征,它重视艺术的细节刻画,注重作品中的科学结构的表现,而中国艺术的象征性则是在于表现生命的气韵生动,"注重全体生命之流所弥漫的灿然仁心与畅然生机"⑤。方东美列举了从商周至汉代以来的中国艺术形式予以说明,青铜器、陶器,各类雕刻上呈现的图案,其原初意义都是对生命的表现,譬如常见的雷云纹,乃是因为雷云常变幻于春夏之交,是农事最活跃的时期,象征着自然界丰富的繁殖力;龙纹,最初也是由雷云纹变化而来,后来演变为回纹,都呈飞动之态,象征着生命的韵律与旋律,后来饕餮纹、凤纹、蜩蝉纹等,都是对生命的意象化表现,以至于

① 方东美:《中国人生哲学》,台湾黎明文化事业股份有限公司1982年版,第218页。
② 方东美:《中国人生哲学》,台湾黎明文化事业股份有限公司1982年版,第219页。
③ 方东美:《中国人生哲学》,台湾黎明文化事业股份有限公司1982年版,第219页。
④ 方东美:《中国人生哲学》,台湾黎明文化事业股份有限公司1982年版,第219页。
⑤ 方东美:《中国人生哲学》,台湾黎明文化事业股份有限公司1982年版,第220页。

后来佛教的雕刻"不论动物的形状、人类的姿势,以及神像的风貌,处处都在表达极乐的涅槃世界,此时一即一切,乃能与宇宙生命浩然同流"①。

至于中国的音乐和绘画也是如此,中国五音,宫商角徵羽,都是对生命之象的表征。五音合成六律六吕,"律以配阴,吕以配阳,阴阳隔八相生,亦在表现生命之旋律,旋相为宫,永无止境"②。

第三,中国艺术的方法是真正的表现。"'表现'乃是活泼泼地勾画出一切美感对象,它把握了生命的黄金时刻,最擅长于捕捉自然天真的态度与浑然天成的机趣。"③中国艺术家能够将自己的生命与宇宙的生命契合无间,因此能深悟生命之神奇,"外师造化,中得心源",塑造出"传神"的艺术作品,不似西方以精准描绘为能事,而是"对物质性的超升否定","以直觉来捕捉美的本质,透过神思创意而毫不做作"。④ 方东美列举中国艺术家诸多相关语录,如沈括"画画之妙,当以神会,难可以形器求也"、邓椿"一法何也?曰传神而已矣"、顾恺之的"四体妍媸,本无关少,于妙处传神,正在阿堵中"等,用以说明中国艺术对生命的表现。

第四,中国艺术妙契人文主义精神。方东美首先区分了他所谓的"人文主义"与古希腊的人文主义之不同。古希腊的人文主义有两层含义:一层是"人是衡量一切的依据"⑤,这种观点会使人陷入主观主义与感性的怀疑主义之中;另一层是"以人体来设想所有性质",这种观点会使人陷入感性快乐之中。中国艺术的人文主义则是指中国人对宇宙自然活色生香的生命意趣的热爱与理想,"它象征了人类灵魂的渴望,企盼在生命中达到完满的爱与美"⑥,因此人与自然是不可分的,"自然是人类不朽的经典,人类则是自然壮美的文

---

① 方东美:《中国人生哲学》,台湾黎明文化事业股份有限公司1982年版,第224页。
② 方东美:《中国人生哲学》,台湾黎明文化事业股份有限公司1982年版,第224页。
③ 方东美:《中国人生哲学》,台湾黎明文化事业股份有限公司1982年版,第227页。
④ 方东美:《中国人生哲学》,台湾黎明文化事业股份有限公司1982年版,第229页。
⑤ 方东美:《中国人生哲学》,台湾黎明文化事业股份有限公司1982年版,第229页。
⑥ 方东美:《中国人生哲学》,台湾黎明文化事业股份有限公司1982年版,第230页。

字……在中国艺术中,人文主义的精神,乃是真力弥漫的自然主义结合神采飞扬的理想主义,继而宣畅雄奇的创造生机。"①

通过对中国传统美学中美与艺术两方面的阐释,方东美通过"普遍生命"的概念,搭建了由本体而现象,由形上而形下的生命美学思想体系,既为中国美学建立了牢固的本体论和价值论根基,也为中国艺术的内在精神确立了生命形上学的根基。美与艺术对于中国人而言,从来都是生命内在的追求,是对生命价值、意趣、理想、生机的表达,其他解释将无法入中国美学之鹄的。方东美的生命美学建构,还原了美学之为美学的形上学意义,有利于我们直透美学作为人类形上关怀的原初意蕴,提炼了中国美学的民族性特征,有助于中国美学的发展从纷繁的流派与主义中辨明方向,规避了西方现代性发展中的基本问题,以建设中国美学的民族性与现代性。

第四节　建立现代诗性哲学解释学的典型形态

方东美的思想体系从其行文风格的表现上来说,是公认的诗性哲学。他的书写并非简单地呈现为一种语言特色,而是构成了一套成熟而稳定的诗性解释学,诗性解释学是其整个思想体系的方法论。他的诗性哲学方法论可概括为诗化与观相两种,诗化法依据诗歌艺术在生命情理二义中的独特位置,打通了尼采与庄子,确立了"以美观理"的解释原则,实现了对生命哲学的感性呈现;而观相法则将斯宾格勒的观相学与佛教的慧眼直观进行了融通,对中西不同类型的文化之相作了透视直观与比较,完成了充满诗意的中西比较哲学。从"反向格义"的立场来看,方东美的诗性哲学方法论所建构的是一个"去脉络化"的创造性哲学体系,符合中国的泛诗化传统,这种做法避免了可能因理

---

① 方东美:《中国人生哲学》,台湾黎明文化事业股份有限公司1982年版,第230页。

性分析带来的对文化的强制扭曲现象,对中国现代哲学方法论的建构有启示价值。

一、方东美与五四前后的哲学书写

现代新儒家中,方东美的哲学书写自成一种风格,他自称是"诗人兼哲学家",立志要将"哲学与诗境相接"。① 刘述先称他的方法是"老鹫搏云,自提其神于太虚而俯之","体现的是一个哲学诗人的形态"。② 也有学者称赞:"只有哲学家方东美的思想,才是中国现当代'诗化哲学'的典范。"③

方东美将哲学与诗混为一谈的做法曾引起牟宗三的不满,作为智者型的哲学家,牟宗三严守哲学逻辑清晰、概念规范、体系严谨的理性风范,他质疑诗或文学的写作方式对敞开真理的有效性,并曾不点名地批判方东美:"他们以这种审美的趣味来讲儒家这是不负责任的"④。然而作为诗人型的哲学家,方东美却坚持哲学与诗、诗与真理的内在统一,并始终坚守这种诗性哲学的书写方式。这一分歧仿佛是西方诗与哲学之争的再版,拈出了五四之后中国哲学书写在传统与现代之间的转换问题。

中国传统哲学书写呈现出强烈的叙事性、体验性、隐喻性和诗文一体性特点,在哲学境界上有不可言说,甚至不可思议的一面,而在哲学智慧上,又很大程度上依赖个人修养的证悟,中国第一流的哲学著作皆是如此,如《庄子》《论语》等,这些特点彰显了中国哲学的诗性特质。尽管传统文化的研究内容与方法在明清以后逐渐被细化为义理、考据、词章等各个分支,但就书写风格而言,仍呈现为叙事散文体、论述体,与西方纯理分析、逻辑演绎行文不同。民国

---

① 方东美:《生生之德》,台湾黎明文化事业股份有限公司 1980 年版,第 395 页。
② 国际方东美哲学研讨会招待委员会主编:《方东美先生的哲学》,幼狮出版社 1989 年版,第 21—31 页。
③ 王柯平、胡继华、周志强等:《诗化哲学与历史批判——"文学与哲学的对话"国际学术研讨会上的一组发言》,《中国图书评论》2007 年第 8 期。
④ 牟宗三:《中国哲学十九讲》,上海古籍出版社 2005 年版,第 61 页。

以来,随着各类西方思潮的涌入,中国学界一方面积极引入白话文,另一方面开始尝试将各种西学的方法引入哲学的书写,以促成中国哲学的现代转型。胡适在《中国哲学史大纲》台北版《自序》中提到,自己是以"名学方法"写作此书的,所谓"名学方法"也就是逻辑方法。吴康的《哲学大纲》中也提道:"一切学问之研究方法,必循分析与综合之律则,演绎与归纳之原理,此治学之堂基"①。

问题的关键是西方的语言、思维和方法如何能够切入中国文化的核心。徐复观意识到,简单地挪用西方的方法来从事中国哲学的研究并不可靠,并批判道:"目前许多治国学的人,一面承乾嘉学风之流弊,一面附会西方语言学的一知半解,常常把一个在思想史中保有丰富内容的名词,还原牵附为语源的原始性质。因为我国文字的特性,上述方法,便常得出更坏的结果。"②为此他提出要用"追体验"的方法来进行哲学研究,所谓"追体验"也就是要"把这些散在的语句集合在一起,用比较、分析、'追体验'的方法,以发现其内在关连,并顺此内在关连加以构造"③,从而确立立体完整的思想生命体系。

若就重视生命体验的一面来看,徐复观与方东美确实非常相近,所不同在于,徐复观重视道德体验,而方东美重视审美体验。然而方东美很少做方法论上的讨论。刘述先说他:"一则喜欢对各种不同的哲学与文化的境界作现象学的描述,再则喜欢对各种不同的生命情调与美感发而为诗人的赞慕与咏叹,以致好些苦心经营的方法论的痕迹被淹埋而不显"④,看他的著作容易让人生出"汪洋大海难以凑泊的感觉"。

---

① 吴康:《哲学大纲》(上册),台湾商务印书馆1965年版,第39—40页。

② 徐复观:《中国人性论史·先秦篇》,李维武编:《徐复观文集》第3卷,湖北人民出版社2002年版,第17页。

③ 徐复观:《中国人性论史·先秦篇》,李维武编:《徐复观文集》第3卷,湖北人民出版社2002年版,第12页。

④ 国际方东美哲学研讨会招待委员会主编:《方东美先生的哲学》,幼狮出版社1989年版,第22页。

然而,任何思想都有它内在的逻辑与写作理路,无论是"老鹰搏云",还是"天马行空",总要留下它的痕迹。所谓"现象学的描述"本身已是方东美诗性哲学的重要方法之一,本文将尝试将他"淹埋而不显"的方法论抉而显之,顺龙麟鸳爪窥其全身,以权定他的诗性哲学在传统与现代转换中的独特价值。

二、诗化:生命哲学的感性呈现

荷尔德林在《面包和葡萄酒》中自问,"在贫瘠的时代诗人的使命"①是什么,"诗人是生命的明灯"②,方东美如是回答。因为诗人可以"挟鼓舞人生之种种崇高理想以兴俱,以超脱解放尘世间种种卑陋的表相……囊括全天地宇宙之诸形形色色而点化之,成为广大和谐之宇宙秩序。"③因此,方东美的诗化乃是为了道说,而非单纯地追求语言的形式美感,尽管他对哲学的诗化在实际效果上实现了对抽象理性向审美感性的转换,但这种转换乃是真理在敞开自身过程中的必然结果。纵观方东美的一生,他译诗、写诗、用诗,处处彰显诗人的风范。在他诗化哲学的建构过程中,可以概括出他所做的两项基本工作:

第一,确立诗与哲学、科学、艺术之间的关系。

诗与哲学的纷争在柏拉图之前就已存在,柏拉图和亚里士多德的诗论则把这一问题升至哲学史中事关哲学目的论和书写形式两方面的重大论题。本文无意于再现这一纷争,但想要说明的是,自 19 世纪末德国浪漫主义美学诞生以后,这一问题发生了一个重要的转向,即在荷尔德林、诺瓦利斯、里尔克、歌德、施勒格尔、谢林、席勒、叔本华、尼采、怀特海、海德格尔等人的集体努力下,现代哲学已经公开为哲学、宗教、艺术与诗的四位一体做辩护,马丁·亨克尔称之为"现代性(modernity)的第一次自我批判"④,而这一转向正是方东美

① 顾正祥译注:《荷尔德林诗选》,北京大学出版社 1994 年版,第 145 页。
② 方东美:《科学哲学与人生》,台湾黎明文化事业股份有限公司 1980 年版,第 167 页。
③ 方东美:《生生之德》,台湾黎明文化事业股份有限公司 1980 年版,第 396 页。
④ 转引自刘小枫:《诗化哲学》,山东文艺出版社 1986 年版,第 6 页。

处理诗与哲学、科学、艺术之关系的西学背景。

　　方东美关注诗与哲学的关系问题是在他留美期间（1921—1924年）。这期间他主攻西方生命哲学，有三件事可见出他此时的用功所在：其一，在威斯康辛大学跟随的导师是研究柏格森、怀特海的权威专家麦奇威（Evander Bradley McGilvary），硕士论文是《柏格森生命哲学之评述》。其二，威大时他曾与罗素一起讨论过中国问题，但不同意罗素对柏格森的看法。第三，接受麦奇威的建议学习德文，阅读了大量康德、黑格尔、尼采、哥德等人的德文原著，"而且眉批小注，琳琅满纸"①。由此可以看出，方东美1924年回国后为了教学而完成的讲稿《科学、哲学与人生》应当是他留美期间的学习心得。讲稿中大量援引、翻译德、英、法等国浪漫派诗歌、文学作品，他对诗与哲学、科学、艺术等关系的看法，正是在西方浪漫派，尤其是尼采、歌德、莎士比亚、华兹华斯等人的诗歌与柏格森、怀特海等人生命哲学会通下建立的，而他之前受教于桐城派的国学功底、诗学功底，更决定他的译诗采用纯粹的中国旧体诗格律，并引导他在中西比较中逐渐回归中国文化。

　　依方东美所见，宇宙生命由情理二仪构成。在《科学哲学与人生》开篇自序中，方东美即提出："宇宙人生乃是一种和谐圆融的情理集团，分割不得。"②所谓理，肇始于两个方面，一是宇宙自身有其不变的秩序和法则，虽变相纷然，却终归一体。二是人类有避繁趋简的天性，于变幻的事相中抽绎出其中不变的秩序与线索，是人之"不可救药的好尚"。理之起要有"境"，"境的认识起于感觉的亲验，终于理智的推论"③，所有科学活动都属于理的范畴。所谓情，就其本质而言，"乃是指着些人生的欲望、人生的冲动、人生的要求"，④而健全之情主要指一种价值的估定，"依文学家对世界是美的价值估定，以伦理学家是

　　① 天一出版社编：《方东美传记资料》，天一出版社1985年版，第36页。
　　② 方东美：《科学哲学与人生·自序》，台湾黎明文化事业股份有限公司1980年版，第1页。
　　③ 方东美：《科学哲学与人生》，台湾黎明文化事业股份有限公司1980年版，第12页。
　　④ 方东美：《科学哲学与人生》，台湾黎明文化事业股份有限公司1980年版，第23页。

善的估定"①。

为了表现情与理一贯而不可分割的特性,方东美援引《西青散记》中清代徽州女诗人程琼(号转华夫人)之《释牡丹亭传奇色情难坏意》一诗数语为之作注。转华夫人与其夫吴震生皆以诗词著称,尤以二人合著点评《牡丹亭》的《才子牡丹亭》一文为世人所重。该诗云:"何自有情因色有,何缘造色为情生。如环情色成千古,艳艳荧荧画不成。"②诗之主旨是为评说《牡丹亭》中众说纷纭的"情""性"关系,诗人站在女性视角对情与性的关系进行了疏解,本非哲学视野中的生命认知和价值估定。但方东美对之做了哲学化的借用,加之转华夫人还有"有情之天下"与"有法之天下"的断语,充满佛学意蕴,方东美便截取"法""色""情"三字以阐释生命。法是宇宙大法和秩序,实为生命之理的把握物件,色为宇宙与人间变幻纷呈的万相,而情则是生命的欲望与价值估定。情理之一贯性正在于其内在的融通与互生共存,若问其根由,则"何自有情? 因色有;何缘造色? 为情生。"③如此一来,这首诗便完全变成了方东美本人的思想述陈。

借助于诗歌、文艺,方东美阐明了哲学与生命、科学与生命、哲学与科学、诗与生命等几组重要的关系,搭建了他的诗化哲学的最初框架,可图示如下:

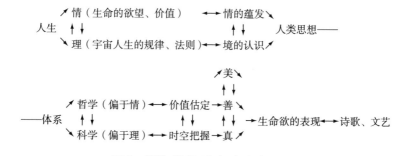

图1 科学、哲学、诗歌、人生关系图示

① 方东美:《科学哲学与人生》,台湾黎明文化事业股份有限公司1980年版,第16页。
② 史震林:《西青散记》卷四,中国书店1987年版,第56页。
③ 方东美:《科学哲学与人生》,台湾黎明文化事业股份有限公司1980年版,第24—25页。

站在生命哲学的视角下,援诗入学显然已非对一种文体的简单借用,而是源于生命的内在结构。他的用诗和译诗,总带有鲜明的个人思想创造的痕迹,如他解说希腊人生观时曾译欧里庇得斯的《特罗伊妇女》中的一段[①]:"天之苍苍,高明峻极,地之茫茫,博厚莫测,神化无端,罗织万亿,爬梳摘抉,理归正则:皇矣上帝,于穆不息,造作正谊,抱一为式,至诚予怀,载歌天德。"[②]原文表现了备受命运悲剧折磨的特洛伊妇女,在战争中痛失丈夫、父亲之后还要经历献祭、别子的再次打击,反映了希腊神话中命运定数的必然性。译诗采用了意译,言辞用语大多皆出于中国原典,除了"神化无端,罗织万亿"表现命运之不可逃脱外,其中"于穆不息"和"抱一为式"显然还综合了儒家生命观与道家天道观。

第二,以美观理,建立诗性哲学的解释原则。

鉴于生命与美的内在统一结构,方东美一直尝试创建一种新的哲学解释原则,以便于把生命的真理用一种感性的方式完全敞开。20世纪上半叶,西方现代解释学的发展对国内学术界产生了重大影响,以致不少学者开始尝试把西方解释学引入中国哲学的阐释。但对于方东美而言,西方本体论解释学虽然突破了解释学的工具论义域,直接追问人的存在意义,但其立足于文本的解读方式依赖于一种历史逻辑的推理和演绎,带有强烈的思辨性特征,终究要落入解释学的循环,更无法实现他在审美中敞开真理的解释理想。

为了避免陷入因思辨阐释而导致的解释学循环,方东美践行了一种"以美观理"的诗学解释原则,此原则得之于他对尼采与庄子的会通。方东美早期的西学研究大量借用了尼采的诗学方法论,尼采提出:"用艺术家的眼光考

---

① 原文为 thou deep base of the world, and thou high throne. Above the world, whoe'er thou art, unknown. And hard of surmise, Chain of Things that be. Or Reason of our Reason; God, to thee. I lift my praise, seeing the silent road. That bringeth justice, ere the end be trod. 见《科学哲学与人生》,第32—33页。

② 方东美:《科学哲学与人生·自序》,台湾黎明文化事业股份有限公司1980年版,第32—33页。

察科学,又用人生的眼光考察艺术"①,这一治学思路给方东美很大启发,他从诗与艺术的视角对西方物理、化学、生物学、心理学等诸多学科之研究进展与成果做了生命思想史的透析,完成了《科学哲学与人生》一书。1937 年因抗战爆发而转入中国哲学研究之后,方东美在中国文化中找到了更多与尼采的治学思想相契的内容,尤其对庄子"原天地之美而达万物之理"(《庄子·知北游》)一语最有心得。他认为,"原天地之美"与"用艺术家的眼光"思路相似,都要求通过美和艺术来观察和解释世界,呈现真理。相比而言,庄子以艺术"达万物之理"反而比尼采以艺术"考察科学"具有更大的统摄性。基于诗与艺术在人类文化与生命系统中的独特地位,它们理所当然地成为阐释生命、塑造生命理想的最好"工具",它们所肩负的崇高使命使其具有先天的形而上学意义,成为引导芸芸众生在"贫乏"的世界里不断超越的"明灯"。

就思想内涵来讲,方东美所言之"原天地之美"已经与庄子的原意相去甚远。庄子是一位自然主义者,他所谓"大美""明法""成理"都指向宇宙自然的生成变化之理,而"原天地"则意指"观于天地"。这种观是一种审美静观,它与庄子"心斋""坐忘""物化""以天合天"等观念互为表里,意在达至内心的澄明之境。方东美的"以美观理"显然与之不同,他要观的是人类的各种文化现象与生命现象,而观的目的乃是"批导文化生态","潜入民族心灵深处,洞见其情与理"②,具有明确的价值批导目的。

但是若从方法论上着眼,方东美的"原天地之美"却又深契庄子"以美观物"的主旨。他说:"所谓'圣人者原天地之美而达万物之理。'当庄子说这话时,可说充分展现了中国人的深邃灵性。中国人在成思想家之前必先是艺术家,我们对事情的观察往往是先直透美的本质。"③这句话表明,方东美深刻体

①　[德]尼采:《悲剧的诞生·自我批评的尝试》,杨恒达译,译林出版社 2007 年版,第 2 页。

②　方东美:《生生之德》,台湾黎明文化事业股份有限公司 1980 年版,第 137 页。

③　方东美:《中国人生哲学》,台湾黎明文化事业股份有限公司 1982 年版,第 125 页。

认到中国人的认知是一种审美认知,古人体察自然、治国理家皆是以审美的方式进行。事实上,许多学者也总结出,"以美观物"或者"以美行事"确是古人的基本生活方式,朱自清就以中国的"乐歌"传统为例解释说:"以乐歌相语,该是初民的生活方式之一。那时结恩情、做恋爱用乐歌,这种情形现在还常常看见;那时有所讽颂、有所祈求,总之有所表示,也多用乐歌"①。

方东美在《生命情调与美感》一文中为各民族宇宙、生命与美感之关系做了这样的界说:"宇宙,心之鉴也,生命,情之府也,鉴能照映,府贵藏收,托心身于宇宙,寓美感于人生"②,宇宙、生命、美感三者如影之于形,因此必须透过生命之美洞察宇宙与人生。为了实现"以美观理"的目标,方东美充分发掘了人类文化中一切美的存在,诗歌和文艺作品作为审美文化的典型代表,当仁不让地成为方东美透视生命的视窗。因此,方东美的哲学书写总是由诗入手,细数《科学哲学与人生》全书六章之中,引用中国古诗词近六十余首,直接翻译并引用西方诗歌近百首,提到中西诗人、文学家数百人次,以小说、神话、戏剧、艺术等解说西方科学、哲学与人生观进展情况更不计其数。仅在《生命悲剧之二重奏》一文中,引译西方诗歌就达三十余首。他认为,情与理是人生的两面,科学只关理性,而哲学却要批导人生。因此,"哲学家有了境的认识,还须有情的蕴发。这种情的蕴发,很难用几句话说尽,不得已而思其次,只有借用文艺家触物以起情,索物以托情,叙物以言情的修养,方能使我们领悟。"③譬如描写时空,科学家的时空是物理的、僵死的,而人生的时空却充满美善价值,特别是对中国人而言更是如此,"中国人之空间,意绪之化境也,心情之灵府也,如空中音、相中色、水中月、镜中相,形有尽而意无穷,故论中国人之空间,须于诗意词心中求之,始极其妙"④。方东美坚持认为,伟大的诗歌中总有哲

---

① 朱自清:《诗言志辨》,凤凰出版社 2008 年版,第 15 页。
② 方东美:《生生之德》,台湾黎明文化事业股份有限公司 1980 年版,第 114 页。
③ 方东美:《科学哲学与人生》,台湾黎明文化事业股份有限公司 1980 年版,第 16 页。
④ 方东美:《生生之德》,台湾黎明文化事业股份有限公司 1980 年版,第 131 页。

学,"一个李太白,哥德,一个华兹华斯,他们的作品都充满了哲学精义,只可惜一般哲学史家有眼不识泰山,漫把他们都忽视了。"①更有些经典诗歌,如司空图的《二十四诗品》等本身就是哲理诗,更可用来表征哲学。

抗战爆发之前,方东美的诗多以引译、借用为主。抗战爆发之后,中央大学西迁重庆,方东美在八年的避难岁月中经历了国破、离家、丧女的生命体验,这使他更加深刻地体认了诗与生命之间的内在关系,他的私藏诗集《坚白精舍诗集》近千首中,大部分诗作即作于此时。他在《坚白精舍诗集》中留下了大量哲理诗,如:

> 索得玄珠养道情,风霜短褐入藏壶。青冥寥泬回心处,一性澄莹泯万殊。(《步月归来》)②

> 山林傲兀拥秋声,四境恬愉众籁鸣。逸韵冥腾神理速,高怀默运道行成。忘筌濠上论齐物,得意环中主养生。日泰霄清融定慧,万殊一归灭无明。(《山中恬养》)③

这些诗或深契庄子形上学之理,表明了自己的游心自然、超越万殊的澄明心性;或充满禅趣,大有佛家即色证空的意味,寄托着哲学家的人生追求。方东美的诗集中这类诗数量相当多,所造之境恰如钱钟书所言:"理之在诗,如水中盐,蜜中花,体匿性存,无痕有味,现相无相,立说无说。"④

三、"观相":比较哲学的诗性生成

"观相法"是方东美从斯宾格勒的历史哲学那里借用来的,也是他终生青睐的哲学研究方法。1918 年斯宾格勒的《西方的没落》出版,引起世界性轰动,这本书也成为方东美写作《科学哲学与人生》(1927 年成书,1937 年发

---

① 方东美:《科学哲学与人生》,台湾黎明文化事业股份有限公司 1980 年版,第 18 页。
② 方东美著,汪茂荣点校、刘梦芙审订:《坚白精舍诗集》,黄山书社 2011 年版,第 208 页。
③ 方东美著,汪茂荣点校、刘梦芙审订:《坚白精舍诗集》,黄山书社 2011 年版,第 106 页。
④ 钱钟书:《谈艺录》(补订重排本下),生活·读书·新知三联书店 2001 年版,第 660 页。

表)、《生命情调与美感》(1931年)、《生命悲剧之二重奏》(1936年)、《哲学三慧》(1937年)等文时,除了尼采、怀特海的著作之外引用最多的一本书。从早年的《科学哲学与人生》至晚年的《中国哲学之精神及其发展》,观相法从始至终贯彻于他的哲学思想的每个阶段,成为他洞析文化符号与生命精神之内在关系、确立比较文化哲学基本框架的主要方法。

斯宾格勒在《西方的没落》里把他的历史哲学称为"观相的形态学",他说:"有机的事物的形态学,或者说历史与生命以及所有负载着方向和命运之符记的东西的形态学,则可称之为观相的形态学。"①根据斯氏的观点,世界上任何一种文化都是本民族心灵的反映,洞察各民族文化的基本方法就是 physiognomic,这个词中文译为"观相术""面相术",是指透过人的相貌、表现、衣着等判断他的性格特征、未来命运等。作为历史研究的观相法,斯宾格勒把历史上数学、哲学、军事、政治、科技、文学、绘画、建筑、音乐等各种文化符号都视为"相",它们是不同民族心灵的象征。

"观相"之"观",包括"内观"(inlook)和"外观"(outlook)。外观是一种现象学的描述,而内观则是一种有机历史的洞察、透视、直观。他说:"如果我们得知了观相的节奏,就有可能从装饰、建筑、雕刻的散落的片断中,从没有联系的政治、经济和宗教材料中,揭示出历史的各个时代的有机特征,并从艺术表现领域已知的要素中发现政治形式的领域对应的要素,从数学形式的要素中读出经济的要素。"②

可见,观相法是一种斩断线性逻辑的洞察,它不同于演绎或者归纳,而是靠直观,还原出历史文化中相互交织的有机结构和生衰演化。因此出现在历史进程中的一个个独立的文化符号在直观之下重新斩获了新的生命,比如裸

① [德]奥斯维德·斯宾格勒:《西方的没落(第一卷)》,吴琼译,生活·读书·新知三联书店2006年版,第38页。
② [德]奥斯维德·斯宾格勒:《西方的没落(第一卷)》,吴琼译,生活·读书·新知三联书店2006年版,第110页。

体雕塑、金字塔、穹顶、阿波罗、浮士德以及大量动植物形象等。因此,斯氏的历史是用直观、隐喻和象征写就的,这种观相法就其本质而言是一种美学的、诗学的方法,正因为如此,斯宾格勒的哲学才被公认为"诗性的历史哲学"。

观相法有两层基本含义,一是文化符号的象征义,二是文化符号的直观义。这两层含义都在方东美的中西文化比较中得到了充分体现。

(一) 文化符号象征义

斯宾格勒认为,观相总要面对一些文化的事实和现象,它们构成生命涌流生成过程的形式和象征,他称之为"原始象征"。因为这些事相不是来自它的文化之外,而是其文化内在结构的一部分,所以每个民族都有一些基本的符号能够典型地代表它所属的心灵和生命意向,"它赋予那生命特殊的风格和历史的形式,使其内在的可能性在其中逐步地得以实现"。① 斯氏文化符号象征论就是对历史中的文化符号与其所属的生命情调之间做对应性考察,这是通过象征敞开文化符号意义域的过程,也是观相的核心内容。

方东美在很大程度上借鉴了斯宾格勒关于希腊文化与近代欧洲文化原始象征的观念。斯氏认为希腊文化的原始象征是阿波罗、近代欧洲文化的象征是"纯粹而无穷的空间"、阿拉伯文化的象征是"世界洞穴"、古埃及文化的象征是"道路"、中国文化的象征是"道"、俄罗斯文化的原始象征是"没有边界的平面"。② 方东美进一步扩大了象征符号的考察范围,在希腊、近代欧洲和中国三种文化中,他把爱波罗、大安理索斯、奥林坪视为希腊文化的象征,"大安理索斯象征豪情,爱波罗象征正理,奥林坪象征理微情亏"③,三者中爱波罗为主脑。近代欧洲的文化象征是"文艺复兴""巴镂刻""罗考课","文艺复兴以

---

① ［德］奥斯维德·斯宾格勒:《西方的没落(第一卷)》,吴琼译,生活·读书·新知三联书店 2006 年版,第 167 页。

② ［德］奥斯维德·斯宾格勒:《西方的没落(第一卷)》,吴琼译,生活·读书·新知三联书店 2006 年版,第 28 页。

③ 方东美:《生生之德》,台湾黎明文化事业股份有限公司 1980 年版,第 141 页。

艺术热情胜,巴镂刻以科学奥理彰,罗考课则情理相违,鉴空蹈虚而幻惑,兼此三者为浮士德精神"①。中国的文化象征是老、孔、墨。"老显道之妙用。孔演易之'元理'。墨申爱之圣情,贯通老墨得中道者厥为孔子。"②

　　方东美不仅赋予了文化符号以形而上的存在论意义,更从现象学还原的角度将文化符号还原为丰富而鲜活的人类生命意象,在很大程度上保存了象征作为存在形式、修辞手法和审美原则的多重价值。我们知道,把符号与象征联系在一起是20世纪西方美学的一大特征。在已有的多种理论中,苏珊·朗格把象征视为人类基本的言说方式和思维方式,卡西尔把象征视为文化现象,是人使用符号的能力,修辞学家则站在诗学领域,把象征视为一种修辞手法。事实上,无论是现象学的解读,还是存在论的解读,抑或是修辞学的解读,象征的意义都能够成立,因为它敞开的是象征的本体 A 和意指 B 之间的多重关系。AB 之间本身并没有直接对应的逻辑关系,对应的意义必须在特定的语境下产生,譬如十字架象征基督精神、梅花象征高洁等,倘若没有基督教语境和中国文化语境,这种对应并不存在。因此有学者提出,象征作为意义生成的符号性存在,"其重要的美学性质体现在超越性、不确定性、多元性、间接性和含蓄性等等方面,它们是象征的几个重要的意义维度。"③方东美对象征的大量借用正彰显了其哲学思想的超越性和不确定性,也成就了其哲学的诗性魅力。

（二）　文化符号的直观义

　　对于斯宾格勒而言,观相法首先是诉诸心灵的内视、直观,"它有赖的不是自然的定律和因果关系,而是个体的精神慧眼,是个体对历史中生命的切身体验"。④ 斯宾格勒把观相视为一种整体的、形而上学的方法,可以在任何一

---

① 方东美:《生生之德》,台湾黎明文化事业股份有限公司 1980 年版,第 141 页。
② 方东美:《生生之德》,台湾黎明文化事业股份有限公司 1980 年版,第 141 页。
③ 何林军:《西方象征美学源流论》,湖南师范大学出版社 2008 年版,第 274 页。
④ ［德］奥斯维德·斯宾格勒:《西方的没落(第一卷)》,吴琼译,三联书店 2006 年版,第 12 页。

个历史符号的切面中见出生命中形而上学的意味乃至它未来的走向。

受此启发,方东美在《哲学三慧》中比较了希腊、近代欧洲和中国三种文化。《哲学三慧》提出:"人生而有知,知审乎情,合乎理,谓之智。智有所缘之谓境,境具相状,相状如实所见,是谓智符。人生而有欲,欲称乎情切乎理,谓之慧,慧有所系之谓界,界阃精蕴,精蕴如心所了,是为慧业。"①"哲学智慧生于各个人之闻、思、修,自成系统,名自证慧。哲学智慧寄于全民族之文化精神,互相摄受,名共命慧。本篇诠释依共命慧,所论列者,据实标名哲学三慧:一曰希腊,二曰欧洲,三曰中国。"②

在此,方东美通过智(智符)、相、慧、自证慧、共命慧等名词提出了他比较文化的原则,智缘境而生,而境由各种相状构成,即智符,也就是各种文化符号。慧则是人生情理的反映,自证慧与共命慧分指个人智慧与民族智慧。慧是内在的,而外化为相,因此明慧需要观相。所谓哲学三慧,也就是借助于不同的文化之相对三种类型的情理智慧做对比研究,观相由是成为他文化比较的基础。

关于由相达慧的方法,他进一步提出:"不妨径据慧眼直观,穷其要眇,无庸预设方法定理,援之求真。"③所谓"无庸预设方法定理"即排斥了逻辑演绎、归纳推理等理性方法,而"慧眼直观",既有他对斯宾格勒观相法的借用,也有他对佛教方法的综合。黄克剑在评《哲学三慧》时认为该文:"以一种近于佛家语类的措辞,简古而不无诗意地提撕了一个伟异的人生和文化的哲学诠释系统"④。此言不虚,因为智、慧、相、眼皆为佛教用语。

在佛教中,智与慧是指一种无分别、不执着的光明,个体若证悟自性本空、无相无住无念,就能顿悟成佛,成就大智慧。相是感觉、知觉和心理活动所对

---

① 方东美:《生生之德》,台湾黎明文化事业股份有限公司 1980 年版,第 138 页。
② 方东美:《生生之德》,台湾黎明文化事业股份有限公司 1980 年版,第 139 页。
③ 方东美:《生生之德》,台湾黎明文化事业股份有限公司 1980 年版,第 150 页。
④ 黄克剑:《百年新儒林:当代新儒学八大家论略》,中国青年出版社 2000 年版,第 153 页。

的物件,佛教中也称为"境相",实指各种色声香味触有为法。佛教认为人生是梦幻泡影,对之应作空观,慧能提出"无相为体""于相而离相",张节末先生认为,"这也就是禅宗所谓的'破相'或'扫相'。由于脱离了时空的具体环境,作为观想物件的现象就走出了原先生活当中的意义型域,如某个人具体的切身的苦难经验,可以离开生死境而被看空"。① 因此,佛教中"相"是要被"空观"的,而佛菩萨证入空性,采用的是"现量"而非"比量","现量"是不起分别、不动分析的直观,"比量"却要运用逻辑思维分析比较。虽然方东美并未采用佛教看空的观念,但他对境相的直观却类似"现量",直取诸相的真实义。

"慧眼"同样有这层含义,佛教中有肉眼、天眼、慧眼、法眼、佛眼之分,肉眼是身体感官之眼,陷于幻色,不能超脱,而其他几个眼却能透视,见智慧。池田大作与汤因比曾就佛教五眼,从方法论的角度作出细致的对比分析,指出了科学思维与佛教思维的重要差别,但池田大作把慧眼归入"科学之眼"一类,认为"慧眼是指通过理性把事物抽象化,并找出普遍性法则的能力"②。颜翔林在《佛学视野的美学方法论》一文中对此评价说:"慧眼是超越知识和逻辑之上的主体视界,因此,它不等同于科学认识,不象池田大作所说的那样是'通过理性把事物抽象化,并找出普遍性法则的能力'。它恰恰在于能够撇脱普遍法则的逻辑限定,可以穿透万物的实相,走出知识和经验的迷津,达到对于现象界之外的体悟。慧眼不仅在于认识世界,更重要的是在于认识心性,以直觉和体悟方式敞开自身,以想象和神话思维获取诗意的感受。"③在此,笔者认同颜翔林对慧眼是"以直觉和体悟方式敞开自身"的认识方式的论断,但不赞同他把慧眼视为纯粹主体视界的观点。慧眼虽取直观,它所获得的真实义不受限于知识和经验,却同样要有普遍适用性,《华严经》说:"肉眼见一切色,

---

① 张节末:《禅宗美学》,浙江人民出版社 1999 年版,第 95 页。

② [日]池田大作、[英]阿·汤因比:《展望 21 世纪汤因比与池田大作对话录》,荀春生、朱继征、陈国栋译,国际文化出版公司 1985 年版,第 89—90 页。

③ 颜翔林:《佛学视野的美学方法论》,《文学评论》2012 年第 2 期。

慧眼见一切众生诸要境界"，因此池田大作认为慧眼是"找出普遍性法则的能力"，这一说法确有切实的道理。方东美的慧眼直观正是以直观的、审美的方式获取具有普遍性的生命真理的一种方法，即要在"相"中见"真"。

在综合斯宾格勒的观相法、佛教现象直观与尼采的生命哲学的基础上，方东美提出了共命慧的"一体三相"说："共命慧之圆成，常取适可之形式以显示体、相、用。体一相三而用运体相，因应咸宜。"①所谓"体"，实为方东美观相法所得之"真"，即希腊、近代欧洲与中国人真实的生命情调，体在相中，即相显体。方东美认为："希腊慧体为一种实质和谐"，"慧相为三叠现"。慧相的"三叠现"可征之于文学、建筑与雕刻。在文学之"相"中表现于悲剧诗是"一宗三统律"，即动作统一律、空间统一律和时间统一律；表现于建筑是"三叠和谐性"，即左右对称、上中下比例和前中后均衡；表现于雕刻是"中分律"，即从头顶到足底有一中分线。这些都是希腊"三相贞夫一体"的实质和谐之相。②近代欧洲的慧体是"真虚妄，假和合，无穷抽象之系统"③。若征之于相则可见文学中"驰情入幻"的传奇，建筑上"锥央凌霄"的教堂，绘画上透视分明、以假为真的画面。④乃至数学中的负数、虚数，物理学中的分子、光子、电子，化学中的神经元等，以及天文学、生物学、医学等领域的进展，皆可证近代欧洲人陷于抽象变幻，无所依托的生命精神。中国慧体是"交响和谐""充量和谐""同情交感之中道和谐"，"其意趣空灵，造妙入微，令人兴感，神思醉酡"。若征之于相则可见"周礼六德之教，殿以中和"，建筑"山回水抱，得其环中"，绘画六法"无违中道，不失和谐"，文学"深回宛转，潜通密贯，妙合中庸和谐之道本。"⑤

为了直观地对各民族的"相"作透视与比较，方东美曾以戏剧舞台的布景

---

① 方东美：《生生之德》，台湾黎明文化事业股份有限公司 1980 年版，第 141 页。
② 方东美：《生生之德》，台湾黎明文化事业股份有限公司 1980 年版，第 141—143 页。
③ 方东美：《生生之德》，台湾黎明文化事业股份有限公司 1980 年版，第 143 页。
④ 方东美：《生生之德》，台湾黎明文化事业股份有限公司 1980 年版，第 143—144 页。
⑤ 方东美：《生生之德》，台湾黎明文化事业股份有限公司 1980 年版，第 144—146 页。

与演出作为譬喻,截取了希腊、近代欧洲和中国之文化境相,独具新意地编排如下:

戏中人物:希腊人;	西洋人;	中国人。
背　景:有限乾坤;	无穷宇宙;	荒远云野,冲虚绵邈。
场　合:雅典万神庙;	葛特式教堂;	深山古寺。
缀　景:裸体雕刻;	油画与乐器;	山水画与香花。
题　材:摹略自然;	戡天役物;	大化流衍,物我相忘。
主　角:爱婆罗;	浮士德;	诗人词客。
表　演:讴歌;	舞蹈;	吟咏。
音　乐:七弦琴;	提琴,钢琴;	钟磬箫管。
境　况:雨过天晴;	晴天霹雳;	明月箫声。
景　象:逼真;	似真而幻;	似幻而真。
时　令:清秋;	长夏与严冬;	和春。
情　韵:色在眉头;	急雷过耳;	花香入梦。①

通过对上述诸"相"的直观,方东美揭示出了希腊、近代欧洲和中国截然不同的三种生命情调,搭建了他关于中西文化哲学比较的基本框架。比较于梁漱溟的《东西文化及其哲学》中治思想史的路数,这种斯宾格勒的观相法与佛教现象直观的结合,则使方东美的比较哲学彰显出强烈的美学的、诗学的意味,再辅之以方东美诗人的感怀,"音韵必协,声调务谐……旋律轻重孚万籁,脉络往复走元龙"②的诗化语言,其诗性哲学的独特气质一览无余矣。

四、从"反向格义"看方东美的哲学方法论

20世纪以来,借用西方哲学的范畴、视角、方法、概念研究中国哲学已经成为中国哲学研究的主要形式。对比于佛教传入中国时中土僧人以老庄的术

---

① 方东美:《生生之德》,台湾黎明文化事业股份有限公司1980年版,第115—116页。
② 方东美:《生生之德》,台湾黎明文化事业股份有限公司1980年版,第146页。

语诠解佛教教义的"格义"方法,这种做法被许多学者如刘笑敢、张汝伦、李明辉、林安梧等称为"反向格义"或"逆格义",以胡适、冯友兰为始,包括金岳霖、吴康、方东美、牟宗三、唐君毅、徐复观等人都是自觉运用"反向格义"的代表。

在对"反向格义"进行检讨的过程中,大多数学者都对"反向格义"可能导致的对中国哲学的误读表示了担忧。林安梧认为,虽然"格义"是异文化互动的必经过程,但"逆格义"的话语权却掌握在别人手上,会使我们极易失去诠释的主体性,甚至出现削足适履的情况,并衍生出许多虚假问题来。① 刘笑敢也坦言:"西方的思想概念无法有效地、准确地对应中国古代的哲学语言或概念,如果这时一定要作简单的对应和判断,就有可能遇到凿枘方圆的困难。"② 笔者认为,"反向格义"恰是现代中国哲学自主性的一种表现,是中国哲学确认自身合法性、捍卫自身独特性乃至向西方世界争取文化平等与理解的必由之路。对于"反向格义"的效用,则要针对"反向格义"的实际运用做个案研究,区别对待,以考察其得失。

以方东美为例,他的诗性哲学大量借用了西学方法,并将之与中国哲学与文化自身的特点进行了会通,行文又天马行空、不拘一格,不仅有"汉话胡说",也有"胡话汉说"。因此有学者如牟宗三等认为,他的诗性哲学一则缺乏系统性和理论严谨性,美感有余而论证不足;二则包罗万象,中西并举,百家并重,虽恢宏广大却失之无托,且对儒家充满误读。然而若从其方法论的内在理路来看,上述之"失"既是诗化与观相所形成的书写特点,也是其彰显中西生命精神的独特方式,因此是"得"而非"失"。

第一,诗化法与观相法所完成的是一个"去脉络化"的体系。所谓"去脉络化"是指方东美的书写不是着眼于完整呈现西方哲学或中国哲学的理论体系或概念的自身推演,而是通过被独立出来的"诗"与"相"做文化透视与对

---

① 白奚:《西方的诠释,中国的回应——香港中文大学"中国哲学方法论之反思与探索"国际学术会议侧记》,《中国哲学史》2005 年第 3 期。

② 刘笑敢:《反向格义与中国哲学方法论反思》,《哲学研究》2006 年第 4 期。

比。在对"诗"与"相"的选取与透视的过程中,方东美并非依照原诗或原相在原文化脉络中的位置来进行判断,而是截断众流,直观其义。李明辉认为,"脉络化"与"去脉络化"是文化比较方法所包含的既相互对立,又相互补充的两个基本特征,误读源于作者对不同文化脉络差异的忽视或刻意扭曲,但是,"如果我们过度强调脉络的差异,必然会使概念的比较成为不可能。因为两个概念之对勘必然要求它们从各自的脉络抽离出来。进而言之,概念之形成也需要经过'抽象'(abstraction)的过程。所谓'抽象'便是'舍异取同',也就是'去脉络化'"。① 这里,李明辉谈到的"去脉络化"多指哲学概念的对比,概念的形成与对比依赖于理性的分析与抽象,而方东美的"去脉络化"则更加着眼于未经概念化的文化之"诗"与"相"的对比。文化之"诗"与"相"是民族文化生命的感性呈现,虽被独立出来,却仍是民族文化脉络的先验载体,方东美以感性直观切入对比,既避免了因理性抽象可能带来的强制扭曲现象,又能直透文化生命的内核,因此,他的"去脉络化"哲学体系正达到了李明辉所言"脉络化"与"去脉络化"的对立补充的境界。

第二,"诗""相"对观的丰富性、模糊性成就了哲学的创造性。中国哲学研究自古以来就存在"我注六经"和"六经注我"两种情况。"我注六经"着眼于对文化文本的客观表述,而"六经注我"则侧重于借用经典对作者的主观意图、主体思想的重建,可视为哲学思想的再创造的一种。从客观上来讲,不存在严格意义上的"我注六经",任何"注"都是各种主客观条件的综合,受制于时代、个人、现有材料等多方面,因此都可视为"六经注我",所不同者在于作者主观意图在作品中的"隐""显"程度不同。有些哲学家喜欢使用精确的概念、严谨的分析论证、严密的理论体系,试图营造出"我注六经"的客观性与准确性,而有些哲学家则喜欢使用模糊抽象的概念、体悟式的写作方式以及松散的行文结构,试图启发读者的心灵,启示哲学的可造之境。对于这两种类型的

---

① 李明辉:《中西比较哲学的方法论省思》,《中国哲学史》2006 年第 2 期。

研究,评价标准亦应有所区别,前者可侧重于其思想的客观性评价,而后者则应侧重于其思想的创造性评价,倘若皆依客观性评价,就会抹杀许多哲学思想的重要价值。譬如现代新儒家,之所以"新"即在于其思想的创造性、开拓性。当前有许多学者都对牟宗三所理解的康德"物自身"概念以及他以"智的直觉"改造康德哲学提出批评,认为他既误读了康德,也曲解了儒家①,这种评价即是以"客观性标准"评价"创造性体系",即属于不恰当的评价。相比而言,方东美的"诗""相"对观,更是彰显了语言的丰富性与模糊性,属于典型的创造性体系。方东美的学术目标是通过中西对观,揭示不同民族的生命意蕴与美感,并会通之,整合之,以超人理想设计出"诗人·先知·圣贤"的复合人格,以弥补各民族人格的缺失。他的哲学设计恢宏广大,远非局限于哲学门户,更非着意于客观描述,而是一种带有明确主观意图的哲学创造,学术界对他的一些批评非议,同样也是因为评价标准的错位。

第三,"诗""相"对观符合中国哲学研究的传统惯例。

方东美的哲学研究,无论是用诗、观相还是譬喻,都是以感性的方式完成对哲学观念的解说,这种做法在一定程度上保存了中国的泛审美传统。海德格尔曾经说过,语言是存在的家园。一个民族的表达方式决定了这个民族的存在方式,而中国人的语言、思维和智慧都表现为一种诗性的存在。维柯在《新科学》中把"诗性思维"或"诗性智慧"界定为原始人对世界的本能表现,它起于人类因为无知而对事物的"以己度物"的考量。尽管中国文化是早熟的文化,较早地由原始宗教文明过渡到以道德为支撑的理性文明阶段,但感性的、诗性的思维特点却被很好地保存下来。引譬连类、赋比兴的言说方式成为古人最自然的表达方式,泛诗化或泛审美主义是中国古代文化最鲜明的特征。古人用诗,从诗的种类而言,可有颂诗、赋诗、献诗、引诗等多种;从诗的作用而言,除了抒情,先秦诗歌主要用来言志、言事,内容涉及政治、军事、教育、经济、

---

① 如邓晓芒曾撰写《牟宗三对康德误读举要(一)(二)(三)(四)》等系列论文,批评牟宗三对康德的误读。

农事乃至出行、祭祀、婚丧嫁娶等日常生活的方方面面。孔子在《论语》中奉劝后辈多学诗,因为"诗可以兴,可以观,可以群,可以怨。迩之事父,远之事君。多识于鸟兽草木之名"(《论语·阳货》),这一说法已经把诗所具有的解释功能、认识功能揭示得非常清楚。随着诗的泛化而来的,还有音乐和舞蹈的泛化,可以说,整个中国人的生命精神都凝结在诗与美的境界中了。

反过来,现代人重释或重构中国传统的生命精神,亦可采用"逆向还原"的方式即经由诗与美而达致其精义。因此,方东美的哲学研究方法,无论是用诗还是观相,抑或是大量譬喻、类比、寓言,都着眼于对传统思维方式的再现。他的诗性哲学,与其说是缺乏西方式现代哲学的学科规范,不如说是对现代中国哲学学科规范的可能性重塑,正如有学者所言:"在哲学教科书式的规范和习惯的束缚下,真正的哲学意味被遮蔽了,留下来的只是一些浮在表面的、无根的哲学概念。这些表面的概念需要被还原,还原到它们的原初意义上去,而在这方面,始终关注原初意义的美学也许能发挥出意想不到的作用。因此,将美学作为哲学方法论,不仅可以为哲学研究展现出新的境界,而且可以给美学的存在提供更好的理由。"①

---

① 彭锋:《作为哲学方法论的美学》,《哲学研究》2002 年第 3 期。

第五章　徐复观心性美学的现代性

　　徐复观(1903—1982年),原名秉常,字佛观,师从熊十力,是现代新儒家第二代的核心代表人物,与唐君毅、牟宗三并称为熊十力三大弟子。早年从军,曾任湖北荆宜师管区司令,重庆中央训练团兵役班少将教官,还担任过蒋介石的随从秘书。他自言"曾经尝试过政治,却万分痛恨政治"①。后经熊十力点拨,四十七八岁开始走上学术研究之路。美学与艺术方面的著作主要有《中国艺术精神》《中国人性论史》《中国文学精神》《两汉思想史》《石涛研究》《中国文学论集》《中国思想史论集》等,另有《从艺术的变,看人生的态度》《现代艺术对自然的叛逆》《泛论形体美》《现代艺术的永恒性问题》《抽象艺术的断想》等论文。

　　徐复观在弘扬儒家思想的过程中,以心性之学作为治学路径,这一点与其他新儒家如熊十力、唐君毅、牟宗三等相似。但徐复观关于心性的独特阐释却显示出个人独特的风格。牟宗三、唐君毅孜孜以求道德形而上学的建构,为心性寻找形上基础,徐复观则认为"中国文化的特色,是从天道天命一步步的向下落,落在具体的人的生命、行为上"。② 所以他反对从形上层面来讲心,甚至

---

① 黄克剑、林少敏编:《徐复观集》,群言出版社1993年版,第48页。
② 李维武编:《徐复观文集》第二卷,湖北人民出版社2002年版,第102页。

对其师友熊十力、唐君毅的形上建构也有辩驳,他说:"如熊师十力,以及唐君毅先生,却是反其道而行,要从具体生命、行为,层层向上推,推到形而上的天命天道处立足,以为不如此,便立足不稳。没有想到,形而上的东西,一套一套的有如走马灯,在思想史上,从来没有稳过。熊、唐两先生对中国文化都有贡献,尤其是唐先生有的地方更为深切。但他们因为把中国文化发展的方向弄颠倒了,对孔子毕竟隔了一层。"①因此,徐复观认为,自己从"形而中"的心去讲儒道,更能契合儒道之本真。儒道两家求得人生的安顿与解脱之道均在现实中实现。一切价值均由形而中的心承担和落实。徐复观正是以这种心性观阐释中国艺术精神,并认为中国艺术精神正是在安顿现实人生、寻求心灵解脱的过程中呈现的。心性观是徐复观探索中国艺术精神的主要路径,中国艺术精神的大致面貌正是在对儒道二家的审美心性观考察的基础上逐渐展现出来。

宗白华 1932 年在《介绍两本关于中国画学的书并论中国的绘画》的论文中提出一个重要的问题:"中国绘画里所表现的最深心灵究竟是什么?"②徐复观在《中国艺术精神》一书中集中探讨了宗白华所提出的中国艺术阐释中的一些核心问题,并创造性地提出了"中国艺术精神"一词,可谓"艺术精神"领域的拓荒之作,而他对儒道心性美学的创新性阐释,打通了传统心性之学通向艺术的精神理路,使中国艺术精神牢牢扎根于现实生命之中。

第一节　心性之学与中国艺术精神

五四新文化运动以来,西方文化成为影响中国文化的强势话语,探讨中国艺术的现代价值成为学术界的一个重要研究方向,尤其在中西文化的比较中发掘中国艺术的价值更是一个热点方向。方东美和宗白华在这一问题上思考

---

① 李维武编:《徐复观文集》第二卷,湖北人民出版社 2002 年版,第 102—103 页。
② 宗白华:《介绍两本关于中国画学的书并论中国的绘画》,《宗白华全集》第二卷,安徽教育出版社 2008 年版,第 44 页。

较早,也都有许多理论的创见,他们都力主中国艺术的独特性,也强调"中国的艺术与美学理论也自有它伟大独立的精神意义"。① 徐复观进入中国美学研究领域虽在 20 世纪 50 年代以后,但他所探讨的问题是接着五四新文化运动而来的,是对方东美、宗白华等人的艺术理论的拓展研究,他的探索触及了现代中国美学发展过程中的核心问题,也在一定程度上回应并梳理了中国美学现代性的基本品格。

一、中国艺术精神的现代性

徐复观 1966 年出版《中国艺术精神》之时,西方和港台艺术界正在标榜以抽象主义为中心的现代艺术。他主张放下传统与现代的抽象争论,而去审视传统和现代艺术理论的意义。他所理想的艺术境界是放下名利世故,抒写性灵,他非常欣赏齐白石提出的"静"字,认为他的这种体验接触到了一定程度的艺术的真实。齐白石绘画作品所表现出的静,是"通过人生的历练和醒悟后达到的虚静,是绚烂之极而归于平淡式的'静'"②,这正是徐复观欣赏的中国古典绘画的意境。他创作《中国艺术精神》的初衷,是希望帮读者领悟中国古代艺术家和艺术理论家所创发的"心源"③,进而提升个人艺术作品的意境。

徐复观首先肯定了中国艺术精神的现代价值。他认为,以庄学、玄学为思想基础的艺术精神玄远淡泊,与高度竞争的现代工业社会并不处于对立状态,中国画的生命不会随着中国工业化的发展而断绝。他指出:"艺术是反映时代、社会的"④,这里的反映有"顺承性的反映"和"反省性的反映"两种。顺承

① 宗白华:《介绍两本关于中国画学的书并论中国的绘画》,《宗白华全集》第二卷,安徽教育出版社 2008 年版,第 43 页。

② 郝建民:《绚烂之极归于平淡——简论齐白石绘画的"动"与"静"》,《艺术教育》2013 年第 7 期。

③ 李维武编:《徐复观文集·三版自序》第四卷,湖北人民出版社 2002 年版,第 1 页。

④ 李维武编:《徐复观文集·自序》第四卷,湖北人民出版社 2002 年版,第 7 页。

性的反映推动、助成所反映的现实,其意义取决于被反映的现实的意义。反省性的反映则是对于现实的反抗、超越、超脱性的反映,其意义正在于超越性的精神自身。他指出:"中国的山水画,则是在长期专制政治的压迫,及一般士大夫的利欲熏心的现实之下,想超越向自然中去,以获得精神的自由,保持精神的纯洁,恢复生命的疲困,而成立的;这是反省性的反映。"①虽然中国的封建专制统治结束了,但现代社会的工业化、机械化以及各种社团组织导致了人们精神自由的丧失,人们在激烈的社会竞争中过着单调枯燥的生活。而欣赏中国的山水画,可以消解人们精神上的过度紧张,中国画对于现代人犹如炎热夏季的一杯清凉饮料,具有重要的现代价值。徐复观对西方现代性危机及其对他当时身处的港台社会的恶性影响,辨析虽然不如方东美深入,但他体验感很强,而他探讨中国艺术精神,其重要目的就是对抗工业化社会所导致的人们自由精神的沦丧,因此,他的艺术和美学建构,同样是对现代性危机的回应。

探寻中国艺术的精神特质,是徐复观学术研究的重要贡献。他指出,"合内外之道,合主客为一,贯通知识与道德为一"②是中国学问的总特征,这种特征贯通了中国文学与艺术。徐复观将道德、艺术和科学看成人类文化的三大支柱。其《中国人性论史》是从人的具体生命的心、性中发掘道德的根源、人生价值的根源。《中国艺术精神》一书则是从人的具体生命的心、性中发掘艺术的根源,尤其是从中把握中国人精神自由解放的特色。徐复观以人文主义精神为基础,对西方现代艺术进行了批判,认为西方艺术抛弃了生命和精神,违背了艺术的本质,而中国艺术所成就的精神不仅有历史意义,而且有现代和将来的意义。

二、儒家乐教与现代艺术精神

徐复观认为,中国艺术精神的自觉主要表现在绘画和文学两方面。他将

---

① 李维武编:《徐复观文集·自序》第四卷,湖北人民出版社 2002 年版,第 7 页。
② 黄克剑、林少敏编:《徐复观集》,群言出版社 1993 年版,第 61 页。

孔子和庄子看成中国艺术精神的两个典型。孔子是周代乐教文化的传承者，是仁与音乐合一的典型，实现了道德与艺术的有机融合。

（一）乐与仁的统一

徐复观提出，儒家在音乐中实现了美与善的统一。孔子说韶乐："尽美矣，又尽善也"（《论语·八佾》），徐复观认为孔子对于韶乐的评价是"由他自己对音乐的体验而来的对音乐、对艺术的基本规定、要求"[1]，孔子在韶乐中体验到了美与善的统一。孔子将美善并举，亦可见它们是两个不同的范畴，美属艺术的范畴，善属道德的范畴。音乐之美是通过音律和歌舞的形式呈现，孔子主张音乐之美应是"乐而不淫，哀而不伤"（《论语·八佾》），中与和是孔子提出的音乐之美的标准，这是儒家中庸之道在美学中的体现。《荀子·乐论》说乐是"天下之大齐也，中和之纪也"，反对过与不及，郑声就是被批判的"过"的典型。

但是，完美的音乐显然并非只有中和的音律。徐复观指出，孔子所谓善是指仁的精神，达到中和标准的音乐还具有"足以感动人之善心"，这说明乐中有仁。艺术之美和道德之善之所以能够融合，可以从音乐与仁爱的相通之处来理解，和是音乐与道德合一的基本条件，"和中也可以涵有仁的意味"，正如《礼记·儒行篇》所讲的"歌乐者，仁之和也"。徐复观说："乐与仁的会通统一，同时也即是艺术与道德，在其最深的根底中，同时也即是在其最高的境界中，会得到自然而然的融合统一；因而道德充实了艺术的内容，艺术助长、安定了道德的力量。"[2]徐复观以《论语》中"吾与点也"的故事说明，孔子之所以会发出"吾与点也"的喟然之叹，是因为曾点的境界正是艺术境界与道德境界的完美统一。当人的精神沉浸于艺术之中而达到忘却人欲、物我两忘时，便为天理流行准备了条件。正如龚鹏程指出的："在描述孔子乐教这一部分，徐先生

① 李维武编：《徐复观文集》第四卷，湖北人民出版社2002年版，第12页。
② 李维武编：《徐复观文集》第四卷，湖北人民出版社2002年版，第15页。

与牟宗三先生一样强调了它美善合一、以仁心透显至音乐的性质,但具体解释并不相同。依徐先生的想法,是仁与乐会通,其根源处(亦即仁与乐之本质)可通,其最高境界也可合同。故可以道德充实艺术,艺术也助长并安定道德。这与牟先生摄美归善之说便极为不同"①,牟宗三则是摄美于善之中,美是善的显现,以善为主导,美在其中。

(二) 乐与性的同一

《礼记·乐记》中说,"乐由中出,礼自外作",这是徐复观最重视的儒家乐教理论,他由"乐由中出"找到了音乐源本于心的论据。徐复观认为,所谓"乐由中出"实指"乐由性出",正如《礼记·乐记》所言,"凡音者,生于人心者也"。徐复观提出:"我们可以把一切的艺术追溯到艺术精神的冲动上去,因而也可以说一切的艺术都是'由中出'"②,这是音乐所产生的心源。构成音乐的三个基本要素是诗、歌、舞,此三者皆本于心,不必假于外物。音乐的外在形式,如金石丝竹等乐器,是音乐在向外发出的过程中获得的。音乐的特点是"情深而文明","情深"是指它直接从人的生命根源处流出,也即"乐由中出";"文明"是指诗、歌、舞,从生命根源向外流出时,与客观层面接触所获取的明确的节奏形式。音乐之情深藏内心深处,并且在根源上与内在良心融为一体,此良心通过情的外流而"气盛":

> 于是此时的人生,是由音乐而艺术化了,同时也由音乐而道德化了。这种道德化,是直接由生命深处所透出的艺术之情,凑泊上良心而来,化得无形无迹,所以便可称之为"化神"。③

在这种情况下,道德与情欲、道德与生理的抗拒性就消失了,道德成了生命力自身的一种要求。徐复观认同张载所讲的"心统性情"。他认为:"情欲

---

① 龚鹏程:《儒学与生活》,东方出版社 2018 年版,第 100—101 页。
② 李维武编:《徐复观文集》第四卷,湖北人民出版社 2002 年版,第 23 页。
③ 李维武编:《徐复观文集》第四卷,湖北人民出版社 2002 年版,第 24 页。

不是罪恶,且为现实人生所必有,所应有"①,而不能像佛教等宗教那样要求断灭情欲,断灭情欲则断灭了现实的人生。而且,"道德之心,亦须由情欲的支持而始发生力量。"②乐由心发,情欲顺着乐的中和而发,消除了情欲和道德良心的冲突,在心灵深处将道德与情欲融合在一起,这样情欲得到了安顿,道德也得到了支持,道德最终以情绪的形态呈现出来。道德与情欲的对抗在乐由心出中消失了,良心得到了升华,情欲得到了涵养。孔子讲"成于乐",这"成"正是实现了道德和生理欲望圆融的状态,人们在情绪的享受中自然实现了仁德,自然以仁德为乐。徐复观认为这正是儒家"为人生而艺术"的真正含义。儒家的人生是道德人生,而孔子将音乐融入道德,正是在根源上实现了道德人生的艺术化。在这里,徐复观批判了西方某些现代艺术家,认为他们受弗洛伊德精神分析学的影响,将以性欲为内容的潜意识作为艺术的根基,而将良心完全排除在艺术精神基础之外。他认为弗洛伊德所讲的潜意识只相当于佛教所讲的无明,属于宋明理学家所批评的私欲。徐复观明确指出:"儒家认定良心更是藏在生命的深处,成为对生命更有决定性的根源。"③

徐复观认为,人性为仁的另外一种表述,可称人性为静。《礼记·乐记》中说:"乐由中出故静",对此,徐复观解释说,因为人性本是纯真纯善,无外物渗扰其间,纯到极致即是静,"性德是静,故乐也是静。人在这种艺术中,只是把生命在陶熔中向性德上升,即是向纯净而无丝毫人欲烦扰夹杂的人生境界上升起。"④显然,徐复观此处所认为的人性之静实际上是摆脱世俗欲望之后的人心的一片纯仁纯善的境地。孔子正是在这种意义上倡导"无声之乐",因为无声之乐正是仁的实现。所以徐复观说:"无声之乐,是在仁的最高境界

① 李维武编:《徐复观文集》第四卷,湖北人民出版社 2002 年版,第 24 页。
② 李维武编:《徐复观文集》第四卷,湖北人民出版社 2002 年版,第 25 页。
③ 李维武编:《徐复观文集》第四卷,湖北人民出版社 2002 年版,第 24 页。
④ 李维武编:《徐复观文集》第四卷,湖北人民出版社 2002 年版,第 27 页。

中,突破了一般艺术性的有限性,而将生命沉浸于美与仁得到统一的无限艺术之中。这可以说是在对于被限定的艺术形式的否定中,肯定了最高而完整的艺术精神。"①

可见,经由对乐与仁的统一性、乐与性的同一性分析,徐复观完成了他对儒家乐教理论的还原性阐释,这种阐释既非方东美式的从普遍生命这一形上本体处立论,也非熊十力、唐君毅、牟宗三从道德本体这一形上本体处立论,而是从现实生命的活泼的生命体验处立论,从情欲与良知的统一处立足,这样的阐述更加强调了艺术生命的现场感,这种向现实生命的沉浸是其他现代新儒家所缺少的素质,强化了艺术生命的真实而感人的力量。但是另一方面,将心性限定在"形而中"的现实层面,不对它做形上的拓展,也在一定程度上遗留了一个理论的困境,即良知仁德虽安居心内,却始终无法获得对其来源之合法性的解说,性善在他这里只是被认定为一个既定的事实,即所谓"儒家认定良心更是藏在生命的深处",乐与仁的合一,乐与性的同一都必须建立在性善的基础上,但是性善如何能够获得保证? 这却必须有一个预设的理论证明,否则这地基打不牢,大厦建得再宏伟也可能轰然倒塌。也正是在这个意义上,其他现代新儒家才不遗余力地走形上学的建构之路。

三、道家之心与现代艺术精神

徐复观作为第二代现代新儒家的核心代表人物,他并没有固守儒家思想的保守心态,而是站在中国文化的立场上,对中国传统文化各家各派持兼容并包的态度。其实,在中国艺术精神的研究方面,他对道家艺术精神,尤其是庄子的艺术精神更情有独钟。他认为老庄思想所成就的是艺术的人生,"中国的纯艺术精神,实际系由此一思想系统所导出"②。

---

① 李维武编:《徐复观文集》第四卷,湖北人民出版社 2002 年版,第 28 页。
② 李维武编:《徐复观文集》第四卷,湖北人民出版社 2002 年版,第 41 页。

（一）虚静明之心是道家艺术精神的主体

徐复观提出，从道家艺术精神的最高意境上说，"道的本质是艺术精神"①。"庄子之所谓道，落实于人生之上，乃是崇高的艺术精神；而由他心斋的工夫所把握到的心，实察乃是艺术精神的主体。"②徐复观从追求自由、无用、和等方面论证了庄子所讲的道心能够通向艺术精神。庄子思想的出发点和归宿点是追求精神的自由解放，以便在动荡不安的年代使自己的心灵有所安顿，游在《庄子》中的基本含义是一种精神的自由活动，类似游戏却并非具体的游戏，只是以此作为自由解放的精神状态的象征。游是一种自由的，不知所求、不知所往的精神状态。儒家入世而道家游世。徐复观认为，可游的人生最终呈现的就是艺术的人生。

在具体论述时，徐复观同样将道家的艺术精神落实到心性论上来谈。他认为，道家的艺术精神实际上是由道家之心性观承载。道家之心的基本特征是虚、静、明，它是道家艺术精神的主体。《庄子》曰："彻志之勃，解心之谬，去德之累，达道之塞。贵富显严名利六者，勃志也。容动色理气意六者，谬心也。恶欲喜怒哀乐六者，累德也。去就取与知能六者，塞道也。此四六者不荡胸中则正，正则静，静则明，明则虚，虚则无为而无不为也。"③（《庄子·庚桑楚》）庄子这里所说的静、明、虚，是主体在剔除了上述各种欲望羁绊之后所达到的澄明之境。徐复观认为，道家不仅将虚静之心视为人心的本然状态，而且视为是宇宙万物的共同本质，可称为"大本大宗"。以虚静之心应物，即是明，庄子有时也称为"光"或"葆光"。"至人之用心若镜，不将不迎，应而不藏，故能胜物而不伤。"④（《应帝王》）"用心若镜"即是以虚静之心观物，"不将不迎"，徐

① 李维武编：《徐复观文集》第四卷，湖北人民出版社2002年版，第44页。
② 李维武编：《徐复观文集·自序》第四卷，湖北人民出版社2002年版，第3页。
③ （清）郭庆藩撰，王孝鱼点校：《庄子集释》，中华书局1961年版，第810页。
④ （清）郭庆藩撰，王孝鱼点校：《庄子集释》，中华书局1961年版，第307页。

复观理解为知觉直观的情景。实现这种知觉直观有两个条件,一是将物脱离时空关系,呈现孤立状态;二是不将自己的好恶成见强加于物,这样也就能够"胜物而不伤"。"所谓不伤,应从两方面说:若万物挠心,这是己伤。屈物以从己的好恶,这是物伤。不迎不将,主客自由而无限隔地相接,此之谓'不伤'。"①可见,不将不迎即是在对主客双方都不作人为歪曲(或屈己以从物——伤己,或屈物以从己——伤物)的自然状态下主客体的完全呈现,此时主客体完全统一于一片虚灵明净当中,这种彻透内外的明净正是审美观照的实现。游的基本条件之一即是将日常的认识判断转变为不伤不迎的审美静观。庄子通过心斋坐忘的修养工夫,以虚灵明净之心与天地万物相对无隔、无内无外,将自己的精神投入无限之中,即进入了游的境界。庄子自称可"独与天地精神相往来",可"上与造物者游"。游的境界是对世俗人生的超越,是天人合一的体验。

徐复观认为,游还有两个基本条件,即无用与和。无用即不指向实用,庄子批判世人以自己为中心而言用,提出以无用为用,以无用为精神自由解放的条件。无用于社会,便不为社会所拘束,便可以得到精神的自由。"过着体道的生活,则人世之无用,正合于道之本性。"②徐复观站在艺术精神的立场上认为,庄子的无用能摆脱实用利益的纠缠,使主体沉浸到无己的艺术精神当中。仅有无用,还不能游。无用只是游的一个消极条件,还需要"和"作为游的积极条件。《庄子》书中多次提到和,徐复观认为,庄子是以"和"注"德",德是人的本质,所以和也是人的本质。"和是化异为同,化矛盾为统一的力量。没有和,便没有艺术的统一,也便没有艺术,所以和是艺术的基本性格。正因为和是艺术的基本性格,所以和也同时成为'游'的积极条件。"③和使得游可不必脱离尘世而实现,游是一种精神的超越,可以即世间即超越,因此,所谓的

---

① 李维武编:《徐复观文集》第四卷,湖北人民出版社 2002 年版,第 71 页。
② 李维武编:《徐复观文集》第四卷,湖北人民出版社 2002 年版,第 57 页。
③ 李维武编:《徐复观文集》第四卷,湖北人民出版社 2002 年版,第 59 页。

"逍遥游"是"即自的超越",是游世。这种可游的人生,"正是艺术精神全体呈露的人生"。

就对"和"的强调而言,徐复观与所有现代新儒家是完全一致的。他把握了中国艺术的"和"的基本特征,尽管他与其他现代新儒家论述的方式不同,但就"和"而言,是殊途同归的。和的基本内涵是和谐、统一。不仅道家讲和,儒家也讲和,因此,和是中国文化最重要的特征。中国艺术和美中有"和"是不容否认的事实,根本原因在于,中国艺术与美是排斥矛盾的,矛盾意味着对立冲突,而中国人的生命精神则力主调和,因此作为生命精神象征的艺术精神,必然是和的。近代以来的西方现代艺术,体现了现代性恶化后的各种矛盾和对立冲突,"和"是西方现代艺术所缺少的基本元素,因此,西方美学家亚当·穆勒(A.H.Muller,1779—1829 年)讲一切矛盾得到调和的世界是最高的美,托德亨特(Todhunter,1820—1884 年)也讲美是矛盾的调和,这既是对西方陷入多重矛盾的现代艺术的批判,也在一定程度上呼应了主"和"的中国艺术精神。

(二) 心斋、坐忘是道家艺术精神的修养方法

在庄子看来,人心并非本然地呈现虚灵明静状态,普通人的心只是世俗之心,常沉溺于各种名利欲望的追逐之中,心之虚静本体由此受到遮蔽。要恢复心之虚静,需通过心斋、坐忘的功夫。心斋、坐忘是庄子美学的重要范畴,庄子对心斋的解释是:"若一志。无听之以耳,而听之以心。无听之以心,而听之以气。听止于耳,心止于符。气也者,虚而待物者也。唯道集虚。虚者,心斋也。"(《人间世》)可见,心斋的实质是虚,即对世俗之心的解绑、释放,摒除欲念,断绝思虑而专志于道,亦可通向佛教的"勿念"。庄子对坐忘的解释是:"堕肢体,黜聪明,离形去知,同于大通,此谓坐忘。"(《大宗师》)这里的关键是去智,即解构世俗的知识架构,不再被其所捆绑,反转视角,取消人类中心与万物合一。

　　徐复观认为,心斋坐忘对于虚静之心的恢复是从两个方面进行的:"一是消解由生理而来的欲望,使欲望不给心以奴役,于是心便从欲望的要挟中解放出来。……另一条路是与物相接时,不让心对物作知识的活动;不让由知识活动而来的是非判断给心以烦扰,于是心便从知识无穷地追逐中,得到解放,而增加精神的自由。"①"堕肢体""离形"是从生理方面获得解脱,"黜聪明""去知"则是从知识活动中获得解脱。此时的主体与对象都呈孤立状态,已经从原有的时空关系中剥离了出来。一旦脱离原有的时空背景,则对主客体在时空背景下的逻辑关系和认知关系的判断也将失效。随之而来的景象即是庄子的"物化",物化是自己随物而化,如庄周梦蝶,自喻适志而不知周,这便是主客合一,由此实现了物我两忘,既忘记了自我的存在,也忘却了外物的存在,这种物化的体验其实质是一种当下的直觉活动、审美观照,所以徐复观认为:"此一故事,是庄周把自己整个生命因物化而来的全盘美化、艺术化的历程、实境。"②徐复观还引用《庄子·秋水》篇中庄子与惠施的一段著名的"濠梁之辩"的故事,来说明审美观照下的直觉活动的特点以及庄子是怎么将日常的认知活动转化为审美的直觉活动的。徐复观认为,在这个故事中,惠施"子非鱼,安知鱼之乐?"和庄子"子非我,安知我不知鱼之乐?"所云,运用的是日常的认识判断,遵照逻辑分析思维的理路。而当庄子说"请循其本。子曰'汝安知鱼乐'云者,既已知吾知之而问我。我知之濠上也",此时庄子运用的已是趣味判断,趣味判断是感性直觉判断,是一种典型的审美判断,不再遵循理性分析思维的逻辑,二人的判断并不在一个层面上。"鱼乐"之说依认知判断不能成立,但依趣味判断,则可以成立。庄子的趣味判断却并未得惠施的了解,所以当庄子意识到这个问题的时候,马上回到认识层面按照逻辑关系"循其本",此本即是"知之濠上"。"知之濠上"是一种孤立的直觉活动,是当下的观照,所以徐复观认为,"知之濠上"是美的观照中的直观、洞察,此时的对象只

---

　　① 李维武编:《徐复观文集》第四卷,湖北人民出版社 2002 年版,第 62 页。
　　② 李维武编:《徐复观文集》第四卷,湖北人民出版社 2002 年版,第 84 页。

可能是审美对象而不可能是认知的对象。因此,心斋、坐忘的最终结果即是物化,而其挺立出来的就是一个艺术精神主体的人格,这是中国艺术精神所能成立的主体条件。

(三) 心物合一是中国艺术精神的旨归

通过心斋、坐忘等修养活动,从实用和知识中解放出来的虚静之心是道家艺术精神的主体。由虚静之心所照射出事物的虚静本性,是未受人的主观好恶及知识观念干扰而把握到的事物本质。徐复观指出:从老子的"致虚极,守静笃",到庄子的"无己""丧我""心斋""坐忘",都是"以虚静作把握人生本质的工夫"①,同时,也以虚静为人生的本质,这就是庄子讲的"大本大宗"。当人把握到了自己的本质,同时即把握到了宇宙的本质,实现了与宇宙万物一体,即《庄子·大宗师》中所讲的"天地与我并生,而万物与我为一",前述心斋坐忘就是为了实现这个目的,也由此实现了对万物的审美观照。徐复观指出:庄子"所把握到的作为人之本质的德、性、心,乃是艺术的德、性、心"②,《庄子》内篇中所讲的德即是《庄子》外篇、杂篇所讲的性,庄子把作为人之本质的性落实在了人心之上。庄子本来无心追求艺术,但他所把握的心最终流露出了艺术精神,成就了艺术的人生。

徐复观在《中国艺术精神》一书中花了大量篇幅来讨论中国绘画中所表现的艺术精神。而他讨论这一问题的思路,其实是从儒道之心性艺术理论而拓展出去的。徐复观认为,庄子确定的虚静之心,不仅塑造了一个艺术精神的主体,而且使这主体产生了审美观照的视角,也就由此产生了"充实不可已"的强烈艺术创作冲动,"'充实不可已',道出了古今中外伟大艺术家常常一生辛苦从事创造的真实原因。"③因此,这个主体在很大程度上会引导自身成为

---

① 李维武编:《徐复观文集》第四卷,湖北人民出版社2002年版,第71页。
② 李维武编:《徐复观文集》第四卷,湖北人民出版社2002年版,第61页。
③ 李维武编:《徐复观文集》第四卷,湖北人民出版社2002年版,第101页。

艺术家,那么这个主体也必是艺术创造的总根源。通过对中国历代画家及其作品的研究,徐复观认为,中国历代画家和画论家所达到的精神境界主要是庄学、玄学的境界。儒家式的道德与音乐的合一,在经历乐教衰落之后,主要是影响了中国文学以文载道的传统,但是中国画家却在道家的境界中体验到了与万物冥合为一的审美快感。当个体生命与天地万物融为一体,天地万物皆为虚静之心所涵。虚静之心成了无所不包的"天府""灵台",个体精神升华为天地精神,个体精神活动升华为与天地精神相往来的自由活动。这种含蓄万物的天地精神当然是最充实的生命、最充实的精神。徐复观将"充实不可以已"的天地精神与现代以幽暗为本质的深层心理、意识流、潜意识进行对比,认为西方以幽暗为体的潜意识拒斥自然与社会,是"最干枯、孤独的生命"①,而道家的"充实不可已"的生命则可称为最怒放的生命。因此,中国画家所追求的就是这种生命的饱满与自由,它源于心对万物的主动冥合,中国绘画中所表达的阴阳虚实的节奏和韵律,也是艺术家将个人生命投放入宇宙,通过物化的方式所获得的审美体验。在这里我们不难看出徐复观的个人特色,他对中国艺术精神的解读,由心出发,复又由心结束,心性始终都是他在解读艺术精神时的关注中心。

第二节　中国艺术精神的正统:
为人生而艺术

徐复观为学,着力发掘中国传统文化的积极价值。他说:"对五四运动,虽曾扛着反日的旗子到街头去演讲,但对当时的文艺思潮却是很隔膜的。"②后来随着国民革命的发展,他开始喜欢鲁迅的作品,他觉得鲁迅所批评的正是他想批评而不能表达出来的内容。但是,随着他1926年至1928年全面阅读

① 李维武编:《徐复观文集》第四卷,湖北人民出版社2002年版,第101页。
② 黄克剑、林少敏编:《徐复观集》,群言出版社1993年版,第57页。

鲁迅的作品,鲁迅对中国传统文化、传统社会的辛辣批判,让他感到国家和社会是一片黑暗,鲁迅作品发来的是纯粹否定性的光芒,这让徐复观产生"一种空虚怅惘的感觉"①。

徐复观从厌弃中国文化到认识中国文化,走上学术研究之路,得益于熊十力的启示。他说:"我决心叩学问之门的勇气,是启发自熊十力先生。"②他曾回忆熊十力对他起死回生的一骂:当时他到重庆北碚金刚碑勉仁书院看望熊十力先生,请教应该读什么书,熊先生让他读王夫之的《读通鉴论》,他说早年已经读过了,熊先生说他没有读懂,应当再读。他读了些时候再去见熊先生,熊先生问他有什么心得,他说了许多不同意的地方。熊先生怒声斥骂说:"你这个东西,怎么会读得进书!任何书的内容,都是有好的地方,也有坏的地方。你为什么不先看出他的好的地方,却专门去挑坏的;这样读书,就是读了百部千部,你会受到书的什么益处?读书是要先看出他的好处,再批评他的坏处,这才像吃东西一样,经过消化而摄取了营养。譬如《读通鉴论》,某一段该是多么有意义;又如某一段,理解是如何深刻;你记得吗?你懂得吗?你这样读书,真太没有出息!"③从此,他知道了读书要读出每一部的意义,发掘书的时代价值,这一观念是他后来从事中国艺术精神研究的直接指导。

研究中国艺术精神,乃是为了解决现实生活中的精神问题,引导青年以艺术精神引领生命的超越。基于此,徐复观在《中国艺术精神》中重点考察的就是艺术精神对人生的种种救助。他通过研究,认为中国艺术精神的一个总体特征就是为人生而艺术。儒道两家在艺术精神上所走的路是不同的,但是究其根本,也是两种不同类型的"为人生而艺术",儒家通过音乐而将人生艺术化、道德化了,道家则本着"纯艺术精神的性格",在人生的安顿中实现了精神的超越。

---

①　黄克剑、林少敏编:《徐复观集》,群言出版社1993年版,第58页。
②　黄克剑、林少敏编:《徐复观集》,群言出版社1993年版,第51页。
③　黄克剑、林少敏编:《徐复观集》,群言出版社1993年版,第51页。

一、儒家的为人生而艺术

徐复观据《论语·泰伯》"兴于《诗》,立于礼,成于乐",认为孔子具有对音乐的最高艺术价值的自觉,而且在这种艺术自觉中建立了"为人生而艺术"的典型。因此,他将孔子看作是中国历史上第一位艺术精神的发现者。为人生而艺术也可以理解为以艺术成就人生,侧重于艺术对于人生的作用而言。从儒家来看,徐复观认为以艺术对人生的作用,主要表现于人格修养和社会治理两方面。

一方面,音乐有助于道德人格的养成。徐复观据《孔子世家》关于孔子学琴于师襄的记载,说明了孔子重视乐章后面的人格陶养的具体情形:孔子向师襄学鼓琴,每学一段时间就向师襄请教,逐渐熟悉了乐曲的形式、弹奏的技巧、曲子的意境、了解了作者的人格形象,最后凭借对乐曲意境的理解而判断乐曲为文王所作。孔子学习音乐,重视对于音乐精神的把握,进而把握精神背后的人格形象。徐复观指出:"对乐章后面的人格的把握,即是孔子自己人格向音乐中的沉浸、融合。"[1]《论语》中挑着草筐的人听到孔子击磬,从磬声便知道其深意。徐复观由此推断孔子击磬时,其人格与磬声是融为一体的。孔子困于陈蔡仍弦歌不辍,可见音乐是其精神的安息之处。乐可以作为人格修养、达到和完成仁的人格的一种功夫。

另一方面,音乐具有政治教化功能。孔子提倡礼乐教化,非常看重其中乐的感人化人功能。《论语》记载孔子的弟子子游从政于武城时,善用弦歌之声教化世人的故事。他对此解释说这是运用了孔子所讲的"君子学道则爱人,小人学道则易使也"(《论语·阳货》)的道理。弦歌之声是以音乐为中心的教育,听弦歌之声即是学道,可以化人于无行,使其在不知不觉中传承了古人的政治理想。颜渊问为邦,孔子在乐教方面提出了"乐则韶舞"和"放郑声"的观

---

① 李维武编:《徐复观文集》第四卷,湖北人民出版社 2002 年版,第 5 页。

点,即韶舞是舜的音乐,孔子曾赞韶乐尽善尽美;郑国的曲调让人沉溺而忘返,因此要舍弃郑声。这都反映了音乐艺术在儒家政治理想中的重要性。荀子提出乐有"移风易俗"的功能,徐复观认为,这是因为"乐顺人民的感情将萌未萌之际,加以合理地鼓舞,在鼓舞中使其弃恶而向善"①,乐能够对人的淳朴心灵发生感动的作用,可以引发人的仁心,正如《论语》所言"《诗》可以兴",《荀子·乐论》所言"声乐之入人也深,其化人也速"。

徐复观进一步指出,儒家提倡为人生而艺术的音乐,"决不曾否定作为艺术本性的美,而是要求美与善的统一"②。在他看来,艺术是人生修养的重要手段,艺术境界的达到又需要人格境界的不断提升,人格提升和艺术修养是一个相辅相成的关系。徐复观强调儒家乐教之乐不同于一般的快乐,乐教之乐是一种精神与天地同流的大自由、大解放的乐,他称之为"超快乐的快乐"③。儒家的乐不是顺着情发外的,而是要将深处之情向上提升,"突破到为超艺术的真艺术,超快乐的大快乐"④。

与天地同流的音乐是顺情顺性的,即顺主体之情、顺天地万物之性。心的本性为纯善,呈现为静,真正的大乐必也是大善,或者说,真正的大善中必然也传递出大乐一样的特征,可于无声处感人。《礼记·孔子闲居第二十九》中,孔子在与子夏谈到礼乐的原理时,提出了"三无"的概念,三无即无声之乐、无体之礼、无服之丧。孔子曰:"'夙夜其命宥密',无声之乐也"⑤,这里讲的是君子早晚谋划出政教以安民,没有钟鼓之声,却让民乐之,这便是无声之乐。孔子还进一步讲到了无声之乐的五层含义:"无声之乐,气志不违;……无声之乐,气志既得;……无声之乐,气志既从;……无声之乐,日闻四方;……无声

---

① 李维武编:《徐复观文集》第四卷,湖北人民出版社 2002 年版,第 20 页。
② 李维武编:《徐复观文集》第四卷,湖北人民出版社 2002 年版,第 26 页。
③ 李维武编:《徐复观文集》第四卷,湖北人民出版社 2002 年版,第 26 页。
④ 李维武编:《徐复观文集》第四卷,湖北人民出版社 2002 年版,第 26 页。
⑤ 杨天宇:《礼记》下,上海古籍出版社 1997 年版,第 671 页。

之乐,气志既起。"①这里无声之乐施行的五个层次是执政者为民谋幸福的五个阶段,所有的政教都顺从了民心,顺从和实现了人民的意志,并且不断扩大范围至盛行开来。徐复观指出:"无声之乐,是在仁的最高境界中,突破了一般艺术性的有限性,而将生命沉浸于美与仁得到统一的无限艺术境界之中。"②可见,无声之乐中并无钟鼓之鸣,却能让人"气志不违""气志限得""气志既从""气志既起",身心得到调和,性情得到陶冶,仁心得到落实,终成祥和快乐的个体和社会。因此,圣人之治,行无声之乐化民于无形,这是真正的大乐所追求的终极目标。有声之乐即使符合中和的标准,毕竟仍有艺术形式的限制。无声之乐则突破了有限的艺术形式,达到了最高而完整的艺术精神。也正因为如此,徐复观认为,在儒家乐教衰落之后,儒家的艺术精神主要影响了中国的文学作品,以文来载道,不执着于艺术的外在形式,同样可以行无声之乐的教化功能。

徐复观同其他现代新儒家一样,重视乐教在现代社会的功能重建问题。礼乐之教虽在儒家经典中被讲得极其高明,但汉代以后乐教的衰落是一个不争的事实。徐复观总结乐教衰落的原因:一是乐教不是唯一的人格完成之路。孔子提倡为人生而艺术,融艺术于人生,但他也并不认为成于乐就是儒家人格完成的唯一通路。四书之中还提出了忠恕、克己复礼、知言、养气、正心、诚意、慎独、诚明等修养方法,至宋明理学,则提出了主静、主敬、致良知等修养方法,这些都有通达道德人格的作用。二是雅乐不及俗乐能获得民众的喜爱。儒家为人生而艺术提倡的是雅乐,雅乐植根于人性,希望人的感情沉静下去,实现人欲尽去而天理流行。但人性并非只有静,性与欲、情统合为一,其生理性体验也追求动,普通人听雅乐并不能满足其官能的快感,反而让人觉得单纯枯淡,而主动地以感官快乐为目的的俗乐获得了民众的支持。徐复观指出:"孔

---

① 杨天宇:《礼记》下,上海古籍出版社 1997 年版,第 672 页。
② 李维武编:《徐复观文集》第四卷,湖北人民出版社 2002 年版,第 28 页。

子所追溯达到的美善合一的音乐精神与其形式而言,可能也只合于少数知识分子的人生修养之用,而不一定合于大众的要求。"①三是诗歌在中国的普遍流行,诗歌的韵律让读者得到了与音乐同质的享受,减少了知识分子对音乐的要求,这也是音乐在中国衰退的原因之一。

为了在现代社会复兴乐教,徐复观认为应该重视现代音乐的各种不同表达方式。他提出,儒家为人生而艺术的最高意境可以通过各种乐器和各种形式去达到。不仅儒家提倡的雅乐、无声之乐可以实现人格修养的提升和艺术精神的呈现,也可以"由俗乐、胡乐、今日西洋的和声音乐,提升到孔子所要求的音乐境界,即是仁美合一的境界"②。他认为判断乐的雅俗关键在于乐所透出的人生意境与精神,而不限于乐器的古今中外,与歌词的体制也无多大关系。尽管如此,他也坦陈,想要把儒家乐教的理想重现于现世,非常困难,时势变迁,现代艺术和音乐纷繁复杂,于其中践行儒家艺术精神诚有"犹河汉而无极也"之感,无奈而无力,这也是其他现代新儒家倡导乐教的现代复兴所面临的困境。因此,复兴乐教于他们而言,也往往只能停留在理论层面的论证上,毕竟时过境迁,礼乐之治再完美,也只能成为"政治上永恒的乡愁"。

二、庄子"即自的超越"的艺术化人生

徐复观认为,庄子追求精神上的自由解放,虽"达到了近代之所谓艺术精神的境域"③,却没有落实在具体的艺术创造或欣赏艺术上,而是落实在了人格的彻底艺术化,为战国时期的动荡社会安顿人们的心灵提供了路径。正如徐复观所说"庄子的本意只着眼到人生,而根本无心于艺术"④。《庄子》中的神人、真人、至人、圣人都有艺术化的人生,追求的是"独与天地精神往来,而

---

① 李维武编:《徐复观文集》第四卷,湖北人民出版社 2002 年版,第 33 页。
② 李维武编:《徐复观文集》第四卷,湖北人民出版社 2002 年版,第 34 页。
③ 李维武编:《徐复观文集》第四卷,湖北人民出版社 2002 年版,第 85 页。
④ 李维武编:《徐复观文集》第四卷,湖北人民出版社 2002 年版,第 115 页。

不敖倪于万物,不谴是非,以与世俗处"的精神世界。

"独与天地精神往来",说明主体具有了超越的精神;"与世俗处",说明主体要将自己融于事物环境之中,不离开现实世界;合而言之,即于世俗之中实现精神的超越。这种超越不似佛家另辟一处场所,远离俗尘,做出世的僧侣,向彼岸世界超越;也不似形而上学的思辨性超越,只做理性的辨析,构建理论上的超越;而是即世俗即超越,在精神层面与这俗世实现"两行"(《庄子·齐物论》)。庄子对"两行"的解释是:"圣人和之以是非,而休乎天钧,是之谓两行。"他的意思是圣人能够于是非纷扰中寻求调适之道,我与他人、我与万物各行其道、各得其所、各自发展,彼此不以自己的处世准则和价值观念捆绑他人他物,也不为他人他物所捆绑,即是两行,由此也就实现了自由,不仅是个人的自由,他人他物于其中也实现了自由。徐复观将道家的这种超越之路称为"即自的超越"①。

庄子的人生观建立在其世界观基础上,他讲"以天为宗,以德为本"。外在的天显现于人即为内在的德、性,落实于形体即为心。庄子强调以虚静工夫而呈现的虚静之心,此心可以"官天地,府万物"。徐复观指出:"这种由一个人的精神所体验到的与宇宙相融和的境界,就其对众生无责任感的这一点而言,所以不是以仁义为内容的道德;就其非思辨性而是体验性的这一点而言,所以不是一般所说的形而上学。因此,它只能是艺术性的人生与宇宙的合一。"②庄子称不谴是非而涵融万有的境界为天和,超越了世俗的荣辱利害,这是在艺术精神的境界中融入了世俗世界,正所谓"人相忘于江湖",这里的忘与游都是艺术精神呈现的人生。

徐复观对庄子艺术精神的把握是相当深刻的。一方面,徐复观认识到,庄子的艺术精神,只与人生有关,不指向任何艺术品的创造与欣赏,是一种彻彻底底的为人生而艺术。之所以称其为一种艺术精神,乃是因为他认为,道家的

---

① 李维武编:《徐复观文集》第四卷,湖北人民出版社2002年版,第88页。
② 李维武编:《徐复观文集》第四卷,湖北人民出版社2002年版,第88页。

人生修养工夫契合了一个伟大艺术家的艺术修养工夫,道家所达到的人生境界最终"会归于今日之所谓艺术精神"。所以徐复观其实是想提醒我们,不必也不能从艺术创作与欣赏的角度对庄子艺术精神进行刻意解读,如此必会对其造成误解。笔者认为,这种提醒是相当有意义的,也是贴合庄子本意的。毕竟作为哲学家,庄子的思想带有很强的思辨性特征,他从头至尾都没有"以美为目的,以艺术为对象"①,没有追求和把握某一特定的艺术对象,出发点和归宿点都在现实人生。这一点与儒家非常不同,儒家以音乐艺术为人生修养的资源,以音乐为人格完成的路径,老庄却没有明确的艺术指向。《庄子》中所有与具体艺术有关的言论都只是寓言、是借用,因此,对于这些有关具体艺术的讨论,我们也只能从寓言的角度解读。在这些寓言中,所有的创作或欣赏,都只是桥梁,过桥之后,不仅不能再反身执着于艺术,反而是需要把具体艺术消解掉而走向人生,否则会干扰真实的人生目标。所以,具体艺术在老庄艺术化的人生中并不具有真实的意义,这一点与礼乐对于儒家美学具有真实意义是不同的。老子、庄子都希望在动荡的社会找到一个不变的常。艺术只是寻求常道过程中的途径,是人生不断超越的"方便机巧"。

　　另一方面,徐复观也认识到,庄子的艺术精神虽然也会切入他的道,但是就艺术精神的呈现而言,却不能强调道的抽象、思辨、形而上学的一面,只能从"体道",即从人生的体验层面加以论述。笔者认为,徐复观从庄子艺术精神角度对他的道的解析是非常敏锐而细微的,他其实认识到了庄子作为哲学家和作为美学家的两种不同身份之间的差异性。在庄子这里,道其实有两个面相:一方面是思辨的形而上学的道,对它进行理念的分析就走向了哲学;另一方面是作为体验的对象的道,体验是经验式的、感性的、直观的、综合的,体验的结果就走向了艺术精神,成就了艺术化的人生。所以这也揭示了庄子的美学是经验式的,体验式的。庄子在对"庄周梦蝶""鱼之乐也""佝偻者承蜩"

----

① 李维武编:《徐复观文集》第四卷,湖北人民出版社 2002 年版,第 43 页。

"解衣般礴"等寓言故事的描述中,都表达了强烈的"物化"式的审美体验感,因此,庄子的艺术精神是由人生体验而成就的艺术精神,其中蕴含了非常强烈的审美感受和艺术享受。也正是在这个意义上,徐复观称庄子所体验的道的境界是"彻头彻尾的艺术精神"①。

庄子的艺术精神不仅为"生",还为"死"。在对死的看法上,庄子提出了"外死生""以死生为一条"的观点。徐复观分析庄子将死与生看成是相同的原因有三点:一是出于无可奈何的心情;二是庄子似乎有精神不灭的观念;三是缘于庄子的物化观念。笔者认为,庄子以死生为一条,原因无他,只是其物化观念的自然延伸的结果。死生是时间概念,将死生差异化,不过是陷入时间的相对性迷局而已,譬如《庄子》讲"小年不及大年"②,朝生暮死的虫子自然不能和以八千年为春、八千年为秋的大椿树比长寿,承认寿命有长短之别,"方生方死,方死方生"③,这是普通人的生死观。但是若从物化的视角看,我化为万物,与万物同一,一花一世界,一草一乾坤,一物一境即是一个完整的世界,即是一个永恒,一事一物皆在自性方面是圆满自足的,并无缺欠,因此也就没有了生命之间的比较,也就取消了时间长短之争,因此《庄子》提出"不乐寿,不哀夭。……万物一府,死生同状"④,不以寿夭而哀乐,将生与死看成生命的演化过程,二者没有本质的差异。如前所述,物化的实质是审美静观,是当下直觉的审美体验,因此,徐复观认为庄子的生死观,是"由艺术精神所发出的艺术的生死观"⑤,他的这一看法也指出了庄子的物化即审美观照对生与死的统摄作用,因此庄子才会说:"天地有大美而不言,四时有明法而不议,万物有成理而不说。圣人者,原天地之美而达万物之理,是故至人无为,大圣不

---

① 李维武编:《徐复观文集》第四卷,湖北人民出版社 2002 年版,第 44 页。
② 陈鼓应:《庄子今注今译》,商务印书馆 2007 年版,第 15 页。
③ 陈鼓应:《庄子今注今译》,商务印书馆 2007 年版,第 67 页。
④ 陈鼓应:《庄子今注今译》,商务印书馆 2007 年版,第 350 页。
⑤ 李维武编:《徐复观文集》第四卷,湖北人民出版社 2002 年版,第 95—96 页。

作,观于天地之谓也。"(《庄子·知北游》)①"观于天地"即是审美静观,以物化的方式观天地自然、观宇宙人生、观生死,即可实现当下的超越。

通过总结儒道两家的艺术精神,徐复观将为人生而艺术视为中国艺术精神的正统,但也看到了儒道两家的区别。儒道两家虽都讲为人生而艺术,但儒家的艺术精神需要建立在仁义道德之上,需要以仁义之心为基础,道家的艺术精神则是"直上直下的纯粹艺术精神",可谓是纯素的人生、纯素的美。如果从发掘中国文化艺术的积极价值看,儒道"为人生而艺术"都具有现实的指向,皆是为了安顿人生而论,都可谓是功利主义的美学。不过,儒家乐教所讲的为人生而艺术,强调音乐的道德教育功能,这是真正的功利主义。道家经历心斋坐忘之后的艺术化人生,追求精神的自由解放,这可谓是非功利主义了。从继承中国艺术精神的积极价值角度看,徐复观对艺术精神研究有一定的现实诉求,而不是纯粹为了个人的兴趣爱好,这也可以看作为功利主义的美学吧。但是无论儒道,作为中国艺术精神之正统的"为人生而艺术",所着眼的都是艺术之为人生的价值性功能,都是为了完成生命意义的保全,它与以艺术和美作为某种功利性工具的做法是完全不同的。

第三节　徐复观论中国绘画中的艺术精神

徐复观研究中国艺术精神,其学术旨归是要追寻中国人心灵里与生俱来的艺术精神。宗白华指出:"中国古代画家,多为耽嗜老庄思想之高人逸士"②,因为他们能够忘掉世俗的情欲,能够在静中观万物之理趣。宗白华只是陈述了此观点,没有为此进一步说明论证,徐复观的《中国艺术精神》一书则为此观点做了详细的论证。他指出,中国历史的伟大画家及画论家,都在不

---

① (清)郭庆藩撰,王孝鱼点校:《庄子集释》,中华书局1961年版,第735页。
② 《宗白华全集》第二卷,安徽教育出版社2008年版,第50页。

同程度上受到了老庄思想的影响。《中国艺术精神》一书关于画论的章节可谓是探寻中国古代画论中的庄子精神。

一、庄学是中国绘画的精神源泉

中国古代有书出于画、书画同源的思想传统,唐代王维讲"卦由于画,画始生书",张彦远讲轩辕时说"书画同体而未分",明代宋濂提出"象形乃绘事之权舆",宋代《宣和画谱》讲"书画本出一体",这些观点,一直占据中国书画史论的主流。宗白华延续了这一观点,认同书画同源,他认为,从中国象形文字侧重于描绘物象的轮廓而遗弃无关事物结构的部分,这种处理方式本就是绘画的手法,很容易让人联想到中国的绘画"自始即不重视物之'阴影'"[①]。

徐复观则明确反对书画同源。尽管这种观点"前后相因,几乎是学术界的定论。"[②]但他仍然对此作了反思式的批判。徐复观提出论据主要有二:一是比较彩陶花纹和甲骨文,说明绘画和文字是在两种精神状态和两种目的中进行,彩陶花纹属于装饰意味的系统,随着装饰目的的时代文化气氛而发展,绘画没有象形不象形的问题。甲骨文属于帮助并代替记忆的实用系统,追求想要记忆的事物形状,等到约定俗成之后便从事物之形中解放出来,最终以方便实用为导向。[③] 二是《周礼》将绘画统于《冬官》,而书令则由《春官》外史掌管,"这正反映出古代书、画本属两个系统的遗意"[④]。徐复观认为,书与画密切相连"始于东汉之末,而确立于魏晋时代"[⑤],是在书法自身有了美的自觉、成为美的对象之后。他提出,后汉章帝时杜度的章草引起了学习草书的风气,书法从此进入了艺术的宫殿,从实用目的转向了艺术性,中唐以后书画的关系密切起来,因此书画之间在艺术上的关联并不是历史上本来就有的。徐复观

---

① 《宗白华全集》第二卷,安徽教育出版社2008年版,第49页。
② 李维武编:《徐复观文集》第四卷,湖北人民出版社2002年版,第181页。
③ 李维武编:《徐复观文集》第四卷,湖北人民出版社2002年版,第122—123页
④ 李维武编:《徐复观文集》第四卷,湖北人民出版社2002年版,第181页。
⑤ 李维武编:《徐复观文集》第四卷,湖北人民出版社2002年版,第123页。

在书法与绘画之间,之所以选择绘画进行研究,是因为他认为绘画的精神活动范围大于书法。他指出:"笔墨的技巧,书法大于绘画;而精神的境界,则绘画大于书法。"①

徐复观有一个非常鲜明的观点,就是"中国画的主流,始终是在庄学精神中发展"②,他详细总结了庄学精神向中国绘画贯注的历程,具体来说有三个主要的阶段。

第一个阶段是由庄学发展为魏晋玄学的人物鉴赏。徐复观指出,直到魏晋时期,中国文化才表现出普遍的艺术精神的自觉,竹林名士是"开启魏晋时代的艺术自觉的关键人物"③。经过魏晋玄学的推演,由竹林名士将《庄子》的思辨性的性情玄学应用于生活之中。他们的人物鉴赏以庄学为根底,在人物语言仪态上追求玄的意味,徐复观认为这正是生活的艺术化、玄学化。例如刘劭的《人物志》和钟会的《四本论》中所讲的"神"的观念便出于《庄子》。这种风姿神貌的发现,需要庄子所讲的"虚静明之心",这种心在徐复观看正是艺术精神的主体。魏晋玄学的人物鉴赏着力把握人物之风神,是由人的第一自然的形相中发现人的第二自然的形相,即发现了人的艺术形相之美。

第二个阶段是由魏晋玄学的人物鉴赏延伸发展为魏晋人物画。魏晋时期,人们从欣赏自身的形象之美开始,延伸到了对书法、绘画等艺术之美的追求。人们在绘画中力图表现在人物鉴赏中所追求的形相中的"神",通过画中的形以表现人物之神。人物鉴赏中所讲的精神、风神、神气、神情、风情是绘画中所讲的"传神"概念的源泉和根据。徐复观指出:"魏晋及其以后的人物画,则主要是在由通过形以表现被画的人物之神,来决定其意味、价值",不同于汉代的人物画通过画面的故事来表现其意义,④这正是魏晋时代绘画的进步。

---

① 李维武编:《徐复观文集·自序》第四卷,湖北人民出版社2002年版,第6页。
② 李维武编:《徐复观文集》第四卷,湖北人民出版社2002年版,第153页。
③ 李维武编:《徐复观文集》第四卷,湖北人民出版社2002年版,第126页。
④ 李维武编:《徐复观文集》第四卷,湖北人民出版社2002年版,第131页。

可以说,中国绘画的自觉和艺术自律性的完成是从魏晋时代开始的,人物画的艺术自觉是"由庄学所启发出来的"①。

第三个阶段是由魏晋人物画发展为唐代山水画。魏晋时代人物画讲传神是受了庄学的影响,但庄学的艺术精神"决不能以人物作对象的绘画为满足;自然,尤其是自然的山水,才是庄学精神所不期然而然地归结之地"②。山水成为绘画的主要题材,由绘画而将山水、自然加以美化、艺术化,是受到了庄学影响与启发的结果。徐复观指出:"中国以山水画为中心的自然画,乃是玄学中的庄学的产物"③,"山水画的出现,乃庄学在人生中,在艺术上的落实"④。可见,庄学推进了山水画的出现和发展,而山水画又是庄学在现实中的呈现与落实。

徐复观提出,中国"山水画的精神发露于宗炳、王微"⑤,宗炳、王微在艺术精神上奠定了中国山水画的基础。徐复观据宗炳在《明佛论》中说的"若老子、庄子之道,松、乔、列、真之术,信可以洗心养身",推知宗炳的生活是庄学式的生活,宗炳的《画山水序》里有"澄怀味象"之语,所澄之怀即庄子的虚静之心,所味之象即进入美的观照,宗炳关于山水画的思想"全是庄学的思想"⑥,正是"以玄对山水",他以得道之人见山水,他眼中的山水于是成为《庄子》中的崆峒、具茨、藐姑、箕道、大蒙。王微的《叙画》同样以得道之人见山水,山水成为庄子之道的具象化。二人在艺术精神上为中国山水画的成立奠定了基础。

徐复观提出,中国山水画的"形体则完成于李思训"⑦,也就是到唐代李思训以后才有真正称得上山水画的作品。然而,李思训完成了山水画的形相,但

---

① 李维武编:《徐复观文集》第四卷,湖北人民出版社 2002 年版,第 154 页。
② 李维武编:《徐复观文集》第四卷,湖北人民出版社 2002 年版,第 191 页。
③ 李维武编:《徐复观文集》第四卷,湖北人民出版社 2002 年版,第 198 页。
④ 李维武编:《徐复观文集》第四卷,湖北人民出版社 2002 年版,第 203 页。
⑤ 李维武编:《徐复观文集》第四卷,湖北人民出版社 2002 年版,第 214 页。
⑥ 李维武编:《徐复观文集》第四卷,湖北人民出版社 2002 年版,第 199 页。
⑦ 李维武编:《徐复观文集》第四卷,湖北人民出版社 2002 年版,第 214 页。

他的着色山水不符合中国山水画得以所立的庄学背景。徐复观指出,中国山水画以水墨为宗是由于其"玄学思想背景,及由此种背景所形成的性格"①,玄的思想表现在颜色上正是由远处眺望山水所启发出来的水墨色,因为从远处眺望山水时各种颜色皆浑同为玄色。唐代张璪讲"外师造化,中得心源",水墨的变革也是唐人"师造化"的成果,"造化"向"心源"的转化,合而为一,这种艺术精神境界正是"庄子之所谓道"②的境界。徐复观认为,晚唐之后,山水画以水墨代替五彩,淡彩代替青绿,将庄子玄的精神在水墨的颜色上表现出来,这是颜色上的革命,奠定了尔后水墨山水千年以来的王国,"中国山水画之所以以水墨为统宗,这是和山水画得以成立的玄学思想背景,及由此种背景所形成的性格,密切关连在一起,并不是说青绿不美"③。至此,徐复观完成了他对中国山水画形成之统绪的分析,也论证了庄学于山水画之正宗学脉基因的地位,他的论证虽晚于宗白华,但较宗白华更为系统而深入,成为现代山水画论的集大成者。

第四个阶段,宋代是水墨山水画发展的高峰。徐复观提出唐末的荆浩是"唐代以颜色为中心的绘画革命的完成者",又是"北宋山水画的直接开山的伟大人物"。④ 自北宋起,山水画代替人物画而成为绘画的主流。转变的原因既有绘画摆脱了政治的困扰,又与宋代文人扫除门第意识有关。唐朝张彦远首推逸品,张怀瓘也在绘画中正式提出逸的观念,以"不拘常法"为逸的特征,北宋黄休复的《益州名画录》提出绘画的能格、妙格、神格和逸格,最先推重逸格,以"笔简形具"为逸的特征,这些看法一起确立了逸格在绘画中的崇高地位。⑤ 徐复观指出:绘画由人物转向山水,是画家隐逸情怀创造出来的,"逸格

---

① 李维武编:《徐复观文集》第四卷,湖北人民出版社 2002 年版,第 218 页。
② 李维武编:《徐复观文集》第四卷,湖北人民出版社 2002 年版,第 224 页。
③ 李维武编:《徐复观文集》第四卷,湖北人民出版社 2002 年版,第 218 页。
④ 李维武编:《徐复观文集》第四卷,湖北人民出版社 2002 年版,第 253 页。
⑤ 李维武编:《徐复观文集》第四卷,湖北人民出版社 2002 年版,第 272 页。

可以说是山水画自身所应有的性格"①。如果黄休复、苏轼、苏辙所讲的逸带有放逸的意味,那么元代四大家的逸则趋于高逸、清逸一路,"更迫近于由庄子而来的逸的本性"②。庄子哲学正是逸的哲学,《齐物论》《逍遥游》都是逸民的生活形态。

徐复观以郭熙的《林泉高致》为宋代山水画创作体验的总结。郭熙论画重视精神的陶养,他在《画意》中提到"《庄子》说画史解衣盘礴,此真得画家之法",也就是通过静坐而斋以静心,实现万虑消沉而胸中宽快,易直子谅之心油然而生,要创造之画"自然布列于心中,不觉见之于笔下"。③ 徐复观认为,郭熙说明了庄子在虚静明的心斋中,既净化了精神,也培育了中国艺术家的精神,因此,要了解郭熙观照山水的三远之法在艺术中的真实意义,还得追溯到庄子和魏晋玄学。在魏晋时期有许多概念形容自由解放的精神状态,"远"就是其中之一,体远、清远、玄远、平远、旷远、深远、弘远是《世说新语》中出现的关于远的说法,远是当时士大夫所追求的精神境界。郭熙总结出高远、深远、平远三远,他自己更倾向于平远,因为平远带有柔性色彩,较刚性的高远、深远"更能表现山水画得以成立的精神性格"④,平远的冲融、冲澹特征更接近于庄子和魏晋玄学所追求的自由解脱的人生状态。与徐复观从人的精神状态角度阐释三远法不同,宗白华主要从艺术空间与透视角度阐释郭熙的三远法,他指出:三远法所构造的空间"不是几何学的科学性的透视空间,而是诗意的创造性的艺术空间"⑤。西洋画法将视线集结在一个焦点,而中国绘画中的视线则是流动的,如果说西洋画是定点透视,中国画可谓是散点透视。

宋代自欧阳修起的一批文人由对诗文的修养角度来鉴赏山水画,将文学

① 李维武编:《徐复观文集》第四卷,湖北人民出版社2002年版,第269页。
② 李维武编:《徐复观文集》第四卷,湖北人民出版社2002年版,第273页。
③ 李维武编:《徐复观文集》第四卷,湖北人民出版社2002年版,第281页。
④ 李维武编:《徐复观文集》第四卷,湖北人民出版社2002年版,第295页。
⑤ 《宗白华全集》第二卷,安徽教育出版社2008年版,第432页。

观点转用到论画上,有些人以作诗文之法从事绘画创作,开创了所谓文人画派。徐复观专门研究了宋代文人画所体现的艺术精神。欧阳修以"萧条淡泊"为山水画的极致,徐复观认为"萧条淡泊"正是庄学的意境。苏东坡讲山水画"虽无常形而有常理","常理"出于《庄子·养生主》庖丁解牛故事中的"依乎天理",他讲的"身与竹化"即《庄子·齐物论》中所讲的"物化"。苏东坡对庄子有深刻的了解,并以庄学精神为绘画主旨,他追求绘画的清新、神逸,是因为庄学的精神"必归于淡泊"①。黄庭坚自谓因禅而识画,但徐复观认为,"他实际是在参禅之过程中,达到了庄学的境界,以庄学而知画,并非真以禅而识画"②。

总之,道家面对人间困苦而主张超脱,中国艺术活动中人与自然的融合多以庄子思想为媒介。徐复观认为,作为中国艺术骨干的山水画,其精神境界"常与庄子的精神相凑泊"③。道家艺术精神是中国艺术成就的最后根据,对中国古代艺术的发展产生了直接的影响。庄子是纯艺术精神的典型,绘画则是庄学的独生子。

二、气韵生动是中国绘画最根本的境界追求

气韵生动一词最早见于南齐谢赫的《古画品录》,其中总结了绘画六法:一曰气韵生动,二曰骨法用笔,三曰应物象形,四曰随类赋彩,五曰经营位置,六曰传移模写。徐复观指出,六法虽在谢赫之前已见雏形,但谢赫整理出一个简明的系统,并将气韵生动排在第一,由此奠定了中国画论的理论基础。他认为,除传移模写是临摹他人作品,与创造无直接关系外,其余五法皆是创作的五种基本要素。宗白华和徐复观都重视南朝谢赫的《六法论》在中国画学史

---

① 李维武编:《徐复观文集》第四卷,湖北人民出版社 2002 年版,第 312 页。
② 李维武编:《徐复观文集》第四卷,湖北人民出版社 2002 年版,第 316 页。
③ 李维武编:《徐复观文集》第四卷,湖北人民出版社 2002 年版,第 113 页。

上的地位,宗白华认为谢赫的绘画六法"综合前人的理论,奠定后来的基础"①,徐复观则认为谢赫的六法"以简单的文字,说出一个完整的轮廓,构成一个朴素的系统,奠定中国尔后画论基础"②,二者对谢赫画论的定位比较接近。在六法的具体分析上,二人存在明显的差异。

若论绘画美学,宗白华在20世纪30年代就开始研究了,他提出中国艺术是以绘画为中心,中国的画学讨论了"气韵生动""笔墨""虚实""阴阳明暗"等问题。他解释"气韵生动"的"动"为"山川、人物、花鸟、虫鱼,都充满着生命的动"③。徐复观的《中国艺术精神》一书中说:中国从来没有一位画家或画论家,从音响的律动上去体认气韵生动,而宗白华正是从生命的律动角度来探讨气韵生动的,在这一点上,二者有高度的契合。二人的绘画美学研究,是各自独立展开,但往往有相似的结论。

宗白华对于六法均有阐释,如应物象形和随类赋彩即临摹自然,经营位置即布置万象于尺幅之中,骨法用笔即中国绘画工具的特点,传移模写即传神写形表现事物的意趣。宗白华尤其重视六法之中的气韵生动,认为画家抒写自然的目的是表现图画中宇宙生命的生动气韵,谢赫将气韵生动排在六法第一位,"实绘画最后之对象与结果"④。宗白华指出,中国画最重视留白,"空白处并非真空,乃灵气往来生命流动之处"⑤。他认为,要做到画中空白处充满生命意蕴,理趣横溢,需要画家人格高尚,抛弃世俗的利害,能够沉潜深入万物核心,做到胸怀洒脱,达到"庄子所谓能与天地精神往来者"⑥才能实现。中国绘画不重视阴影,不用西方绘画所重视的透视法刻画立体事物,但画面中的灵虚和空白却是西方绘画无法达到的。

---

① 《宗白华全集》第二卷,安徽教育出版社2008年版,第46页。
② 李维武编:《徐复观文集》第四卷,湖北人民出版社2002年版,第120页。
③ 《宗白华全集》第二卷,安徽教育出版社2008年版,第43页。
④ 《宗白华全集》第二卷,安徽教育出版社2008年版,第51页。
⑤ 《宗白华全集》第二卷,安徽教育出版社2008年版,第51页。
⑥ 《宗白华全集》第二卷,安徽教育出版社2008年版,第51页。

　　由于谢赫对于绘画六法的内容及其内在关联没有说明,这给后人理解六法造成了困难。徐复观认为,六法之中气韵生动最重要,又最难理解,故而辟专章阐释气韵生动。他关于气韵生动比较鲜明的观点如下:

　　首先,气韵生动的内涵指超越线条的精神意境。他认为,气韵生动中的气和韵是两个概念。气不是孟子养气的生理的综合运用,而是文学艺术的言气,是带有观念、情感、想象力的气。他指出:"所谓'气',常常是由作者的品格、气概,所给与于作品中的力地、刚性地感觉。"①中国古代韵的最初内涵指音乐的和谐,古人无论音乐上的韵还是文学上的韵都指调和的音响。从绘画的角度看,气韵生动必然要求线条的统一谐和,同时又追求忘记线条的精神意境。宗白华讲气韵,是从生命动向上讲,气韵生动即生命的律动和生命的情调。宗白华的实质是从音乐角度看绘画,这一点类同于西方美学家所讲的"一切的艺术都趋向于音乐"②。他从气的节奏角度讲和谐,绘画的气韵正能给欣赏者以音乐感。而徐复观讲气韵则是从精神意境上讲,徐复观指出:"六法中所谓韵,乃是超线条而上之精神意境"③,韵是就风神、风姿神貌而言,不是直接指音韵,韵是从魏晋玄学人物品鉴中转化出来的概念,由此说明神形合一的美。徐复观认为,谢赫所讲的气表现的是作品的阳刚之美,韵表现的是作品的阴柔之美,气和韵代表了作品中的两种极致之美,气与韵将古人的刚柔之美清晰地呈现。

　　其次,气韵生动的运用由人物画发展到了山水画。徐复观指出,唐代之前人们运用气韵主要是品评鬼神人物方面的绘画作品,几乎没有把气韵用到山水画上面,最早将气韵观念运用到山水画中的是唐末荆浩的《笔法记》。传神是人物画的要求,也是山水画的要求。他引用宋代邓椿《画继》的话说"世徒

---

①　李维武编:《徐复观文集》第四卷,湖北人民出版社 2002 年版,第 138 页。
②　《宗白华全集》第三卷,安徽教育出版社 2008 年版,第 465 页。
③　李维武编:《徐复观文集》第四卷,湖北人民出版社 2002 年版,第 143 页。

知人之有神,而不知物之有神。……故画法以'气韵生动'为第一"①。徐复观认为气韵观念由仅运用于人物画发展到运用在山水画上,是中国绘画的重要发展阶段。人物画的气韵偏于骨气之气,强调对象的"力感的刚性之美"②。唐代的山水画便"常在笔上论气、在墨上论韵"③。

再次,气韵生动是中国绘画的出发点和归宿。谢赫总结的绘画六法,排序的一至六,不仅有分别项目的意义,而且是按重要性进行的安排。其中前四个气韵生动、骨法用笔、应物象形、随类赋彩是创造的程序,而经营位置和传移模写并非创作中的笔法应用,而与绘画的构图结构有关,所以排在了后面。这也是因为谢赫所处的时代,山水画还没有成为绘画的主流,绘画作品的构图的重要性没有显现出来。徐复观认为,气韵是作品的精神,需要作品整体完成后才能显现出来,按此理解,似乎气韵生动应排在六法最后,气韵生动是绘画的归宿。但实际创造过程中,作品的气韵生动必然来自作者的气韵生动,正所谓"意在笔先""胸有丘壑",必须有了"胸中之意,有了气韵,然后下笔始有气韵"④,由此看来,气韵生动又是绘画的出发点,这就凸显了艺术家的修养对于艺术创作的重要意义。因此,徐复观认为,气韵生动既是绘画的出发点,也是绘画的归宿。

最后,气韵生动以庄学为精神源泉,气韵生动是可学的。徐复观认为,艺术家的创造力在于从第一自然中看出第二自然,这种能力的大小决定于"艺术家能否在自己生命中升华出第二生命,及其升华的程度"⑤。艺术家发掘内在精神的能力从何而来呢?宋代郭若虚在《图画见闻志》中提出"气韵非师"的观点,主张"骨法用笔以下笔法,可学。如其气韵,必在生知",也就是说,谢

---

① 李维武编:《徐复观文集》第四卷,湖北人民出版社2002年版,第154页。
② 李维武编:《徐复观文集》第四卷,湖北人民出版社2002年版,第155页。
③ 李维武编:《徐复观文集》第四卷,湖北人民出版社2002年版,第156页。
④ 李维武编:《徐复观文集》第四卷,湖北人民出版社2002年版,第176页。
⑤ 李维武编:《徐复观文集》第四卷,湖北人民出版社2002年版,第177页。

赫绘画六法中只有五法可学,气韵生动是一种天赋的才能,是无法通过学习而获得这种能力的。徐复观提出气韵不是完全不可学,他将气韵生动的根源追溯到庄子的虚静之心,认为气韵生动的主体,是艺术家经过净化后的心,是"艺术家由自己生命超升以后所呈现出的艺术精神主体"①,"庄学的清、虚、玄、远,实系'韵'的性格,'韵'的内容"。② 因此,气韵问题就是作者的人格和涵养问题,提升作品的气韵,可以通过"读万卷书,行万里路"来对心灵进行开阔涵养,"借书中的教养与山川灵气的启发,得到超拔、扩充的力量,这便把气韵的根源复苏起来了,人格便提高了"③。绘画对象的气韵必然是经过作者历经修养而脱尽尘浊的心源,由人格的修养而使精神得到解放,只有这样艺术家才能穷尽对绘画的气韵,这种就是徐复观所重视的文人画、士画,而不是画匠之画。

宗白华与徐复观讨论气韵的角度是很不同的。宗白华认为,中国艺术意境诞生于山水所凝结的"人的性灵"④之中,而中国画最后成立的根据,仍然在《易经》的宇宙观。他将中国艺术精神的源泉追溯到了《易经》中关于运动变化的思想和生命的思想。生生不已的阴阳二气汇聚成有节奏的生命,中国画的主题气韵生动就是"生命的节奏"或"有节奏的生命"。⑤ 他指出:"中国绘画的渊源基础却系在商周钟鼎镜盘上所雕绘大自然深山大泽的龙蛇虎豹、星云鸟兽的飞动形态,而以卍字纹、回纹等连成各式模样以为底,借以象征宇宙生命的节奏。"⑥虽然宗白华也承认中国山水花鸟画的基本境界是老庄思想及禅宗思想,但他进一步指出,这些境界都"不外乎于静观寂照中,求返于自己

---

① 李维武编:《徐复观文集》第四卷,湖北人民出版社 2002 年版,第 178 页。
② 李维武编:《徐复观文集》第四卷,湖北人民出版社 2002 年版,第 153 页。
③ 李维武编:《徐复观文集》第四卷,湖北人民出版社 2002 年版,第 179 页。
④ 《宗白华全集》第二卷,安徽教育出版社 2008 年版,第 329 页。
⑤ 《宗白华全集》第二卷,安徽教育出版社 2008 年版,第 109 页。
⑥ 《宗白华全集》第二卷,安徽教育出版社 2008 年版,第 104 页。

深心的心灵节奏,以体合宇宙内部的生命节奏"①,生命的节奏成为中国艺术最深层的根源。

与宗白华不同,徐复观将气韵生动的精神源泉立足于庄学,自觉地将魏晋以来各种画论家的观念都追溯到庄子,着力在画论家的著作中找到直接论述庄子的言论,或者找到《庄子》里与画论家观念精神相契的地方。徐复观引用张庚《图画精意识·论气韵》中讲的"气韵有发于墨者,有发于笔者,有发于意者,有发于无意者",他进一步强调,"所谓无意之韵,乃庄子的心与物忘、手与物化的境界,这即是技而进乎道的境界"。② 他从道家思想看,认为气韵是生命力的升华,有气韵必然会生动,气韵便是生命的本质。战国时期的艺术由神秘抽象的艺术转向了现实写实的艺术,魏晋时期人们的艺术精神觉醒之后,写实不再是艺术追求的目标,转向了由庄子精神的钥匙所启发的"传神的思想"③,传神即是气韵生动。这里的传神并不是完全抛弃了形似,而是"深入于对象以得其神"④,实现了气韵与形似的统一,这是后来中国画家的共同趋向。徐、宗立论点的差异,亦可见出二者之身份归属上的差异,徐复观以儒家立宗,受儒家心性论的影响,他探讨庄子,也侧重于从心性观考察,所思所虑以人的心性和精神成长为鹄的;宗白华则有道家式的清冷,他常常以客观自然之眼观宇宙人生和万物,因此,最终走向周易哲学、律历哲学、律历美学。如果说宗白华将自身融于万物,冷眼观世界的做法,不仅契合宇宙深沉律动的节奏,也契合了庄子的物化观,那么徐复观以人的精神成长为立论的出发点,则更能契合庄子于乱世中求立身的"为人生而艺术"的终极目标。毕竟我们很难否认,老庄"天地不仁,以万物为刍狗"的冷静甚至冷酷中,没有藏着一颗救人救世的热心。

---

① 《宗白华全集》第二卷,安徽教育出版社 2008 年版,第 109 页。
② 李维武编:《徐复观文集》第四卷,湖北人民出版社 2002 年版,第 159 页。
③ 李维武编:《徐复观文集》第四卷,湖北人民出版社 2002 年版,第 163 页。
④ 李维武编:《徐复观文集》第四卷,湖北人民出版社 2002 年版,第 171 页。

三、从南北宗论看中国山水画史

董其昌提出了中国绘画的南北宗,这一观点成为此后三百年来中国绘画的主流思想,影响了后人对中国绘画史的理解和建构。徐复观全面检讨了中国绘画的南北宗问题,并在此基础上提出了他关于中国山水画史的看法。

(一) 董其昌的南北分宗论来源于庄学与禅学

董其昌在《容台别集》卷四《画旨》中提出:

> 禅家有南北二宗,唐时始分画之,南北二宗亦唐时分也,但其人非南北耳。北宗则李思训父子着色山水,流传而为宋之赵幹、赵伯驹、伯骕,以至马、夏辈。南宗则王摩诘始用渲淡,一变钩斫之法,其传为张璪、荆、关、董、巨、郭忠恕、米家父子,以至元之四大家。亦如六祖之后,有马驹、云门、临济儿孙之盛而北宗矣,要之摩诘所谓云峰石迹,迥出天机,笔意纵横,参乎造化者。①

董其昌的南北宗论是模仿佛教禅宗的南北分宗论,将唐代以来的山水画发展史分为南北两派,北宗以唐代李思训为祖师,南宗以唐代王维为祖师,南北分宗的依据是绘画风格、技法方面的渲淡和钩斫的不同,由此建构了山水画的南北二宗传承谱系。董其昌南北分宗的主要目的是挺立南宗渲淡自然一派为绘画的正宗,重彩色精工一派为绘画的别子。正如孔子言必称三代,自称述而不作,强调自己的思想是承接夏商周三代而来。唐朝韩愈提出"尧、舜、禹、汤、文、武、周公、孔、孟"一系的儒家道统论,论证自己继承了儒家孔子之道的正统。董其昌所处的明朝,正流行在古人的思想系列中寻找自己思想言论依据的风气。

徐复观详细分析了董其昌重"淡"重"天真自然"的背景及其真正根源。

---

① (明)董其昌著,邵海清点校:《容台集》下,西泠印社出版社 2012 年版,第 677 页。

徐复观认为,董其昌"重自然、重逸、重神,而不重精、能,这是中国画,尤其是山水画的传统;董其昌在这种地方,并没有大的错处。"①但是,董其昌误以为自己对南宗渲淡的看重,是受当时流行的禅宗的影响,这就没有落到根处。董其昌好参曹洞禅,他曾批阅永明延寿的《宗镜录》一百卷,因此禅宗是其艺术思想的重要背景。元代四大家之所以始终被董其昌安排在南宗系统中,也是因为"他们不仅是一代的高人逸士,而且都与当时盛行的新道教(全真教),有密切的关系",其中黄公望就是新道教的骨干。对此,徐复观分析认为,董其昌自己并不清楚的是,他所误以为的禅宗的影响,其实更为根本的是来自于庄子。董其昌所标举的淡、自然都是从庄学、魏晋玄学而来的观念,这正是山水画成立的基本观念。淡是由玄而出的,淡也就是顺从万物的自然之性而不加人为造作,"由老庄'虚''静''明'之心所观照的世界,一定是清明澄澈的世界"②。徐复观进一步提出:"董氏所把握到的禅,只是与庄学在同一层次的禅;换言之,他所游戏的禅悦,只不过是清谈式、玄谈式的禅;与真正的禅,尚有向上一关,未曾透入。"③换句话说,董其昌所悟的禅,其实是庄。董其昌之所以会产生这样的误解,还因为当时庄学式微,但有时董其昌自己也会产生这样的疑惑,他在《容台别集》中谈到佛典与对于人观山水所达到的精神境界时,认为《庄子》《列子》也具有同样的境界修养方法,因此他也认同朱熹所谓的禅典都从《庄子》书翻出。徐复观认为,董其昌将禅宗思想与庄子、列子看作同一层次的思想,虽提倡淡的意境,但不能对其深入把握,是因为他既缺少庄学的自觉,也缺少对禅宗的更深层的体悟,因而只能在禅的边缘去加以沾惹。他所理解的禅宗的修行,其实不过是"使其现实生活与精神生活,冥契于庄学的精神"。④

---

① 李维武编:《徐复观文集》第四卷,湖北人民出版社2002年版,第354页。
② 李维武编:《徐复观文集》第四卷,湖北人民出版社2002年版,第353页。
③ 李维武编:《徐复观文集》第四卷,湖北人民出版社2002年版,第352页。
④ 李维武编:《徐复观文集》第四卷,湖北人民出版社2002年版,第361—362页。

徐复观认为,董其昌的南北宗论有其合理性的一面。针对有学者提出董其昌"分宗说没有历史的根据,而是出于伪造"①,分宗说提出以前,只有单线的演变说。徐复观认为分宗即分派,文学艺术发展到某种成熟阶段一定会出现某种形式的分宗分派。董其昌以文人画、士夫画为南宗,以画院的画史画为北宗,有其合理性,因为在董其昌之前的画论中已有将文人画与士夫画相对而提的情况,如唐末张彦远的《历代名画记》中有"伤于师工,乏其士体""不近师匠,全范士体"之论,北宋邓椿《画继》中有"观士人画,如阅天下马,取其意气所到;若乃画工,往往只取鞭策、皮毛,槽枥、刍秣,无一点俊发,看数尺许便倦,汉杰真士人画也"②,可见唐宋以来将绘画分为士人和师匠两派是一个较普遍的做法。重视自然、逸、神,而不重视精、能是中国绘画,尤其是山水画的传统,因此董其昌推举南宗,提倡淡、自然"并没有大的错处"。

(二) 董其昌南北分宗论存在的问题

虽然徐复观肯定了董其昌南北宗论的价值,但并不是说这一理论不存在问题。他指出:"董氏的错处不仅因受禅宗衣钵相传的影响,来建立一个衣钵相传的画史系统,贻误了后人对画史的客观了解。"③徐复观主要从董其昌关于南北宗代表人物的选择方面分析了他对中国画史的重构及其存在的问题。董其昌在《画旨》中两处提到了南宗代表人物:一处在"文人之画"条中提到了董源、巨然、李成、范宽、李龙眠、王晋卿、米芾、米友仁、黄公望、王蒙、倪瓒、吴镇、文徵明、沈启南,范围较广;另一处在"禅家有南北二宗"条中提到的有张璪、荆浩、关同、董源、巨然、郭忠恕、米芾、米友仁、黄公望、王蒙、倪瓒、吴镇,范围较狭。徐复观认为,董其昌南宗人物范围变化的原因是受到米芾《画史》的影响,董其昌提出米芾作画"一正画家谬习","画至二米,古今之变,天下之能

① 李维武编:《徐复观文集》第四卷,湖北人民出版社 2002 年版,第 337 页。
② (宋)邓椿:《画继》,(元)庄肃:《画继补遗》,人民美术出版社 2016 年版,第 25 页。
③ 李维武编:《徐复观文集》第四卷,湖北人民出版社 2002 年版,第 355 页。

事毕矣"，再三称道二米的墨戏观念，可见二米对于董其昌确立南北二宗有决定性影响。

董其昌的"禅家有南北二宗"条相对于"文人之画"条的南北宗范围上的变化存在的问题如下：

一是将李龙眠、李成、范宽、王晋卿、赵松雪排除在南宗之外不合理。米芾喜欢标新立异，凡被时人称道的，他都要加以抑制，例如吴道子可谓是唐代绘画的集大成者，李龙眠"常师吴生"，因此他便说"余乃取顾（恺之）高古，不使一笔入吴生"，由此而排斥李龙眠，这导致董其昌将李龙眠排挤出南宗。李成在宋山水画中占有重要地位，"他能把云烟变化，气象清劲，这两种意境、形相，加以统一。若用董其昌的名词说，即是把明与暗的两种意境与形相加以统一"①。米芾评李成之画"淡墨如梦，雾中石如云动，多巧少真意"，这直接影响了董其昌将李成排挤出南宗。范宽在北宋山水画中地位很高，米芾甚至说本朝无出范宽之右者，谓其全师王摩诘。徐复观推测董其昌将范宽排除在南宗之外，大概是因为范宽之画与他标榜的宜暗不宜明的宗旨不合。王晋卿被排除在南宗之外，大概是因为他太为水墨所拘，也可能受了米芾所说的"皆李成法也"的影响。

关于将赵松雪排除在四大家之外，排除在南宗之外的问题。徐复观指出：董其昌的南宗系统"实存心打击了赵松雪的地位"②，他推翻了原来的"元四大家"，而建立了新的"元四大家"。董其昌之前的元四大家，如明王世贞的《艺苑卮言》和明屠隆的《画笺》都认为是"赵松雪、黄子久、王叔明、吴仲圭"，赵松雪不仅在元四大家中，而且排在首位。徐复观指出："在元四大家中加入倪云林，而去掉赵松雪，可能即始于董其昌及其友人陈继儒。"③他推测是由于赵松雪以王孙的资格而仕元、大节有亏的原因，因而被排除在四大家之外。徐

---

① 李维武编：《徐复观文集》第四卷，湖北人民出版社 2002 年版，第 358 页。
② 李维武编：《徐复观文集》第四卷，湖北人民出版社 2002 年版，第 365 页。
③ 李维武编：《徐复观文集》第四卷，湖北人民出版社 2002 年版，第 366 页。

复观认为,赵松雪的绘画以"清远"代替了南宋末期的"幽玄",重新开辟了艺术的新生命。赵松雪由心灵上的清实现了作品之清,清、远二字是其作品的风格。山水画的根源正是魏晋玄学的"清的人生""清的哲学",赵松雪以清为风格的绘画艺术"正是艺术本性的复归"①,因此赵松雪应在董其昌的南宗中占有重要地位。

二是确立米芾在南宗中的核心地位不合理。徐复观认同通常看法,认为米芾的成就主要在书法而不是绘画,至少他的画"不足为后人范式"。他说:"米画实在是有墨而无笔,乃至偏于暗而缺乏清明的一面,乃山水画中的别派"②,以别派为南宗的正统,正是董其昌南北宗论的致命伤。董其昌所标榜的淡"只是落脚于以二米为中心的'墨戏'之上,无形中只以暗的形相为淡,而否定了明的形相在中国艺术中的重大意义"③。徐复观认为,董其昌的南宗是以米芾父子为中心建立起来的,选择王维为开山鼻祖是为了装点门面。董其昌说"董源、巨然、李成、范宽"是王维的嫡子不合适,北宋画家即使在意境上遥契唐代王维,也说不上是嫡子。董其昌说"李龙眠、王晋卿、米南宫及虎儿,皆从董、巨得来",徐复观认为"这完全是出于董氏的随意编造"。④

徐复观认为,董其昌以董源、巨然作为南宗的骨干是受了米芾的影响。董源、巨然由于地域的限制,在北宋画家中没有显赫的地位,因米芾《画史》的标举而被发现。米芾评巨然"老年平淡趣高",巨然的山水画"平淡奇绝",评董源"平淡天真多""率多真意",对二人的高度评价是前所未有的,徐复观据此提出董源、巨然山水画的价值是由米芾发现的。董其昌所讲的南宗,就是"以米家父子为骨干,而上推董、巨,下逮元末四大家,所构想而成的。王维、张璪、荆浩、关同、郭忠恕,乃是为了伸张门面才加了上去。"⑤

① 李维武编:《徐复观文集》第四卷,湖北人民出版社 2002 年版,第 374 页。
② 李维武编:《徐复观文集》第四卷,湖北人民出版社 2002 年版,第 364—365 页。
③ 李维武编:《徐复观文集》第四卷,湖北人民出版社 2002 年版,第 355 页。
④ 李维武编:《徐复观文集》第四卷,湖北人民出版社 2002 年版,第 363 页。
⑤ 李维武编:《徐复观文集》第四卷,湖北人民出版社 2002 年版,第 361 页。

三是董其昌的北宗系不能成立。徐复观据《宣和画谱》谈到李思训时讲到"今人所画着色山水,往往宗之",元夏文彦《图绘宝鉴》也有同样的观点,因此认为"董氏以着色立李氏父子为北宗之祖,是可以成立的"①。赵伯驹和赵伯骕的画从着色取景上看正是李思训的嫡派,将二人归入北宗也没有问题。但是,徐复观认为,北宗下面宋之赵幹,"董其昌既弄错了赵幹的朝代,又无法看出他与李氏父子的渊源",列入北宗不合适。李唐、刘松年、马远、夏珪是南宋画院的画家,宋高宗认为李唐可比唐朝李思训,其他三人皆受李唐的影响,因此将其列入李思训北宗之下似乎有一定的道理。然而,南宋画院四大家只是在着色方面与李思训有关联,"而着色也并非他们四人作品的全部,甚至也同样非他们精神之所寄"②。尤其是南宋画院中还有一种反画院的精神,所以他们的作品有刚性的、力的表现,"由李唐到马、夏,在他们的作品中,都流注有一股清刚之气"③,因此把画院四大家安排在李思训的系统下,"在历史上和艺术批评上,都是站不住脚的"④。

（三）徐复观提出了中国山水画的三系论

徐复观指出:"董其昌们所提的南北宗中,实际应可分为三大系:一为追求笔墨气韵均衡的一系,亦即'明''暗'均衡的一系。一为偏于用墨,偏于取韵的一系,亦即偏于'暗'的一系。一为偏于用笔,偏于炼骨的一系,亦即偏于'明'的一系。"⑤徐复观三系论可谓是对南北宗论的重大改进,可惜,他没有说明三系的代表人物是哪些,没有丰富完善三系理论,因此这一观点在学术界没有产生影响,但从其论述看,显然他推崇的是受庄学影响而在画法上倾向清远的赵松雪、李龙眠、李成等人,因为在他看来,绘画沿庄学一系走,方为正宗。

① 李维武编:《徐复观文集》第四卷,湖北人民出版社 2002 年版,第 374 页。
② 李维武编:《徐复观文集》第四卷,湖北人民出版社 2002 年版,第 376 页。
③ 李维武编:《徐复观文集》第四卷,湖北人民出版社 2002 年版,第 380 页。
④ 李维武编:《徐复观文集》第四卷,湖北人民出版社 2002 年版,第 385 页。
⑤ 李维武编:《徐复观文集》第四卷,湖北人民出版社 2002 年版,第 390 页。

第四节 徐复观构建心性美学的反思

从上述各节徐复观对儒道艺术精神以及中国山水画中的艺术精神的细致剖析不难看出,徐复观是要构建一个由儒道心性,特别是庄子心性观开创的中国艺术精神发展史,并从中提炼出中国艺术精神的主旨,凝练出独具特色的中国艺术体系。徐复观在做这一工作的时候,是出于明确的现实目的,即以中国艺术精神拯救被西方现代性带入褊狭、狂飙、矛盾重重的现代艺术,进而拯救现代人的精神生命,尤其是现代中国年轻人的精神生命。徐复观对西方现代艺术持鲜明的批判态度。他指出,现代西方艺术以抽象主义和超现实主义为两大支柱,两者的共同特征即"反自然",抽象主义表现了人们内心的不安和精神上的无力,超现实主义的作品表现了现代人的苦闷、烦躁、厌恶的感情,现代艺术将个人与社会、自然绝缘,无法引导个人与社会走向和谐,因此徐复观认为这种现代艺术只是"艺术中的一种过渡现象……没有含着艺术的永恒性"①。而中国的伟大艺术作品则表现为"人物两忘、主客合一"②的境界。中国古代艺术,无论儒家、道家都主张亲近自然,如孔子的理想是"浴乎沂,风乎舞雩,咏而归",在自然山水中过着放逸的生活,道家的核心思想则是道法自然,反对人为伪饰。徐复观研究中国艺术精神,正是为了揭示中国古代艺术精神具有现代价值与永恒价值的地方,从而为中国艺术在当今世界争取应有的地位。

第一,徐复观重视中西美学的比较与融合,在中西比较中凸显中国艺术精神的独特性。徐复观强调,中国绘画"主客交融、主客合一"③的境界,既有写实的意味,又有抽象的意味,但又不同于西方的写实主义和抽象主义。正如他

---

① 李维武编:《徐复观文集》第一卷,湖北人民出版社2002年版,第276页。
② 李维武编:《徐复观文集》第一卷,湖北人民出版社2002年版,第269页。
③ 李维武编:《徐复观文集·自序》第四卷,湖北人民出版社2002年版,第4页。

所说,中国古代抽象画中的自然物的形象是抽象的,但抽象中仍含有对称、均衡等艺术规律,现代西方的抽象主义则要将一切艺术规律都抽掉。在比较研究中,徐复观发现了中西艺术与美学领域关于艺术精神研究的一个现象,即西方现代艺术家所开创的艺术精神与美学家所研究出来的艺术精神存在着巨大差异,比如西方现代艺术家们在作品中表现的艺术世界与康德在《判断力批判》中所研究出来的艺术的功能、价值等,分属于两个领域,康德及后来的很多美学家很少同时是艺术家。而在中国的伟大艺术家那里,美学和艺术创作是合而为一的。事实上,徐复观这里所谈到的西方艺术家与美学家分离的状态,就是本文前述的西方现代性所导致的各种分离状态的一种,即感性与理性的分离。艺术家创作运用的是审美感性,而美学家哲学家的艺术分析运用的是逻辑理性,在 19 世纪之前的西方古典艺术阶段,工业革命所引起的现代性分裂尚未波及艺术领域的时候,艺术创作中的审美感性与科学理性尚未分裂,艺术家、美学家、科学家的身份往往是合一的。但是到了徐复观所分析的现代艺术阶段,这种分裂早已形成,因此徐复观直观地感受到了其中的差异。因此,徐复观对西方现代性产生的根源有深入的梳理,但他关于中国艺术精神的阐述确是针对西方现代性的危机而产生的。

在中西比较中,徐复观通过多方尝试,将中国美学与艺术精神中的核心概念、审美状态、审美方法等与西方美学与艺术中的概念、方法进行对比,开创性地引入了许多中西美学比较的理论观点。

其一,将谢林的"绝对者"与庄子的"道"进行对比研究。徐复观在分析庄子所讲的道在本质上是艺术性的时候,比较了西方思想家谢林在人生宇宙的根源之地寻找美成立的根据的做法。谢林在研究美成立的历程和根源时的论证方法与庄子有些相似,谢林从宇宙论和存在论上定义美与艺术,将世界万物归于"一""绝对者"或者"无"的呈现,艺术家正是由万物的特殊性悟入了普遍性的"理念",这种普遍性的一、无、绝对性等理念正是艺术存在的真正根据。在比较中,徐复观侧重于将庄子的"道"与谢林的"绝对者"对观,颇能引人打开中西美学比较研究的思路,这一做法,类似于海德格尔将"存在者"与道家的"道"进行比较研究的做法,有利于在比较中敞明中西文化的共同点和可能生长点。

其二,将庄子美学的"无用"之用与康德美学的"无关心地满足"进行比较研究。徐复观认为,康德的《判断力批判》中所提出美的判断不是认识判断,而是趣味判断,没有指向实用,也无益于认识,这与庄子思想中游的精神状态的消极条件相同。庄子在《逍遥游》中所讲的自由解放,是由无实际之用所得到的精神满足,这正是康德所讲的"无关心地满足",都是艺术性的满足。这里徐复观敏锐地发现了庄子美学与康德美学的可会通之处,虽然他对二者之间的比较研究不如牟宗三深入,但其致思路径一致。

其三,善于运用西方艺术科学的某些研究成果分析中国美学概念。例如他借鉴了哈曼(Richard Hamann,1879—1961年)和福多拉(Konnad Fiedler,1841—1895年)关于美的观照中的视知觉特性理论,来阐释庄子的心斋。哈曼不将知觉作为认识事物的手段,而以知觉本身为满足,强调纯粹的知觉。福多拉将知觉在理论与实践的疏远中孤立化。徐复观认为,哈曼的纯粹知觉和福多拉的孤立的知觉正是审美观照,美的形象正是由知觉的孤立化、集中化和强化而得到。庄子所讲的心斋就是忘掉知觉的状态,分解掉认知领域的"知",而只剩下了纯粹的知觉,如"耳止于听""心止于符",即只是顺着感性知觉而内通于心,不作理性分析。所以心斋就是抛弃概念性、分解性的认知活动,只有知觉的直观活动,这与哈曼和福多拉关于美的观照成立的分析是一致的。

其四,开创了庄学通向现象学的会通之路。徐复观曾尝试以胡塞尔的现象学解释庄子的心斋,他指出:"心斋之心,是由忘知而呈现,所以是虚,是静;现象学的纯粹意识,是由归入括弧,中止判断而呈现,所以也应当是虚,是静。"[1]庄子在心斋中实现了心与物冥,实现了主客合一,庄子忘知后的纯知觉

---

① 李维武编:《徐复观文集》第四卷,湖北人民出版社2002年版,第68页。

的活动,和现象学的还原中的纯知觉活动相似,现象学的纯粹意识是美的观照的根源,那么庄子的心斋之心自然能够成为美的观照的根据。因此,庄子的心斋之心是艺术精神的主体。如龚鹏程指出:"自徐复观起,论者便经常援引现象学来处理中国美学、发掘中国艺术精神"①,肯定了徐复观以现象学诠释中国艺术精神在学术界产生的影响。

尽管徐复观倡导中西美学与艺术精神的比较研究,但他更强调在这种比较研究中揭示中西艺术精神的不同,从而彰显自家特色,明确自家的优长。通过中西比较,徐复观认为,从结果上看,庄子追求的是艺术精神的全体,西方美学家所得到的只是艺术精神的部分;从过程与方法上看,庄子所讲的艺术精神是由人生的修养工夫而得到,西方美学家则多由特定的艺术对象、作品的体认,加强推演扩大而来。② 由于西方美学家的艺术理论不是从人格精神中涌现出来的,没有把握到心的虚静本性,因而没有把握艺术精神的主体。西方美学最后甚至将艺术的来源归于无意识的幽暗、孤绝之中,是由于他们始终没有"见体",这是庄子艺术精神与西方美学的最大区别。道家的修养工夫强调无己、丧我,主张主体与客观的交融,这与现代西方文化强调人的理性尤其是工具理性的作用,强化对自然界的征服,有着绝对的不同。

第二,徐复观强调中国人应建立文化自信,正视中国优秀传统文化的现代价值。徐复观主张中西文化的平等交流,他指出:"站在人类共有的人格尊严的地平线上,中西文化才可以彼此互相正视,互相了解"③,中国人不能用乞丐式的精神状态来学习世界文化,西方人也不能用买办式的精神状态来了解中国文化。他反对社会上谈西学者的浅薄无根,更反对有的人数典诬祖。他希望揭示中国传统文化的本来价值,发扬传统文化中的美善内容。

徐复观认为,中国人需要在文化上建立自信,这是解决中国文化问题的起

①　龚鹏程:《儒学与生活》,东方出版社 2018 年版,第 87 页。
②　李维武编:《徐复观文集》第四卷,湖北人民出版社 2002 年版,第 112 页。
③　黄克剑、林少敏编:《徐复观集》,群言出版社 1993 年版,第 68 页。

点。他说:"满面羞惭的自卑心理,使一个人在精神上抬不起头来;这固然不能正视自己的历史文化,同样也不能正视西方的历史文化。"①在强调文化自信这一点上,徐复观与现代新儒家是完全一致的,正如唐君毅反复强调的,中国人做人要做堂堂正正的现代社会的中国人,要为我们的国家、民族、文化而自信自强。徐复观批判了某些投机软弱的中国知识分子,认为他们不敢光明正大地深入研究中国文化,"而总是想先在西方文化的屋檐下,找一容身之地"②,借鉴西方学者谈到中国文化哪里有价值,然后自己再来阐释这方面的价值,这是一种极其不自信的文化心理。徐复观将他 20 世纪五六十年代在台湾高校工作时所写的文章,看作是为中国三千年中的圣贤、文学家、艺术家申冤雪耻。在这里可以看出,徐复观既有作为一位现代思想家的责任担当,更有为中国文化和艺术争夺国际话语权的高度自觉。

和其他现代新儒家代表人物一样,徐复观文化研究具有鲜明的民族文化立场。他自陈 1950 年开始在文化上发言,是"一个中国人在文化上的反抗。这是指向任何性质的洋教对中国文化的污蔑、压迫所提出的反抗。也是对中国人的心灵、人格及合理的生存权利的污蔑、压迫所提出的反抗"③。他认为中国文化就是中国人的精神生命,没有中国文化就没有中国人。他希望中国文化与世界文化能够和平共处相互滋养。这一立场,与他 1958 年参与的张君劢、唐君毅、牟宗三发起的《中国文化与世界》文化宣言的民族文化立场完全一致。

徐复观研究中国文化与艺术,出发点即是发掘其现代价值。他指出:"艺术对人生、社会的意义,并不在于完全顺着人生社会现实上的要求,而有时是在于表面上好像是逆着这种要求,但实际则是将人的精神、社会的倾向,通过艺术的逆地反映,而得到某种意味的净化、修养,以保持人生社会发展中的均

---

① 黄克剑、林少敏编:《徐复观集》,群言出版社 1993 年版,第 67 页。
② 李维武编:《徐复观文集·自序》第四卷,湖北人民出版社 2002 年版,第 4 页。
③ 黄克剑、林少敏编:《徐复观集》,群言出版社 1993 年版,第 58 页。

衡,维持生命的活力、社会的活力于不坠。山水画在今日更有其重要意义的原因正在于此。"①可见,从发掘山水画的现代意义上来讲,徐复观正接续了儒道"为人生而艺术"的传统。徐复观重视艺术的自然属性,但更重视艺术的人生价值和社会价值。他主张美是主观与客观的统一,既没有完全走向功利主义的社会美而否定自然美,也没有强调美的自然属性和超越属性而否定社会美、人格美。他指出:

> 我并不主张一个艺术家,要以模仿自然为职志,一定要接受社会的各种教条;而只在强调指出,正常的人性,由正常的人性所发出的精神状态,自然而然地,会以某种程度,某种意味与方式,把客观的自然、社会,吸收进来,而与其发生亲和、交感的作用。所以有永恒的艺术,都是成立于主观与客观相互之间的关系;由向主观与客观两极的差距不同,便产生各种不同的流派与作品;这是出于正常的人性之自然,也正是艺术的永恒性得以成立的根据之所在。②

徐复观立足人性、人心、人文来讲艺术精神,是对西方现代艺术的抗争,正如龚鹏程所说:"徐先生的见解,代表着人文主义者对整个现代或现代主义艺术的批判。"③

第三,徐复观研究中国艺术精神,着重探索中国艺术精神的心源。宗白华认为,中国艺术有三个方向的境界,也就是有三个方面的价值:第一个是礼教的、伦理的方向,第二个是自然山水的方向,第三个是宗教的方向。对照来看,徐复观的艺术理论主要讨论了儒家思想和道家思想影响下的中国艺术,显然不属于第三个宗教的方向。徐复观重视儒家音乐美学和艺术作品的道德教育功能,他同时作为现代新儒家的核心代表人物,又有儒家的立场,理应倾向于第一个方向。但事实是,他在探讨中国艺术精神时,一直将儒道两家的艺术精

---

① 李维武编:《徐复观文集》第四卷,湖北人民出版社 2002 年版,第 280 页。
② 李维武编:《徐复观文集》第一卷,湖北人民出版社 2002 年版,第 279 页。
③ 龚鹏程:《儒学与生活》,东方出版社 2018 年版,第 97 页。

神分得很清。尽管他曾在分析刘勰的《文心雕龙》时,试图将儒道艺术精神合一,并将儒道合一的艺术精神看作中国艺术精神的正统,但这种强行合一显然是徒劳的。儒道艺术精神究其根底和心源来讲,有着巨大的不同,对此徐复观有着清晰的认知。之所以强行统一,主要是为了维护他"为人生而艺术"的统一立场,儒道两家的艺术精神都是"为人生而艺术",都是立足于现实的生活世界,并在现实中解决问题。就此而言,二者完全符合徐复观艺术精神人生论的主旨,因此他强调儒道二家的艺术精神在这一层面上是相通的。但是在具体分析时,是无论如何也无法统一的,诚如徐复观所言,儒家的艺术精神主要影响了后世的文学,而道家的艺术精神主要影响了后世的绘画艺术。因此,在《中国艺术精神》的主体篇幅中,他所探讨的艺术精神就集中在中国艺术的主要代表山水画中了。

徐复观将中国艺术精神的根源追溯到心性之上,尤其是道家的虚静之心,成为中国艺术精神的总根源。徐复观之所以研究中国艺术精神,是因为他认为在中国人的心灵里潜伏着与生俱来的艺术精神,他就是要探索中国艺术精神的源泉。这最后的总根源,自然追溯到了中国人的心灵。张彦远讲的"意在笔先"让徐复观看到了作者心灵净化的重要性。中国文化对于心灵的净化是其区别于西方文化的重要特征,儒家、道家、佛教在心性修养方面都有自己独特的方法,在心灵境界方面都有自己的独特追求,徐复观就是牢牢抓住心性这一主体特征,以求对治西方。徐复观提出,对中国艺术精神影响最大的是道家的虚静之心。他说:"为山水传神的根源,不在技巧,而出于艺术家由自己生命超升以后所呈现出的艺术精神主体,即庄子所说的虚静之心,也即是作品中的气韵;追根到底,乃是出自艺术家净化后的心。"①因此,中国艺术家的人格修养对其艺术作品的价值有极大的影响,人品与画品之间有直接的联系。

徐复观将"中国纯艺术精神"的心源追溯到庄子,在讨论中国画论时将古

---

① 李维武编:《徐复观文集》第四卷,湖北人民出版社 2002 年版,第 178 页。

代主要画论家的心源也追溯到庄子,或其主导精神是庄子精神或受庄学影响。徐复观虽然在艺术精神上处处突出了道家,甚至说"儒道两家的人性论的特点是:其工夫的进路,都是由生理作用的消解,而主体始得以呈现,此即所谓'克己''无我''无己''丧我'"①,但他并没有抹杀儒家与道家之间的界限,更没有摄儒归道。他此句讲到了儒道二家都能够消除主客对立、群己对立方面的共性,但他也反复讲到了儒道二家的区别,如"儒家是面对忧患而要求加以救济,道家则是面对忧患而要求得到解脱"②,"庄子所走的通路,是老子无知无欲与绝学无忧的通路,而不是走的孔、颜的克己复礼、博文约礼的通路"③。这正体现了徐复观作为现代新儒家的核心代表人物的开放心诚,他并没有固守儒家的狭隘立场,而是立足中国文化,对古代儒释道等思想兼容并包,对西方文化也能借鉴吸收,以一种比较开放的心态谋求中国文化的现代发展。

张璪那句"外师造化,中得心源"的观点一直为中国古今艺术家所乐道,尤其是"心源"二字。在中国艺术家看来,除了"师造化",要创作出高水平的、穷尽对象的气韵的艺术作品,还必须要"经过一番修养工夫,脱尽尘浊的作者的心源"④。徐复观认为,中国的伟大艺术家必须以"人格的修养,精神的解放"⑤为技巧的根本。中国的绘画讲传神,所谓传神是"通过艺术家的超越的心灵"⑥和熟练的绘画技巧,将对象的内在精神呈现于绘画之中,使其具有永恒的价值。这与西方绘画,尤其是欧洲文艺复兴时期的绘画,只重"外师造化",重视对对象空间构造的准确刻画,从而更加逼真地再现事物形象的路线完全不同。可以讲,西方传统绘画重视事物之形的再现,中国绘画重视的是事

---

① 李维武编:《徐复观文集》第四卷,湖北人民出版社 2002 年版,第 112 页。
② 李维武编:《徐复观文集》第四卷,湖北人民出版社 2002 年版,第 112 页。
③ 李维武编:《徐复观文集》第四卷,湖北人民出版社 2002 年版,第 79 页。
④ 李维武编:《徐复观文集》第四卷,湖北人民出版社 2002 年版,第 180 页。
⑤ 李维武编:《徐复观文集》第四卷,湖北人民出版社 2002 年版,第 180 页。
⑥ 李维武编:《徐复观文集》第四卷,湖北人民出版社 2002 年版,第 164 页。

物之神的呈现。反讽的是,20世纪以后,现代西方绘画却几乎完全抛弃了传统,演绎出表现主义、抽象主义、超现实主义等现代流派。西方艺术传统与现代之间的巨大鸿沟,反映了西方绘画在写实与非写实之间始终没有找到一定的平衡。中国绘画从魏晋时期开始,便意识到了气韵与形似之间的矛盾问题,有了追求二者之间平衡的自觉,正如张彦远所言"以气韵求其画,则形似在其间矣"①。"气韵"概念正是中国古代画论家提出的形神统一的最高标准,融形似于气韵之中,实现了超形以得神,形神相融合的主客统一。

第四,从研究方法看,"追体验"和重考据的方法在徐复观的中国艺术精神研究中得到了充分的应用。徐复观提出了体验艺术家精神境界的方法——追体验。他所谓的追体验,也就是"由他人的创作活动与作品,以'追体验'的功夫,体验出艺术家的精神意境"②。在他看来,艺术创作和艺术欣赏是两种不同的精神状态,需要两种不同的工夫。他自己虽然不能画画,但他能通过欣赏绘画作品,把创作者的精神状态说出来,这就是追体验,又叫作追体认。他指出:一些伟大的画论家常由他人的创作活动与作品,由追体验的功夫,体验出艺术家的精神意境。他对于古人画作的评价与考证,能够揭示出作品创作时的精神状态,能够较好地分析作者的心路历程。徐复观以详细的资料搜集、细致的真伪辨析,全面分析作者所处的历史环境和家庭环境,从动态的观念和发展的观点揭示了古代艺术家艺术思想的形成与演变过程,因此对古代艺术作品的分析往往有独到之处。追体验研究方法更能够以立体沉浸式的情感体验,在多方资料论证所还原的现场体验中,感受艺术家的精神世界,这一方法强调在艺术作品欣赏中的情理并用,对开拓中国艺术精神的研究有重要价值。

考据的方法在徐复观的中国艺术精神研究中也得到了充分的运用。他详细甄别了中国古代画论资料,辨其真伪,论其得失,在谢赫、宗炳、王微、荆浩、郭熙、董其昌等人的画论基础上,论述了从魏晋人物画到宋代山水画的中国绘

---

① 李维武编:《徐复观文集》第四卷,湖北人民出版社2002年版,第166页。
② 李维武编:《徐复观文集·自序》第四卷,湖北人民出版社2002年版,第6页。

画史。例如他关于荆浩《笔法记》的再发现,梳理了《四库全书总目》中的《山水诀》《山水论》《山水赋》的混乱情况,通过对比浙江鲍士恭家藏本李成《山水诀》一卷,五代荆浩《山水赋》,唐代王维《山水论》,提出三个名称实为一部书,并指出《六如居士画谱》另录有王维《山水诀》一篇,不同于前面三名所指之书,荆浩的《山水诀》即《笔法记》。这种建立在详细史料考证基础上的研究,既传承了传统学术研究方法,又增强了理论说服力。在现代多种科技手段支持下,这种重考据的研究方法更有益于推陈出新,成为现代学术研究的必由之法。

第六章　唐君毅人文美学的现代性

　　中国美学在自然美、艺术美之外,还有重视人文美的传统。人文美的传统自孔子、孟子、荀子倡导礼乐文化开始,在儒家意识形态与人格修养理论的铺垫下,不断被强化、传承,形成以儒家人格美与社会美为主体内容的美学系统。孔子讲"里仁为美",孟子讲"充实之谓美",荀子讲"儒者在本朝则美政,在下位则美俗",都在提倡人文美。圣贤人格的修养是儒家人文美在个体上的实践,社会建构的礼乐化是人文美在社会中的实践。总之,人文美是带有强烈伦理指向和社会意识指向的美的形态。先秦礼乐文化是中国人文美的早期形态,也是原初形态。此后,随着"礼崩乐坏",以社会制度形式存在的周代礼乐难以为继,转而开始向艺术生产、人格修养、日常生活等各方面浸润,人文美也随之体现于各种不同的艺术形式中,也彰显于个体人格修养中,同时渗透于中国人的日常生活中,是早期中国社会泛审美化的延续,这使得传统中国人的日常生活处处体现了人文美的风范,仁人士君子慕德修身,举手投足使人如沐春风,成为人文美的人格典范;琴棋书画、亭台楼阁以形写神,以物喻志,充满了人文美的意蕴。

　　现代新儒家集体继承了中国人文美学尤其是儒家美学的大传统,积极推进人文美学的现代发展。除了前述第一代现代新儒家马一浮、梁漱溟等人的大力提倡外,第二代现代新儒家代表人物对于人文美学的发展也都非常关注,其中唐君毅对人文美的提倡与现代建构最具有典型性。

唐君毅(1909—1978 年),四川宜宾人,现代新儒家第二代核心代表人物之一,现代中国著名的哲学史家、哲学家。他建构了一个庞大的文化哲学体系,思想涉及哲学、美学、宗教学、伦理学、政治学、文化学等。他鲜明地站在中国文化,尤其是儒家文化的立场上进行哲学与文化研究,他继承了儒家美善融合的传统,以真善美的融合为理论归宿,期望以儒家人文风俗美来美化现代社会,发展出了一套现代人文美学。唐君毅专论礼乐文化与中国美学的文章有《文学意识之本性》《中国哲学中之美的观念之原始,及其与中国文学之关系》《文学的宇宙与艺术的宇宙》《间隔观及虚无之用与中国艺术》《音乐与中国文化》《中国艺术与中国文化》《东方人之礼乐的文化生活对世界人类之意义》等。他十分重视《周易》所讲的"观乎人文,而化成天下"一语,认为这就是礼乐之治,是提倡人文风俗美的社会意义。现代社会复兴儒家礼乐文化,既可以在一定程度上解决现代社会的弊病,更有助于全面弘扬中国文化的价值。

第一节　人文美与人文世界的建构

不同于宗白华、朱光潜专注于美学的研究,以美学家名世,唐君毅主要以哲学家、哲学史家名世,但是他的哲学与文化研究中不可避免地涉及了美学研究的内容。正如他 1972 年在《中国哲学中之美的观念之原始,及其与中国文学之关系》的文章中指出:"中国哲学中美的观念的原始,是从文学中启发出来的。……无论在哲学和文学的范畴中看,美的观念的原始,都是与一文化的特殊形态息息相关的。"①唐君毅正是在中国传统文化的继承与发展过程中,

---

① 　唐君毅:《中华人文与当今世界》(一),广西师范大学出版社 2005 年版,第 280 页。

论及了中国传统美学的内容与特征问题,美学研究是其哲学与文化研究的一部分。

一、人文美的提出

唐君毅从美的起源角度对美进行了分类。他没有像朱光潜等美学家那样借鉴西方美学关于壮美、优美和典雅等一般性美学观念的分类,而是从美与现实的关联及其发生源头的角度,将美分为"自然美、器物与艺术美、文学美、神灵美、人物美或人格美和人文风俗美等六类"[1]。从美的发生源头角度分析美的观念,必然与一定的文化相关联,中国文化与西方文化的差异,直接导致了中西方美学的差异。唐君毅指出,中国文化中的美的观念最初是"从人物美和人文风俗美中发展出来的,再由器物与艺术美至自然美以至神灵美",西方文化美的观念最初是偏重"神灵美和艺术美"的。[2]

唐君毅分析了中国和西方关于美的不同起源。西方文化将美、艺术与神话相关联,希腊神话中美神叫阿佛洛狄忒,对应在罗马神话中的美神叫维纳斯。希腊神话中的太阳神 Appollo 是艺术之神,有九个 Muse 环绕着他,代表了九种文学和艺术。中国文化中没有古代希腊那样体系庞大的神话系统,没有美神和艺术之神的观念。中国古人的美字由羊和大构成,原始意义是象征羊的美味。中国古籍《诗经》《礼记》谈美多数都关联着器物而言,如"酒醴之美,文章、黼黻、鸾和、车马之美"[3]等,而西方通常将器物之美和艺术之美分开来谈,谈器物多论实用性,论雕塑等艺术形式才用美来评价。或者说中国古人实现了实用性和艺术性的结合,"把艺术的美加在器物上,产生了一些像鼎、彝之类的器物"[4],这些器物既有日常实用的功能,又是精美的艺术品。

---

[1]　唐君毅:《中华人文与当今世界》(一),广西师范大学出版社 2005 年版,第 280 页。
[2]　唐君毅:《中华人文与当今世界》(一),广西师范大学出版社 2005 年版,第 280 页。
[3]　唐君毅:《中华人文与当今世界》(一),广西师范大学出版社 2005 年版,第 281 页。
[4]　唐君毅:《中华人文与当今世界》(一),广西师范大学出版社 2005 年版,第 281 页。

　　在六类美中,唐君毅突出强调了中国文化中的人物美和人文风俗美。他以《诗经》《礼记》为中心分析了中国古代的人物美和人文风俗美的特色,认为《诗经》的风是描写各地的风土人情,赞扬了人情人物之美;雅是描述王政的废兴,可以表现社会的风俗、典则和教化的美;颂是歌颂赞美人物德行之美。他指出:"人物美中包括人之外表的形态美与内在的精神美、心灵美或德性美"①,如《诗经》中的"洵美且仁""洵美且好""洵美且武"都在形态美之外注重内在的精神美和德行美。他不同于牟宗三在讨论魏晋玄学时只谈人物美,以魏晋的人物品藻为中心,而是突破了儒家人格美的范围,进入到人文美的研究范围。

　　唐君毅以《礼记》为人文风俗美的典型,认为《礼记·少仪》所言"言语之美,穆穆皇皇;朝廷之美,济济翔翔;祭祀之美,齐齐皇皇。……车马之美,匪匪翼翼;鸾和之美,肃肃雍雍",正是一幅人文风俗美的景象。这一景象正是他所向往的儒家礼乐之治的社会,他由儒家诗礼乐之教谈美学,是试图借儒家美学实现现代社会的净化,或者是为了建构现代的礼乐社会。

　　唐君毅主要立足于儒道二家来谈美,他认为诸子百家中真正重视美的,只有儒道二家。他以先秦儒道二家思想为"中国之美的观念之原始",而"儒家之美的观念,源于诗礼乐之教"②。他正是在研究儒家诗礼乐之教中,阐发了儒家的美学思想。儒家美学思想"直接以人格美之观念为中心。人格美以内在之心灵、精神、德行之美为主,而表现于外形"③。他分析了《孟子》《易传》《荀子》中关于理想人格的论述,《孟子·尽心下》中关于理想人格的描述有"可欲之谓善,有诸己之谓信,充实之谓美,充实而有光辉之谓大,大而化之之谓圣,圣而不可知之之谓神"之语,他将"充实"一词阐释为"有诸内,形诸外",也就是"内在之心灵、德行之表现于外,即形成整个之人格美";《易传》有"君

① 唐君毅:《中华人文与当今世界》(一),广西师范大学出版社 2005 年版,第 281 页。
② 唐君毅:《中华人文与当今世界》(一),广西师范大学出版社 2005 年版,第 282 页。
③ 唐君毅:《中华人文与当今世界》(一),广西师范大学出版社 2005 年版,第 282 页。

子黄中通理,正位居体,美在其中,而畅于四支,发于事业"之语,《荀子·劝学篇》有"君子之学也,以美其身"之语,唐君毅指出"儒家着重由内美的培养,以更表现于外,以形成整个之人格美"①。

唐君毅在精神上趋于儒家,但其思想有兼容并包的特色,对诸子百家都以欣赏的眼光看待。他虽然在程度上不像徐复观完全依庄子精神来解读中国艺术精神,但也对道家之美给予了足够重视。唐君毅指出:"道家之老子、庄子之淡朴之美、天地之美与无言之美的观念,正对于中国后来的诗、画、音乐等艺术的风格,有着深刻而久远的影响。"②他认为老子归真守朴的精神孕育了中国美学思想中的"淡朴之美",他赞赏庄子所讲的"圣人者原于天地之美""备于天地之美"的观点,认为庄子将人文、人物、器物之美升华至天地之大美,大谈天地境界、宇宙境界之美,谈超越于言语描述的无言之美,讲"天地有大美而不言",正开拓了中国传统美学在审美境界一途之要道。中国古代无言之美的话题、中国美学的境界问题,一直为学者所乐道。唐君毅充分肯定了道家在提升中国美学的境界方面有开拓之功。

于中国文学一途,其美的展现则以人格美为中心。唐君毅指出:"中国文学中之美以人格之美、人文之美为中心。"③他认为诗、赋、文都体现了人物美及人文美。诗、赋、文中之言志咏怀,表现了作者的心灵、精神与德行、志愿之人格之美;咏史诗多表现对先贤英烈的人品行谊的怀念与崇敬;赠答之诗与书札之文常表现对朋友人格德行的赞美;挽诗、碑志、祭文等表现对于先人的人品行谊的怀念与崇敬,都是由对人格美的体验而来。他还指出,"在中国之小说戏剧中,亦同样可处处见种种对人格美、人文美之表现"④,如《水浒传》中的一百零八条好汉,《西游记》中的几位求道者,《红楼梦》大观园中的儿女,都

---

① 唐君毅:《中华人文与当今世界》(一),广西师范大学出版社2005年版,第282页。
② 唐君毅:《中华人文与当今世界》(一),广西师范大学出版社2005年版,第283页。
③ 唐君毅:《中华人文与当今世界》(一),广西师范大学出版社2005年版,第285页。
④ 唐君毅:《中华人文与当今世界》(一),广西师范大学出版社2005年版,第285页。

各有其人格形态。

中国文化中的理想人格是艺术化的。唐君毅指出："中国文化中之理想人格是含音乐精神与艺术精神之人格，所以中国之道德教育是要人由知善之可欲，进而培养善德，充实于外，显为睟面盎背之美。"①"睟面盎背"语出《孟子·尽心上》，内涵是根植于人心的仁义礼智在人的神色上会表现出纯和温润，在人的行为举止上会表现出典雅合仪。孟子所讲的美正是善充满于人身的状态，他正是立足于善来讲美，美是善在人身上的一种表现状态。儒家的美善统一论正是以善言美。

唐君毅认为儒道二家哲学中的美学思想也表现在中国文学中，他以《荀子·赋篇》为例说明了荀子以礼、知、箴、成相等人文事物为对象作赋，甚至以自然事物蚕、云等为对象作赋而发掘其人文意义，体现了"荀子对人文美之体验"②。他以《楚辞》为例说明了道家思想影响下的屈原文学表现出人们的内心情志之美，《离骚》开篇即说"纷吾既有此内美兮，又重之以修能"，这正是以人文事物之美而赋之。他还赞赏汉代班固的《两都赋》、张衡的《两京赋》、左思的《三都赋》等描写大城市的人文社会状态；司马相如的《上林赋》、扬雄的《长杨赋》赋畋猎，扬雄的《甘泉赋》赋郊祀，王文考的《鲁灵光殿赋》赋宫殿建筑之美；魏晋时代有《长笛赋》《琴赋》《笙赋》《啸赋》赋乐器，陆机的《文赋》赋文，都揭示了"人之文化活动的美"③，这些都是唐君毅所着力发掘的人文美。

二、人文世界

人文一词语出《周易》。《周易·贲卦·彖传》曰："（刚柔交错），天文也；文明以止，人文也。观乎天文，以察时变，观乎人文，以化成天下。"④天文指天

① 唐君毅：《中华人文与当今世界补编》，广西师范大学出版社2005年版，第45页。
② 唐君毅：《中华人文与当今世界》（一），广西师范大学出版社2005年版，第283页。
③ 唐君毅：《中华人文与当今世界》（一），广西师范大学出版社2005年版，第284页。
④ 黄寿祺、张善文：《周易译注》，上海古籍出版社2001年版，第188页。

的文采,人文指人的文采,即文章、礼义。日月星辰的阴阳变化是天的文采,文明而能止于礼义是人类的文采。观察天文可以了解四季的变迁规律,观察人文可以教化天下而实现天下的治理。唐君毅认为,《周易》此语体现了"周代礼乐之盛所表现之人文中心的精神"①,西周礼乐文化是孔子所追求和继承的文化理想,是一种"生命力极健康充盛而文雅有度的文化"。唐君毅阐扬中国的人文精神,正是要继承儒家的人文精神,建设现代人文世界。

唐君毅所讲的人文思想,指"对于人性、人伦、人道、人格、人之文化及其历史之存在与其价值,愿意全部加以肯定尊重,不有意加以忽略,更决不加以抹杀曲解,以免人同于人以外、人以下之自然物等的思想"②。简单地说,一切文化都是人创造的,一切文化精神都是人文精神。这样定义的人文思想是一个极其宽泛的概念,唐君毅同时提出了非人文思想、超人文思想、次人文思想和反人文思想的概念相对照,以显示出人文思想的特色。非人文思想指人外的自然、抽象的形数关系等的思想;超人文思想指人以上的天道、神灵、仙佛、上帝、天使等思想;次人文思想指不能全部肯定或忽略人文价值的思想;反人文的思想指抹杀曲解人文思想的价值。人文思想与非人文思想、超人文思想的对象是人、非人或超人,它们可以同时存在,人文思想又可以包含非人文思想和超人文思想、次人文思想。

唐君毅指出,中国人文精神起源于孔子以前的时期。他总结了人对自然的三种态度:"一种是利用厚生的态度。一种是加以欣赏或以之表现人之情感德性之审美的艺术态度。一种是视之为客观所对,而对之惊奇,求加以了解的态度。"③古代希腊的科学和自然哲学是第三种态度。中国古人对物的态度是"偏在利用厚生的态度与审美的艺术态度"④,即上文所讲的第一态度和第

① 唐君毅:《中国人文精神之发展》,广西师范大学出版社2005年版,第7页。
② 唐君毅:《中国人文精神之发展》,广西师范大学出版社2005年版,第2页。
③ 唐君毅:《中国人文精神之发展》,广西师范大学出版社2005年版,第4—5页。
④ 唐君毅:《中国人文精神之发展》,广西师范大学出版社2005年版,第5页。

二态度的结合。在唐君毅看来,中国古代人文思想的实质是人文美学。中国人为了利用厚生而有精巧的发明制造,但这并不能说中国文化重视科学精神,因为中国古代"缺乏纯粹的自然思想、客观的科学精神",发明是为了供人们生存发展之用。

唐君毅认为,周代建立了以礼乐为主要内容的人文思想,礼乐文化由此成为具有中国特色的人文美学的主体内容。孔子曰:"郁郁乎文哉,吾从周"(《论语·八佾》),做梦都想继承周公的礼乐文化。唐君毅对周代礼乐文化给予高度评价,他指出:"大约在西周之封建贵族的礼乐之文化,是一种生命力极健康充盛而文雅有度的文化。"①周代以来礼乐文化兴盛,礼乐盛行之后,"实物器物乃益化为礼器乐器,物之音声颜色,亦益成表现人之情意、德性之具,而后器物之世界,乃益有其审美的艺术的人文意义"②。周代的礼乐重在通伦理,能够成就人际关系的和谐,当时人们的精神或内心的德性都能够通过礼乐文化而在生活中有所表现。

唐君毅高度肯定儒家在传承礼乐文化方面的重大贡献,他指出:"孔子重言礼乐之意,孟子重言礼乐之原。荀子言礼制,而复重礼乐制度之实效。"③孔子痛心于当时社会的礼崩乐坏,对于季氏八佾舞于庭的做法感到无法容忍。孔子提出礼乐的根本不在于玉帛和钟鼓等外在形式,内在的仁德才是礼乐的本质。孟子人文思想的重大贡献是为礼乐找到了先天的纯内在的人性基础,他肯定了心性之善,指出礼乐是人的心性的内在要求,为礼乐找到了心性根源。其后荀子进一步强调礼乐制度,探讨人文世界的结构,努力建构制度化的人文世界,让礼乐文化在现实社会中落实,产生实效。

由此可见,礼乐文化所建构的人文世界,在其现实实践层面,乃是落实为一套审美的和艺术的生活方式。因此,由人文思想研究过渡到对人文美学的

---

① 唐君毅:《中国人文精神之发展》,广西师范大学出版社 2005 年版,第 7 页。
② 唐君毅:《中国人文精神之发展》,广西师范大学出版社 2005 年版,第 6 页。
③ 唐君毅:《中国人文精神之发展》,广西师范大学出版社 2005 年版,第 10 页。

研究是唐君毅思想体系发展之必然,美学研究是唐君毅思想体系的重要内容。他讲美学是从其整个文化体系的架构出发的,他认为社会文化的全面发展,需要以文学、艺术、宗教、哲学、道德、生活情趣等纯粹精神文化的大盛为归宿,美学的内容则渗透在文学、艺术、生活情趣之中。在中国传统文化中,艺术精神往往居于精神境界的至高地位,他辨析中西差异说:"西洋文化之中心在宗教与科学,而论其文化为科学宗教精神所贯注支配。自中国文化之中心在道德与艺术,而论其文化为道德与艺术精神所贯注。"①

唐君毅以礼乐文化为思想基石,以文学、音乐、建筑、园林、书法、绘画、雕刻为具体艺术门类,全面论述了中国人文美学的内涵与特质。正如龚鹏程指出的:"美学,并不是唐先生整体理论中边缘性的东西。恰好相反,美学在唐先生思想中之地位,不但如康德之第三批评,用以沟通第一批判与第二批判,且其总体文化观,即是美学的。礼乐文化,就是礼文艺文俱美的生命境界,礼与乐两端,也通过'美'这个观念来通之为一。"②

唐君毅论美有一个鲜明的特色,就是将美置于道德的笼罩之下。他主张"求美本身亦依于一道德心灵而可能,故亦表现道德价值。而求美之活动亦复待人之道德意识为之基础"③。这虽然有以道德理想侵犯艺术活动的独立性之嫌,有泛道德主义的倾向,但唐君毅也清楚地认识到文学艺术的直接目的是求美,道德修养的直接目的是求善,二者之间的界限无法泯除,不能让以求美为直接目的的文学艺术都转化为求善的手段,这样纯粹的文化艺术领域就不存在了。其实,人们在欣赏美或表现美时,至少暂时有主观身心活动的忘却或超越,忘却其他一切实用目的,唯以欣赏美表现美为目的,美的欣赏应是超利害、无关心、超实用的。他认为中国古代的文学艺术,都是艺术家人格精神的自然流露,皆为性与天道之流行。文学艺术的作用在于润泽人的日常生活,

---

① 唐君毅:《人文精神之重建》,广西师范大学出版社 2005 年版,第 61 页。
② 龚鹏程:《儒学与生活》,东方出版社 2018 年版,第 104 页。
③ 唐君毅:《文化意识与道德理性》,中国社会科学出版社 2005 年版,第 227 页。

文学艺术没有发展为一个独立的文化领域,西方的文学艺术则很早发展为独立的文化领域。他希望中国未来文学艺术的天才,"宜亦保持中国过去文人,重各方面人文陶养以养气之精神,并辅之以一高明之智慧与敦厚之德量"①。

唐君毅指出,中国的文学艺术以"诗言志""文以载道""文以贯道""道成而上,艺成而下""依于仁,游于艺"为主传统,文学艺术为人格人性的流露。西方文学家、艺术家常有为文学艺术而文学艺术,只寻求客观之美,而不追问其文学艺术的真与善的问题。中国文学艺术家则很少如西方人追求纯粹的文学艺术,"中国文艺上尚言志者,主乎言性情之真,尚载道者,主乎言德性之善"②。中国文学艺术家的伟大之处,正在其人格。中国艺术家的人格多由自然与人文的熏陶,加之内心的修养而成,不同于西方文学艺术家经历不断的精神奋斗与自我超越而实现。这种观念是唐君毅将美与善并谈,尤其是以善统美,是其道德自我学说在文学艺术领域的运用,将道德理性贯穿于整个人类文化的表现。虽然有学者认为唐君毅以善统美,有泛道德主义之嫌,但这与中国传统文化将真善美合论的传统是一致的。

唐君毅向往中国人文风教下的社会生活,他旅居香港后对家乡四川的人文风教非常怀念,这是他谈中国文化问题的根本动力。他 1978 年将自己的著作分为四类:第一类是泛论人生文化道德理性的著作,第二类是哲学类著作,第三类是评论中西文化重建人文精神人文学术的论文,第四类是专论中国哲学史中的哲学问题的著作。他关于人文精神的研究成果属于第三类,主要是一系列论文集,如《人文精神之重建》《中国人文精神之发展》《中华人文与当今世界》《中华人文与当今世界》(补编)等。他如此广泛的论述,是为了阐明中国人文精神、人文美学的现代价值,指明中国未来文艺发展的方向:"安得千百天才焕发,而有高明之智慧、敦厚之德量,与人文陶养之士,愿献身于文学艺术,为中国创辟一新音乐、绘画、建筑、文学、戏剧之世界。既博大以雍容,亦

---

① 唐君毅:《中国文化之精神价值》,江苏教育出版社 2005 年版,第 351 页。
② 唐君毅:《中国文化之精神价值》,江苏教育出版社 2005 年版,第 264 页。

刚健笃实以光辉,岂非中国文化之盛德大业哉。"①

　　唐君毅认为东方人的传统人文生活对世界人类未来生活有莫大的意义与价值,实现天下和合的路径,就是重视中国传统的礼乐教育。礼乐教育能让人的性情在礼乐生活中受到陶冶,就是在"人最平常之日常生活、人之饮食、衣服、宫室、男女居室、父子、夫妇、兄弟之相处、宾客应对之际、冠、婚、丧、祭、射、乡、朝、聘之事中,皆养成一种顺乎中和之性情"②。礼教不是教人以规则,而是在日常生活中借人文生活给人以熏陶,让人们在日常生活中了解社会的秩序与条理。礼教就是让人们之间通过道德行为的相互感染而共同向善,正如《礼记》所言"礼之教化也微,其止邪也于未形,使人日徙善远罪而不自知也"③。乐教的内容不仅包括音乐、舞蹈、诗歌等各种文学艺术,而且绘画、建筑等艺术形式都可纳入现代乐教的范围,乐教就是运用艺术的力量使人血气和平,使人的性情自然得到陶养,使人的精神生活充实而欢喜。龚鹏程指出:"从乐的这一方面说,唐先生又提出人格美、人文美之说法,来解释礼为何不只是对人生命的限制,而更能成就生命活动的秩序与条理。艺文美与人文美,两者合并起来,才能构成唐先生所谓的礼乐文化。"④

　　唐君毅提出要在现代社会发展礼乐生活。他所讲的礼乐生活的内容主要有乐教、诗教、易教。现代新儒家的先驱人物梁漱溟也提出过发展礼乐生活,他提出"中国之复兴,必有待于礼乐之复兴"⑤,他甚至放弃了北京大学的教席,而深入乡村去从事教育和社会改造的工作。唐君毅则主要从文化研究和教育两方面建构现代社会的礼乐生活。在文化研究上,他创作了重建人文精神的一系列文章与著作;在实践上,他为提倡乐教和重建礼乐化生活,在香港

---

①　唐君毅:《中国文化之精神价值》,江苏教育出版社 2005 年版,第 352 页。
②　唐君毅:《中国文化之精神价值》,江苏教育出版社 2005 年版,第 153 页。
③　杨天宇:《礼记译注》,上海古籍出版社 1997 年版,第 853 页。
④　龚鹏程:《儒学与生活》,东方出版社 2018 年版,第 104 页。
⑤　梁漱溟:《朝话》,安徽文艺出版社 1997 年版,第 130 页。

新亚书院开展了现代的乐教、诗教、易教的尝试。他在香港创办新亚书院时期,创建了新亚国乐社、国剧社等校园社团,并撰有《新亚国乐社演出特刊》发刊词和《音乐与中国文化》等文章,表达了继承中国传统乐教的宏愿,即以乐教德,发挥音乐可以使人迁善而不自知的作用,防邪于未形。企望中国的剧曲与音乐的独特可以在学生中实现以使人"耳目聪明,血气和平,移风易俗,天下皆宁"的旨归。新亚书院国剧社、国乐会等组织,数十年来弦歌不辍,他引《礼记·乐记》中的"清明象天,广大象地,终始象四时,周还象风雨"来揭示声音对人的情感熏陶之景象。诗教被唐君毅泛化为一切文学艺术的道德教化作用,他强调在中国传统社会,各种小说、诗歌、歌曲、戏剧、格言、绘画等文学艺术形式都可以在中国伦理教育中发挥作用,在现代社会亦能有此作用。易教即体味自然万物蕴涵的真善美价值,中国哲人观自然,一方面观自然之美,另一方面发挥自然或宇宙对人的道德教育作用,最典型的是儒学中天的自强不息和地的厚德载物。唐君毅主持新亚书院期间,广兴各种文学艺术教育,创办各种文学和艺术社团,对现代社会的乐教、诗教、易教都做了积极的探索与尝试。

礼乐生活的现代复兴,除了学校教育和社会教育,唐君毅还非常强调家教和风俗之教。唐君毅特别重视家庭教育的场所明堂,明堂是各种婚丧之礼的场所,有天地君亲师的神位,是一个熔政治、宗教、伦理、风俗于一炉的独特空间,这里发挥了中国家庭教育的功能。风俗之教主要是借助中国的祠庙、节日进行道德伦理教育和宗教文化教育。唐君毅强调东方文化中的礼乐生活,重在与平凡人的日常生活相结合,在这一点上,他批判西方的观念将文化分为不同的领域。西方人宗教生活去教堂,艺术生活去美术馆、音乐厅,文化学习去图书馆,身体锻炼去体育馆,这种现代都市的生活给中国传统的礼乐文化生活带来了冲击,使传统社会统一于生活的各种文化活动日趋零散化。他期望礼乐生活能够在现代社会重建,使人们日常生活的衣食住行处处都有文学、艺术、宗教、道德、科学知识充满其中。

唐君毅人文美最广大的应用就是实现天下大同,协和万邦,四海一家。

《诗经·小雅·常棣》曰:"妻子好合,如鼓瑟琴。兄弟既翕,和乐且湛。"①《诗经》将夫妻和谐关系比作弹奏琴瑟,唐君毅进一步提出"使天下人好合如鼓瑟琴,令世界交响着无声之乐,而化整个人类成为一部交响乐队"②。这是将家庭和美拓展到整个天下,从而实现天下一家。这是儒家提倡的家庭教育范围的扩大。家庭教育是人格教育的关键,与现代学校教育以知识传授为主正好形成互补。唐君毅希望人文美通过礼乐化的家庭生活和风俗之教影响现代社会,让人们在日常生活中受到熏陶和教育,从而塑造现代人的健全人格,美化人际关系,让世界走向健康和乐。

第二节　人文美的欣赏与中国艺术精神的特质

一、人文美的欣赏

审美欣赏是唐君毅人文美学的重要内容。他在审美欣赏方面提出了间隔观,在王国维推崇不隔的论域外,阐明了间隔在审美欣赏中的作用。

王国维在《人间词话》中谈境界时谈到了隔与不隔的问题。他说:"问'隔'与'不隔'之别,曰:陶、谢之诗不隔,延年则稍隔矣。东坡之诗不隔,山谷则稍隔矣。"③他所讲的不隔的含义即"语语都在目前",无论是写景还是言情,"凡是直接能给人一种鲜明、生动、真切感受的"便是不隔,也就是"其言情也必沁人心脾,其写景也必豁人耳目。其辞脱口而出,无矫揉妆束之态"。④相反,如果作者的感情表达虚浮矫饰,用语过于做作,破坏了作品意象的真切性,给人以雾里看花之感,即是王国维所讲的稍隔或隔。可见,王国维所讲的

① 周振甫:《诗经译注》,中华书局 2010 年版,第 219—220 页。
② 唐君毅:《中华人文与当今世界补编》,广西师范大学出版社 2005 年版,第 45 页。
③ 王国维:《人间词话》,上海古籍出版社 1998 年版,第 9 页。
④ 王国维:《人间词话·导读》,上海古籍出版社 1998 年版,第 23 页。

隔与不隔"关键还是在于作品本身是否真切地表达了'真感情、真景物'"①。王国维的隔与不隔论断主要是从文艺创作者的立场而言,推崇创作者直抒真感情,欣赏者可以由此去追体验创作者的心迹。

唐君毅的间隔观是从审美欣赏者角度而言的,提出间隔是审美欣赏发生的条件。他指出:"所谓间隔观,其浅近义,即吾人通常所谓凝神于一美的境界或对象,而使之如自其周围环境之其他事物中,脱颖而出,若相间隔,与之有一距离,以昭陈于吾人心目之前。此为美感所自生之一精神条件,乃人所共喻。"②唐君毅所讲的距离有两个层次:

一是审美对象与周围环境的距离。间隔首先讲的是美的境界或对象与周围环境保持一定的距离,从周围环境中脱颖而出,与周围事物保持一定距离。唐君毅指出:"画有画框,神像有龛,戏剧有舞台,房屋有墙壁,华灯有罩,美人以团扇遮面或持伞映身,人皆不难知其助成美感之作用,依于同一之理。此理也,粗言之,即范围人之注意力与精神,以凝注于此审美之对象之中。进一步言之,则皆为造成此对象与其周围之一间隔,而形成一距离。"③通过间隔性的处理,使艺术品与周围环境保持一定的距离,使人忘却周围的事物,从而使审美对象昭陈于欣赏者心目之前。

二是欣赏者与审美对象的距离。美的对象"可远观而不可亵玩,可叹赏而不可利用,可崇敬而不足以皈依"④,欣赏者与审美对象之间需要保持一定的心理距离。唐君毅指出:虽然王国维的境界说为人们广泛接受,他所讲的不隔成为文艺创作追求的境界,但是"纵谓神遇直观,必以物我浑然,更无间隔为归,然亦当以此间隔观为先"⑤。艺术创作者的情感表达需要达到物我浑然

---

① 王国维:《人间词话·导读》,上海古籍出版社 1998 年版,第 23 页。
② 唐君毅:《中华人文与当今世界》(一),广西师范大学出版社 2005 年版,第 311 页。
③ 唐君毅:《中华人文与当今世界》(一),广西师范大学出版社 2005 年版,第 312 页。
④ 唐君毅:《中华人文与当今世界》(一),广西师范大学出版社 2005 年版,第 311 页。
⑤ 唐君毅:《中华人文与当今世界》(一),广西师范大学出版社 2005 年版,第 311 页。

而无间隔,但欣赏者需要与审美对象先有一间隔,与之保持一定的心理距离。

唐君毅是从中国古典文人的审美角度谈审美距离问题,这不同于西方审美心理学所讲的审美距离说。英国审美心理学家布洛(Bullough)提出了审美距离说,认为审美者在审美过程中必须与审美对象保持一定的距离,与审美对象距离太近则易受实际生活的干扰和实用目的的影响而不能产生欣赏的态度,与审美对象距离太远则不易了解审美对象,理想的审美距离应是"不即不离"。朱光潜先生认为,距离的消极作用可以抛开实际的目的和需要,积极作用可以让审美主体着重形象的观赏,"把我和物的关系由实用的变为欣赏的"①。对于欣赏者来说,距离就是超脱,对于审美对象来说,距离就是孤立。朱光潜还提到他所讲的距离说正如古代形容诗人潇洒出尘、超然物表、脱尽人间烟火气。唐君毅没有像朱光潜那样沿着西方心理学美学的路径,而是回归了朱光潜所讲的形容古代诗人超然物外的模式,强调审美欣赏"有待于人心自身之虚灵,其德性之超拔乎世俗"②。

唐君毅 1965 年在《文学的宇宙与艺术的宇宙》一文中从小说和诗歌谈到了文学创作与欣赏中的时间和空间的间隔独立性与开拓通达性的二重性质。

一是文学宇宙的间隔独立性,与其他时空隔断而成为文学中的独立宇宙。他指出:"在时间方面言,文学所描写的事实的当时,要与前后时间隔断;在空间方面言,文学所描写之事的空间,要与其周围的空间隔断。"③也就是说,一部文学著作在描写一定的事件时,需要与四围的空间切断和上下的时间切断,从而形成一个单独的时空单位。《红楼梦》中的大观园、陶渊明《桃花源记》中所讲的桃花源都是与外界隔开而形成的独立时空。

二是文学宇宙开拓通达性,能够通达到外在的辽远时空中去。文学作品的时空既有与外界相间隔的性质,又"能在自己内部开拓与其外相通达,虽小

---

① 朱光潜:《朱光潜全集》第一卷,安徽教育出版社 1996 年版,第 218 页。
② 唐君毅:《中华人文与当今世界》(一),广西师范大学出版社 2005 年版,第 312 页。
③ 唐君毅:《中华人文与当今世界》(一),广西师范大学出版社 2005 年版,第 295 页。

而大,虽暂而久"①。例如,桃花源虽与外界间隔,但仍有渔人能进去,桃花源洞口虽窄,但进去之后又豁然开朗,虽小而大;桃花源中的百姓是先世避秦乱而来此隐居,不知有汉代和魏晋时期,仿佛忽然过去了几百年,虽暂而久。大观园虽与外界间隔,但仍有人能来去出入,大观园地面虽小但楼阁甚多,可以了解人情之大观,虽小而大;从黛玉来大观园到宝玉出家,中间不过数年,但各种人物历尽人世沧桑,虽暂而久。《古诗十九首》中的"生年不满百,常怀千岁忧"体现了似暂而久;张惠言《水调歌头》中的"千古意,君知否? 只斯须"体现了似久而暂;杜甫诗中的"乾坤一腐儒""天地一沙鸥"体现了即大而小;某尼僧之"尽日寻春不见春,芒鞋踏破陇头云,归来笑捻梅花嗅,春在枝头已十分"体现了视小如大。

艺术宇宙和文学宇宙一样具有二重性质:

一是艺术宇宙的间隔独立性。他指出:"艺术的宇宙,亦是与其外之宇宙形成一间隔而独立的宇宙。即艺术的时空,乃一间隔独立的时空。"②任何艺术品的成立都需要与外界有一个间隔,如园林常建于山坳水涯处,因为山水可以将园林与外界划出一条界线;树木将建筑物与外在的景物间隔开来,亭台楼阁由此成为艺术品;希腊人物雕塑借底座与外界形成间隔,中国雕像依山岩峭壁或用龛划出了雕像所在的空间;西洋画有木框、中国字画有绢或纸装裱而与外界隔开;西洋音乐演奏前的静默时间和中国戏剧表演之前的锣鼓开场,将欣赏音乐的时间与以前的时间切断;音乐舞蹈及戏剧表演的舞台将表演的空间与外界的空间相间隔。唐君毅认为,一切艺术的形成都需要先将艺术品的时空与外界的时空隔开,"先要有此分得开,隔得断,然后艺术的境界始能独立的呈现而真实存在"③。

二是艺术宇宙的开拓通达性。他指出:"艺术的宇宙也须能有一内在的

---

① 唐君毅:《中华人文与当今世界》(一),广西师范大学出版社 2005 年版,第 296 页。
② 唐君毅:《中华人文与当今世界》(一),广西师范大学出版社 2005 年版,第 298 页。
③ 唐君毅:《中华人文与当今世界》(一),广西师范大学出版社 2005 年版,第 301 页。

开拓以通达到外面的宇宙去"①,艺术品需要有内部空间和时间的开拓通达,从而涵摄更大的时空,让人觉得虽小而大,虽暂而久。例如,园林中的小桥既是园林与外界的间隔,又能与外界通达而摄外于内;园林中的塔可以眺望外界,与外面的世界相通达;园林中的流水可以由外来,也可以流向外;中国南方园林的曲径假山,将地面自然地划出曲折,又使之往复互通,使狭小的空间自然开拓而加大;中国旧式房屋的竹帘或珠帘隔断有间隙,人们可以从间隙看到另一房间而拓展一屋的空间;中国房屋的窗户形状各异,不同形状的窗户可以显出不同的风景,展现不同的世界;中国人物雕塑的衣服皱褶将外在的空间褶入其内,使其所涵的空间变大;中国雕刻依靠山崖或加龛,山崖或龛可以使雕刻与外界空间隔开,"雕刻物如有山岩或龛作衬托,此雕像便亦比原来大了"②;西洋画用透视学画形体可以显示出事物的立体深度,中国山水画的重峦叠嶂"看来遂有咫尺千里之势,使观者见种种平远、高远、深远之境"③;中国画追求逸趣,画的境界中有逸品,逸的含义是空间的流动与通达;中国书法重视字的结构,每一个字的内部都有空间的开拓与通达。

在间隔观的基础上,唐君毅强调了虚无在艺术创作和审美欣赏中的作用。他指出:"此间隔、此距离,其本性,即唯是空间,亦即一虚无,乃所以使人遗忘彼周围之物,使彼周围之物如不存在,而使此对象,得昭陈心目之前,宛然凭虚而如是在,凌空而如是现者,是即皆以虚无为用也。"④唐君毅喜欢用戏剧来举例,戏剧的舞台、幕布和灯光使舞台与外界形成了间隔和距离,使舞台孤立于外界环境,使人顿时忘掉了舞台之外的一切,使外界环境成了虚无,让观看者能够全身心地欣赏戏剧,这就是他所讲以虚无为用。

唐君毅还分析了各种中国艺术形式中的虚无之用。(1)建筑园林。中国

---

① 唐君毅:《中华人文与当今世界》(一),广西师范大学出版社 2005 年版,第 298 页。
② 唐君毅:《中华人文与当今世界》(一),广西师范大学出版社 2005 年版,第 304 页。
③ 唐君毅:《中华人文与当今世界》(一),广西师范大学出版社 2005 年版,第 305 页。
④ 唐君毅:《中华人文与当今世界》(一),广西师范大学出版社 2005 年版,第 312 页。

园林的布置曲径通幽,以窗户、栏杆、回廊为用,以迎接湖光山色、鸟语花香;中国旧式的四合院,四周房屋围绕中间一空旷的中庭,这些都是运虚以入实。中国旧式房屋中有屏风、珠帘和竹帘,既可形成间隔距离,又可开阖卷垂,有隙有虚。(2)书画。宋元文人画必有不着墨的虚白处,此虚白"为意之行、神之运之往来处,即山川人物之灵气之往来处"①。中国人裱画和印书必留宽天地,不同于西式书籍的天地常显局促而且没有墨线为框。(3)戏剧。西方戏剧的舞台、灯光及布景设计自成格局,使舞台与日常生活相隔离,但西方戏剧布景与表演必求逼近真实,未能运虚以入实;中国戏剧舞台不重布景,"舞台初如虚堂,如空庭,而唯闻锣鼓声。至其演员之动作与表情,今日皆知其多为象征式的,如持鞭马走、排手门开、掩袖啼而无泪、高声笑而不欢,皆为象征式的。然所谓象征式的,亦即似实而虚,似有而无之谓;亦皆人之善于运虚入实,运无入有之所成"②。(4)文学。中国古人诗句"隐隐飞桥隔野烟""隔墙送过秋千影""隔江人在雨声中"都形成一美的境界,"皆依于诗人之能运虚入实,运无入有,以使此境界,与世俗之所谓真实,如有一距离相间隔"③。

唐君毅讲间隔与虚无,在西方美学中虽有心理距离说相对应,其特色在于强调艺术创作者和欣赏者的修养工夫和心灵境界。他指出,文章之逸气,书画之逸品,"其原皆在其为人之心灵,先自蝉蜕于尘埃之外,其身之居世间,而未尝不超世间。……奔逸绝尘者,人心之致其虚灵,而使其德性超拔乎世俗的事"④。唐代画家张璪讲"外师造化,中得心源",唐君毅这里强调的正是中国古代艺术家的心源。这里的心源不仅有艺术的修养,还有道德修养,强调德性之超拔乎世俗之事。艺术家有此工夫,则可以由艺以进乎道。追求至高无上的道,正是中国艺术精神的归宿处。这是中国艺术的重要特色,也是中国艺术

---

① 唐君毅:《中华人文与当今世界》(一),广西师范大学出版社 2005 年版,第 315 页。
② 唐君毅:《中华人文与当今世界》(一),广西师范大学出版社 2005 年版,第 315 页。
③ 唐君毅:《中华人文与当今世界》(一),广西师范大学出版社 2005 年版,第 316 页。
④ 唐君毅:《中华人文与当今世界》(一),广西师范大学出版社 2005 年版,第 318 页。

的人文特色的源泉。

二、文学艺术的审美价值

唐君毅提出一个判断艺术文学等各种美的意识高下的标准："愈美之真理,愈具体之真理,在真理领域中应为最高者,而愈包含普遍之真理之美,在美的领域中应为最高者。"①这一标准,无论从概念运用还是思想内容,都具有鲜明的西方美学的特色。唐君毅在谈到自己的思想来源时,也直述了自己对于西方思想,尤其是康德、黑格尔思想的融摄,他说自己论文化的中心观念时,思想来自儒家先哲,在论述方式的表达上,为了概念的清晰,有时会借鉴西方,特别是对康德、黑格尔的理想主义借鉴较多。

黑格尔在《美学》中指出:"艺术的内容就是理念,艺术的形式就是诉诸感官的形象,艺术要把这两方面调和成一种自由的统一的整体",②艺术的目的就是通过感性形象来显现绝对本身。黑格尔提出关于调和的三个要求:第一个要求是要经过艺术表现的内容必须在本质上适宜于形象化和外在表现;第二个要求是艺术的内容本身不应该是抽象的,而应该是具体的。这里的具体不是像感性事物那样具体,而是和抽象的心灵性和理智性的东西相对而言的具体。第三个要求是真实的具体的内容应该有符合它的感性形式和形象,这种感性形式必须是个别的、具体的、单一完整的。总之,艺术的内容和表现都有具体性才能实现两方面的结合和符合。

唐君毅提出的审美标准至少从两方面借鉴了黑格尔的思想:一是以是否具体为判断真理高下的标准,以普遍性判断美的意识高下的标准。黑格尔关于艺术的内容和形式的三个要求,贯穿了一个根本原则就是具体性,要求艺术的内容和形式都有具体性。具体性的概念在中国传统文化中没有作为一个美学概念被强调出来,唐君毅将具体性概念引入审美判断中作为核心标准,直接

---

① 唐君毅:《文化意识与道德理性》,中国社会科学出版社 2005 年版,第 260 页。
② [德]黑格尔:《美学》第一卷,朱光潜译,商务印书馆 1996 年版,第 87 页。

来源正是黑格尔的思想。二是从内容与形式两方面的结合分析判断美的价值,美的内容与形式结合的效果成为判断美的价值的直接标准。内容与形式相结合的思维作为辩证思想的重要内容,是从黑格尔那里借鉴来的。

唐君毅比较了各种文学艺术的美的价值,他指出:"一、内容有意义而重在表述其意义之文学,其纯美的价值较低,此即散文、小说、戏剧。二、内容无意义,而重在表现一纯形式之美之艺术,其纯美的价值较高,此即建筑、雕刻、图画、书法、舞蹈、音乐。三、内容有意义而意义融于其形式中者最高,此即为诗歌颂赞箴铭等。"①

具体来说:(1)散文美的价值最低。散文中的美文或抒主观之情,或写客观的景物,都是分散地描写主观心理或经验对象。唐君毅指出,分散地描写具体的主观心理的散文的美的价值最低,因为这种原始散文都由叙述句组成,没有下判断,只是感觉对象与主观感情在特定时空中的聚合,其所表现的理是潜存的。(2)小说美的价值较散文高。小说所述为假定时空中的虚构故事,表现了事物的个体性,又描述了故事的演变发展,有一以贯之的意义和目的,小说可以直接显示一定的真理。(3)戏剧。戏剧为写出或演出人为达到某一类人生目的的具体的行动态度。戏剧分为多幕,连续表现一串故事的发展,每一幕剧表现一个普遍的意义,整个戏剧又表现一个普遍的意义。(4)建筑、雕刻、图画书法三者中,建筑美的价值最低,因为建筑为人们依理想构造实物的开始,理想最易受实物的物质性阻碍;雕刻的理想受物质性阻碍较少,人们可以自由增加改变,能显出理法之外的韵致神味;图画书法受物质性的阻碍更少,人们可以自由表现自己的理想,韵致神味更加凸显。(5)舞蹈。建筑所构成的形象是静的,舞蹈由身体的运动形相构成,舞蹈可以得到形相意识的解放。舞蹈不仅在形相本身,还在于超越特定形相的动态历程,各种动态的变化正是舞蹈之美。(6)音乐。音乐美的价值高于舞蹈,因为舞蹈中还有形相,而

---

① 唐君毅:《文化意识与道德理性》,中国社会科学出版社 2005 年版,第 260 页。

音乐则完全超越形相。音乐是按一定数学规律组合成的有一定比例的基本乐音,乐音的轻重、疾徐、高低、抑扬,有声与无声,都有一定的逻辑关系,人们能在音乐中直观真理的意义。(7)诗歌、颂赞、哀祭、箴铭在文学艺术中的美的价值最高。这些文学形式"不仅具音乐性,可谱之于音乐,且含藏具体之意义"①。含有具体的意义,与散文、小说、戏剧相通。它们所含有的具体意义,必然走向对宇宙人生文化的全体透视,与哲学形上学、人生哲学相通,而且它们常以可感事物为象征,不同于哲学采用抽象的理论说明形式。

唐君毅比较文学艺术美的价值的高低,在形式上很大程度上受到了黑格尔的影响。黑格尔将各种社会意识都看成绝对理念的表现,理念向各种特殊方面的伸展才能进入艺术意识。由于理念的不断伸展,艺术美才有一整套的特殊的阶段和类型。他将艺术美的类型分为象征型艺术、古典型艺术和浪漫型艺术。象征型艺术代表艺术的原始阶段,这一阶段理想自身还不确定,还很含糊,抽象性和片面性使得形象在外表上离奇而不完美,主要代表是东方原始艺术。古典型艺术克服了象征型艺术理念的抽象性、意义与形象不相符合的双重缺陷,实现了理念和形象的自由完满的协调,其局限性是无限的绝对内在的理念与感性的具体形象之间的矛盾,主要代表是希腊艺术。浪漫型艺术又破坏了理念与现实的完满统一,在较高的阶段回归理念与现实的差异和对立。这一阶段的艺术对象是自由的具体的心灵生活,只有在内在心灵里才能找到理念与现实的和解,感性现象的价值便丧失了,代表是中世纪西方基督教艺术。唐君毅以审美理想的自由表现为目标,和黑格尔以美的理念与现实的和谐为艺术类型与价值的判断标准是一致的。

黑格尔《美学》一书的第三部分分析了各门艺术的系统,专门论述了建筑、雕刻、绘画、音乐、诗歌等艺术形式的美的价值,探讨了用感性材料去实现美的理想和类型。唐君毅全面分析了黑格尔提到的建筑、雕刻、绘画、音乐、诗

---

① 唐君毅:《文化意识与道德理性》,中国社会科学出版社 2005 年版,第 270 页。

歌五种艺术形式,还增加了黑格尔没有充分论述的散文、小说、戏剧、书法、舞蹈、颂赞、箴铭等。这些艺术形式都体现了人们的求美意识。黑格尔分析三种艺术类型,提出"真正的美的概念,始而追求,继而到达,终于超越"①,有一个从低到高的前进上升的趋势,这正是启发唐君毅比较各种艺术形式的美的价值高低的直接理论来源。黑格尔将各种艺术形式看成美的理念不断伸展和发展的历程,象征型艺术为开始阶段,古典型艺术为成熟阶段,浪漫型艺术为开始解体阶段,正符合他所提出的辩证法的正、反、合三个发展阶段。然而,唐君毅对黑格尔的借鉴,归根结底只是一种形式上的借鉴,黑格尔的理念是一种绝对抽象的精神,是外在于人的,它的正、反、合的运动发展也只是绝对精神内在的逻辑展开。唐君毅用以分析的、贯穿中国各种艺术形式之中的生命精神是一种具体而普遍的,带有中国人理想信念和价值追求的生命精神,它普遍而内在,是中国人真实的生命和理想。因此,唐君毅对西方思想的借用,仅仅是形式上的借用,以彰显中国艺术的特征。

三、中国艺术精神

唐君毅是由对传统礼乐的研究启发而进入研究中国艺术精神的领域,他认为礼的含义偏于道德,乐则可统艺术。他所讲的礼不仅指礼貌、礼节,而是涉及人们的饮食起居、父子兄弟相处、婚丧嫁娶、外交关系等日常生活的各种礼仪。他所讲的乐不仅指音乐,而是包含音乐、舞蹈、诗歌等一切现代文学艺术的内容,因此他提出以乐统艺术。唐君毅所讲的礼乐文化,正是其人文美学的全部内涵,他由对礼乐文化特质的研究而揭示了中国艺术精神。

唐君毅关于中国艺术精神的分析,是从中国人的自然观入手的。因为中国人的文学艺术精神与中国先哲的自然宇宙观、人生观密切相连。中国先哲观自然,一方面观自然之美,另一方面于物皆见人心之德性。唐君毅指出:

---

① [德]黑格尔:《美学》第一卷,朱光潜译,商务印书馆1996年版,第103页。

"君子观乎天,则于其运转不穷,见自强不息之德焉;观乎地,而于其广大无疆,见博厚载物之德焉;见泽而思水之润泽万物之德;见火而思其光明普照之德;此易教也。"①中国人见天、地、水、火都能体会其德性,这是观无生物之德。对于生物,中国古人通常说"马有武德,牛有负重之德,羊有善美之德,犬有忠德,鸡以五德闻";对于植物,中国古人常言"松柏有后凋之德,梅有清贞之德"。在唐君毅看来,人为万物之灵,"依人之仁心,以观万物之审美精神"②,则万物也各有灵而具人之德。

唐君毅此处所言观物之德的传统正是儒家传统的"比德"理论。《礼记》中言:"昔者君子比德于玉",即以玉比君子之德,孔子将比德理论深而化之,成为儒家易教的主要思路和主体内容,后来子贡问孔子观水之说,孔子回答:"夫水者,君子比德焉"(《论语·劝学》),也即以水之德,易教人之德,孟荀对此多有继承和发挥,使比德成为儒家自然观之正统。唐君毅正是从儒家传统比德理论入手,以论儒家艺术精神美善合一的精髓,可谓接契了儒家传统美学之核心。

唐君毅还注重在中西比较中揭示中国艺术精神的特色:

第一,西方文艺中的伟大多为显、高、卓的英雄豪杰式的伟大,中国文学艺术的伟大则为平顺宽阔的圣贤式、仙佛式的伟大。西方人崇拜自然的原始生命力,爱高山峻岭、瀑布奔流和大海巨浪,"康德、叔本华论美极于壮美,叔本华以为在狂风暴雨雷鸣电闪下……见最高自然之壮美"③。西方人善于感受到自然力的伟大,人们内心对此无限的自然力努力去超越,于是产生了壮美感。中国古人没有单纯地赞颂自然力,而是注重发现天地万物的生机、生意、生德。唐君毅指出,中国诗人哲人观自然,不将自然视为各种力量争衡的场所,而注重表现自然的生命力,注重揭示天地之大美。中国人喜爱自然美与艺

① 唐君毅:《中国文化之精神价值》,江苏教育出版社2005年版,第196页。
② 唐君毅:《中国文化之精神价值》,江苏教育出版社2005年版,第197页。
③ 唐君毅:《中国文化之精神价值》,江苏教育出版社2005年版,第197页。

术美,中国人喜欢用最少的物质表现更多的美,表现更丰富的精神活动和心理活动,如中国人在很小的金铜、玉石、象牙、犀牛角上雕刻精美的字画,甚至在方寸面积内雕刻数百字或图画。唐君毅认为,中国古人纳大于小,由小见大,这不是由于中国人精神力、心力的衰弱,而是体现了先秦哲人万物并育并行的道理,能够于一物见一太极,"未尝见万物之相碍而相忍,此即中国古人对自然之审美之最重要精神所在,而亦遥通于中国政教礼乐之大原者"①。

西方文学艺术家的伟大精神受其宗教精神的影响,能够使人超有限而达于无限,善于表现生命的力量,常能震撼人心,这种作品才是西方文化特有的向上精神的第一流的作品。例如高耸入云的教堂、上达神听的赞美诗、但丁的《神曲》、罗丹的雕塑、贝多芬的交响乐,甚至现代几十上百层的高楼,都是西方宗教性文艺精神的代表作。尤其是西方文学中的悲剧,唐君毅感叹其"气魄之雄厚,想象之丰富,命意之高远,皆可引动人之深情,使人或觉一不可知之力之伟大,或觉此心若向四方分裂而奔驰,或觉登彼人生之历程,以上升霄汉而下沉地狱"②,激发出宗教精神中的解脱感、神秘感,培养人的超越精神。唐君毅指出,西方文艺所表现的精神确实伟大,其不足在于人们欣赏西方文艺时有自觉渺小之感,伟大之物难以真洋溢其伟大而与人分享,因此是"非充实圆满之伟大"③。

如果说西方文艺中的伟大多为英雄豪杰式的伟大,使人唯有崇敬膜拜,而人们的心灵仍无处交代,最终只能自我渺小。中国文学艺术的伟大则为圣贤式、仙佛式的伟大,这种伟大"可使人敬之而亲之,而涵育于其春风化雨、慈悲为怀之德性之下,使吾人自身之精神,得生长而成就"④。圣贤仙佛式的伟大不仅自身伟大,而且要将伟大赐予他人,他人受仙佛之感召而日趋伟大,而圣

---

① 唐君毅:《中国文化之精神价值》,江苏教育出版社 2005 年版,第 199 页。
② 唐君毅:《中国文化之精神价值》,江苏教育出版社 2005 年版,第 201 页。
③ 唐君毅:《中国文化之精神价值》,江苏教育出版社 2005 年版,第 201 页。
④ 唐君毅:《中国文化之精神价值》,江苏教育出版社 2005 年版,第 201 页。

贤仙佛在人们眼中反而显得平凡。唐君毅认为,仙佛式的伟大才是真正的伟大。他认为,西方美学在通物我之情方面,言模仿、欣赏、观照时始终有客观之物与我相对,言表现或表达时始终有我的存在,而"真正物我绝对之境界,必我与物俱往,而游心于物之中。心物两泯,而惟见气韵与丰神"①。这里唐君毅借鉴了王国维的境界论,以中国艺术精神的理想为无我之境,以有我之境评价西方艺术精神。这种比较揭示了中国艺术精神参赞天地之化育、追求天人合一的文化特质,从深层次上揭示了中国艺术精神的特征。

第二,中国文学艺术可以供人们的精神藏、修、息、游,能够让人们的精神当下得到安顿,使人们的性情得到陶养。唐君毅这里继承了孔子游于艺的思想。朱熹释孔子游于艺之"游"为"玩物适情之谓"②。唐君毅提出,中国文学艺术可供人游,他将游解释为"可使人之精神,涵育于其中,以自然生长而向上"③,凡可游者,都能让人的精神入乎其内而藏、息、修、游。他这里借鉴《礼记·学记》关于大学之教在藏、修、息、游中的有关内容,认为中国文学艺术正提供了人们藏、修、息、游的空间,让人们既知美之所在,又能实现自身与美的合一,而忘其美之所在。

(1)建筑。唐君毅分析了中国的塔、宫殿、房屋可以藏、修、息、游的特征。人们可以拾级而登中国的塔而远望四方,塔的高卓是可游的。中国的宫殿不仅追求高大,而且追求宽阔,里面千门万户四通八达,可以供为游玩。中国古代人家多重门深院,人在其中随处可以游息。中国住房的堂屋,如中国古代的明堂,其中设有天地君亲师的神位,婚丧之礼在堂屋举行,老人在此教育子孙。唐君毅指出:"堂屋之中,皆人类政治、社会、教育、文化之精神所流行,为人之责任之感、向上之心所藏修息游之地。"④中国家庭的堂屋因天地君亲师的神

---

① 唐君毅:《中国文化之精神价值》,江苏教育出版社 2005 年版,第 202 页。
② (宋)朱熹:《四书章句集注》,中华书局 1983 年版,第 94 页。
③ 唐君毅:《中国文化之精神价值》,江苏教育出版社 2005 年版,第 203 页。
④ 唐君毅:《中国文化之精神价值》,江苏教育出版社 2005 年版,第 204 页。

位而披上了神圣化的色彩,将高尚的文化生活融于人们的日常生活中,让人们在日常生活中受到礼乐文化的陶养,丰富了人们的精神生活,安顿了人们的心灵。中国的房屋檐下有回廊,漫步回廊,可以让人们的精神随处藏、修、息、游。中国房屋有飞檐飞角,其形态飘逸而与虚空同流,人们的心灵可以在这些虚实相涵处悠游往来。因此,唐君毅提出"中国建筑之美,在其表现一可游之精神"①。西方文学艺术多只供人赞叹崇拜,如西方高耸云霄的教堂,人可以入于其中而仰望其高卓,但是人不能游于教堂的半空而直接亲近其高卓;埃及的金字塔绝对大部分只能远观其伟大,而不能进入其中而游于其伟大;西式洋房重视高大而缺乏平顺和深曲,有过道而无回廊,有屋顶而无飞檐飞角,有房间而无堂屋。

(2)书画。唐君毅指出,"凡虚实相涵者皆可游,而凡可游者必有实有虚"②,中国艺术精神之所以可游,因为中国艺术有虚实相涵的特征。这种虚实相涵的可游之美,是一种回环往复的悠扬之美,因此唐君毅提出"中国人论美则尚优美"③。西方美学家论美的最高境界主要推崇壮美,仅席勒谓希腊美神佩戴了飘带而有优美的面向,而飘带精神并非西方文学艺术的长处。唐君毅指出:"飘带之美点,在其能游、能飘,即能似虚似实而回环自在。……中国艺术中所崇尚之优美之极致,在能尽飘带精神。"④这种优美的特征体现在中国书法和绘画中。中国书法重视用线条,"用笔能回环运转,游意自如,又有立体美深度美,故可开出一纯粹之形式美韵味美之书法世界,为人之精神所藏修息游之所矣"⑤。中国画自魏晋人物画、隋唐山水画到宋代文人画,都善于运用画的虚白处,虚白处自有灵气往来。中国山水画远水近流、遥峰近岭、烟云缥缈而虚实相涵,观者心随画景透迤而与之俱游。唐君毅以书画为中国艺

---

① 唐君毅:《中国文化之精神价值》,江苏教育出版社 2005 年版,第 204 页。
② 唐君毅:《中国文化之精神价值》,江苏教育出版社 2005 年版,第 205 页。
③ 唐君毅:《中国文化之精神价值》,江苏教育出版社 2005 年版,第 205 页。
④ 唐君毅:《中国文化之精神价值》,江苏教育出版社 2005 年版,第 205 页。
⑤ 唐君毅:《中国文化之精神价值》,江苏教育出版社 2005 年版,第 206 页。

术的主要代表,因为"中国书画之妙,在纯以线条为主,以最少之物质性,表极高之形式美与精神意味"①。

（3）音乐。中国音乐特别重视余音回绕,常用"余音绕梁,三月不绝"来形容音乐的优美。唐君毅以京剧和昆曲为例说明了中国音乐的特征,京剧中的沉郁顿挫之音是盘旋回绕之余音的凝结,声音凝结成立体。昆曲中的悠扬安和之音是回旋之音的舒展疏达,声音环开而成平面。唐君毅指出,无论是顿挫还是悠扬之音,都是人们精神藏、修、息、游的场所。西洋音乐重视和声,产生了伟大的交响乐,这是一种英雄豪杰式的伟大。西洋高音独唱步步升高响入云霄,壮美之音能够表现悲壮慷慨的情绪,能够使人的精神奋发提起。而中国音乐的婉转凄颤的优美之音,能使人的精神柔嫩而富情,使人的精神得到藏、修、息、游。中国的七弦琴之音舒徐淡宕,洞箫之音清幽柔和,皆为山林之音,引人入于清幽悠远之境,表现了仙佛式的伟大。中国寺庙有晨钟暮鼓,使人反虚入浑而发深省,磬声则使人沉抑而意远。唐君毅指出:"鼓磬之伟大,正在其中为虚空,其声之浑沦清远,足以泯人之意念而'藏'之,使人之精神'游'于无何有之'乡',而'息'焉'修'焉者也。"②

（4）雕刻。中国雕塑在中国艺术中的地位,不及西方雕塑在西方艺术中的地位。唐君毅认为,西方之所以重视雕塑,因为"雕刻所处置者,为顽硬之石。石乃物质性最重者。故人欲表现其征服及重造自然界之生命力者,乃在艺术中特重雕刻"③。西方自古希腊、古罗马时代以来就重视雕塑,如教堂上的浮雕、宗教或英雄人物的雕像,都表现了宗教精神和生命的力量,使人仰望而崇拜。中国的雕塑其原始为"商周之鼎彝上所刻之花纹与鸟兽",汉代已有石刻,后来的佛像雕刻大多倚岩而雕或位于山洞之中,佛像多有佛龛,"皆不重使其生命力量之表现于外"。唐君毅认为,使雕塑力量有所藏则"瞻礼之心

---

① 唐君毅:《中国文化之精神价值》,江苏教育出版社 2005 年版,第 209 页。
② 唐君毅:《中国文化之精神价值》,江苏教育出版社 2005 年版,第 208 页。
③ 唐君毅:《中国文化之精神价值》,江苏教育出版社 2005 年版,第 209 页。

亦得而藏焉修焉。故入中国寺庙及山洞瞻礼圣贤仙佛及豪侠之士,恒使人怀先生之风,若山高而水长,低回流连,不忍遽去"①。

由上可见,中国各种艺术精神具有内在的相通性。唐君毅指出:"中国艺术精神,尚有一种极堪注意之点,即重各种艺术精神相互为用,以相互贯通。"②西方艺术家献身于所从事的艺术,成为专门的音乐家、画家、雕刻家和建筑家,中国艺术家则常身兼数技,因为中国各种艺术精神能够相通共契。唐君毅指出:书画相通最为明显,唐寅谓"工画如楷书,写意如草圣";图画与建筑雕刻相通,中国建筑"掩映于积翠重阴之下,皆所以含若隐若现似虚似实之画意";建筑与音乐相通,西方建筑为凝固的音乐,"中国之建筑则舒展的音乐,与音乐精神最相通也"③;文学与书画、音乐、建筑相通,如人们评王维的诗画"味摩诘之诗,诗中有画,味摩诘之画,画中有诗",古文之美在于其适合朗诵歌唱,甚至有学者提出中国诗文皆须自声音证入,中国戏剧所唱的多为诗词,称看戏为听戏可见戏剧、诗文与音乐相通,中国建筑多悬挂匾额与对联,可见建筑与诗文相通。唐君毅指出:中国各种文学艺术精神之所以交流互贯,因为中国艺术家"不以文学艺术之目的在表现客观之真美,或通接于上帝,亦不在尽量表现自己之生命力与精神,恒以文学、艺术为人生之余事(余乃充余之义),为人之性情胸襟之自然流露。"④因为性情胸襟是一个整体,所以唐君毅认为流露于书画诗文的性情胸襟都是同一个精神,这种精神的同一性正是各种艺术精神贯通相涵的基础。

第三,中国文学精神。唐君毅在中西文学的比较中揭示了中国文学精神的特色。他指出:中国文学重视诗与散文,西方文学重视戏剧与小说,产生这种差异的原因是中西文学精神的不同。西方小说和戏剧在布局谋篇上大开大

---

① 唐君毅:《中国文化之精神价值》,江苏教育出版社 2005 年版,第 210 页。
② 唐君毅:《中国文化之精神价值》,江苏教育出版社 2005 年版,第 210 页。
③ 唐君毅:《中国文化之精神价值》,江苏教育出版社 2005 年版,第 211 页。
④ 唐君毅:《中国文化之精神价值》,江苏教育出版社 2005 年版,第 212 页。

合,内容上前后紧密相连,使人的精神激荡。西方戏剧表现人的行为动作,易于表现人的意志力和生命力,着重烘托出主角的性格与理想。中国小说戏剧则不只是烘托出一个主角的性格与理想,通过人物关系与行为的描写,烘托出人物的性情与德性,绘出整幅人间。中国的散文疏散豁朗,诗主写景言情,二者都不注重表现人的意志行为,而重在表现理趣与神韵。唐君毅指出:"诗文之好者,其价值正在使人必须随时停下,加以玩味吟咏,因而随处可使人藏焉、修焉、息焉、游焉,而精神得一安顿归宿之所。"①

唐君毅不仅提出中国的诗、词、曲、散文富有音乐性,而且"中国文字每一字每一音,皆可代表独立之意义或观念,故每一字每一音,皆可为吾人游心寄意之所"②。中国文字便于分合成长短音节,例如诗歌骈文的字数音韵均有一定,符合对称韵律等美的原理。中国文学重形式,创作者可以收敛其情绪与想象于其中,欣赏者须反复涵泳吟味,藏、修、息、游于其中,才能体会作者之意。而且,中国文学中有矣、也、焉、哉、者等各种助词,可以帮助人们涵泳吟味,唐君毅认为这类字,"正如中国画中之虚白。画中虚白,乃画中灵气往来之所,此类表语气之字,则文中之虚白,心之停留涵泳处,即语文中之灵气往来处也"③。

中国文学不像西方文学那样,追求通过自然的形色,接触神的旨意,例如黑格尔论艺术精神,必然过渡到宗教精神。唐君毅指出:"中国自然文学之精神,以宇宙之生机、生意,即流行洋溢于目之所遇、耳之所闻,则自然之形色之后,可更无物之本体与神。于是当其透过自然之形色而超越之时,所得之境界,遂为一忘我、忘物,亦忘神之解脱境。"④中国文学的至高境界,不似基督教的宗教境界,也不像佛教的四大皆空的境界,而是道家游心于自然的仙境。中

---

① 唐君毅:《中国文化之精神价值》,江苏教育出版社 2005 年版,第 214 页。
② 唐君毅:《中国文化之精神价值》,江苏教育出版社 2005 年版,第 215 页。
③ 唐君毅:《中国文化之精神价值》,江苏教育出版社 2005 年版,第 216 页。
④ 唐君毅:《中国文化之精神价值》,江苏教育出版社 2005 年版,第 219 页。

国的山水田园诗文和游仙诗所呈现的仙意与化境正体现了中国文学的精神。在这一点上,唐君毅借鉴王国维的有我之境与无我之境来说明,认为西方人移情于物是有我之境,中国文学追求的仙意或化境则是无我之境,没有情的牵累而达到空灵之致。

在中国文学的精神境界方面,唐君毅谈到了对朱光潜《文艺心理学》的一点看法。他年轻时读中国唐诗,特别注意诗句中的"无""空""自""不知""何处""谁家"等字,认为这些无我之境界的诗文是诗人解脱精神的流露。而西方美学中的"无""自"则表示间隔化和孤立绝缘化的作用,使人能直接观照而有移情的作用。他指出:"朱光潜先生《文学心理学》,似亦偏重以此二观念讲中国诗文之境界,今乃知其不能尽。盖观照移情,皆实不免似无我而实有我,皆域于狭义之艺术精神以为言。"[1]如果从超越物我对待的化境而言,以西方观照和移情的观点来说明确有不妥,但对于未至此化境的大多数诗文而言,借其诠释中国诗文则是可行的,而且引入心理学的方法研究诗文,的确是一大创新。

通常认为,西方悲剧发达,中国文学缺乏西方式的悲剧。唐君毅赞同叔本华用意志解脱论来解读西方悲剧。他指出,西洋人欣赏悲剧,因为西方人的生命精神多激烈的矛盾,需要借悲剧以客观化,"西方悲剧之价值,则一面在使人对人之善,有一直觉之观照;一面在使人得一意志之解脱"[2]。西方悲剧让人犯小过或无罪而得最悲惨的结果,让人们直接观照到善必须绝对完全绝对纯粹,因此悲剧能够提升人的精神境界。西方悲剧宣扬人有原罪,主角之罪与生存意志唯有以死得解脱,悲剧能使人生解脱和净化。唐君毅指出:"西方之悲剧,皆直接关涉个体人物或人格之悲剧。中国之悲剧意识,则为'人间文化'之悲剧意识"[3],例如《红楼梦》的悲剧不仅是贾宝玉、林黛玉二人的悲剧,

---

① 唐君毅:《中国文化之精神价值》,江苏教育出版社 2005 年版,第 219 页。
② 唐君毅:《中国文化之精神价值》,江苏教育出版社 2005 年版,第 235 页。
③ 唐君毅:《中国文化之精神价值》,江苏教育出版社 2005 年版,第 238 页。

而是整个荣、宁二府的悲剧。在中国小说戏剧中,唐君毅以《水浒传》的境界
为最高,其次为《红楼梦》,再次为《西厢记》《桃花扇》《三国演义》。他认为
《红楼梦》是悲剧,显示出人间一切来自太虚而归于太虚,揭示了人生无常。
《水浒传》是悲剧而超越悲剧,纳惊天动地于寂天寞地之中,使读者即实而证
空。让读者即实证空而得当下解脱,正是唐君毅揭示的中国悲剧的精神价值。
他认为中国的悲剧意识来自儒家爱人间及其历史文化的深情与道家、佛教的
忘我空灵的心境和超越智慧。中西悲剧观念呈现的差异,实际上是中西文化
与生命精神的差异,研究中西文学与艺术,若不追溯其中的文化与生命精神的
差异,便不能得其解。

第三节　人文美学与中国传统
美学的现代转型

20 世纪上半叶,中国美学在王国维、朱光潜、宗白华等人的引领下启航,
开始了境界美学、心理学美学和意境美学等发展方向。他们谈美学,一方面借
鉴西方美学,一方面弘扬中国传统美学。他们都有鲜明的中国文化的自觉,有
鲜明的中国文化立场。但由于他们的求学经历和个人旨趣的差异,导致他们
对中国美学的阐释有鲜明的差别。唐君毅从人文精神角度研究中国文化与艺
术,提出了一套独特的人文美学,推动了中国传统美学的现代转型,发掘了中
国传统美学的现代价值。

一、批判西方现代性

第一,批判西方文化的霸道色彩。现代新儒家是面对西方文化强势入侵
中国的背景下,挺身而出为中国文化争地位的学派。从梁漱溟演讲"东西文
化及其哲学",现代新儒家就开始了自觉地为中国文化辩护。唐君毅就自觉
地站在中国文化的地位上对西方文化的挑战做了回应。他指出,近三百年的

世界史就是西方文化对东方文化挑战的历史,西方文化以"浮士德式之无限追求"的精神向前追求,试图去征服世界。① 唐君毅分析了近代西方文化势力膨胀于世界的原因:一是以科学知识技术征服与人相对立的自然;二是强调个体权利幸福的机会平等,宣扬西方民主政治;三是西方国家由权力争衡最终走向了国家帝国主义,西方文化是一种具有霸道色彩的文化。相对于西方文化的霸道特征,中国文化以知识附属于德性,重视人与人之间生命精神的相互感通,强调人性的平等,具有鲜明的王道色彩。唐君毅指出:"中国传统文化之精神,亦可称为东方之日本、印度之文化大体上共同之精神。其中之如以'知识附属德性'、'技术统于艺术'、'以人与我之人格当互相存在,以形成伦理世界、人间世界'、'人人皆平等的有成圣成佛之可能之人性论'、'天下一家之理想',皆有无穷的涵义与永恒的价值,亦可救近代西方文化之弊害。"②

第二,批判西方大学教育的商业化。现代大学教育像现代工商业组织一样,尽量分系分科,尽量扩张膨胀,优点是研究成果、教育成果增多,但也有严重的问题。唐君毅指出:现代大学教育的主要问题是学校不能成为生命真实存在的场所。具体来说,现代大学的教授专家只能在极专门的学术范围中发表意见,对于其专门范围之外的学术都不敢赞一词。各种教授专家对于其他人的学术价值不能欣赏、赞美和鼓励,唐君毅认为这种状态"实际上互为不存在"。虽然现代大学会辅之以通识教育,但这种沟通各种学术的媒介本身又滑向了一个专门学术。学术价值互为不存在,其人格与生命也同样互为不存在。20世纪50年代之后,唐君毅到了日本和西方许多大学,他不了解这些大学里的老师和学生学的是什么,而他们也不了解唐君毅学的是什么,他感叹自己与他们之间互为不存在。他进一步指出:"许多在学师之师生,其灵魂实大都是十分单调、孤独而又彼此互为不存在的人。"③

---

① 唐君毅:《中华人文与当今世界》,广西师范大学出版社2005年版,第673页。
② 唐君毅:《中华人文与当今世界》,广西师范大学出版社2005年版,第676—677页。
③ 唐君毅:《中华人文与当今世界》,广西师范大学出版社2005年版,第515页。

第三，批判西方生活的疏离。西方现代都市生活将人的文化生活与私人生活分离，唐君毅指出："今日西方人及西化之中国都市中人之文化生活，恒与其个人之私生活分开。此亦即西方人及今人恒分私德及公德之实际的原因。西方人过宗教生活，则赴教堂。欣赏自然之美或过艺术生活，则至美术馆、博物馆、剧院、电影场、音乐厅、跳舞院。求真理，则至图书馆、学校或学术团体。练习身体，则至体育场、游泳场。"①在 19 世纪以来的西学东渐的大潮下，西方都市生活方式直接冲击了中国传统的礼乐化生活。唐君毅感叹中国传统风习全变了，这是据 20 世纪 50 年代之后的香港的情形而发出，事实上，在此之后，他所言之情形演绎得更加严重。随着中国改革开放的推进，中国城市化进程不断加速，乡村人民半数以上进入了城市，乡村正在迅速地城市化，社会风俗也发生着急速的变化。唐君毅当年批判的西方都市化问题已来到了我们每一个人身边，因此他所提出的都市化生活问题在今天仍具有重要意义。

二、继承儒家美学的大传统

美学作为一个独立的学科始于 1750 年德国哲学家鲍姆嘉通出版的《美学》一书，此书以美学命名，明确界定了美学的概念："美学作为自由艺术的理论、低级认识论、美的思维的艺术和与理性类似的思维的艺术是感性认识的科学。"②这一定义延续了西方的认识论传统，将美学视为人类认识论的成果，视之为一个知识体系，这与中国美学的发生发展有着本质的不同。中国美学从来不曾作为知识论而存在过，它与中国的哲学、文学、艺术一样，是中国人生命体验的汇总，它可称为生命美学、体验论美学、人生论美学、价值论美学。现代中国美学的建构与发展，自然离不开中国美学的传统。无论是王国维、蔡元培、梁启超，还是朱光潜、宗白华，他们在美学理论建构中都会论及中国美学，为自己的理论寻找中华民族的源头，到底谁接上了中国美学的大传统呢？王

---

① 唐君毅：《中国文化之精神价值》，江苏教育出版社 2005 年版，第 164 页。
② 周宪：《美学是什么》，北京大学出版社 2002 年版，第 15 页。

国维作为现代中国美学的奠基人,他是从接受消化西方美学开始的,他对中国文学作品的解读在很大程度上受到了叔本华和尼采的生命意志论美学的影响。朱光潜的《诗论》是其最具中国元素的一部著作,但是"《诗论》对诗境作出理论表述和论证时没有提及任何一家中国诗论,而是直接从克罗齐美学中寻找根据"①,可见王国维、朱光潜二人的美学都曾试图以西方美学来解读中国文化,这是对中国传统美学进行现代转型的努力尝试。这种做法倘若只是方法论上的借鉴,亦是一种积极的开拓,但其内核仍需牢牢握住中国美学的核心精义,才有成功的可能。对此,王国维、朱光潜经过尝试后,亦有清晰的认知。

徐复观和宗白华是研究中国美学特色非常鲜明的两位美学家。徐复观的《中国艺术精神》将中国文化中的艺术精神概括为孔子和庄子两个典型,孔子是仁与音乐合一的典型,庄子则是纯艺术精神的典型,他认为中国绘画完全是归结于庄子艺术精神。因此徐复观所讲的中国艺术精神主要是庄子精神,他主要诠释庄子美学的传统。宗白华的美学可以溯源于《易经》。他对美的基本看法是"美与美术的特点是在'形式'、在'节奏',而它所表现的是生命的内核,是生命内部最深的动,是至动而有条理的生命情调"②。他认为中国艺术所表现的境界特征是根基于中华民族的基本哲学《易经》的宇宙观,中国画的主题气韵生动就是生命的节奏或有节奏的生命,伏羲画八卦,就是用最简单的线条表示宇宙万物的变化节奏。宗白华没有在儒家美善统一基础上论美的本质,他主张哲学求真,道德或宗教求善,介乎二者之间表达我们情绪中的深境和实现人格和谐的是美,文艺是与道德和哲学并立的,他强调了美与真、善之间的独立性。

唐君毅则继承了儒家礼乐教化的大传统。由于美学作为一个学科提出和发展于西方,所以现代中国美学家讨论美学总免不了要受西方的概念和思维

---

① 王攸欣:《选择·接受与疏离:王国维接受叔本华、朱光潜接受克罗齐美学比较研究》,生活·读书·新知三联书店 1999 年版,第 194 页。

② 宗白华:《美学散步》,上海人民出版社 1981 年版,第 119 页。

框架的影响。唐君毅则不同,他是由中国人文精神的研究而进入中国美学的研究,在做人文精神研究时,他已经深入中国传统文化核心,理其脉络,辨其统绪,昌其特性。美学是人文精神的一部分,因而他研究中国美学、处理中国美学的丰富资源时,自然也做起了辨别中国美学传统、继承中国美学正统的工作。唐君毅的学术归属于儒家,他是现代新儒家的代表人,因此,他所继承的中国美学的大传统也就是儒家美学的传统,表现为两方面:一方面是儒家礼乐教化的传统。这也是现代新儒家们集体坚守的一个儒家传统。现代美学家研究儒家艺术精神,都会讨论礼乐问题,徐复观也讲到了儒家礼乐并重,但是他根据儒家"兴于诗,立于礼,成于乐"的论断,指出儒家把"乐安放在礼的上位,认定乐才是一个人格完成的境界,这是孔子立教的宗旨"①。唐君毅则没有像徐复观那样偏于音乐来论述孔子的艺术精神,而是在礼乐并重的基础上,发展和丰富了礼乐基础上的儒家人文教育。另一方面是儒家美善合一的传统。他继承了儒家美学以人格美、人文美为中心的特色,他接续了孔子"立于礼,成于乐"、孟子"充实之谓美"的人格美一路,不仅论礼乐并重,更论美善合一。他提出,儒家讲尽善尽美,突出了美需要道德心灵的支撑,而美学的终极目的是"以善为主导的真善美俱现的统合人格之实现",这是儒家成于乐的现代形态。

三、从重建礼乐生活的角度推动人文美学的实践开展

第一,现代风俗之教的推广。现代新儒家的开山者梁漱溟试图通过乡村建设,努力传承中国社会礼俗文化,唐君毅认为这种做法太王道和理想化。中国的礼乐教化始于周朝。夏商的礼乐主要用于祭祀,调节人与神的关系。周朝以后,礼乐的意义逐渐转向伦理层面,促进人际关系的和谐。唐君毅指出:"礼乐之教育乃自然地陶养人之道德性情之教育"②。礼的教化可以在潜移默

---

① 李维武编:《徐复观文集》第四卷,湖北人民出版社 2002 年版,第 4 页。
② 唐君毅:《中国文化之精神价值》,江苏教育出版社 2005 年版,第 153 页。

化中实现人的道德提升,"艺术之生活使人忘我,使人与物通情,使人合内外,而血气和平,生机流畅,最能涵养人之德性。人之以其善相示范、相鼓励、相赞美、相欣赏、相敬重是礼,艺术是乐。"①礼的内容表现在人们的饮食起居、婚丧嫁娶、社交活动等各种行为之中。唐君毅建立现代礼教,一方面提倡家教,家庭教育中明堂是一个具有强烈礼仪象征意义的场所;另一方面强调风俗之教,重视中国各种传统节日的教育意义,如清明节讲感恩教育,端午节讲爱国教育,乞巧节讲爱情教育。

第二,现代乐教的实践。唐君毅不仅诠释了广义的现代之礼的内容,而且也提出了广义之乐的内容。他所讲的乐的内容包含音乐、舞蹈、诗歌、绘画、文学、建筑等各种文学艺术形式。唐君毅致力于倡导现代礼乐的复兴,一方面在学术上研究阐释古代乐教理论,阐扬中国文学艺术精神。如他在《中国文化之精神价值》一书中专章论述了中国艺术精神和中国文学精神,尤其是通过与西方文学艺术进行对比,揭示了中国文学艺术在人的精神陶养方面的独特价值。他称西方音乐的典型特征为壮美,中国音乐的典型特征为优美,"西方交响乐之伟大,多是英雄豪杰式之伟大。西方宗教音乐,非英雄豪杰式,而颇有庄严神圣之美,足表现西方之圣贤情调。然富祈望之情,而非中国式圣贤情调。吾尝于成都参加孔子祭典,间奏古乐,其音浑沦而肃穆,使人心广大和平。"②以致他至香港之后,仍怀念成都青羊宫畔的鼓声、磬声,大有孔子"余音绕梁,三月不知肉味"的余韵,更盛赞传统乐教培养了人的思古之悠情。因此,他在新亚书院期间,就积极推进各种现代乐教的实践活动。如前所述,包括积极成立学生音乐社团、国剧社团,在校园开展各种礼乐活动,以期寓教于乐,于无形中培养学生的人格之美。

第三,儒家书院教育的实践。唐君毅指出:"中国传统之书院教育制度

---

① 唐君毅:《人文精神之重建》,广西师范大学出版社 2005 年版,第 37 页。
② 唐君毅:《中国文化之精神价值》,江苏教育出版社 2005 年版,第 208 页。

中,或英国传统之导师制度中,师生之关系,是互为存在的。"①1950年他在香港和钱穆一起创办了新亚书院,这是一个传统书院教育与现代大学教育相结合的教育尝试。他认为,传统书院制度下,老师与学生的关系最初是可以互相选择的,选择定了便终身不改,老师和学生是一种伦理关系。他创办新亚书院的初衷,就是向慕传统书院精神,希望融之于现代大学之中。新亚书院教育的最大特色是提倡通识教育,主张先重通识,再求专长。通识教育要求所有学生都学习一般的人生文化课目,尤其是儒家的人生理想等课程,唐君毅指出:"最好的教育方法是教历史要与哲学、文学配合,教文学要与哲学、历史配合,教哲学要与历史、文学配合,此外若能加上艺术,就更好。"②新亚书院不仅在课程设置上注重人生文化的通识教育,而且建立了很多人文学术团体,这也是开展通识教育的途径。唐君毅参加的学校人文学术组织主要有人文讲会、哲学学会、东方人文学会、人文友会等,其中他负责的人文讲会办了四年时间,共讲一百三十几次,请来演讲的人很广泛。新亚书院也建立了导师制,让学生认定一两位导师,导师对学生进行人格的培养和学问的指导,理想状态如孔子与其弟子一般,共同成长。

四、开创了中国人文美学的发展方向

现代中国美学的发展进路有功利主义美学和非功利主义美学两种。功利主义美学以梁启超、鲁迅为代表,重视艺术对于国民性的改造和社会的变革作用,非功利主义美学以蔡元培、王国维、朱光潜、宗白华等为代表,重视心灵的净化、情操的陶冶和人格的完善。这些美学家都引领了现代中国美学的发展方向。功利主义美学强调审美和艺术的社会功能,这一路线经由梁启超、鲁迅的开启,虽应了一时之需,但以审美为工具论终归违背了"为人生而审美"的

---

①　唐君毅:《中华人文与当今世界》,广西师范大学出版社2005年版,第516页。

②　唐君毅:《中华人文与当今世界补编》,广西师范大学出版社2005年版,第269页。

中国人生美学的传统,也失去了美学是生命的形而上活动的精义。非功利主义一派,蔡元培研究了中国音乐美学和绘画美学,谈到了继承儒家乐教的基本理念;王国维研究了诗词美学、戏曲美学、绘画美学和小说美学,重视对孔子、老子、庄子美学思想的传承,对于孔子的乐教有所阐发,重视美学对人格的塑造和人生境界的提升;宗白华从绘画、塑造、音乐、书法等艺术形式研究了中国艺术意境的结构与特点,提出了意境理论和律历美学。他们在中国美学的研究上各有所长,成就斐然,如蔡元培的美育研究、王国维的境界理论、宗白华的意境理论,却没有从传统儒家美学正统的视角提出人文美学的研究思路,也没有对传统儒家以人格塑造、德性培养为主要目的的人文美学给予充分重视。

唐君毅的美学研究最鲜明的特色在于以人文美学、人格美学为主体内容开展研究。他接续儒家思想之正统,旁涉吸收道佛等各家思想,揭示中国人文美学的精神内涵,更试图在现代社会重新匡扶人文美学的发展地位,他所提出的人文美学的研究框架,其于人文美学的理论研究与实践开展,不可谓不宏大。龚鹏程曾指出:"可惜,过去之美学研究,格于西方美学的框架,对人文美的讨论仍然不足。特别是习俗美这个部分,受到的关注,远少于生命美学部分。据我所知,只有唐君毅先生因谈中国人文精神的重建,希望重视中华礼乐,才点出了这个人文风俗美的概念,并企图以人物美、人格美、人文美为基,来说明中国的文学艺术美。"①因此,唐君毅在倡导人文美学方面有重要的开拓之功,他的美学专注于人文美学、人格美学的研究,全面分析了中国艺术精神的人文内涵,建构了现代社会的礼乐形式,推动了中国人文美学的现代发展。

---

① 龚鹏程:《儒学与生活》,东方出版社 2018 年版,第 158 页。

第七章　牟宗三道德美学的
现代性

　　牟宗三(1909—1995 年)，字离中，山东栖霞人，现代新儒家第二代的核心代表人物，被誉为近现代中国最具原创性的哲学家。牟宗三反对以审美的兴会来讲哲学，却以哲学的思辨讲出了一套美学，虽然他没有专门研究美学的著作，但他涉及美学问题的著作则很多。他从中国文化的架构出发反省中国美学的特质是从 1955 年出版的《历史哲学》一书开始的，这可谓他真正意义上的美学研究的发端。1963 年出版的《才性与玄理》是牟宗三集中研究传统人格美学的著作。1968 年 3 月，牟宗三在香港中文大学艺术系进行演讲，题为《美的感受》，演讲内容后收录进《牟宗三先生晚期文集》，此文对于了解牟宗三在美与艺术方面的思想具有重要价值。1990 年至 1991 年在香港新亚研究所分 16 次讲康德第三批判。1992 年在《鹅湖月刊》第 202、203、204 期发表了《以合目的之原则为审美判断力之超越的原则之疑窦与商榷》的长文，以中国儒家智慧集中消化康德美学。1992 年和 1993 年出版了译著《康德〈判断力之批判〉》上、下册。由于牟宗三在中国哲学创造性阐释方面成就巨大，其美学研究多被人们忽视，即使对其美学进行研究，又多关注他吸收消化康德美学的观点，对于他在中国传统美学的传承与创新方面的贡献则多有忽视。因此，本章将从梳理牟宗三美学的思想体系入手，进而分析其美学的特质，揭示其在中国传统美学现代转型中的地位与贡献。

牟宗三早期美学着力回向生命之内寻找美的根源,由人类生命精神之生发与落实而考察了中国人的美与艺术,提出了有中国特色的艺术性主体观念和气化美的概念。他通过对魏晋美学之才性名理分析,既揭示了中国以才性为中心的人格美学的特点,澄清了中国音乐美学的统绪,同时阐发了才性名理一系中因为缺乏道德支撑而带来的褊狭,由此确认了只有道德才是美的内在支撑的儒家式生命美学的基本立场。牟宗三晚年反思康德美学,对康德审美判断的超越原则提出质疑,并从中国文化的角度提出了解决康德美学困境的方法,阐发了可与西方分析美学相抗衡的中国圆融美学之精义,提出了"无相原则""真善美合一说""内合""妙慧"等中国式美学话语,在现代中国心理分析美学、意境美学等路径之外,开辟了思辨式哲学美学的研究进路,推进了传统儒家美学的现代发展。

第一节　分别说与合一说的美与艺术

牟宗三关于美与艺术的思考,是从中国文化的架构切入的。虽然牟宗三大学时期便欣赏怀特海的美学,但终不认同怀氏外在化的数学美感,而回向生命之内寻找美感的根源。牟宗三当时的美学应源于"原始混沌生命"①,这一路向后来转为架构的思辨。他认为,人类历史的发展是"人之精神理想之步步生发、步步为人所实践之历程"②。由人类生命精神之生发与落实而考察中国人的美与艺术,牟宗三提出了他关于中国美学的一些核心观念,阐发了他对美与艺术的基本理解。

---

① 蔡仁厚:《牟宗三先生学思年谱》,台北联经出版事业股份有限公司 2003 年版,第 106 页。
② 唐君毅:《中国历史之哲学的省察——读牟宗三先生〈历史哲学〉书后》,牟宗三:《历史哲学》,台北联经出版事业股份有限公司 2003 年版,第 443 页。

一、分别说与合一说的美

牟宗三晚年思考美的本质问题应是受翻译康德《判断力批判》的激发。他对美下了一个独特的定义:"美主观地说是妙慧之直感,客观地说是气化之光彩。"①他的定义是反对康德从认识论考察美学,而妙慧的直感与认知机能无关。强调人的妙慧直感能力,突出人具有智的直觉,是牟宗三揭示的中国哲学的特质。智的直觉是牟宗三哲学体系的奠基性概念,也是其美学思想的基石。他反对康德以合目的性原则为审美判断的根本原则,而提出美是气化的光彩,根本不从理性上生起,因此不能用合目的性原则为根本原则。牟宗三认为"美是气化的巧妙所呈现"②,"科学所讲的那个自然没有美,但是,美的景色也是从自然蒸发出来的。美人也从四肢百体表现,四肢百体就是气化。"③美只能通过气化才能呈现出来,也就是主观方面的美感和客观方面的自然气化的巧妙相合。人类的美感接触到气化的光彩便产生愉快之感,这便是美。天才人物能够通于天地之美、神明之容,其周身莫不散发一种难以名状的人格魅力与耀目的光彩,这种光彩源于智的直觉对生命之气化的直观,不赖于道德理性的升发。妙慧属主观性的一面,气化属客观性的一面,牟宗三对美的定义可谓是"美是客观与主观的统一"④观点的中国式表达。

牟宗三区分了分别说的美和合一说的美。他提出:"分别说的美指自然之美与艺术之美。"⑤他借鉴陆象山"平地起土堆"的说法,提出真善美都是由人的特殊能力在平地上所起的土堆,提出美是由人之妙慧的静观直感所起的

---

① 牟宗三:《商榷:以合目的性之原则为审美判断力之超越的原则之疑窦与商榷》,《牟宗三全集》第 16 册,台北联经出版事业股份有限公司 2003 年版,第 75 页。
② 牟宗三:《康德第三批判讲演录(八)》,《鹅湖》2001 年第 4 期。
③ 牟宗三:《康德第三批判讲演录(八)》,《鹅湖》2001 年第 4 期。
④ 朱光潜:《朱光潜全集》第五卷,安徽教育出版社 1989 年版,第 51 页。
⑤ 牟宗三:《商榷:以合目的性之原则为审美判断力之超越的原则之疑窦与商榷》,《牟宗三全集》第 16 册,台北联经出版事业股份有限公司 2003 年版,第 76 页。

无任何利益关心,是一种纯美的愉悦,也不依靠任何概念的"对于气化之光彩与美术作品之品鉴"①的土堆,不同于义理之悦心。分别说的美是生命的"闲适原则"②,是生命的洒脱自在。这是妙慧静观的闲适,亦赖妙慧静观而升华,否则会落入感性的激情之中。牟宗三所讲真善美的合一不同于康德由审美判断来联结自由与自然而实现的合一,而是由妙慧心实现的即真即善即美的合一。康德否定人具有智的直觉,因此人类无法接触到物自体,无法体验到真善美的合一之境。牟宗三则认为人具有智的直觉,道家的玄智、佛教的般若智和儒家的良知明觉之性智都属智的直觉,也就是妙慧。牟宗三主要从儒家孟子大而之化之谓圣的化境来阐释真善美合一之美,圣心无相便是即真即善即美。

牟宗三认为美是可以被消融的,但这并不表示牟宗三不重视美或者美是可有可无的,美在其思想架构中又是必要的。他指出:"因为美本是一'闲适之原则',其本身显一静观之住相,它本不是一建体立极之主导之原则,是故它是必要的,又可被消融。"③从牟宗三年逾八十翻译康德的《判断力批判》可见,他对于美的问题非常重视,而不是要消解美的问题。从建体立极之主导原则看,当然是道德良知,是善居于思想体系的主导地位。但儒家思想始终以真善美的和谐统一为内在结构,尽善之后仍需要实现尽美,所以美是儒家思想体系的有机组成部分,美虽可以被消融,但不可以排除在整个思想体系之外。牟宗三反对康德以美来沟通自然和自由两界,认为这种沟通只是技巧的凑泊而不是实理的直贯,因此审美判断无法承担此沟通两界的重任。

宗白华借鉴德国心理学家梅伊曼(Meumann,1862—1915年)的现代经验美学的观点,提出美学的主要内容是以研究人类美感的主客观条件为起点,以

---

① 牟宗三:《商榷:以合目的性之原则为审美判断力之超越的原则之疑窦与商榷》,《牟宗三全集》第16册,台北联经出版事业股份有限公司2003年版,第76页。

② 牟宗三:《商榷:以合目的性之原则为审美判断力之超越的原则之疑窦与商榷》,《牟宗三全集》第16册,台北联经出版事业股份有限公司2003年版,第80页。

③ 牟宗三:《商榷:以合目的性之原则为审美判断力之超越的原则之疑窦与商榷》,《牟宗三全集》第16册,台北联经出版事业股份有限公司2003年版,第86—87页。

探索自然和艺术品的真美为中心,以建立美的原理和建构艺术创作的法则为
目的。他这种对美学的定位是现代美学的主流思想。从主观方面说,宗白华
认为"一切美的光是来自心灵的源泉:没有心灵的映射,是无所谓美的"①;从
客观方面说,艺术家以心灵映射万象,是"主观的生命情调与客观的自然景象
交融互渗"②的结果。他认为艺术意境的创构是"使客观景物作我主观情思的
象征"③,坚持了"审美反映论和审美表现论的辩证统一的哲学观"④。宗白华
关于美的定义与牟宗三的根本区别在对心灵的定义上。宗白华在谈到美从何
处寻时,主张从自己的心中去寻找美,试图通过感觉、情绪、思维寻找美,他以
移情为审美心理的积极条件,以心理距离和静观为审美的消极条件。这显然
是借鉴了德国美学家李普斯、布洛等人的心理学观点分析美学的心灵。

　　朱光潜美学也讲美是主客观(体)的统一,"美不仅在物,亦不仅在心,它
在心与物的关系上面"。他前期的美学以直觉为核心,重视美感经验分析。
他所讲的美感经验分析以形象的直觉为逻辑起点,同时借鉴移情说来分析物
我之间的动态心理过程。有学者指出,朱光潜对克罗齐的认识论意义上的形
象的直觉进行了改造,其直觉是"熔铸知觉、直觉、概念于一炉的'想象'"⑤;
朱光潜对布洛的心理学意义上的距离说也进行了改造,"使之融入到人生这
个大背景下来看美感经验"⑥;朱光潜改造李普斯的移情说,阐释移情为情趣
的意象化和意象的情趣化,意象和情趣两词具有鲜明的中国传统美学的意味。
虽然这种种改造融入了中国文化的元素,并以人生的艺术化为归宿,但其建构
的美学体系最鲜明地谈到了布洛、李普斯、弗洛伊德、歌德、康德、克罗齐、维柯
等人的理论,其美学思想的主要内容是由西方心理学美学发展而来,他关于美

①　宗白华:《美学散步》,上海人民出版社 1981 年版,第 70 页。
②　宗白华:《美学散步》,上海人民出版社 1981 年版,第 70 页。
③　宗白华:《美学散步》,上海人民出版社 1981 年版,第 72 页。
④　林同华:《宗白华美学思想研究》,辽宁人民出版社 1987 年版,第 31 页。
⑤　宛小平选编:《中国现代美学名家文丛·朱光潜卷》,浙江大学出版社 2009 年版,第 5 页。
⑥　宛小平选编:《中国现代美学名家文丛·朱光潜卷》,浙江大学出版社 2009 年版,第 5 页。

感经验的分析主要是在西方美学概念框架下进行的,其思维方式主要是借鉴西方的。

牟宗三关于美的定义具有鲜明的中国文化特征。宗白华指出:"以前的美学大都是附属于一个哲学家的哲学系统内,他里面'美'的概念是个形而上学的概念,是从那个哲学家的宇宙观里面分析演绎出来的。"①牟宗三关于美的定义,正是宗白华所讲的"以前的美学",牟宗三没有专注于人的美感与艺术创作的研究,没有借鉴西方心理学、美学的相关理论,而是由其哲学思想体系自然而然地引申出对美的看法,由对真善美的整体研究中展开了对美的探讨。牟宗三强调美是妙慧的直感,也就是强调智的直觉在美的产生中的关键作用,这正是牟宗三毕生论证的中国哲学区别于西方哲学的关键所在。

二、艺术之美与天地之美

牟宗三将艺术之美归入分别说的美的范围。他认为,中国文化生命首先表现为"道德主体"和"艺术性主体"。道德主体表现"综合的尽理之精神",从而有"道德的主体自由";艺术性主体表现"综合的尽气之精神",从而有"美的主体自由"(即黑格尔所谓的"美的自由")、"艺术性的主体自由"。尽理的精神具体表现为儒家的圣贤,尽气的精神则表现为"一种能超越一切物气之僵固、打破一切物质之对碍,一种一往挥洒,表现其生命之风姿"②的精神。牟宗三认为,真正的艺术主体应是"有独立意义的生命"③,这里的"独立意义"指"上而它不是理性,下而它又不是物质"④,而是要特立独行地抒发真性情,

---

① 王德胜选编:《中国现代美学名家文丛·宗白华卷》,浙江大学出版社 2009 年版,第132 页。

② 唐君毅:《中国历史之哲学的省察——读牟宗三先生〈历史哲学〉书后》,牟宗三:《历史哲学》,台北联经出版事业股份有限公司 2003 年版,第446 页。

③ 牟宗三:《美的感受》,《牟宗三先生晚期文集》,台北联经出版事业股份有限公司 2003年版,第 207 页。

④ 牟宗三:《美的感受》,《牟宗三先生晚期文集》,台北联经出版事业股份有限公司 2003年版,第 207 页。

而不是由理性所能控制的。宗白华曾提出"艺术就是艺术家底理想情感底具体化,客观化"①,这一观点是对艺术主体的客观描述,而牟宗三则总结了中国文化中艺术主体的精神特质。牟宗三所谓"艺术主体",指向一些自然天成的独立生命个体,他们秉气而生、率气而行,其生命之才情与气性皆彰显为美。

宗白华认为"艺术的起源并不是理性知识的构造,乃是一个民族精神或一个天才底自然冲动的创作"②。牟宗三正揭示了中国艺术天才的精神特质,他认为艺术主体落实下来,则成为历史上各种可遇不可求的英雄人物和天才,表现为各种人格美。例如司马迁笔下的刘邦,牟宗三认为他是"英雄性的尽气的艺术性的人物"③。艺术主体并非创造了各种艺术作品的艺术家,而艺术家也不一定拥有真正的艺术主体。譬如魏晋之人天性率真烂漫、才情洋溢,他们的生活确实是最富有艺术情调与美感的。因此牟宗三写了《才性与玄理》探讨了魏晋人物品鉴与生活的艺术性。他认为,艺术与美源于生命的生发,美不能够寄托在一个现实的艺术作品上,"不管是刘邦英雄型的尽气,或者是天才家、艺术家的尽才,或者是爱情上尽情的人物,这都是生命上的事情"④,他们的艺术性情调、美的姿态就是从生命中呈现出来的,人格美要靠生命来维系,而不是经过学问道德培养、技巧训练就能够达到。牟宗三不喜欢具体的艺术形式,但喜欢讲"艺术性"的问题。他对于古人优美的诗词和古今名人的字画皆不心生欢喜,他家客厅里从未挂字画,正如他坦言:"我对这些艺术品没有兴趣;这可以说我对现实的具体的艺术品缺乏美感。"⑤因此徐复观常说牟

---

① 宗白华:《宗白华全集》第一卷,安徽教育出版社 1994 年版,第 189 页。
② 宗白华:《宗白华全集》第一卷,安徽教育出版社 1994 年版,第 189 页。
③ 牟宗三:《美的感受》,《牟宗三先生晚期文集》,台北联经出版事业股份有限公司 2003 年版,第 200 页。
④ 牟宗三:《美的感受》,《牟宗三先生晚期文集》,台北联经出版事业股份有限公司 2003 年版,第 201 页。
⑤ 牟宗三:《美的感受》,《牟宗三先生晚期文集》,台北联经出版事业股份有限公司 2003 年版,第 198 页。

宗三"没有美感"①。但若从牟宗三所理解的艺术与美感的角度来看,这话却也失之偏颇。他也许没有通常意义上的美感,却深赋"艺术性的生命才情"。

牟宗三认为艺术家的终极追求是表现天地之美、神明之容,这是从真善美合一说的角度分析艺术的本质。牟宗三认为,艺术不能离开生命来表现,离开生命就没有艺术作品,但通过艺术作品来表现生命,生命又常被艺术作品所限,这就是艺术作品与生命的两难。他提出解决两难的方法就是后天的训练,即后天的功夫把生命向上调适发展达到天地之美、神明之容的境地。不过,他认为后天的训练是很有限的,难以达到理想的目标。训练只能增加一点技巧,而关键靠生命的突出,正如他所说:"艺术性的创造,是完全靠生命的。这个生命是一个先天的,不能训练的"②,这一观点与宗白华提出的"天才为直觉之智慧,并非纯由经验得来者"③相似。牟宗三崇尚天才,认为艺术的生命不能模仿,必须发于性情之真,提出只有"能表现天地之美、神明之容的生命才是艺术家"④。如果说"艺术表现上帝的形式"是一句具有浓厚西方色彩的表达,那么《庄子·天下》篇"寡能备于天地之美,称神明之容"⑤则是牟宗三欣赏的中国古典美学的语言,天地的纯美和神明的盛容是人们很难凑泊的。牟宗三认为:"'称神明之容'一语是庄子的美的灵感,虽然是讲的道,可是这个地方是把道在美的趣味中表示出来"⑥,现实的艺术品很难表现天地的纯美,相称神明的盛容。牟宗三认为当年自己在农村的"落寞而不寂寞之感"就是

---

① 牟宗三:《美的感受》,《牟宗三先生晚期文集》,台北联经出版事业股份有限公司2003年版,第197页。

② 牟宗三:《美的感受》,《牟宗三先生晚期文集》,台北联经出版事业股份有限公司2003年版,第205页。

③ 宗白华:《宗白华全集》第一卷,安徽教育出版社1994年版,第488页。

④ 牟宗三:《美的感受》,《牟宗三先生晚期文集》,台北联经出版事业股份有限公司2003年版,第205页。

⑤ (清)郭庆藩撰,王孝鱼点校:《庄子集释》,中华书局1961年版,第1069页。

⑥ 牟宗三:《美的感受》,《牟宗三先生晚期文集》,台北联经出版事业股份有限公司2003年版,第203页。

那天地之美、神明之容,自己一次半夜在旅馆听到的乐声抑扬的旋律几乎可以将天地的哀怨给全部摇曳出来,这"天地的哀容就是天地之美、神明之容"①。

　　虽然牟宗三认为艺术主体是天成的、不可训练的,但艺术境界是可以通过道德理性或审美理性的超越而达成。譬如在对庄子的分析上,徐复观认为庄子是"艺术主体",牟宗三则认为以庄子为艺术主体是不恰当的。他认为只能说庄子谈道的境界是含有艺术性的境界,但不能说庄子是艺术主体。儒家、道家都有艺术性的境界,如孔子讲的"兴于诗、立于礼、成于乐",宋明儒者所讲的"孔颜乐处"都是艺术境界,但不能说孔子和理学家是艺术主体,因为这里的艺术境界是道德理性所达到的一种境界,是大而化之之谓圣的化境。这是一个即真即善即美的谐和、圆满的境界,道家庄子最能表现这种境界,但"他这种表现是从修道立场达到的,而修道却是理性的问题"②。牟宗三虽然认可一般所讲的中国艺术作品的境界多受道家影响,但是他否认庄子是艺术主体,因为道家所讲的自然和逍遥包含艺术的境界不是现成的,而是通过修养工夫达到的自然。这一点上,他与徐复观立足庄子谈中国艺术精神是完全不同的。

第二节　从中国美学的正反合看魏晋美学

　　牟宗三研究中国传统文化有一个鲜明特点是着力探寻传统学术的发展统绪,正如唐代韩愈讲继承道统一样,他研究中国传统文化也试图接续最正统的学术命脉。他在儒学研究中提出了宋明儒学发展的三系论,即五峰蕺山系、象山阳明系、伊川朱子系,将五峰蕺山独立为一系,并定为儒学正脉,将伊川朱子判为旁出,这一观点在学术界产生了巨大影响。也许因这一观点影响太大,以

---

　　① 牟宗三:《美的感受》,《牟宗三先生晚期文集》,台北联经出版事业股份有限公司2003年版,第204页。

　　② 牟宗三:《美的感受》,《牟宗三先生晚期文集》,台北联经出版事业股份有限公司2003年版,第207页。

至于牟宗三关于中国美学正统的观点没有引起学术界关注。牟宗三没有系统地分析中国传统美学的著作,但是他注重寻找中国美学的正统。他提出以《礼记·乐记》为中国美学的正统,魏晋美学可谓是中国美学的歧出,宋明理学的真善美合一又是中国美学向正统的回归,这就是中国美学的正反合的发展历程。

一、中国美学的正统与歧出

牟宗三提出,中国美学的正统在《礼记·乐记》。他通过阮籍的《乐论》与嵇康的《声无哀乐论》的分析比较,澄清了中国以形上之和为中心的古典音乐美学统绪。牟宗三认为,魏晋人在美学和艺术境界上开辟了一种纯客观的表现形式,"于文学能有'纯文学论'与'纯美文之创造'"。① 嵇康的"声无哀乐论"即是纯美主义音乐的典型代表。他指出,嵇康"认为音乐本身没有所谓喜怒哀乐之情,情是听者在听到音乐以后,由主观方面的感受所引发出的。他这种说法是客观主义的讲法,近乎柏拉图的思路,不属于中国传统的思想"②,在嵇康这里,音乐之美在于它本身的结构、韵律之形式,将主观方面的联想感觉完全去掉,单欣赏音乐自身的和声之纯美,正如柏拉图欣赏形式之美,因此牟宗三提出嵇康的《声无哀乐论》是西方式的思路。继此一路,现代美学中,宗白华提出:"节奏、和声、旋律是音乐的核心。它是形式、也是内容。"③在牟宗三看来,宗白华偏重音乐的形式,遥契嵇康,也不是中国乐论的正统观点。

牟宗三认为,中国正统观点一定要"重视音乐的教化作用,如乐记所载"④。阮籍特别重视"移风易俗,莫善于乐"的传统,他认为:"乐者,天地之体,万物之性。合其体,得其性,则和;离其体,失其性,则乖。"⑤牟宗三认为,

---

① 牟宗三:《才性与玄理》,广西师范大学出版社 2006 年版,第 56 页。
② 牟宗三:《中国哲学十九讲》,上海古籍出版社 2005 年版,第 193—194 页。
③ 《宗白华全集》第三卷,安徽教育出版社 1994 年版,第 429 页。
④ 牟宗三:《中国哲学十九讲》,上海古籍出版社 2005 年版,第 193—194 页。
⑤ 牟宗三:《才性与玄理》,广西师范大学出版社 2006 年版,第 267—268 页。

"阮籍论乐之'和'直下指向天地之和而言之,此即为企慕原始之谐和。故其论乐为形而上学的,而非纯美的"①。这种形而上学的乐论上接儒家乐论的传统,圣人所创之雅乐之所以能够移风易俗,是因为雅乐乃是天地之和的象征。阮籍贵雅乐而贱曲乐,雅乐以洁净、和乐、简易、平淡为主,可使人的生命归于平正,可以移风易俗;曲乐即地方性的风俗之乐,它随顺民风民习,无益于校正人们的性情,更无法承载纠偏定情、移风易俗的社会功能。牟宗三认为,阮籍重回乐教的传统,正是因为他揭示了"圣人作乐,承体而来,非因俗而起。故能化异为同,而清静人之心志也"②,所以牟宗三把阮籍称为"意境甚高,可谓纯为古典主义者。"③通过对阮籍乐论的分析,牟宗三在现代中国美学的语境中回顾了中国儒家音乐的美学正统,重申了音乐的教化功能,并从形上学立场上强调了音乐移风易俗的理论基础。

牟宗三认为,从魏晋至隋唐的人物品鉴之学是歧出的美学。这里的歧出是相对于《礼记·乐记》的正统的偏离而言的。牟宗三认为"中国先秦诸子是中国学术文化发展之原始模型,而以儒家为正宗"④,后来中国文化的引申发展或吸收其他文化系统,都不能离开文化的原始模型,不能取代儒家的正宗地位。他的这种观念贯彻到了对魏晋玄学的研究之中。牟宗三提出了魏晋才性品鉴开出了美学领域与艺术境界,展现了除道德生命之外的人性生命的全幅敞开,揭示了审美与艺术对人性生命的内在意义。但是他同时认为,才性与玄理始终无法获得进一步超越,无法把生命从自然与自由层面提升至理性的道德层面,因而也就无法使顺气而为的自然生命获得内在的理性的道德支撑,自由与道德的矛盾始终存在,真正的主体性也就无法树立起来。从魏晋至隋唐,中国文化在玄学、佛教等名家引导下,一直陷于才性与名理体系内超拔不出

① 牟宗三:《才性与玄理》,广西师范大学出版社 2006 年版,第 268 页。
② 牟宗三:《才性与玄理》,广西师范大学出版社 2006 年版,第 269 页。
③ 牟宗三:《才性与玄理》,广西师范大学出版社 2006 年版,第 272 页。
④ 牟宗三:《才性与玄理·原版自序之二》,广西师范大学出版社 2006 年版,第 1 页。

来,此一漫长时期是中国文化生命的歧出。

宋明儒学实现了中国心性之学的复归,也实现了传统美学的复归。至"宋儒开出'超越领域',构成德性、美趣、智悟三者立体之统一。美趣与智悟只是两度向,转出德性,始形成三度向。"①他借用黑格尔的观点认为,美的自由之王国倘若不是确立在内在道德性之自由意志的基础,将是站不住的,"结果,这王国的真正的谐和,是最妩媚的世界,却也是最容易凋谢或很快就过去的花朵。"②可见,牟宗三此时已经提出了,真正生命的圆成必须由德性、美趣与智悟,即善、美、真三者统一,方有可能。但他并没有进一步阐释真善美三者如何获得内在的统一,从其表述来看,他只是强调宋儒复归于心性道德的大统,乃是中国文化生命历经魏晋大开之后的再度大合。但生命究竟如何圆成,各层境界获得如何统一却是牟宗三在消化康德的过程中完成的。

宗白华高度欣赏魏晋美学,尤其赞赏魏晋的自由人格精神。他在 1941 年发表的《论〈世说新语〉和晋人的美》一文中高度评价了魏晋时期中国人关于美的理论和追求,他认为汉末魏晋六朝是"最富有艺术精神的一个时代"③,奠定了后代文学艺术的根基和趋向。魏晋玄学解放了人的精神,"天际真人是晋人理想的人格,也是理想的美"④,"晋人的书法是这自由的精神人格最具体最适当的艺术表现"⑤。宗白华指出:晋人的美感和艺术观以老庄哲学的宇宙观为基础,富有简淡玄远的意味,"奠定了一千五百年来中国美感——尤以表现于山水画、山水诗为基本趋向"⑥。宗白华欣赏魏晋是一个精神自由的时

---

① 牟宗三:《才性与玄理》,广西师范大学出版社 2006 年版,第 56 页。

② 牟宗三:《才性与玄理》,广西师范大学出版社 2006 年版,第 324 页。

③ 王德胜选编:《中国现代美学名家文丛·宗白华卷》,浙江大学出版社 2009 年版,第 195 页。

④ 王德胜选编:《中国现代美学名家文丛·宗白华卷》,浙江大学出版社 2009 年版,第 197 页。

⑤ 王德胜选编:《中国现代美学名家文丛·宗白华卷》,浙江大学出版社 2009 年版,第 198 页。

⑥ 王德胜选编:《中国现代美学名家文丛·宗白华卷》,浙江大学出版社 2009 年版,第 203 页。

代,认为汉代艺术过于质朴,思想上受儒教统治,唐代艺术上过于成熟,思想上又受儒释道三教的支配,只有魏晋"这几百年间是精神上的大解放,人格上、思想上的大自由"①。牟宗三以儒家为正统,认为偏离儒家就是偏离正统,就是歧出。宗白华则将儒家看成自由思想的障碍,"魏晋人生活上、人格上的自然主义和个性主义,解脱了汉代儒教统治下的礼法束缚"②,这正是欣赏了人格之美和尊重了个性价值。

徐复观也没有像牟宗三那样推重儒家美学的正统地位,其论中国艺术精神是以庄子为代表的道家艺术精神为主体。他的《中国艺术精神》,提炼出了孔子和庄子两个典型,孔子是仁与音乐合一的典型,庄子是纯艺术精神的典型。此书探讨儒道两家的艺术精神,没有突出儒家艺术精神的正统地位,徐复观认为"儒家真正的艺术精神,自战国末期,已日归湮没"③,反而是庄子的纯艺术精神成就了中国人的艺术人生,深刻影响了魏晋以来的中国绘画艺术,中国的纯艺术精神正是从老庄思想发展而来。徐复观没有直接谈中国艺术精神的正统问题,如果以他所讲的纯艺术精神为中国艺术精神的正统,那么以庄子为代表的道家反而是徐复观视域中中国艺术精神的正统。

牟宗三确定中国美学正宗,有一个前提条件是中国文化发展的原始模型,这个原始模型以儒家为中国文化的正宗。而在宗白华、徐复观那里,没有这个中国文化发展的原始模型,也没有儒家正宗地位的设定。

二、魏晋的人格美学和音乐美学

牟宗三研究中国学术思想,主要有魏晋玄学、南北朝隋唐佛教和宋明儒学三个阶段,《才性与玄理》正是研究魏晋玄学阶段。此阶段是道家玄理充分发

① 王德胜选编:《中国现代美学名家文丛·宗白华卷》,浙江大学出版社2009年版,第195页。

② 王德胜选编:《中国现代美学名家文丛·宗白华卷》,浙江大学出版社2009年版,第196页。

③ 李维武编:《徐复观文集》第四卷,湖北人民出版社2002年版,第34页。

扬的阶段,相对于儒家的正统地位而言,此阶段是中国文化生命的歧出阶段。他说:"吾兹以近三十万之巨幅诠表魏晋之玄理,其中必有美者焉,此为彻底之玄学。"①可见,魏晋美学的研究是牟宗三整个中国哲学研究的有机组成部分。

牟宗三通过对魏晋时期的人物品藻理论的分析,阐释了中国的人格品鉴美学。牟宗三将中国古代人性论分为两种思路:一种是顺气言性,此性为材质之性,又称为"气性"或"才性";另一种是逆气言性,此性是即心见性,是"道德当身"之性,也就是宋儒所言之"天地之性"或"义理之性"。也就是说,只有顺气言性一路才能开出美学境界,进而发展出风流清谈的艺术境界,而逆气言性一路则开出超越的领域和成德之学。才性一系是由先秦人性论问题发展而来,牟宗三以王充性命论为中心,上接告子、荀子、董仲舒,下开《人物志》的才性论。牟宗三之所以将才性名理独立论述,因为他认为"在品鉴的论述下,才性并无一个更高的层面来冒之,它可以全幅舒展开,因此显出它的含义之广大"②,也就是对于才性的美学品鉴具有促进人性解放的意义。他总结气性领域的意义时指出:"在美学欣趣下,对于气性、才性或质性全幅展开而予以品鉴,此则开艺术境界与人格美之境界。"③

一方面,牟宗三对魏晋人物品鉴的美学境界的分析。牟宗三以刘劭《人物志》为中心分析才性名理,认为该书关于人的才性、性格或风格的品鉴都属美学的内容。《人物志》判断人物资质的标准是五质五常,用金、木、水、火、土五行、五质象征筋、骨、血、气、肌,再以筋、骨、血、气、肌象征仁、义、礼、智、信五常。五常的不同结合又表现为温直、刚塞、愿恭、宽栗、简畅五德,五质五德具体表现为"仪态容止与声音貌色","五质五德是内心的姿态,仪容声色是外形

---

① 牟宗三:《才性与玄理·原版自序之二》,广西师范大学出版社2006年版,第2页。
② 牟宗三:《才性与玄理》,广西师范大学出版社2006年版,第40页。
③ 牟宗三:《才性与玄理》,广西师范大学出版社2006年版,第35页。

的姿态"①,都是才性的流露和才性品鉴的内容。从五德的中和与否,继而从神、精、筋、骨、气、色、仪、容、言九个方面去了解才性的平陂、明暗、勇怯、强弱的性质,最后将才性分为圣人、大雅、小雅、乱德、无恒五个等级,才性品鉴"以中和为贵",才性最高者为圣人。牟宗三认为,《人物志》直接针对个体的生命人格进行整全的品鉴,将人看成是天地创生的艺术品,而西方心理学、生理学和人类学则是分解出人类某一方面现象而述其法则,即使像卡西尔的《人论》,也是论人在文化上的成就,而不是直接论人本身,可见《人物志》的人物品鉴体现了中国文化的特色,具有重要的价值。

牟宗三还分析了魏晋品鉴人物的原因、目的和特点。品鉴人物的原因是汉魏间政论家重名实和执政者重视政治上的实用。品鉴人物一方面为了识才用才,另一方面为了内在人格的纯美的欣赏。魏初品鉴人物的特点是由现实的因缘转为内在兴趣的品鉴,重实际而不虚浮。牟宗三提出"刘劭、傅嘏、卢毓、钟会、李丰、王广,兹舍其个人之事业、人品不论,就其论才性言,为同一系,可名曰'才性名理系'"②。

另一方面,牟宗三对魏晋士人风流清谈的艺术境界的分析。人物品鉴逐渐发展为风流清谈的艺术境界,融入了魏晋士人生活之中,使他们有种高贵的飘逸之气。牟宗三指出,魏晋清谈玄言所论之中朝名士、竹林名士和江左名士的生活情调都是艺术境界的表现,这里的艺术境界既指"他们的才性生命所呈现之神采或风姿",又指他们"先天后天所蓄养的趣味"③。《晋书》和《世说新语》用于人物品鉴的词语如姿容、容止、风神、风姿、神采、器宇等皆为名士艺术境界的描述。此外,牟宗三指出,艺术境界必须与智悟境界相结合,"智悟益助其风神,风神益显其智悟"④,智悟只有融于风神才能成为具体品鉴的

① 牟宗三:《才性与玄理》,广西师范大学出版社 2006 年版,第 46 页。
② 牟宗三:《才性与玄理》,广西师范大学出版社 2006 年版,第 204 页。
③ 牟宗三:《才性与玄理》,广西师范大学出版社 2006 年版,第 56 页。
④ 牟宗三:《才性与玄理》,广西师范大学出版社 2006 年版,第 56 页。

智悟,否则就会沦为浅薄的世智和干枯的知解,风神只有益之以智悟,才能避免堕为空皮囊而恶俗不堪。因此牟宗三提出:"艺术境界与智悟境界乃成为魏晋人雅俗贵贱之价值标准。"①

虽然牟宗三肯定魏晋人格美学和音乐美学在中国文化中的价值,但他认为这种人格美学与艺术精神不能建立进德之学,对于圣人没有相应的了解,因为圣人是德性人格之目,其根基是超越的理性,而不是才质和天资。人才品鉴下的美学精神和艺术性的才性主体的发现,"不足以建立真正的普遍人性之尊严,亦不足以解放人为一皆有贵于己之良贵之精神上的平等存在"②。宋明儒顺孟子的道德心性,则可以"建立人之道德主体性,遂一方面足以建立真正的普遍人性之尊严,一方面以义理之性冒气质之性而言变化气质,使德性人格之向上无限发展成为可能,亦使生命上天定而不可变的才性成为相对可变的才性"③。因此,牟宗三关于魏晋才性品鉴和音乐美学的研究很快就滑向了以宋明理学为中心的道德形上学研究。正如龚鹏程指出:"这本于道德主体而开之真善美合一之境,就是他所谓的'儒教中之艺术境界'。此乃是良知教,是由良知、善性、仁心所显之境。……世俗所说的风流清谈、生活情调、美学意境,非其所能首肯者矣。"④

中国古典美学始终将美与人生相关联,儒释道三家都重视人格的养成,他们的理想人格都具有一定的艺术性。朱光潜、宗白华的美学研究中一个非常突出的价值追求就是"人生艺术化"。朱光潜美学一条主线是探讨美的规律,另一条就是人生艺术化。他说:"离开人生便无所谓艺术,因为艺术是情趣的表现,而情趣的根源就在人生;反之,离开艺术也便无所谓人生,因为凡是创造和欣赏都是艺术的活动。"⑤他的思想中有儒家成分,又有道家成分,但没有鲜

---

① 牟宗三:《才性与玄理》,广西师范大学出版社 2006 年版,第 56 页。
② 牟宗三:《才性与玄理》,广西师范大学出版社 2006 年版,第 43 页。
③ 牟宗三:《才性与玄理》,广西师范大学出版社 2006 年版,第 43 页。
④ 龚鹏程:《儒学与生活》,东方出版社 2018 年版,第 99 页。
⑤ 宛小平选编:《中国现代美学名家文丛·朱光潜卷》,浙江大学出版社 2009 年版,第 3 页。

明地立足于儒家或道家来讲人生的艺术化。同朱光潜一样,宗白华也有"人生艺术化"的热情,也将人生当作一件艺术品看待,"使他优美、丰富、有条理、有意义"①。他主张用唯美的眼光看社会与人生,"我们持了唯美主义的人生观,消极方面可以减少小己的烦闷和痛苦,而积极的方面,又可以替社会提倡艺术的教育和艺术的创造"②。牟宗三没有像朱光潜、宗白华一样强调现实人生的艺术化问题,他主要是从理论上疏通人性问题中气性一路的原委。才性是顺生之谓性的气性一路发展出来的,是生命学问的消极面。牟宗三倾向于逆气而显理,合理与心而为性,最后走向宋儒所提倡的"天地之性"或"义理之性"。他研究才性与玄理,其价值诉求是实现"生命之学问调畅而顺适之,庶可使其步入健康之坦途"③。

如前所述,无论是徐复观、方东美,还是朱光潜、宗白华,他们都给予纯粹审美和艺术以特殊的价值认定,而牟宗三顺着魏晋才性品鉴一路研究,却得出了纯粹的审美有堕落滑转的可能,魏晋美学乃是中国美学的歧出的结论。这里的关键原因在于牟宗三关于中国文化发展的原始模型的认定,这个原始模型以儒家为中国文化的正宗,这是牟宗三始终坚守的道统论。

事实上,倘若撇开儒家道统论,我们会发现,中国美学会呈现另外一副基本面貌,西周以来的早期美学以礼乐教化为主,尽善尽美,美善相乐,这是儒家一系的展开,但是纯美的抗争也一直在暗中积聚力量。这里的纯美并非牟宗三所谓纯粹顺应个人才质之性的、带有强烈适应感官愉悦的纯形式审美,而是一种超越小我,融小我于宇宙自然的纯粹审美观感和体验,如庄子所谓"观天地之美而达万物之理"。因此,纯粹审美不仅不是牟宗三所言的不能超越,恰恰是个体实现自我超越的重要方式,正是在这个意义上,审美本身即是生命的终极价值的一种展开,并非如牟宗三所言,非要有待于道德的救赎才能不至于

---

① 《宗白华全集》第一卷,安徽教育出版社1994年版,第179页。
② 《宗白华全集》第一卷,安徽教育出版社1994年版,第179页。
③ 牟宗三:《才性与玄理·原版自序之二》,广西师范大学出版社2006年版,第2页。

混漫滑转。张节末先生在《禅宗美学》一书中提出,从庄、玄到禅,中国古代美学具有两次大的突破,而这两次突破,都是对以儒家为代表的礼乐文化传统的突破,"第一次发生在先秦,由庄子所完成;第二次延续的时间要长一些,历经魏晋至唐宋……我又把第二次突破分为两波,第一波玄学美学,魏晋开始,第二波禅宗美学,唐开始"。① 由庄子所开启的突破,实际上是审美经验先于艺术经验的思维模式的形成,张节末先生认为,这种思维"首先在总的哲学世界观及其思维体系中形成其关于感性世界的分支美学思维,即审美心理、审美经验等,同时或尔后它们渐次渗透到生活的方方面面,其中自然也包含艺术创造,而不是相反,从艺术创造及其产品抽象概括出审美心理和审美经验。"②因此,可以说,纯粹的审美经验,本身体现为一种静观与玄思,具有超越性。关于这一点,方东美先生也有过深刻的揭示,他在论述中国艺术的四个通性时,认为中国艺术具有"玄学性重于科学性"的特征,根本原因乃是在于"中国的艺术家尤擅于驰骋玄思",因此,"中国人在成思想家之前必先是艺术家,我们对事情的观察往往是先直透美的本质"③。所以庄子说"观天地之美而达万物之理",在方东美看来,这就是一种艺术家思维。因此,中国美学由庄子所开出的纯粹审美一系,并非如牟宗三所言,仅限于个人之才性与才情,嵇康的《声无哀乐论》也并非如西方柏拉图式的单纯地对音乐的节奏、韵律的纯形式审美,音乐体现了宇宙万物生命的和谐,并经由对万物生命之和的展示而上启个体德性的觉醒。张节末先生说,"嵇康进而提出各人与其哀乐之情结合着德性,例如廉洁的伯夷变得更廉洁了,仁爱的颜回变得更仁爱了,等等。这一针对着德性的综合作用他称之为'触类而长,所致非一,同归殊途'(《嵇康集·琴赋》),它的性质是审美的,而且向上提契了作为个体德性的道德之善。"④可见,

---

① 张节末:《禅宗美学》,浙江人民出版社 1999 年版,第 3 页。
② 张节末:《禅宗美学》,浙江人民出版社 1999 年版,第 15 页。
③ 方东美:《中国人生哲学》,台湾黎明文化事业股份有限公司 1982 年版,第 230 页。
④ 张节末:《禅宗美学》,浙江人民出版社 1999 年版,第 33 页。

纯粹的艺术与审美,因其乃是玄览宇宙万物生命之美而得来,它本身就是对生命的超越。笔者曾在《方东美美学思想研究》一书中提出,"美与艺术是生命精神最理想的象征,而审美与艺术创造则是进入价值生命的第一个门槛。"①所以,魏晋美学不仅不是中国美学的歧出,恰恰相反,诚如张节末先生所言,它是一个突破,这一突破上接庄子,下启禅宗,是儒家美学之外并行的中国美学的两条路线,如此一来,牟宗三所谓中国美学正反合的发展路线,也是站不住脚的。

第三节　真善美合一论

牟宗三晚年反思康德美学,从英文版翻译了康德的《判断力批判》,并撰写了《商榷:以合目的性之原则为审美判断力之超越的原则之疑窦与商榷》一文,从中国传统哲学角度吸收消化了康德美学。他认为康德《判断力批判》的美学理论体系不够完善,必须将美学与道德人格完善相统一,实现真善美的统一,才是美学的完成。他对于康德美学的最大质疑在于"自然之超越的合目的性"②这一反省判断力的先验原则。康德的反省判断力的合目的性原则最终必然以神智为自然万物最后的根据,这便走向了通常所讲的"上帝存在之自然神学的证明",康德的"反省判断力底超越原则是朝向着'神性的知性之设计'之假定而迈进的。"③牟宗三认为康德的判断力批判主要是衡量审美判断力,因此反省判断力的超越原则也应当适应于审美判断力,然而康德提出的超越的合目的性原则"在审美判断方面甚不切合"④,合目的性原则视域中的

---

①　李春娟:《方东美美学思想研究》,黄山书社 2016 年版,第 130 页。

②　牟宗三:《商榷:以合目的性之原则为审美判断力之超越的原则之疑窦与商榷》,《牟宗三全集》第 16 册,台北联经出版事业股份有限公司 2003 年版,第 12 页。

③　牟宗三:《商榷:以合目的性之原则为审美判断力之超越的原则之疑窦与商榷》,《牟宗三全集》第 16 册,台北联经出版事业股份有限公司 2003 年版,第 6 页。

④　牟宗三:《商榷:以合目的性之原则为审美判断力之超越的原则之疑窦与商榷》,《牟宗三全集》第 16 册,台北联经出版事业股份有限公司 2003 年版,第 10 页。

自然正是牧师传道所赞美的，"而这所赞美的世界之美好不必是'审美判断'所品题之'美'，而快乐之情亦不必是审美判断中之'愉悦'"①，牧师传道并非想做美学的表象，他只想证明上帝的存在，这只能切合于"目的论的判断"，而非审美判断。因此，康德关于合目的性的原则"只是'上帝存在之物理神学的证明'之滑转与混漫"②，混漫是忽视了目的论判断和审美判断的差异，滑转是由目的论判断中的合目的性原则滑转到美学判断中的主观形式的合目的性，这是牟宗三对于康德审美判断的超越原则的最大疑窦。牟宗三主张，康德关于审美判断及其超越原则必须重述。

首先，康德以"自然之超越的合目的性"为审美判断的超越原则，牟宗三对此提出质疑，认为审美判断的超越原则应当是"无相原则"。康德寻找反省判断力的超越原则的路径是从寻找特殊法则的统一性切入，由统一而感到高兴，肯定自然对象的合目的性，由此想到愉快之情与自然之合目的性相联合，从而将合目的性原则作为反省判断力的超越原则。康德所讲的"对象之主观的形式的合目的性"，并不像目的论判断从对象或自然方面而言，而是"从主体方面之认知机能之自由表现而说"③，也就是对象适合于我们自由表现的想象与知性，在表现想象和知性中顺适而自在，有一种愉快的感觉。牟宗三指出，审美力并不是知识机能，审美判断的作用是品鉴而不是知识判断，不是知解的附属物，因此合目的性原则不能作为其超越原则，"主观形式的合目的性"原则与美的对象或景色并不相应。他以花之美与合目的性的关联为例进行分析："是因花这个对象之依其目的而可能而然呢？抑或是因其适合于主体之认知机能而然呢？如果是前者，则花之美是目的论的判断，而不是审美判

---

① 牟宗三：《商榷：以合目的性之原则为审美判断力之超越的原则之疑窦与商榷》，《牟宗三全集》第 16 册，台北联经出版事业股份有限公司 2003 年版，第 13 页。

② 牟宗三：《商榷：以合目的性之原则为审美判断力之超越的原则之疑窦与商榷》，《牟宗三全集》第 16 册，台北联经出版事业股份有限公司 2003 年版，第 15 页。

③ 牟宗三：《商榷：以合目的性之原则为审美判断力之超越的原则之疑窦与商榷》，《牟宗三全集》第 16 册，台北联经出版事业股份有限公司 2003 年版，第 17 页。

断。如果是后者,则我很难了解反省判断中主体之认知机能之自由表现究竟于我之直感花之美或景色(风光韶光)之美有什么作用或有多少作用。"①

牟宗三以"无相原则"为审美判断的超越原则。康德所讲的反省不依附于概念,在概念方面没有任何指向,因此,牟宗三称反省判断为无向判断,无向指无任何利害关系,又不依待于任何概念的意思,这可谓是既接受了康德关于审美判断的实质,又以中国传统文化中的道家之无、佛教之无相的遮诠方式加以阐释。牟宗三指出:"审美判断是反身判断,是无所事事,无所指向的品味判断(judgement of taste)。故决定判断亦可曰有指向的判断,反身判断亦可曰无指向的判断。故道家之主体可以开艺术性关键即在此。"②认知判断和道德判断在康德那里称为决定判断,认知判断决定了外物的质量和关系,道德判断决定了人的行为方向。审美判断则没有指向性,没有给自己或他者下一个定然命令,影响自己或他者的行为方向。在这里,牟宗三指出,儒家在成于乐的化境处可以融有向于无向,圣者达到从心所欲不逾矩之境,完全没有命令性的显现,但这只是"行之若无事",顺性而行便自然合于规矩,这只是没有定然命令的形式,但合于定然命令的结果,不同于道家的自然无为是无任何规定性。

牟宗三认为,康德贯彻无相原则并不彻底,他依量、质、关系和模态论美的四素时,仅在质的方面抛开了一切利害之心,最切合审美判断的本意,其他三方面采用了主观概念而又陷入了有相。牟宗三指出:"审美品鉴只是这妙慧之静观,妙感之直感。美以及美之愉悦即在此妙慧妙感之静观直感中呈现。故审美品鉴之超越原则即由其本身之静观无向而透示,此所透示之原则即相应'审美本身之无向'的那'无相原则'也。"③依概念而决定的皆有定向,如依

---

① 牟宗三:《商榷:以合目的性之原则为审美判断力之超越的原则之疑窦与商榷》,《牟宗三全集》第 16 册,台北联经出版事业股份有限公司 2003 年版,第 17 页。

② 牟宗三:《道家与佛教方面的智的直觉》,《牟宗三全集》第 20 册,台北联经出版事业股份有限公司 2003 年版,第 269 页。

③ 牟宗三:《商榷:以合目的性之原则为审美判断力之超越的原则之疑窦与商榷》,《牟宗三全集》第 16 册,台北联经出版事业股份有限公司 2003 年版,第 70 页。

量、质、关系和模态等概念而指向于对象,依道德法则而决定行为的善恶,牟宗三称这些决定性的判断为有向判断。无相原则既形成了审美判断的无向性,又"超离地超化一切有独立意义的事物之自相"①,如善相、真相、美相,这种超越的无相原则非合目的性原则,完全超越了外在的羁绊,正合康德所谓"审美判断之自律之为自己而律"之义。牟宗三认为中国人的合一讲的美表现为美无美相,这是中国传统美学的重要特征。中国人喜欢讲美无美相,例如道家老子说"大音希声",庄子说"天下皆知美之为美斯不美矣",《礼记》讲"无声之乐","无声之乐"就是音乐没有音乐相,超越了演奏,实现了由技进于道的境地。

其次,康德以外离的方法论证审美判断的普遍性与必然性,牟宗三认为这违反了审美判断的自律本性,而主张以内合的方法,从佛教的无相如相来阐释审美判断的普遍性,以庄子的无待来解释审美判断的必然性。牟宗三指出,康德美学判断的普遍性是"基于自由游戏活动的想象力与知性之谐和一致这种普遍地可传通的心灵状态的"②,任何人在这种心灵状态上具有相通性,因此发自个人的审美判断具有普遍性。他认为康德的辩说"虽可言之成理,然而总觉迂曲疏隔而不显豁,穿凿强探而不自然",因为离开概念仍然依赖于心灵状态的主观条件,这种主观条件仍是概念,以主观条件之普遍有效性来说明愉悦于美的普遍性犹如说审美的人必须吃饭一样穿凿附会。牟宗三认为:审美判断"既无合目的之必要,亦无须从一意志(神意)而引出生,或靠一意志把它规定好或制定好。盖此皆属目的论的判断或自然神学中的话,与审美判断无甚关系也。"③牟宗三认为没必要以共感理念为审美判断的主观必然性的条件,康德"依据此超越的原则来证成审美判断之普遍性与必然性为合法时,他

① 牟宗三:《牟宗三全集》第16册,台北联经出版事业股份有限公司2003年版,第70页。
② 牟宗三:《商榷:以合目的性之原则为审美判断力之超越的原则之疑窦与商榷》,《牟宗三全集》第16册,台北联经出版事业股份有限公司2003年版,第39页。
③ 牟宗三:《商榷:以合目的性之原则为审美判断力之超越的原则之疑窦与商榷》,《牟宗三全集》第16册,台北联经出版事业股份有限公司2003年版,第49页。

是出乎其位地用'外离'之方法的"①,如审美判断以意志之设计、自由的心灵状态和心灵的共感的条件,都是在判断力之外去寻找审美判断的基石。

　　牟宗三主张用内合的方法来代替,即就审美判断自身而理解审美判断的特殊性,不须外离的出位思考,"审美判断之为先验的只存于表示审美判断之普遍的要求的诸词语中,而并不存于那远离乎此者"②。牟宗三指出,康德在论审美判断的辩证时,从质、关系、模态等方面进行说明,陷入了不必要的概念分别,违反了审美判断的本性,殊不知审美品鉴的普遍性是一种特殊的普遍性,既无任何利害关系,又不依于任何概念,因此"审美只是一四无傍依之妙慧静观之'如'相,如相无相即是实相"③,审美判断的普遍性正是这种实相的普遍性、如相的普遍性。这是借用了佛教的般若智慧来阐释审美判断的普遍性内涵。同样,审美判断的必然性非由概念命题分析而来的逻辑必然性,也非道德的必然性。牟宗三在此借道家庄子的玄智进行阐释,庄子以"恶识所以然,恶识所以不然"表示物化的境界,如果知一事之产生或未产生的原因,则是在因果关系中思考问题,庄子这里超越了因果链条,是一种把有无对待化掉之化境,走向了彻底的万物齐等的逍遥自在之境,"妙慧美感之必然即类乎此化境之无待"④,是一种完全超越了外在条件的自在自由的必然。审美判断超越外在关系的羁绊,剥除了目的之关系相,也不需显示为一无目的的关系相,然而康德以无目的的合目的性为审美判断的超越性原则,以无目的的合目的性原则将审美与神意之设计相结合,这皆因外离方法所致。

　　最后,康德在审美判断力的辩证论中提出了鉴赏判断的既不是建立在概

---

　　①　牟宗三:《商榷:以合目的性之原则为审美判断力之超越的原则之疑窦与商榷》,《牟宗三全集》第 16 册,台北联经出版事业股份有限公司 2003 年版,第 52 页。

　　②　牟宗三:《商榷:以合目的性之原则为审美判断力之超越的原则之疑窦与商榷》,《牟宗三全集》第 16 册,台北联经出版事业股份有限公司 2003 年版,第 56 页。

　　③　牟宗三:《商榷:以合目的性之原则为审美判断力之超越的原则之疑窦与商榷》,《牟宗三全集》第 16 册,台北联经出版事业股份有限公司 2003 年版,第 71 页。

　　④　牟宗三:《商榷:以合目的性之原则为审美判断力之超越的原则之疑窦与商榷》,《牟宗三全集》第 16 册,台北联经出版事业股份有限公司 2003 年版,第 72 页。

念之上又需要建立在概念之上的二律背反,牟宗三则认为"审美判断无辩证之可言"①,并以真善美之合一说消解了康德真善美之分别说的困境。康德认为,审美判断之辩证要求判断力必须推理化,在推理程序中先验的证成其普遍性。牟宗三指出,康德所讲的辩证内涵只有依据概念进行判断时才是有效的,"但是审美判断并非是依照概念而成者,其普遍性与必然性亦非是依照概念而有者。因此,辩证之通义不能用于审美判断以及其普遍性与必然性"②,康德强调说二律背反违反了审美的本性。康德所讲的审美判断不基于概念是不基于决定性的概念,而审美判断仍基于一非决定性的概念,依待于超越感触的理念。决定性的概念和超越性的概念意义不同,二者并不在一个层次,因此康德所讲的二律背反是可以消解的。牟宗三指出:"康德之所以这样强说背反以及迂曲不顺地把美的世界遥依于一最高的理性上,乃正是为的想说'美是善之象征'。"③在康德这里,美不是道德,但美可以暗示人的道德,发展艺术和审美可以使人更敏锐地反省、觉察到自己的道德本体,从而开启人的道德自觉。宗白华指出:"康德美学的主要目标是想勾出美的特殊的领域来,以便把它和真和善区别开来"④,但康德将美从生活实践中孤立出来是形而上学的做法,导致了美与善的分裂。

牟宗三以中国传统文化真善美的合一思维破解了康德真善美分别说中的理论困境。从康德的真善美分别说看,真善美皆是由人的特殊能力构建起来的。分别说的真指科学知识,是由人的感性、知性以及知解的理性所构建的现象界的知识,但只通至现象而止,未能通至物知;分别说的善指道德,是由人的

---

① 牟宗三:《商榷:以合目的性之原则为审美判断力之超越的原则之疑窦与商榷》,《牟宗三全集》第 16 册,台北联经出版事业股份有限公司 2003 年版,第 73 页。

② 牟宗三:《商榷:以合目的性之原则为审美判断力之超越的原则之疑窦与商榷》,《牟宗三全集》第 16 册,台北联经出版事业股份有限公司 2003 年版,第 61 页。

③ 牟宗三:《商榷:以合目的性之原则为审美判断力之超越的原则之疑窦与商榷》,《牟宗三全集》第 16 册,台北联经出版事业股份有限公司 2003 年版,第 75 页。

④ 宗白华:《宗白华全集》第三卷,安徽教育出版社 1994 年版,第 368 页。

纯粹意志依定然命令所发生的道德行为,但未至全体放下的无碍之境。分别说的美指自然之美与艺术之美,是由人的妙慧直感所起的无利害关心和无概念的对于气化光彩和美术作品的品鉴,但这是妙慧静观之闲适,有颓堕而放纵恣肆的危险。由于康德所讲的真善美三者相互独立,"虽不必相冲突,亦不必相函"①,所以审美判断担当不了沟通知性与理性、自由与自然的责任。从中国传统文化的真善美合一说看,合一"乃是于同一事也而即真即美即善之合一"②,实现"即真即善即美"的合一之境的力量源于"道德的心""实践理性之心"。由于康德把自由意志作为一个设准,认为人没有智的直觉,人类不能直接看到意志自由的创新力,自由意志不能直接贯下来,因此需要审美判断来沟通自由意志和自然存在。其实,从中国传统文化肯定人有智的直觉来看,康德以审美判断作为媒介来沟通自由与必然两层世界是没有必要的,而且审美判断也担负不了这个责任。牟宗三指出:"照中国人的看法,本心、仁心、知体当下可以呈现,一下可以贯下来。可以贯下来,自由与自然就可以沟通在一起,就不需要美这个第三者来做媒介。"③

龚鹏程认为牟宗三所讲的真善美合一,"其实是反美学的美学。要以超越美来包摄美,让美摄归于善之中。此时之美,实不复显其为美,唯显其为善而已,是以善所显之自由、充实、无相为美,故说是'即善即美'。其所谓美善合一,绝不能倒过来说是'即美即善'。因为从美是生不出善的,美亦不能显示为善"④。

龚鹏程指出,根据牟宗三的论述,"中国除了孔孟及若干宋明儒者,能经由道德心而开显一艺术境界或美善合一人格之外,一切文学艺术,其实均落在

---

① 牟宗三:《商榷:以合目的性之原则为审美判断力之超越的原则之疑窦与商榷》,《牟宗三全集》第 16 册,台北联经出版事业股份有限公司 2003 年版,第 85 页。

② 牟宗三:《商榷:以合目的性之原则为审美判断力之超越的原则之疑窦与商榷》,《牟宗三全集》第 16 册,台北联经出版事业股份有限公司 2003 年版,第 80 页。

③ 牟宗三:《康德第三批判讲演录(十四)》,《鹅湖》2001 年第 10 期。

④ 龚鹏程:《儒学与生活》,东方出版社 2018 年版,第 99 页。

才性、感情一路,未能向上翻转出实践理性。这样的美学,不但难以应用于中国文学史艺术史的研究中,也无法据以发展文学批评与艺术批评。方东美曾说康德哲学之弊在于:'除却真理外,其他艺术、道德、宗教价值亦殊无法安排,这在康德批判哲学里确是一个严重的问题。'牟宗三的问题则比康德严重得多。"①徐复观讲到了儒家艺术精神的转化与没落,认为魏晋以来的中国艺术精神由庄学而接上血脉,中国艺术性的生活和艺术上的成就多受老庄思想的影响,体现了庄学玄学的境界。龚鹏程据此推论:牟宗三所讲的儒家"美善合一、仁乐合一的形态,乃是无生机的,后世亦难有所发展"②。其实,现代以来的儒学由于失去了封建制度的支撑,儒家思想在社会中的影响力明显削弱,儒学成为中国传统文化的主要组成部分,与现代社会的关联比较弱。当今社会教育既不依托于儒学,更不依托于乐教,乐教作为儒家教育的核心理念,仍是儒家的乡愁。但是,龚鹏程之言却太过消极,现代中国文化与传统文化虽有时代相隔,但中国文化之精神始终是活的精神,在当下之文化与美学建设中,传统文化正在以各种方式被融入吸收,积极推进中国文化与美学的现代转型成为时代文化发展之重任。儒家美学,礼乐之教仍然可以以恰当的方式在现代社会获得新生。

第四节　牟宗三美学在中国美学现代转型中的地位

虽然牟宗三无意成为一个美学家,他没有像朱光潜、宗白华那样深入研究美学的基本问题、基本理论,并建立系统的美学体系。牟宗三论历史文化始终以"内在道德性"为骨干,早期的气化生命美学因为缺乏内在道德支撑而很快合流于其道德形而上学,没有作为独立内容得到更多发展。但是他通过消化

---

① 龚鹏程:《儒学与生活》,东方出版社 2018 年版,第 100 页。
② 龚鹏程:《儒学与生活》,东方出版社 2018 年版,第 101 页。

康德美学,阐发了一套富于哲学思辨的生命美学思想,既接续了中国生命美学的传统,又应对了西方美学的挑战,提出了一些具有中国特色的美学话语,推进了中国美学的现代转型。

一、发展了中国生命美学的传统

自王国维、蔡元培开始引介西方美学,他们都"强调美学在人生的作用,尤其强调生命与美学之间所产生的生命重建"[1],王国维的境界说、蔡元培以美育代宗教都将美学与人生关联起来。其实,宗白华的早期美学思想也高度关注人生的艺术化问题,认为艺术的人生态度就是把人的生活"当作一个高尚优美的艺术品似的创造,使他理想化,美化"。[2] 王国维之后的中国美学影响最大的两种路向:一个是朱光潜从科学心理学角度研究美学,另一个是宗白华从传统绘画、雕塑、音乐等角度研究艺术美学,人生美学的路向没能在大陆美学得到充分的发展。台湾学者龚鹏程提出现代新儒家在海外开出一个生命美学、人文美学的系统,认为"方东美、唐君毅、徐复观、牟宗三等人也都各自展开其生命美学之论述"[3],这一看法既定位了现代新儒家美学在现代中国美学体系中的位置,也揭示了现代新儒家美学的团体特征,牟宗三的美学研究正是努力接续中国传统生命美学的传统。

牟宗三始终围绕生命来谈美与艺术。他一方面将中国文化看成一个活的生命,从中国文化生命的角度诠释了艺术主体和美的内涵,总结了魏晋人物品鉴的美学境界与艺术境界;另一方面重视中国美学的人格塑造功能,重视美学的德育作用,将阮籍的《乐论》定位为中国音乐美学的正统。牟宗三的生命美学思想可谓接续了孔子以来的"成于乐"的生命美学传统,辨明了儒家生命美

---

①　龚鹏程编著:《美学在台湾的发展》,嘉义县大林镇南华管理学院1998年版,第49—50页。

②　宗白华:《宗白华全集》第一卷,安徽教育出版社1994年版,第207页。

③　龚鹏程编著:《美学在台湾的发展》,嘉义县大林镇南华管理学院1998年版,第20页。

学的典型形态。他讲美学的方法是将美学情调、艺术精神都收摄到道德学问里，他认为人格美学和音乐美学都不足以建立普遍的人性尊严，只有宋明理学建立人的道德主体性才能挺立人性的尊严。他指出："文艺固然不能以道德论，但也不能纯以性史论。文艺固然不能纯以神性论，但也不能纯以兽性论。"①牟宗三论历史文化始终以"内在道德性"为骨干，认为骨干建立之后，美的欣趣仍能获得真实无妄的圆满证成，其中良知的坎陷便为一个必然要求。他晚年提出真善美合一论，而促成真善美合一的动力是善方面的道德之心、实践理性之心，"道德实践的心仍是主导者，是建体立极之纲维者"②。这导致牟宗三的生命美学最终合流于其道德形而上学，生命美学只是其哲学架构的有机组成部分，没有作为独立内容得到更多发展。

牟宗三提出："儒家之教自含有最高之艺术境界。"③他认为，孔子所讲的"成于乐"的境界即儒家之教的艺术境界，这种艺术境界是由意志之否定而来的"全体放下之谐和与禅悦"④境界、忘我境界。这种艺术境界不同于蔡元培所讲的美术，因此他明确指出，"蔡元培先生欲以美术代宗教，误也"⑤，无论西方意义的宗教还是中国意义的宗教，都不能用美术来代替。

二、消化康德，阐发中国圆融美学的精义

康德作为德国古典美学的奠基人，他的思想受到了宗白华、朱光潜的格外重视。宗、朱都看到康德美学里的许多矛盾和混乱，朱光潜认为，"康德继承了笛卡儿的心物对立的二元论，把必然（规律）归于自然界（物质），把自由归于精神界（心灵）……又设法在审美和艺术创造活动（'审美判断力批判'的对

---

① 《牟宗三先生早期文集》（下），台北联经出版事业股份有限公司 2003 年版，第 1023 页。
② 蔡仁厚：《牟宗三先生学思年谱》，台北联经出版事业股份有限公司 2003 年版，第 182 页。
③ 牟宗三：《生命的学问》，广西师范大师出版社 2005 年版，第 65 页。
④ 牟宗三：《生命的学问》，广西师范大师出版社 2005 年版，第 66 页。
⑤ 牟宗三：《生命的学问》，广西师范大师出版社 2005 年版，第 65 页。

象)的基础上把这两对立面重新嵌合起来。"①宗白华也认为,"康德哲学注重'批评'(Kritik)亦即分析,他偏重分别的工作,结果把原来联系着的对象割裂开来,而又不能辩证地把握到矛盾的统一……这造成他的思想的形而上学性"②。但是,对于康德美学的这种割裂,朱、宗并没有作继续深入的回应,宗白华曾经试图用马克思主义唯物辩证法去"全面地、科学地解决"康德美学的矛盾③,但并没有落实,更没能如牟宗三一样从中国文化的立场上对康德美学的问题作出回应。

牟宗三用中国哲学中天道性命相贯通的精义解决了康德自由与自然之间的对抗,提出了一套更为圆融的可以与康德美学相抗衡的中国美学。牟宗三认为康德第三批判未能穷尽美学的奥义,需要将美学提升到与道德人格的合一处,也就是真善美的合一处,才是美学的真正完成。牟宗三说:"中国儒释道三家都有一个要求,把独立意义的真、善、美化掉,化掉才能讲即真即善即美,向上讲三者合一。"④中国传统文化直接从真善美合一的角度讲,是从纵贯面承体起用来讲,例如儒家"天理流行"的境界、王弼讲的"圣人有情"的境界、王龙溪的"四无句"的境界、禅宗"平常心是道"的境界、庄子的齐物境界皆为真善美合一的境界,这是"神性的境界"⑤。牟宗三认为,现代中国人忘掉了传统的真善美合一之境,可以"借康德的话来把它唤醒"⑥,中国传统文化在分别讲方面很不够,仅有分别讲的善,缺少真善美的横剖面,而要做到合一讲,必先分解地讲,因此他肯定了康德通过现象意义分别了解真善美的意义,认为真善美每一个领域代表一个原则,"知识代表呼吸;道德代表提起来的奋斗;美代

---

① 《朱光潜全集》第七卷,安徽教育出版社1991年版,第59页。
② 《宗白华全集》第三卷,安徽教育出版社1994年版,第362页。
③ 《宗白华全集》第三卷,安徽教育出版社1994年版,第371页。
④ 牟宗三:《康德第三批判讲演录(八)》,《鹅湖》2001年第4期。
⑤ 牟宗三:《康德第三批判讲演录(十)》,《鹅湖》2001年第6期。
⑥ 牟宗三:《康德第三批判讲演录(九)》,《鹅湖》2001年第5期。

表放平、喜悦,这才是真正的生命之源"①,三个领域都具有独立性。可以说,牟宗三以康德真善美的分别说充实中国传统文化的真善美合一说,同时以中国传统文化的真善美合一说解决康德美学的理论难题,既推进了中国美学的现代转型,又使中国传统美学具有了世界性的意义。

三、开辟了思辨式哲学美学的研究进路

如果说朱光潜通过借鉴西方美学,发展了中国的心理学美学,宗白华通过对节奏和历律的把握,提出了富有中国韵味的意境美学,那么牟宗三则是通过吸收改造康德美学,以哲学思辨的进路发展了中国美学。虽然牟宗三的美学是从其哲学宇宙观中演绎出来的,有附属于其哲学系统的限制,其美的概念在宗白华看来也"是个形而上学的概念"②,不同于宗白华、朱光潜视域中的美学是以研究人类美感的主客观条件为起点,以探索自然和艺术品的真美为中心,以建立美的原则为目的,以设定创造艺术的法则为应用,牟宗三美学开拓了与康德、黑格尔为主要代表的德国古典美学对话的空间。牟宗三指出:"讲美学有两种方式:一种是以辞章的方式讲;一种是以学究的方式讲。"③如果说宗白华是以辞章的方式讲康德美学,牟宗三则是以学究的方式讲康德美学。牟宗三认为,康德美学是其哲学系统的有机组成部分,他是以学究的方式建构起来的,因此以学究的方式,也就是哲学思辨的方式或许更能理解康德美学。

牟宗三通过改造康德美学,提出了很多具有民族性、思辨性的中国美学话语。例如,他提出审美判断的超越原则为"无相原则",以庄子的"无待"、佛教的"无相如相"来解释审美判断的普遍必然性,以"即真即善即美"的真善美合一说消解康德审美判断力的辩证论,这都是借用中国哲学的概念改造康德美学,使中国哲学的概念具有了新的美学内涵。牟宗三对于美的本质的分析,阐

---

① 牟宗三:《康德第三批判讲演录(九)》,《鹅湖》2001 年第 5 期。
② 《宗白华全集》第一卷,安徽教育出版社 1994 年版,第 188 页。
③ 牟宗三:《康德第三批判讲演录(九)》,《鹅湖》2001 年第 5 期。

释分别说的美与合一说的美,对于艺术性、艺术境界与艺术主体的阐释,都极具哲学思辨性。牟宗三的思辨美学以西方概念思辨的外在形式植入了超越于概念思辨的中国式圆融思维,所有对于"相"的分析阐释最终都落实到了"无相"的总原则上。通过创建具有民族特征的思辨模式,牟宗三搭建了中国美学通向西方世界的桥梁,使中国美学由此具有了可与西方美学对比与互观的形式基础,推进了中国美学的现代性进程,也开拓了中西美学对话的广阔空间。

第八章　现代新儒家美学的现代性
意义和美学史意义

现代新儒家在中国哲学史上占有重要地位,成为中国哲学研究无法绕过的一个学术群体。但是在现代中国美学史上,现代新儒家则是一直被忽视的群体。其实,现代新儒家从整个中国哲学与文化的重建角度涉及了中国美学的问题,他们有宏观学术的视野,有对中西美学的深入了解,有强烈的中国美学的自觉与自信,在中国美学的研究方面成果丰硕。现代新儒家在回应西方现代性的挑战方面做了大量工作,厘清了中国美学的统绪,借鉴和反思了西方美学的现代性价值,阐明了中国传统美学的现代性价值,新儒家美学在现代中国美学建设中具有重要的现代性意义和美学史意义。

第一节　现代新儒家美学的现代性意义

一、近百年中国美学与现代性之间的纠缠

西方现代性经历了启蒙现代性和审美现代性两个阶段。16 世纪开始的启蒙现代性以批判神权,倡导人权与自由,提倡科学理性为主要特征。此时的科学、道德、艺术是统一的,审美感性和科学理性、道德理性是合一的,或者说

此时的真善美是合一的,理性与主体性是美学与艺术的内在支撑。现代性之所以复杂,在于其始终处在不断变化与分裂中。18 世纪中后期,由于科学知识的分化,打破了之前整体性理想,科学、道德、艺术走向了各自独立,人类的思想体系也走向了分裂发展,各种分裂完全背离了启蒙理性的整体性原则。鲍姆嘉通创立美学学科,确立了审美现代性的独特价值,但同时也使审美从真善美的统一中分化出来而获得了自身的发展,形成了现代科学、伦理学和美学的学科系统。

近百年来的中国美学发展历程中,一个突出的主题是应对现代性的挑战,既要应对现代西方美学的现代性问题,又有中西文化的冲突与融合问题,还有中国传统美学的现代转型问题。多重问题交织在一起,让现代中国美学走过了百年的艰辛历程。虽然人类历史已进入 21 世纪,但现代性的问题不但没有解决,反而愈加突出,正如张法教授指出:"无论是主动推动现代化的西方,还是以各种方式跟进现代化的非西方,在享受现代性带来的巨大好处的同时,也在承受现代性带来的巨大灾难,如何重建地球上的文明,已经是摆在全球化时代人们面前的一个重要问题。"①从应对西方现代性的挑战看,现代中国美学的发展经历了三大阶段:一是 20 世纪上半叶的美学开启和初步建立时期;二是 20 世纪五六十年代的美的本质讨论时期;三是 20 世纪 80 年代以来美学的演进时期。

20 世纪上半叶是中国美学的开启与初步建立时期。这一时期的中国美学面对救亡与启蒙的双重课题,对西方美学进行了选择和取舍,并针对中国社会问题提出一些创新性观点。例如,王国维的境界论、梁启超的文学革命论、蔡元培的美育代宗教论、朱光潜的心理学美学和宗白华的意境美学,都是这一时期最为典型的成果。他们面临的时代课题和理论成就有:一是推进中国国民性的现代化,推进中国社会的现代变革,这是一个社会问题、政治问题或者

_____

① 张法:《美学与中国现代性历程》,《天津社会科学》2006 年第 2 期。

说救亡问题。如梁启超主张通过文学革命来促进人民思想观念的革新。二是现代西方美学的选择、借鉴与传播,建构现代中国美学学科。他们都借鉴德国古典美学和近代美学来建构当代中国美学,宗白华翻译了康德的《判断力批判》,朱光潜翻译了黑格尔的《美学》,翻译和传播西方美学方面朱光潜的影响较大。三是推动中国传统美学的现代转型。主要方法是运用西方美学分析中国古代艺术的特色,发掘中国传统美学的现代价值,这方面宗白华研究中国绘画、书法、雕塑等的成果较为典型。这一时期,西方美学迅速传播,并且在借鉴西方美学推进中国传统美学现代转型方面取得了丰富成果。

20世纪五六十年代,马克思主义影响了中国美学的论题和转向。马克思主义是在对发源于资本主义社会的现代性的反思和批判的基础上发展起来的,它既看到了资本主义工业和科学的力量,赞叹资本主义创造了发达的物质文明,同时又发现了资本主义社会中人的异化问题,揭示了人类社会的进步必然包含着某种程度的对抗这一特征。马克思主义的批判性思维,以及时代发展的因缘际会,使中国美学没有满足于借鉴和追随西方美学的脚步,而是转向了苏联。苏联在20世纪50年代发生了关于美的本质问题的论战,产生了自然派和社会派两大派别,自然派认为美是天生的,社会派认为美是人类社会实践的产物。苏联美学直接影响了我国美学界。在马克思主义基本原理的指导下,我国美学界开始重新认识美、美感、审美关系以及美的本质等问题,开展了长达十年的美学大讨论,产生了关于美的本质的四个派别:美是客观的,以蔡仪为代表;美是主观的,以吕荧和高尔泰为代表;美是主客观的统一,以朱光潜为代表;美是客观性和社会性的统一,以李泽厚为代表。美学大讨论折射的是政治和意识形态话语下文艺的现实主义精神,促进了中国美学现实主义精神的发展,歌颂革命、歌颂生产、歌颂生活的艺术作品大量涌现,革命的崇高精神在一定程度上补足了中国传统美学偏于优美的一面,促进了中国美学的现代拓展。

20世纪80年代以来是多元化美学的发展阶段。乘着改革开放的东风,各种西方哲学、美学和文艺思想传入中国。中国美学几乎完全陷入了西方现代话语体系的支配。从"文革"中走出来的中国学人迫不及待地引入、借用、移植各种现代西方学术思潮,技术美学、分析主义、解构主义、存在主义、后现代主义、实证主义、象征主义等西方思潮成为中国学术界的时髦话语,各种现代的和后现代的艺术和审美风格同时存在于中国社会,中国美学步入了多元化阶段。尤其是美学界流行起反理性主义思潮,生命美学、超越美学、生存美学、体验美学、身体美学以及日常生活审美化等思潮,都有反理性、去理性化或抗拒理性的特征。面对人与自然关系恶化、价值失落现象严重、宇宙的有机性与灵性被严重剥夺的情况,现代美学和后现代美学有所反思,后现代艺术表现了人们心灵的迷惘,但没有为解决人们的苦闷指出方向,没有发掘中国传统美学的积极价值。传统美学与现代美学、后现代美学,西方美学与中国美学、马克思主义美学之间的矛盾没有得到充分的调解,具有鲜明中国特色的现代中国美学理论体系仍在探索之中。

中国美学经历了百年现代转型与发展历程,整体上开出了坚持马克思主义美学、接受传播现代与后现代的西方美学、传承中国传统美学三大方向。由于肇始于西方的现代性自身就复杂而模糊,加上中国文化又面临救亡与启蒙、传统与现代、东方与西方、马克思主义与中国传统文化等多重矛盾,因此中国美学对现代性价值的认知与追求更加复杂。20 世纪上半叶是一个美学大师辈出的中国美学的开启与繁荣期,无论是西方美学的传播还是中国美学的研究都处于起步阶段。20 世纪五六十年代是中国美学现代发展史上的一个特殊时期,在马克思主义的指导下,美学与现实生活联系更加紧密,有鲜明的意识形态立场。20 世纪 80 年代以来是多元化美学发展阶段,现代性的不确定性、真善美走向分裂的特点在中国鲜明地表现出来了,后现代主义的反理性倾向导致的心灵迷惘在中国也有所表现。由上可见,中国美学的现代性追求仍然在路上,传统与现代、东方与西方、马克思主义与中国等多重矛盾仍待协调,现代中国美学的理论体系仍在建构之中。

二、现代新儒家美学对西方现代性的借鉴与批判

近代以来,西方列强以武力打开了中国的大门,西方文化也随之传入中国。中国人思考落入被动挨打地位的原因,最终追溯到了文化领域。反思中西文化的差异,西方文化作为具有现代性色彩的文化,与中国传统文化具有鲜明的区别。中体西用是中国学者最初提出的借鉴西方文化的路径,也就是以中国的伦常经史之学为根本,以西方的科学技术为应用。具体的做法常流于以中学比附西学,对西方文化和中国文化的问题缺乏整体性的分析,对中西文化的特质分析不够深入,难以应对西方现代化的挑战,对西方现代性的理解与批判不够深入。这种情形梁漱溟在《东西文化及其哲学》中分析何为西方化、何为东方化时进行了总结。现代新儒家一登上历史舞台,便站在中国文化的立场上,自觉借鉴西方现代化的成果,并对西方现代性的问题进行了批判。

第一,借鉴西方现代性的价值。现代新儒家借鉴西方现代性的价值,既从整个中国文化的重建角度进行借鉴,也从中国美学的现代转型角度进行借鉴。虽然现代化、现代性的内涵都是处于变化中的概念,其界限非常模糊,但西方现代化凭借在科学技术方面的强大力量,以武力打开了中国的大门,让中国人从天朝上国的迷梦中惊醒了,彻底相信了西方文化在现代化方面的积极价值。然而西方现代化的价值到底是什么呢?中国能够借鉴西方现代化什么内容呢?这个问题自鸦片战争以来一直困扰着中国思想家。

现代新儒家认可了西方文化的现代性价值,肯定了西方科学技术发展及由此而成就的工业文明和物质文明。因此,现代新儒家一致认为,西方文化中的民主与科学值得借鉴,这也是西方文化最具现代性价值的地方。《为中国文化敬告世界人士宣言》指出,中国文化的未来发展,就个体性而言应由心性之学的主体而转型为物质世界的认知主体和技术主体,发展科学技术,在政治上自觉成为政治活动的主体,发展民主政治。关于心性主体如何转化为认知主体和技术主体,影响最大的解决方案当属牟宗三所提出的良知坎陷论。所

谓良知坎陷论,就是以良知的自我坎陷,暂时让位于科学与民主,在内在良知的支持下,发展科学与民主。牟宗三指出,中国文化的未来发展方向,既要复活儒释道三教的生命学问,同时又要发展科学与民主政治,展开智性领域的探索。牟宗三以良知为基础,吸收借鉴西方的民主与科学的做法,被许多学人诟病,认为他虽然没有否定科学、哲学、政治作为人类文化的独立领域,但以道德为根基的坎陷说却仍有走向泛道德主义的倾向,在德性与智性之间,他的良知坎陷似乎并不能给予有力的判明。事实上,良知坎陷说只是牟宗三解决科学与道德问题的权宜之计,是他在 20 世纪 40 年代为应对一些质问而给出的解答方案。牟宗三晚年在提出"平地起土堆"理论时,反而对这一问题有了更透彻的看法,知情意、真善美都是完整人生的一部分,乃是如"平地"合一,分别讨论只是平地隆起的土堆,科学与道德本无矛盾,为何非得要此消彼才长呢?同样,方东美关于人生是"情理集团"的观点,也是从这个角度给予的解答,他认为科学理性、道德理性与审美感性本来就是一个完整的整体,是生命向不同侧面的伸发,因理性精神的发展而满足求知欲,成就科学;因情感的萌发而审美,成就艺术,没必要强行判别,更不能割裂。真善美是人类永恒的价值追求,是人类的底色。"平地起土堆"和"情理集团"之说,都从根本上消泯了科学民主与道德、审美、艺术之间的矛盾性。事实上,西方现代性中科学与道德、科学与美的矛盾乃是因西方文化中各种二元对立思维而起,是西方现代性恶性发展的结果,对于中国圆融有机的整体性思维而言,这种对立思维本不存在,又何来矛盾? 既无矛盾,那么解决这一矛盾就成为一个虚假问题,如此看来,牟宗三早年的良知坎陷说更像是陷入了一个虚假的学术陷阱,科学与道德本可并行,我们要做的更重要的是看清自己的文化属性和特征,发掘并敞明自身特色,而不能受困于一个虚假的西方问题无法出逃。

从现代中国美学的发展看,现代新儒家对西方美学的借鉴表现于概念的借鉴、思维方式的借鉴和核心理论的借鉴等诸多方面。梁漱溟借用柏格森的生命哲学、生命美学的观点分析了人生的艺术化,提出人生艺术化就是生命的和谐、心理的和谐、知情意的和谐。方东美留学美国期间非常关注怀特海和柏格森的生命哲学,通过生命哲学的视角,揭示了西方文化自古希腊到近代发生的物质与精神相分裂的问题,指出这是生命的悲剧,是西方现代性的突出问题,并以之反观中国文化的特征。徐复观借鉴了哈曼和福多拉关于美的知觉的思想阐释庄子的心斋思想。唐君毅借鉴了黑格尔关于艺术形式分析的方法来评价中国文学艺术美的价值高低。现代新儒家的借鉴,丰富了中国美学的研究视角和研究方法,将中国传统美学的精义在现代语境下揭示了出来。

消化康德美学是现代新儒家关于中国美学现代性价值重构的重要工作。康德哲学是划分西方近代与现代的分水岭,他对人类理性的批判性考察,既强调了启蒙现代性的理性原则和整体性原则,又对人类理性进行了自我批判。康德考察了理性的类型和作用范围,理论理性的目标是求真,其作用范围是现象界;实践理性的目标是求善,其作用范围是道德界;审美判断力的目标是求美,其作用是沟通自然和自由。康德的理论体系本是为现代化进程中人类纯粹理性、实践理性和判断力的能力作出判别,但他三大领域划定之后又无法弥合,勉强以美作为联系真与善之间的桥梁,也是无力回天。事实上,康德的理论也是西方现代性问题发展到这一阶段的必然结果和客观反映。无论是王国维,还是宗白华、朱光潜,都重视康德美学的研究,也都发现了康德美学导致的真善美价值分裂的问题,并质疑康德以美来沟通自然与自由之间的有效性,但他们没有提出解决康德美学问题的方法。

对于康德的这一问题,现代新儒家中以牟宗三的批判最为典型。牟宗三认为,虽然康德真善美的分别说揭示了真善美的独立价值,但分别说所导致的价值分裂及其后的一系列恶化却危害更大。于此,牟宗三提出要以中国传统文化中的真善美合一论解决康德美学导致的真善美分裂的难题。牟宗三是站在中国文化、中国美学的立场上,自觉吸收消化康德美学思想的第一人,他将中国传统美学的精神接上了现代西方美学的场域,既让中国传统美学具有了现代性价值,又为中国美学会通西方思想提供了思路。

第二,揭示西方现代性存在的问题。

现代新儒家虽主张借鉴西方现代性的价值,但绝不盲从西方文化,他们始终注意揭示西方现代性存在的问题。梁漱溟已经开始反思西方文化的问题,他通过第一次世界大战揭示了西方文化不断向前追求导致的矛盾冲突与价值的失落。后来现代新儒家多数有留学西方的经历,如方东美、张君劢、冯友兰、贺麟、刘述先、杜维明、成中英等都有留学经历,唐君毅、牟宗三虽未出国留学,但他们花大量时间学习和研究西方文化。现代新儒家集体对西方现代性问题进行了深入剖析与反思。

西方的霸道文化导致了人类的争夺与战争,这是西方现代性最直接的恶果。西方文化标榜的自由与民主、科学技术与物质财富,在西方掀起的世界大战面前显得丑陋而虚伪,直白地证明了西方现代性充满了危机。《为中国文化敬告世界人士宣言》指出:"由于现在地球上的人类,已经由西方文化之向外膨胀而拉在一起,并在碰面时彼此头破血流。"①这里的头破血流即是指西方国家挑起的第一、第二次世界大战。因此,唐君毅将西方文化定位为霸道的文化,这种定位与梁漱溟以意欲向前定位西方文化在内在精神上是完全一致的。相比之下,中国文化则是王道的文化,中国自古以来追求的是天下大同,当代又进一步提出构建人类命运共同体,都是从人类角度、群体的角度思考问题,不像西方文化那样立足于狭隘的民族立场和个人主义立场,认为自己的民族优越于其他民族。执着于向外征服世界的西方文化具有忽视他人利益和其他民族利益的不足,其价值观是狭隘的民族利益观和个人利益至上观。

现代新儒家很早便指出了西方现代性危机的问题,对西方以科学技术为主导的西方文化及其所体现的工具理性提出了批判。人类的理性不断外化为各种科学、制度、法律、历史、艺术等,这种理性客观化的结果便形成了一整套的资本主义社会制度。这种制度本来由人的价值要求而产生,但这些制度产

---

① 张君劢:《新儒家思想史》,中国人民大学出版社 2006 年版,第 556 页。

生之后却脱离人而反过来成为支配和约束人的工具,这就是工具理性。批判工具理性实质上和马克思主义所批判的人的异化是相同的,都是人类理性创造的物质财富和社会制度反过来成了约束人类的工具,韦伯指出工具理性制造了一个"铁的牢笼",让人无处逃脱。现代性危机就是科技的不断发展和社会的不断变革,永远处在不安和变动中,人类追求的各种价值和神圣的东西都烟消云散了。人类理性的不断奋进追求,不但没有创造出自己期望的美好生活,反而自掘坟墓,这是西方现代性的深层危机。

西方现代性还导致了价值虚无的问题。梁漱溟在文化三路向理论中,批判了西方意欲向前的文化不断满足人们膨胀的物欲,有价值失落的危险。他指出西方文化是意欲向前的文化,"他那向前的路一味向外追求,完全抛荒了自己、丧失了精神;外面生活富丽,内里生活却贫乏至于零"①。人类在不断努力奋进中更加无法获得心灵的寄托,方东美称之为"进取的虚无主义"。方东美在《科学哲学与人生》一书中分析了西方科学主义导致的生命精神和价值的分裂,精神与物质的割裂,他称此为生命的悲剧。这种悲剧给人以分裂、被抛弃、焦虑、无家可归和虚无等体验。后现代艺术是对现代性危机的反抗与呐喊,但是也没有从中发现生命的价值,没有重塑人的价值与主体精神。

总之,现代新儒家没有西化派那样主张全盘西化,他们看到了西方现代性价值的合理性一面,接纳了西方现代性的积极价值。但他们并不盲从西方文化,对西方现代性的危机有清醒的认识,尤其对西方现代性导致价值的分裂和人生意义的虚无主义有深刻认识。西方文化向前向外追求,忽视了人格的塑造和价值的涵养,人类创造的物质财富和制度文化反过来成为人类的束缚,这都是西方文化诉诸理性追求的恶果。这种恶果其实是西方现代性的先天问题,西方文化自身无法克服,中国传统文化正好能与西方文化形成互补,重视生命的价值与人类的尊严,是应对西方现代性危机的重要路径,这一点正体现

---

① 梁漱溟:《东西文化及其哲学》,商务印书馆 2005 年版,第 181 页。

了中国传统文化的现代性价值,这是现代新儒家应对西方现代性挑战的基本逻辑。

三、现代新儒家对中国文化和美学现代性价值的阐扬

面对西方文化的挑战,现代新儒家具有强烈的文化自觉意识,或者说自五四运动以来,现代新儒家就在为中国文化争话语权。梁漱溟 1921 年在《东西文化及其哲学》一书中感叹西方文化在近代中国的压倒性优势,"我们所看见的,几乎世界上完全是西方化的世界……几乎我们现在的生活,无论精神方面、社会方面和物质方面,都充满了西方化"①。中国学者多数已丧失了为中国文化说话的信心,极端者甚至主张全盘西化,梁漱溟则立场鲜明地站出来为中国文化说话,由此成为现代新儒家学派的开山者。现代新儒家可谓是自五四运动以来自觉为中国文化谋复兴的一个群体。他们自觉回应了西方文化的挑战,最集中地体现在牟宗三、徐复观、张君劢、唐君毅四人共同发表的《为中国文化敬告世界人士宣言》中。此宣言主要从文化和哲学角度说明现代新儒家对西方文化和中国文化的态度与立场,对西方文化引领的现代化趋势与现代性走向有深入的反思,揭示了中国文化的现代性价值及其对世界文化的贡献。

首先,肯定中国文化是一个活的精神生命,这是现代新儒家提出的发掘中国文化现代价值的前提条件。现代新儒家批判了西方学者研究中国文化动机方面的偏差,主要批判了世界人士研究中国学术的三种动机:一是传播西方宗教的动机,这是西方耶稣会传教士的动机。他们关注的是中国诗书中谈到上帝以及中国古代儒家尊天敬神的内容,他们反对宋明儒家和佛教老子之学;二是斯坦因、伯希和等出于对中国文物的好奇心而研究中国文化。他们在敦煌发现文物,开启了敦煌学的研究,由此进一步研究中国美术和考古,研究中国

---

① 梁漱溟:《东西文化及其哲学》,商务印书馆 2005 年版,第 12 页。

文字和语言特性。他们研究中国文物,搬运中国文物,并不关心"中国这个活的民族之文化生命、文化精神之来源与发展之路向"①;三是中日战争中的西方顾问和来中国的外交人士,由于中国政治和国际局势的现实关系而研究中国近代史,他们中很多人成为中国近代史研究的领导人物。西方学者三种研究态度都缺乏对中国文化的同情与敬意,只能分析中国文化的历史价值,而不重视中国文化的现代价值与未来价值。

现代新儒家肯定中国文化是活的精神生命,反对将中国文化仅作为一个客观的研究对象。现代新儒家美学之所以被很多学者称为生命美学,是因为现代新儒家关心民族文化生命、关心个体生命的价值。他们反对斯宾格勒提出的中国文化到汉代已经死亡的观点,反对五四运动以来中国学者提出的整理国故的口号,认为中国文化不是存在于档案馆中的文物。这些研究心态没有将历史文化看作人类精神生命的表现,对研究对象没有同情和敬意,没有期望这种客观的精神生命继续发展下去,不利于发掘研究对象的现代价值。这种"情感与理智割裂的态度,忽略其所研究之历史文化,是人类之客观精神生命之表现的态度,正是原于此种研究者之最大的自私,即只承认其研究工作中有生命有心血,此外皆无生命无心血。"②对研究对象没有同情与敬意,便不能真实地了解研究对象,只有心存敬意才能产生智慧的光辉,由此智慧可以照见其他生命心灵内部的特征,从而全面发掘研究对象的现代价值。

其次,中国美学强调真善美的融合,是对抗西方现代性价值分裂和价值虚无主义的重要理论资源。现代性危机是从真善美的各自独立开始的,各种专业知识的产生加速了人类知识的分裂。康德深入分析理性的类型和作用范围,确定了理论理性、实践理性和审美判断力的作用边界,通过理性为自身立法找到了三类理性的规则。康德三大批判加速了理性内部的分化,导致统一

---

① 张君劢:《新儒家思想史》,中国人民大学出版社 2006 年版,第 592 页。
② 张君劢:《新儒家思想史》,中国人民大学出版社 2006 年版,第 559 页。

于人性的真善美被进一步割裂。尽管康德试图以审美判断力来沟通真善美,但是沟通的效果一直受到学术界的质疑。现代新儒家高扬儒家的真善美合一论,可以对抗西方价值分裂的现代性危机。儒家讲美谓尽善尽美,孟子讲充实之谓美,都是善发展到极致而呈现的美,现代新儒家论美继承了儒家以善为基础的讲法。牟宗三依据本心、仁心、知体的当下呈现,自由与自然直接贯通在一起,完全不需要美的媒介作用。这是用中国传统文化的圆融思维救西方文化的二分、三分思维的弊端。

西方现代性是在批判神权、倡导人权的启蒙运动中出场的,初衷是高扬理性的价值与人类的尊严。但是,西方文化高扬的理性膨胀为工具理性之后,理性反而成了人类自身的牢笼,这就是西方现代性的危机。现代新儒家美学高扬人生价值,以此对抗西方现代性走向价值虚无主义的危机。现代新儒家继承儒家美学最大的特色是从人生角度来建构美学理论,以人生的艺术化为美学的归宿。现代新儒家不像西方美学家那样为艺术而艺术,他们强调艺术对人的陶养作用,唐君毅分析中国文学艺术可以供人们的精神藏、修、息、游于其中,能够安顿人们的精神,这正是孔子所讲的游于艺。中国文化自《周易》始,处处高扬个体生命与宇宙生命的崇高价值,现代新儒家由此阐释了一套生命哲学与美学,始终立足人生来谈美与艺术。

中国美学家多喜论人生艺术化,现代新儒家与其他美学家论人生艺术化的区别在于,他们主要是从道德角度立论。这一点与朱光潜和宗白华等美学家从纯美学角度的讨论是不同的。朱光潜所讲的人生艺术化也就是人生的情趣化,他主要是从人生与艺术关联角度来谈人生艺术化,离开人生便无所谓艺术,艺术情趣根源于人生,离开艺术也无所谓人生,人生的欣赏与创造都是艺术的活动①。宗白华指出:人的生活要像"艺术品那样的协和、整饬、优美、一致"②,

---

① 宛小平选编:《中国现代美学名家文丛·朱光潜卷》,浙江大学出版社2009年版,第3页。
② 王德胜选编:《中国现代美学名家文丛·宗白华卷》,浙江大学出版社2009年版,第11页。

人生的目的就是一个"优美高尚的艺术品似的人生"。① 朱光潜与宗白华是从艺术品与审美情趣角度谈人生的艺术化,主要讲的是人生的艺术情调问题。现代新儒家所讲的人生艺术化主要是关联着人的生命境界、道德境界来讲,人生的艺术就是生命的和谐,是美与善的充实互照。总体上看,现代新儒家是立足于传统儒家的立场来讲人生的艺术化,其主导理念是以善统美,强调美善合一的人生价值,这是对传统儒家人格成长理论的现代继承,道德生命和审美生命对于一个完整的人来说,必然是合而为一的,这一点也正契合了西方现代性的合理内核。

最后,阐扬中国美学的世界意义。现代新儒家群体接续和重建中国文化的过程,始终在中西文化的比较中进行。现代新儒家中的多数人都是出入中西文化研究多年,在其立志接续中国文化正统的同时,也始终有一个学术心愿,即向西方世界推出中国文化和美学,走中西会通的建构之路,积极推动中国文化参与世界文化建设,发挥中国文化对未来世界文明秩序重建的重要价值。梁漱溟在《东西文化及其哲学》中提出世界未来文化就是中国文化的复兴,他指出:"有人以五四而来的新文化运动为中国的文艺复兴;其实这新运动只是西洋化在中国的兴起,怎能算得中国的文艺复兴? 若真中国的文艺复兴,应当是中国自己人生态度的复兴。"②他所讲的中国自己的人生态度就是持孔孟的人生观,复兴儒家的礼乐文化。他主张以儒家的礼乐文化来解决现代青年的烦闷,不仅具有中国意义,也具有世界意义。

现代中国美学是中国传统文化现代转型的重要内容,也是中国文化走向世界的重要内容。梁漱溟的《东西文化及其哲学》作为现代新儒家的开山之作,其"绪论"部分便提到"将中国文化带到西方去是带什么东西"③的问题。

---

① 王德胜选编:《中国现代美学名家文丛·宗白华卷》,浙江大学出版社 2009 年版,第 11 页。
② 梁漱溟:《东西文化及其哲学》,商务印书馆 2005 年版,第 215 页。
③ 梁漱溟:《东西文化及其哲学》,商务印书馆 2005 年版,第 10 页。

1958 年牟宗三等《为中国文化敬告世界人士宣言》明确指出西方应学习的五点中国智慧:一是当下即是的精神与一切放下的襟抱,二是积极的圆而神的智慧,三是温润而怛恻或悲悯之情,四是使文化悠久的智慧,五是天下一家的情怀。这五点智慧是中国先贤的人生智慧,也是中国人的人生美学,有利于应对西方现代性危机。中国的生命价值合一论契合了西方现代性的合理内核,有助于实现西方现代性之初衷,即是全面开发人的感性和理性,以促进人的全面发展,尤其强调对审美感性和道德理性的开发,以成就真善美合一的人生。现代新儒家对真善美合一的生命价值的维护,与西方现代性的追求相一致,也有理由成为对抗西方现代性危机的重要理论资源。

第二节　现代新儒家美学的美学史意义

中国美学的现代性是现代中国美学发展所呈现出来的现代特性,寄寓着现代中国美学发展的合理要素,是中国美学持续健康发展的内在基因。探索中国美学的现代性与推进现代中国美学的发展是同一个过程,现代中国美学往何处发展,中国美学的现代性即往何处呈现。从 20 世纪以来的美学发展历程可以看出,现代中国美学呈现出强烈的时代性特征,但其中却始终缺乏中国美学发展的稳固根基,似乎现代中国美学一直处于“飘”的状态,而作为中国美学健康发展的内在基因的现代性也始终没有确立起来。从现代中国美学的发展与美学的现代性的生成两个层面来看,现代新儒家美学历经一个多世纪的探索,其美学史意义是非常重大的,理应获得重视与再评估。

现代新儒家是一个不断回向追溯而建立起来的学派,他们中多数人各自独立地完成了自己的学术建构,但其主体思想却呈现出较大的一致性。其中熊十力与其三大弟子牟宗三、唐君毅、徐复观关系较为密切,可称为狭义的现代新儒家。另外,现代新儒家第三代代表人物杜维明、成中英、刘述先与第一、第二代现代新儒家方东美、牟宗三、徐复观、唐君毅有一定的师承关系。虽然现代新儒家多数人以哲学家名世,都是在哲学研究中谈及了美与艺术的问题,而不像朱光潜、宗白华那样纯粹从事美与艺术理论的研究,但是也正因为如此,他们的美学研究与通常的美学家、文艺理论家相比,特色非常鲜明:他们有哲学家的宏观视野和文化自觉意识,所以他们的美学思想也体现出了强烈的文化统绪传承意识;他们有美学家的人文关怀,所以能够深入传统美学的深处,了解美学之为美学的形上学意蕴,把握中国美学独特的生命价值导向;他们有深入中西的学术背景,具有建构中国美学的危机意识和世界性眼光,所以他们没有像一般的文学艺术研究者那样,在各种纷繁复杂的现代西方美学和后现代西方艺术流派面前迷失方向,而是坚定不移地在世界范围内持续推进中国美学的现代发展、扩大中国美学的国际影响,他们所致力建构的中国美学的发展方向,无疑具有重要意义。

一、搭建了中国美学的基本架构:以生命为基础的价值论美学

现代新儒家美学从总体上来看,是一个典型的价值论美学。价值是现代新儒家美学集中凸显的一个主体内容,尽管现代新儒家代表人物在讨论中国文化的价值内涵时,具体观点各有不同,各具特色,但都在极力推扬中国文化和艺术中的价值理想方面不遗余力。中国文化和艺术价值又是根植于中国人的生命之中的,价值是生命的价值,而生命又是饱含价值的生命。从现代新儒家开山祖师梁漱溟那里,就奠定了这一学术基调,梁漱溟说:"道德是什么?即是生命的和谐,也就是人生的艺术"①,只这一句话,就把真善美全部融合在一起了。第二代现代新儒家中,方东美建构了"普遍生命"为基础的真善美统一的价值论美学;牟宗三建构了以"道德形上学"为基础的真善美统一的价值论美学;徐复观建构了以"心性"为基础的真善美统一的价值论美学;唐君毅则立足于礼乐人文的价值论传统创建了现代人文美学。

① 《梁漱溟全集》第二卷,山东人民出版社 2005 年版,第 88 页。

现代新儒家对中国美学之价值内涵的强调,乃是源自一个强烈欲念:接续中国传统美学的正统。现代新儒家把价值作为切入中国美学正统的立足点,正是基于对中国传统美学各家主体特征的深刻把握。中国美学自其主干上看,有儒道美学之分,但无论儒道,中国美学共同的主题无外乎天、道、人、德、自然,皆是在天人之间讨论生命的美与价值。中国艺术与社会生活各层面的带有审美要素的礼仪文化,无一不是在将中国人所崇信的审美观和价值观付诸实践。从儒家来看,儒家美学的价值观念集中在《周易》《论语》《中庸》《孟子》等典籍中,也正是方东美所重视的一条美学线索。《周易》提出"元者,善之长也"①。方东美认为,儒家从乾元开始,构建了一套价值生命的本体论,它是一个高度综合的价值集成,将中国的美善理念融汇其中。及至《论语》《中庸》《孟子》则构建了一套完整的由形上而形下,复又由形下而形上的价值美学、人格美学。尽管牟宗三对方东美从《周易》开始讲儒家颇有微词,而是强调儒家应该从孔子讲起;但从美学发展的角度看,《周易》开始并无不妥,因为孔子的美善统一应该体现在两个层面:一是体现于《周易》中的形上统一,一是体现于礼乐中的形下统一。孔子在十翼里侧重的是美善的形上统一的一面,而在《论语》中讨论《韶》《武》音乐的时候,侧重的是美善价值形下统一的一面。从道家看,尽管对美与善的理解与儒家可能存在某些偏差,但在对宇宙自然生命价值的强调方面,儒道是殊途而同归的。道家强调对宇宙生命的平等对待和价值维护,与儒家"继善成性""保合太和"的价值观是完全一致的,这种生命的价值意识是中国美学共同的出发点。

事实上,无论是方东美的生命美学价值论,还是牟宗三以道德主体开出的真善美的合一论,或者徐复观的由人的具体生命的心、性中发掘道德的根源、人生价值的根源、艺术的根源,抑或者唐君毅从礼乐生活与人格养成的角度讨论美与善的统一,都是在力求贴近中国美学的原貌,接续中国美学的正统,并

---

① 黄寿祺、张善文:《周易译注》,上海古籍出版社 2001 年版,第 10 页。

试图从中开出中国美学未来发展的生长点。这种向中国文化之内寻根的做法,相比于盲目地从西方接纳各种现代思潮,试图从中寻求中国美学的出路的做法,乃是一条返本归源的路,更能契合中国人的生命观和价值观,有利于推进建构具有中国特色的现代美学体系。

二、提出了中国美学的建构思维:机体主义思维

现代中国美学的建设发展中,思维模式的选择非常重要,它将决定整个美学的发展所呈现出来的基本特征。中国传统美学的思维模式,借用方东美的名词,可称之为"机体主义"。这是一种强烈的对有机生命的综合性思维,可有两方面的指向:一是对待宇宙自然的有机立场,即将宇宙自然看成是活的有机生命,其中生命体之间是一往而平等的,共同构成了人与宇宙和谐共荣的价值场所,蕴含着无尽的生命与价值创造的潜能;二是对待宇宙自然的整体性立场,即从不对任何个体或任何物持条块切割的态度,而是相信生命体之间皆是相互影响、相互依存的,任何生命的伤害都将有损宇宙生命价值的完整,人因为具有对生命的意义与价值的自觉而成为人,因为自觉维护生命的价值、提升生命的境界而伟大。现代新儒家集体深入发掘了中国美学的这种综合性、有机性特征并加以继承。虽然现代新儒家对中国美学的建构各有不同特色,但是对中国美学是有机整体的美学的判断却是一致的。

中国人不擅长分析,却擅长综合,中国的价值论美学是宇宙与人生、形上与形下、心内与心外的融会贯通,生命的各种层面在这种思维模式下能够毫无隔阂。因此,价值论美学能够从一个立体的视角将生命在各种层级、不同侧面的价值完全透彻地揭示出来。"机体主义"的对立面是"二元论"思维,这是西方人所惯用的分析思维,关于这一点,前文中方东美的研究已经非常透彻。西方人擅长分析而不擅长综合,西方人的逻辑分析思维使他们在对具体事物的剖析上,达到了细致入微的地步,尤其是在事物的结构、比例与尺度的把握方面。因此,我们可以看到,西方自古希腊开始,就创造了科学而精准的艺术,建

筑、雕塑、器物设计无不如此。逻辑分析成就了西方发达的认识论系统,成就了他们伟大的自然科学。然而这种思维模式与中国人的思维模式相比,却有一个不利的方面,就是在道路选择上是在"归向物",即将宇宙自然的一切事物都化成物质属性加以研究,即使是对待生命体,也是化成物质成分加以科学化的研究。如此一来,如同现代新儒家所批判的那样,真正的生命精神反而丧失了。一旦"归向物",不仅个体的生命价值站不住脚,全体生命所共同维持的宇宙生命的价值意蕴也就无从谈起了。中国人的价值论美学却选择"归向人"(儒家)、"归向自然"(道家),皆是"归向生命",中国人从不切割生命,而是保全生命的善与美。因此,中国人的宇宙与人生中从无价值贫乏的一面,从来都是意蕴丰赡,美善相乐。在对待宇宙、自然与人生的关系方面,中国人善于打通界限、消除隔阂;而西方人善于划定界限、制造隔阂。现代新儒家集体向西方推出了中国人的价值观和宇宙观,显然具有明确的目的性,即相当自信地认为,中国人的价值论具有西方认识论和科学思维所不具有的优长,甚至可以解决西方科学思维和认识论所带来的现代性危机。

现代新儒家对中国美学机体主义思维的强调,对于现代中国美学的发展而言,尤其需要获得重视。现代中国美学在不同阶段中,由于受到西方不同思潮流派的牵引,思维方式也往往跟着西方走,习惯性地采用逻辑分析思维、科学化或学科化思维,很少有现代美学家或学者能够在思维方式上自觉回归到中国传统美学自身,采用一种有机的整体性思维透视宇宙人生。西方思维产生了西方文化,中国思维产生了中国文化,二者之间的巨大分野在 20 世纪的美学发展中不断被淡化、模糊化,甚至被有些学者完全无视,他们毫无分辨地拿起西方思维讨论自家学问,像拿起自家东西一样方便可手。至目前的状况,这种状况不仅没有得到反思,反而愈演愈烈,造成了许多由分析思维所产生的带有二元属性的美学话题,包括主体与客体、物质与心灵等,并不是真正的中国美学问题,中国传统美学讨论的是体与用、天与人,二者之间有着本质的差别。反观现代新儒家的立场,中国美学研究的思维与方法真的有必要获得一定程度的修正,至少需要在继承传统的过程中回归中国式思维,因为抛却中国思维,可能我们连传统是什么都搞不清楚,所谓继承也就只能沦为一句空话了。

三、揭示了中国美学的基本品格:超越而内在

中国人对生命的考量,有一种独特的本领,即向上溯源,以追溯其本体。作为儒道共同来源的《易经》提出乾元、坤元作为生命的源出,本身就具有本体的意义。儒家提出的"仁"、道家提出的"道"、《周易》的"极",乃至于各家常用的天、人、德、自然,无一不具有本体的意韵。中国人观察宇宙,善于从"一"而到"万殊",复又从"万殊"归于"一",在形下与形下之间考察生命的意义。方东美的弟子成中英提出了"本体诠释学",用以解释中国美学和中国文化中的本体论。他说:"我说的本体并非西方形上学中的'本质',更非脱离现实与真实的人的存在;但它也不限于现实的物体,而必然涉及内在的心灵情性与理智的活动及互动,而此一活动又必然导向内在心灵与外在情势的互动,及其所引发的变化与创造,故形成道器一体的、形上参同形下的心灵生命的体现活动。"①成中英所说的这种道器一体、形上形下统一的观念,正是中国传统文化的基本品格,也是中国美学的基本品格,借用现代新儒家的经典说法,也叫"超越而内在"。

现代新儒家在探讨中国文化基本属性的时候,自觉维护了中国文化的超越性。牟宗三、徐复观、张君劢、唐君毅在 1958 年联名发表的《为中国文化敬告世界人士宣言——我们对中国学术研究及中国文化与世界文化前途之共同认识》的宣言书里,针对西方世界对中国文化缺乏超越性的普遍误解,专门提出了反驳,他们集体认为,中国文化虽然没有西方超越式的宗教文化,却从不缺少超越的精神,这超越的精神本就是中国人生命精神的一种表现。西方人

---

① 成中英:《美的深处:本体美学》,浙江大学出版社 2011 年版,第 20 页。

只看到中国人重视人与人之间的伦理道德,日常生活中的礼仪规范,便认定中国人的生活局限在形下层面,而无法超越,却不知中国人世俗的伦理道德、礼仪规范中蕴藏着一种可以无限提升的超越性精神,这种超越的生命精神乃是根源于自古以来"天人合德、天人合一、天人不二、天人同体之观念"①,"中国文化能使天人交贯,一方使天由上彻下以内在于人,一方亦使人由下升上通于天,这亦不是只用西方思想来直接类比,便有得一决定之了解的。"②中国人对于价值的绝对信仰,根深蒂固地存在于中国人的道德生命和审美生命中,这种生命通过主体心性的"反身而诚"的理性自觉,向上通达天心、向下贯注实践,成就了中国独特的超越而内在的价值理想。中国人的心性一方面不能做西方式的自然主义、唯物主义的理解;另一方面也不能做西方式的唯灵主义的理解,这两种理解都会造成对生命形上境界与形下境界的割裂。因此,方东美将中国的形上学称为"超越形上学",而将西方的形上学称为"超绝形上学"。

就美学上的解释,中国人的价值生命具有无限的潜能,现代新儒家共有的观点认为,真善美作为中国人的价值理想,其存在形式正是超越而内在的。从超越的一面看,真善美有其共同的来源,这共同的来源乃是来自形上层面,方东美称之为"普遍生命",牟宗三称之为"心体",唐君毅称之为"道德自我"。无论称谓如何,都是对传统文化中具有形上属性的天、道、极、仁等概念的继承与创新,它是一个价值的集成,是中国美善价值统一观念的产生基础。成中英说:"美、善、真有内在的共同性,从形式上来说是美,从目标上来说是善,从根源的基础上来说是真,不能分开来说。"③这一说法实际上也是着眼于美善价值超越性的一面来讲的。从内在的一面看,价值理想依靠个体的心性自觉而内在于每一个个体中,用道家的话来说,这是由一散为万殊的过程,个体因为天生气质不同可能在道德人格与审美人格上各有侧重,譬如牟宗三对魏晋审

①　张君劢:《新儒家思想史》,中国人民大学出版社 2006 年版,第 565 页。
②　张君劢:《新儒家思想史》,中国人民大学出版社 2006 年版,第 566 页。
③　成中英:《美的深处:本体美学》,浙江大学出版社 2011 年版,第 118 页。

美人格的分析,但每个人在心性上都有向上成就自己价值人格的无限可能,至于世俗生活中的礼乐仪式、道德法则,则是内在价值理想外化为实践的产物。因此,在中国人的礼乐生活中本身就包含着中国人形而上的美善理想,中国人创造美的生活、善的生活,无论向上还是向下都有生命精神的依托。

超越而内在的美学品格的定位,在继承中国美学基本特征的同时,还原了美学作为人学、作为价值学的原初意蕴。美学从一开始就是对人的价值成全,它是对人的生命关怀,中国传统美学中的两个核心概念"美"与"善",从来都不是知识论形态的存在,而是境界论形态的存在。无论儒道,中国美学如同徐复观所言,都是在讲述"为人生而艺术",美与善无论是分开来讲还是合起来讲,都是在讲人生境界的不同阶段而已。中国人的生命本就是形上形下贯通的生命,美与善也就如牟宗三所言是"平地起土堆"。统与分都是完整的有机生命的不同侧面,统是价值生命的超越,分是价值生命的内在和外化,超越而内在是中国美学的基本品格。

四、现代新儒家美学有助于推进现代中国美学走出困境,建立良性发展机制

第一,现代新儒家美学有助于现代中国美学寻根立体。

20世纪的中国美学,在不同的时代主题中艰难前行,20世纪上半叶,由世纪初的救亡图存、新民启蒙到三四十年代的抗战美学、抗战文艺,美学被赋予了政治重任。虽然王国维的境界说、宗白华的生命律动说以及现代新儒家的价值美学都在努力接续传统,但这些努力很快在美学的政治主题面前让位,美学的发展离传统渐行渐远。20世纪下半叶,由五六十年代的带有现实主义精神的美学大讨论,到80年代的实践美学,90年代的后实践美学,21世纪的反理性美学,美学的发展跟随新中国的经济建设与发展一同波动。尤其是90年代以后西方思潮的大量涌入所带来的美学界的躁动,大有20世纪初迎接西方新思想时的欢喜雀跃,然而中国美学的发展赖以为继的"根"在哪里,似乎始

终没有被明确。

近年来,国家明确提出要保护传统文化、继承传统文化,要确立中国自己的文化自信,这对于中国美学的发展而言,都是非常好的契机。现代中国美学经过一个多世纪的探索,可以明确回答一个问题,即中国美学的现代性和中国美学自身的发展问题必须在中国文化内部寻找答案,外来文化可以作为中国文化发展的参照而加以吸收改造,但中国问题的解决方案绝不可能在其他文化中产生。正如研究老庄多年的海德格尔,绝不相信可以从老庄文化中找到解决西方文化发展问题的答案一样,海德格尔在他著名的《明镜》访谈中直言:"我深信,一种转向也已经于现代技术世界所从之出的世界中准备了自身,它不会通过禅宗或其他东方世界观的采用而改变方向。重思(rethinking)需要求助于欧洲传统以及对它的再次拥有。思想只能通过有着同样根源和命运的思想来改变自身。"①同样,中国美学的持续健康发展必须依赖于中国本土的美学经验,继承传统是中国美学、中国文化发展的必由之路。张岱年先生在谈到构建文化的民族性时说:"我认为,谈到国民性,或者谈到民族性,也应有一个全面的认识。一个民族必然有其延续发展的内在根据,必然有其独立存在的精神基础,这就是这个民族的民族文化的优良传统。民族文化中的优良传统也可以称为民族精神"②,建设和发展现代的民族文化,最重要的是"发现这种精神、认识这种精神、理解这种精神,然后发扬提高这个精神。"③现代新儒家即是这样一个立足民族文化、发掘民族文化、弘扬民族文化的学术团体,他们的美学以接续传统为己任,他们提出的现代性建构方案,对于构建中国美学的现代性具有非常重要的启示价值。

从美学史角度来看,现代新儒家美学在20世纪现代中国美学的发展中是

---

① [德]莱因哈德·梅依:《海德格尔与东亚思想》,张志强译,中国社会科学出版社2003年版,第17页。

② 《张岱年全集》第六卷,河北人民出版社1996年版,第249页。

③ 《张岱年全集》第六卷,河北人民出版社1996年版,第451页。

独一无二的,与稍早或同期发展起来的王国维的境界说、宗白华的生命律动说和朱光潜的心理学美学都呈现出非常大的差异性。他们自觉深入整个中国传统文化之中,以思想史、学术史研究的态度,解读中国经典文本,全面理解中国文化。美学虽不是他们研究的全部内容,甚至也不是他们研究的主体内容,但是将美学放入整个文化思想史中去理解,却比单纯从美学视角进行的美学研究更多了一层宏观的视野,或许比纯美学的研究更能窥探中国传统美学的全貌。

现代新儒家重视中国文化的道统,他们认为中国文化有一脉相承的统绪,也就是夏商周三代文化一统相承,后来秦、汉、唐、宋、元、明、清的历史上政治虽有分合,"从未影响到文化学术思想的大归趋,此即所谓道统之相传"①。西方文化有多种来源,科学来源于希腊,法律来源于罗马,宗教来源于希伯来,由于文化来源不同,导致人们的研究方法与目标也不相同,各门科学自成范围。中国文化却具有一本性,中国的哲学、美学、科学、宗教、政治、法律、伦理、道德有共同的文化来源,有历代相传的道统。中华文明上下五千年绵延至今,其中的重要原因是中华民族重视文化的传承,孔子正是上承三代、下启秦汉的关键人物,在传承中华文化方面作出了巨大贡献,被称为中华民族的圣哲。现代新儒家希望中国文化生生不息、道统不断,并且自觉担当了中国文化道统传承人的角色。美学作为中国文化道统之一,也由此在现代新儒家这里受到了整体性的继承与发展。

第二,现代新儒家美学有助于现代中国美学打通学科研究界限,建构价值型研究体系。

因为中国文化整体的超越而内在的品格,所以中国传统美学呈现了形上、形中、形下多个层面。在传统美学中,美之形上、形中、形下的各种层面都是统一在一起的,即所谓"道器一体"。古人不会将对生命之美的理解局限在一个

---

① 张君劢:《新儒家思想史》,中国人民大学出版社 2006 年版,第 561 页。

层次上,而是上下贯通的立体考察,如孟子所言可以"上下与天地同流"①,如庄子所言可以"游心于物之初"②。传统社会的诗词、歌赋、礼乐、服饰、建筑、绘画、书法以及各种生活器物的设计中,都饱含着通向天地的意蕴。因此,对中国美学中的诗词、艺术就不能做独观,而应该从中国人的生命精神和价值理念出发,做上下贯通的理解。但是在现代的美学研究中,对传统形而上学的研究,如对"道体""本体""心体""性体"等方面的美学研究,多集中于哲学美学研究领域;对传统形而中的研究,如对"心""仁""美感""人格修养""境界"等方面的美学研究,多集中于文艺美学研究领域;而对传统形而下的美学研究,比如对传统绘画、书法、建筑、园林、音乐、戏剧等具体艺术形式的研究,多集中于现在的各种部门艺术研究领域。在目前的学科状态下,哲学美学的研究、文艺美学的研究和部门艺术美学的研究往往是各自独立的,而其学科归属一般划入哲学、中文、艺术等不同学科体系。哲学美学与文艺美学有时尚有交叉,但部门艺术大多数时候被局限在艺术院系中,研究重心也放在艺术创作的技巧、材料、方法等形而下的层面,很难向上提升以至于进入形而上的研究层面。这种研究界限的划分既有现代学科划分所导致的知识分割的原因,也与现代人忽视中国传统文化的整体性以及其超越而内在的文化品格有关。视其结果,现代美学研究所成就的是一个知识型体系,却不是传统美学所追求的价值型体系。

现代中国美学初创时期,最早的一批美学家们离传统尚不遥远,往往能够自觉接续中国美学上下贯通的研究视角,如王国维虽然讨论的是"有我之境"与"无我之境"的纯美学话题,但他牢牢抓住审美境界乃是为了解决人生的困境这一主题,仍是对传统美学"为人生而艺术"的继承,他从生命哲学的角度解读《红楼梦》,也是将文学作品在思想境界上向上提升,作了上下贯通的解

① 杨伯峻:《孟子译注》,中华书局1960年版,第305页。
② 陈鼓应:《庄子今注今译》,商务印书馆2007年版,第623页。

读。他在《人间词话》中说:"诗人对于宇宙人生,须入乎其内,又须出乎其外。入乎其内,故能写之。出乎其外,故能观之。入乎其内,故有生气。出乎其外,故有高致。"①这正是中国传统文人最正统的创作和研究思路了。宗白华的美学研究更是注重生命境界的上下贯通,他从形上层面研究了中国人的美感来源,最终归结为时间率领空间的宇宙生命在阴阳虚实之间的节奏和律动,"中国人在天地的动静,四时的节律,昼夜的来复,生长老死的绵延,感到宇宙是生生而具条理的。这'生生而条理'就是天地运行的大道,就是一切现象的体和用"②,这种生命的节奏和律动就是中国人的哲学、美学、艺术学的全部来源。宗白华以《周易》鼎卦和革卦为例解释说,"《象》曰:'君子以正位凝命'。此中国空间天地定位之意象,表示于'器'中,显示'生命中天则之凝定'。以器为载道之象! 条理而生生。鼎为烹调之器,生命需用之最重要者,今制之以为生命意义,天地境界之象征。'正位凝命'四字,人之行为鹄的法则,尽于此矣。"③鼎作为煮饭的炊具,在古人的生命中具有通达天地的意义,是载道之象,这正是形上形下的全然打通。中国艺术的一个重要特点是,它从来不曾以技法和知识为中心,也不曾作为纯粹的知识论而出现过。与西方艺术追求写实、技法和精确不同,中国艺术总是以笔墨、泥土、丝竹等自然物质在虚实明暗之间表达生命的意蕴与美感,重抽象、写意和气韵生动,轻具象、写实和透视解剖,而其终极目标则是"技进于道"。技进于道、器进于道的进路是中国艺术的通性,它表明了中国艺术所具有的先天的形而上学特质。宗白华的代表作品《中国艺术意境之诞生》《中国诗画中所表现的空间意识》《论中西画法的渊源与基础》等都是着眼于这一路向的分析。现代新儒家注重形上学的建构,注重从文学和艺术中发掘中国人的超越性精神和价值,相比于王国维、宗白华等人的美学研究,更注重对中国文化的整体性传承。尤其是,现代新儒家对真

---

① 王国维:《人间词话》,上海古籍出版社 1998 年版,第 15 页。
② 《宗白华全集》第二卷,安徽教育出版社 1994 年版,第 410 页。
③ 《宗白华全集》第一卷,安徽教育出版社 1994 年版,第 612 页。

善美价值合一的论证,更能够全面开发人的价值生命,回归美学之为人学的本义,更有利于推动中国美学的建设打破学科壁垒,整合文化成果,将现代中国美学的发展由知识型建构引导向价值型建构。

五、现代新儒家面临的困境与可能面向

坚持前现代、现代与后现代的视域融通是现代新儒家美学的一个基本立场。从中国乃至世界发展的整体进程来看,经济与社会发展的不均衡是一个客观事实。与欧美发达国家已经普遍进入后现代文化阶段不同,在包括中国在内的绝大多数国家和地区,前现代、现代、后现代文化是同时并存的,这也要求我们在文化建构方面必须正视这一现状。多年来,大陆美学的发展长时间地迷失于对西方美学所开出的强势话语的讨论,诸如本体与客体、本质与现象、感性与理性等,而对传统文化中活泼泼的生命状态与美感无动于衷,对现代人审美经验的形成也关注不够这一局面在近年来回归传统、重建文化自信的呼吁下有所转变,核心问题仍然没有得到妥善解决。同样地,现代新儒家执着于理论层面的理想创建,虽然他们在继承传统并融会西方方面探索出了非常宝贵的经验,但是这些建构毕竟只是停留在理论层面,他们对于正在发生中的各种审美体验和活泼泼的生命状态,对于后现代社会中的各种碎片化、零散化、去中心化的审美活动缺少足够的关心,也没有找到与之相调适的合理方案,这是现代新儒家面临的最大困境。

从中国民族性格和审美心理而言,传统文化塑造的民族精神和价值取向仍然在国人深层生命结构上非常鲜活地存在着,在中国许多地区还保留着非常完好的传统风俗和生活习惯。现代新儒家能够自觉地返本开新,坚持对传统文化进行现代转型,从这个层面来讲,他们在前现代与现代之间保持了较好的融通关系。另外,作为立足于传统的现代主义者,现代新儒家与标榜反传统和去中心化的后现代主义如何相处,却是现代新儒家亟待解决的问题。根据美国学者杰姆逊的论述,西方发达国家自20世纪50年代以后普遍进入"后工

业社会",即信息时代和全球化,政治斗争让位于经济发展,商品交换的逻辑迅速渗透到社会文化的各个方面,文化与经济,艺术与非艺术之间的界限已经非常模糊,以科技和新媒体为中介的大众文化扑面而来。

杰姆逊在《后现代主义与文化理论》一书中分析认为,从现代主义到后现代主义,文化的表达方面出现了这样几个转型:第一,深度时间模式转向平面空间模式。第二,由中心化的自我焦虑转向非中心化的主体零散化。第三,从个性风格的表达转向影像的机械复制。第四,从自律的审美观念向消费逻辑转变。① 因此,从总体上来说,后现代主义排斥整体性和中心主义,否定传统和理性精神,这与现代新儒家努力建构的道德理想和审美理想都是背道而驰的。但是后现代主义的消费逻辑和大众文化是科技信息与经济全球化时代不可逆转的发展趋势,现代新儒家美学若要进一步发展,必须积极面对这一事实,并从中寻找有益因素。在这方面,笔者认为从主体性过渡到主体间性不失为保持前现代、现代与后现代视域融通的可能进路之一。

在后现代主义思想中,除了只破不立的激进否定性的后现代主义外,还有一路积极寻求建构的建设性后现代主义流派,比如怀特海的过程哲学、小约翰·科布和大卫·格里芬的过程神学、海德格尔的存在主义、哈贝马斯的交往行为理论等,他们主张从主体间性的角度重新思考人与自然、人与人之间的关系,把生命体之间的交往视为主体与主体间的平等交往,而不是以我为中心的主体对客体、自我对他人的主体性交往,这种理论为后现代主义时期没有中心的非主体性、零散化的个人表达提供了转型的希望。事实上,建设性后现代主义者主体间性、机体主义思想已经对现代新儒家产生了广泛影响。徐复观指出:"人心是价值的根源,心是道德、艺术之主体。但主体不是主观。……通过一种工夫,把主观性的束缚克除,心的本性才能显现。因此,心之为价值根

---

① 〔美〕弗雷德里克·杰姆逊:《后现代主义与文化理论》,唐小兵译,陕西师范大学出版社1987年版,第159—219页。

源,须在克服主观性之后才能成立的。"①这种思想一方面是对传统儒家平等
交往理论和道家"主体虚位"观念的继承;另一方面也契合了后现代主义的主
体间性理论。或许在自言自语、各自言说的大众文化时代,主体间性比主体性
更有利于推进现代新儒家文化理想的实现。

　　近代中国人的生活体验与审美经验是在复杂多变的历史进程中展开的,
民族的苦难、新旧文化交替中的矛盾心理、传统的人文主义情结、家庭伦理的
破与立、美学转向、享乐主义、波普艺术、科技美学、日常生活中的审美泛化、多
元化和个性化等都参与了近现代中国人审美经验的构成。因此,中国现代美
学的建构必须正视这些活的、正在发生的生活体验和审美体验。从这个层面
讲,现代新儒家美学的进一步开拓,必须调和他们坚守的道德理性、审美理想
与国人现实的生活体验、审美体验之间的关系。倘若审美理想不从现实的审
美体验中寻求落实,那它只能停留在理想层面;倘若道德理性不从现实的生活
体验和道德现状中寻找扎根的土壤,那也只能停留在理论层面,无益于社会。

　　作为凝结着浓郁"士"精神的学术团体,现代新儒家的诸多建构都体现了
强烈的理想性特征。尽管现代新儒家努力希望从内圣开出外王,积极拉近道
德理性与现实生活的密切联系,但传统儒家重农轻商、重义轻利、重德轻知的
价值取向仍然与现代社会的科技理性、民主法制的主导观念存在冲突,导致他
们自觉或不自觉地与现实世界保持了一定距离。诚如方克立所言:"企图保
持儒学的基本价值观念不变,并从其核心'内圣'心性之学中疏导出现代意义
的科学和民主来,这在事实上是很难做到的。现代新儒家所立之'本'如果没
有一个根本的转换,那么它就很难开出适应现代化需要之'新'来"。②

　　事实上,第三代现代新儒家早已对自己的处境有了清楚的认识,并积极开
拓新的转型途径。杜维明说:"到底儒家传统在一个多元现代性、全球化和地

　　①　徐复观:《中国思想史论集》,上海书店出版社 2004 年版,第 216 页。
　　②　方克立:《现代新儒学与中国现代化》,天津人民出版社 1997 年版,第 79—80 页。

方化进行复杂互动的时代,是否有新的发展契机。这中间很核心的问题就是儒家传统对于民主和科学能否作出创建性的回应。"①为此他提出,必须尽快转变儒学发展仅靠精英阶层的传统观念,充分认识到民间的发展力量。然而既要保持现代新儒家改造社会、重塑道德理想和审美理想的担当意识,对各种审美现象与社会生活、科学技术之间的关系作出批判性解读;又要依靠民间的力量,与人民群众保持血肉联系,这种转型必定是艰难而痛苦的。

---

① 杜维明:《对话与创新》,广西师范大学出版社 2005 年版,第 136 页。

参 考 文 献

一、古籍

[1]杨伯峻:《论语译注》,中华书局 1980 年版。

[2](宋)朱熹:《四书章句集注》,中华书局 1983 年版。

[3](清)王先谦:《荀子集解》,中华书局 1988 年版。

[4]陈鼓应:《老子今注今译》,商务印书馆 2003 年版。

[5]杨天宇:《礼记译注》,上海古籍出版社 1997 年版。

[6]陈鼓应:《庄子今注今译》,商务印书馆 2007 年版。

[7]杨伯峻:《孟子译注》,中华书局 1960 年版。

[8]黄寿祺、张善文:《周易译注》,上海古籍出版社 2001 年版。

[9]周振甫:《诗经译注》,中华书局 2010 年版。

[10](清)郭庆藩撰,王孝鱼点校:《庄子集释》,中华书局 1961 年版。

[11]楼宇烈校释:《王弼集校释》下册,中华书局 1999 年版。

二、现代新儒家著作

[12]梁漱溟:《梁漱溟全集》第二卷,山东人民出版社 2005 年版。

[13]梁漱溟:《人心与人生》,学林出版社 1984 年版。

[14]梁漱溟:《东西文化及其哲学》,商务印书馆 2005 年版。

[15]梁漱溟:《朝话》,安徽文艺出版社 1997 年版。

[16]张君劢:《人生观》,《清华周刊》第 272 期。

[17]张君劢、丁文江等:《科学与人生观》,山东人民出版社 1997 年版。

[18]熊十力:《新唯识论》,中华书局1985年版。

[19]熊十力:《熊十力全集》,湖北教育出版社2009年版。

[20]李维武编:《徐复观文集》,湖北人民出版社2002年版。

[21]黄克剑、林少敏编:《徐复观集》,群言出版社1993年版。

[22]徐复观:《中国文学精神》,上海书店出版社2006年版。

[23]徐复观:《中国思想史论集》,上海书店出版社2004年版。

[24]牟宗三:《牟宗三先生全集》,台北联经出版事业公司2003年版。

[25]牟宗三:《中西哲学之会通十四讲》,上海古籍出版社2007年版。

[26]牟宗三:《中国哲学十九讲》,上海古籍出版社2005年版。

[27]牟宗三:《康德第三批判讲演录(八)》,《鹅湖》2001年第4期。

[28]牟宗三:《牟宗三先生晚期文集》,台北联经出版事业股份有限公司2003年版。

[29]牟宗三:《才性与玄理》,广西师范大学出版社2006年版。

[30]牟宗三:《康德第三批判讲演录(十四)》,《鹅湖》2001年第10期。

[31]牟宗三:《生命的学问》,广西师范大师出版社2005年版。

[32]牟宗三:《康德第三批判讲演录(十)》,《鹅湖》2001年第6期。

[33]牟宗三:《康德第三批判讲演录(九)》,《鹅湖》2001年第5期。

[34]方东美:《方东美先生演讲集》,台湾黎明文化事业股份有限公司1979年版。

[35]方东美:《原始儒家道家哲学》,台湾黎明文化事业股份有限公司1983年版。

[36]方东美:《科学哲学与人生》,台湾黎明文化事业股份有限公司1980年版。

[37]方东美:《生生之德》,台湾黎明文化事业股份有限公司1980年版。

[38]方东美:《中国人生哲学》,台湾黎明文化事业股份有限公司1982年版。

[39]方东美著,汪茂荣点校,刘梦芙审订:《坚白精舍诗集》,黄山书社2011年版。

[40]天一出版社编:《方东美传记资料》,台北天一出版社1985年版。

[41]唐君毅:《唐君毅全集》,九州出版社2016年版。

[42]唐君毅:《中华人文与当今世界》,广西师范大学出版社2005年版。

[43]唐君毅:《中华人文与当今世界补编》,广西师范大学出版社2005年版。

[44]唐君毅:《中国人文精神之发展》,广西师范大学出版社2005年版。

[45]唐君毅:《人文精神之重建》,广西师范大学出版社2005年版。

[46]唐君毅:《文化意识与道德理性》,中国社会科学出版社2005年版。

[47]唐君毅:《中国文化之精神价值》,江苏教育出版社2005年版。

[48]张君劢:《新儒家思想史》,中国人民大学出版社2006年版。

［49］唐君毅:《中国历史之哲学的省察——读牟宗三先生〈历史哲学〉书后》,牟宗三:《历史哲学》,台北联经出版事业股份有限公司 2003 年版。

［50］成中英:《美的深处:本体美学》,浙江大学出版社 2011 年版。

［51］杜维明:《对话与创新》,广西师范大学出版社 2005 年版。

［52］刘述先:《论儒家哲学的三个大时代》,贵州人民出版社 2009 年版。

三、相关著作与论文

［53］李泽厚:《中国现代思想史论》,东方出版社 1987 年版。

［54］胡适:《胡适文集》,北京大学出版社 1998 年版。

［55］刘师培:《中古文学史·论文杂记》,人民文学出版社 1984 年版。

［56］朱文华编选:《反省与尝试——胡适集》,上海文艺出版社 1998 年版。

［57］陈独秀等著,王中江、苑淑娅选编:《新青年》,中州古籍出版社 1999 年版。

［58］《鲁迅全集》,人民文学出版社 1981 年版。

［59］《陈独秀著作选》第 1 卷,上海人民出版社 1993 年版。

［60］《中国现代美学名家文丛:梁启超卷》,浙江大学出版社 2009 年版。

［61］《梁启超全集》,北京出版社 1999 年版。

［62］梁启超:《饮冰室合集》第 1 册,中华书局 1989 年版。

［63］曹聚仁:《鲁迅评传》,复旦大学出版社 2006 年版。

［64］高平叔编:《蔡元培全集》第六卷,中华书局 1988 年版。

［65］《中国现代美学名家文丛:蔡元培卷》,浙江大学出版社 2009 年版。

［66］《中国现代美学名家文丛:宗白华卷》,浙江大学出版社 2009 年版。

［67］《傅斯年全集》第五卷,湖南教育出版社 2000 年版。

［68］《中国现代美学名家文丛:王国维卷》,浙江大学出版社 2009 年版。

［69］《中国现代美学名家文丛:朱光潜卷》,浙江大学出版社 2009 年版。

［70］《朱光潜全集》,安徽教育出版社 1987 年版。

［71］潘知常:《生命美学》,河南人民出版社 1991 年版。

［72］潘知常:《生命美学论稿:在阐释中理解当代生命美学》,郑州大学出版社 2002 年版。

［73］封孝伦:《人类生命系统中的美学》,安徽教育出版社 1999 年版。

［74］吴光主编:《马一浮全集》,浙江古籍出版社 2013 年版。

［75］陈星:《隐士儒宗·马一浮》,山东画报出版社 1996 年版。

［76］郭齐勇:《熊十力传》,上海文艺出版社 1994 年版。

[77]《胡适文存》第 3 集,黄山书社 1996 年版。

[78]黄凯锋:《价值论美学——美学研究的未来走向》,《哲学动态》1998 年第 7 期。

[79]李咏吟:《价值论美学》,浙江大学出版社 2008 年版。

[80]舒也:《价值论美学对认识论美学的挑战》,《浙江社会科学》2012 年第 1 期。

[81]陈昭瑛:《儒家美学与经典诠释》,华东师范大学出版社 2008 年版。

[82]王攸欣:《选择·接受与疏离:王国维接受叔本华、朱光潜接受克罗齐美学比较研究》,生活·读书·新知三联书店 1999 年版。

[83]方克立:《现代新儒学与中国现代化》,天津人民出版社 1997 年版。

[84]龚鹏程:《儒学与生活》,东方出版社 2018 年版。

[85]国际方东美哲学研讨会招待委员会主编:《方东美先生的哲学》,台北幼狮出版社 1989 年版。

[86]吴康:《哲学大纲》(上册),台湾商务印书馆 1965 年版。

[87]刘小枫:《诗化哲学》,山东文艺出版社 1986 年版。

[88]朱自清:《诗言志辨》,凤凰出版社 2008 年版。

[89]钱钟书:《谈艺录》,生活·读书·新知三联书店 2001 年版。

[90]何林军:《西方象征美学源流论》,湖南师范大学出版社 2008 年版。

[91]黄克剑:《百年新儒林:当代新儒学八大家论略》,中国青年出版社 2000 年版。

[92]张节末:《禅宗美学》,浙江人民出版社 1999 年版。

[93]宗白华:《宗白华全集》,安徽教育出版社 2008 年版。

[94]王国维:《人间词话》,上海古籍出版社 1998 年版。

[95]周宪:《美学是什么》,北京大学出版社 2002 年版。

[96]宗白华:《美学散步》,上海人民出版社 1981 年版。

[97]蔡仁厚:《牟宗三先生学思年谱》,台北联经出版事业股份有限公司 2003 年版。

[98]林同华:《宗白华美学思想研究》,辽宁人民出版社 1987 年版。

[99]龚鹏程编著:《美学在台湾的发展》,嘉义县大林镇南华管理学院 1998 年版。

[100]《张岱年全集》第六卷,河北人民出版社 1996 年版。

[101]史震林:《西青散记》卷四,中国书店 1987 年版。

[102]李春娟:《方东美美学思想研究》,黄山书社 2016 年版。

[103]梁启超:《本报告白》,《新民丛报》第 1 期。

[104]陈独秀:《旧思想与国体问题》,《新青年》3 卷 3 号。

［105］陈独秀：《吾人最后之觉悟》，《青年杂志》1 卷 5 号。

［106］陈独秀：《法兰西人与近世文明》，《青年杂志》1 卷 1 号。

［107］蔡元培：《哲学总论》，《普通学报》第 1 期。

［108］钱玄同：《热风·随感录二十八》，《新青年》5 卷 3 号。

［109］傅斯年：《发刊旨趣书》，《新潮》创刊号。

［110］郑师渠：《新文化运动与反省现代性思潮》，《近代史研究》2009 年第 4 期。

［111］刘师培：《论白话报与中国前途之一关系》，《警钟日报》1904 年 4 月 25 日。

［112］朱光潜：《德国启蒙运动中的美学思想——鲍姆嘉通、文克尔曼和莱辛等》，《北京大学学报》1962 年第 2 期。

［113］张政文：《康德的审美现代性设计及对后现代美学的启示》，《文艺研究》2010 年第 11 期。

［114］徐国利：《陈独秀"伦理革命"思想的再认识》，《安徽史学》2005 年第 4 期。

［115］李新宇：《什么是"新文化运动"？》，《社会科学战线》2004 年第 3 期。

［116］潘知常：《再谈生命美学与实践美学的论争》，《学术月刊》2000 年第 5 期。

［117］潘知常：《重要的不是美学的问题，而是美学问题——关于生命美学的思考》，《学术月刊》2014 年第 9 期。

［118］何睿：《马一浮抗战时期美学思想研究》，四川省社会科学院 2015 年硕士学位论文。

［119］王柯平、胡继华、周志强等：《诗化哲学与历史批判——"文学与哲学的对话"国际学术研讨会上的一组发言》，《中国图书评论》2007 年第 8 期。

［120］颜翔林：《佛学视野的美学方法论》，《文学评论》2012 年第 2 期。

［121］白奚：《西方的诠释，中国的回应——香港中文大学"中国哲学方法论之反思与探索"国际学术会议侧记》，《中国哲学史》2005 年第 3 期。

［122］刘笑敢：《反向格义与中国哲学方法论反思》，《哲学研究》2006 年第 4 期。

［123］李明辉：《中西比较哲学的方法论省思》，《中国哲学史》2006 年第 2 期。

［124］彭锋：《作为哲学方法论的美学》，《哲学研究》2002 年第 3 期

［125］郝建民：《绚烂之极归于平淡——简论齐白石绘画的"动"与"静"》，《艺术教育》2013 年第 7 期。

［126］张法：《美学与中国现代性历程》，《天津社会科学》2006 年第 2 期。

四、国外文献

［127］［德］哈贝马斯等著，周宪编：《文化现代性精粹读本》，中国人民大学出版社

2006 年版。

[128][德]康德著,何兆武译:《历史理性批判文集》,商务印书馆 1996 年版。

[129][英]B.鲍桑葵著,张今译:《美学史》,中国人民大学出版社 2010 年版。

[130][德]黑格尔著,贺麟、王玖兴译:《精神现象学》,商务印书馆 1979 年版。

[131][美]列奥·施特劳斯著,彭刚译:《自然权利与历史》,生活·读书·新知三联书店 2003 年版。

[132][德]康德著,邓晓芒译,杨祖陶校:《实践理性批判》,人民出版社 2003 年版。

[133][德]康德著,邓晓芒译,杨祖陶校:《纯粹理性批判》,人民出版社 2004 年版。

[134][德]康德著,邓晓芒译,杨祖陶校:《判断力批判》,人民出版社 2002 年版。

[135][德]特奥多·阿多尔诺著,张峰译:《否定的辩证法》,重庆出版社 1993 年版。

[136][美]詹姆斯·施密特编,徐向东、卢华萍译:《启蒙运动与现代性》,上海人民出版社 2005 年版。

[137][德]马克斯·韦伯著,林荣远译:《经济与社会》,商务印书馆 1997 年版。

[138][德]马克斯·霍克海默、西奥多·阿道尔诺,渠敬东、曹卫东译:《启蒙辩证法——哲学断片》,上海人民出版社 2003 年版。

[139]《马克思恩格斯选集》第 1 卷,人民出版社 1995 年版。

[140][法]夏尔波德莱尔著,郭宏安译:《恶之花》,广西师范大学出版社 2002 年版。

[141][德]歌德著,樊修章译:《浮士德》,译林出版社 1993 年版。

[142][德]海德格尔著,陈嘉映、王庆节合译,熊伟校:《存在与时间》,生活·读书·新知三联书店 1987 年版。

[143][美]伯曼著,徐大建、张辑译:《一切坚固的东西都烟消云散了——现代性体验》,商务印书馆 2003 年版。

[144][美]弗雷德里克·杰姆逊著,唐小兵译:《后现代与文化理论》,北京大学出版社 1997 年版。

[145][德]尼采著,杨恒达译:《悲剧的诞生·自我批评的尝试》,译林出版社 2007 年版。

[146][美]艾恺:《世界范围内的反现代化思潮——论文化守成主义》,贵州人民出版社 1991 年版。

［147］［美］弗雷德里克·杰姆逊著,唐小兵译:《后现代主义与文化理论》,陕西师范大学出版社 1987 年版。

［148］［日］池田大作、［英］阿·汤因比著,荀春生、朱继征、陈国栋译:《展望 21 世纪汤因比与池田大作对话录》,国际文化出版公司 1985 年版。

［149］［德］奥斯维德·斯宾格勒著,吴琼译:《西方的没落》,三联书店 2006 年版。

［150］［德］黑格尔:《美学》,《朱光潜全集》第 13 卷,安徽教育出版社 1990 年版。

［151］［德］莱因哈德·梅依著,张志强译:《海德格尔与东亚思想》,中国社会科学出版社 2003 年版。

［152］顾正祥译注:《荷尔德林诗选》,北京大学出版社 1994 年版。

后　记

本书是我 2014 年立项的国家社科基金项目"现代新儒家美学的现代性研究"(14BZX108)的结项成果。古有贾岛"十年磨一剑",我今十年磨一书,虽"霜刃未曾试",不知可否,但也是倾力之作。

说起来,这个项目和这个书稿,还是读博时的预留工作。2004 年我入浙江大学张节末先生门下,研读美学。张先生考虑我是安徽人,又有哲学训练的基础,建议我可以试试以现代新儒家中方东美的美学作为博士论文的选题,我欣然接受。张先生认为,由方东美开始,逐步拓展到整个现代新儒家群体的研究会是一个不错的方向。此后,我介入方东美与现代新儒家这一群体的研究,我发现他们出入中西哲学与美学 100 多年,是致力于中国文化的现代重建与复兴的学术团体。他们于中国美学有继承有开拓,既扎根于传统,又始终游走于中西对话的前沿,也提出了相对完整的现代中国美学发展方案,这是一个在美学上建树丰硕却又在一定程度上被忽略的群体,我便想把对现代新儒家的研究深入下去。

我的研究规划是先分后统,先点后面,一边开展研究,一边将成果发表。我在 2014 年基于前期相关研究,发表了一篇关于现代新儒家美学现代性基本认知的论文《新儒家美学的现代性特质》(《学术界》2014 年第 11 期),随后便开始了对现代新儒家代表人物美学思想的个案研究,先后发表了《论徐复观对中国艺术精神的心性诠释》(《河北学刊》2015 年第 11 期)、《方东美的文化自觉与中国文化的现代转型》(《合肥学院学报》2015 年第 6 期)、《唐君毅人文美学与中国美学的现代转型》(《孔子研究》2016 年第 3 期,《中国社会科学文摘》2016 年第 11 期转载)、《诗化与观相——方东美诗性哲学的方法论》(《哲学与文化月刊》2016 年第 8 期)等论文。我同期也开展了对现代新儒家群体现代化理论的相关研究,并发表论文《现代新儒家对现代化反思的意义与限度》(《河南社会科学》2016 年第 9 期)。为了更好地对比和把握现代新儒家美学现代性的特色,我还同时研究了同期美学家的相关思想以及 20 世纪艺术精神的总体特征,并发表论文《宗白华美学在台湾地区的传播与影响》(《合肥学院学报》2016 年第 2 期,人大复印资料《美学》2016 年第 8 期全文转载)、《朱光潜美学在台湾地区的传播与影响》(《河南社会科学》2016 年第 9 期)、《20 世纪中国艺术精神的时代性与开放性》(《合肥学院学报》2017 年第 4 期)、《宗白华与方东美对中国艺术结构的现代诠释》(《合肥学院学报》2019 年第 1 期)等论文,这些研究成果在书稿写作中,部分内容已经根据整体结构安排,整合编入书稿中。

2016 年我出版了博士论文《方东美美学思想研究》,获得安徽省社科成果三等奖。2017 年我参与了由安徽大学宛小平教授主持的国家社科基金重大项目"朱光潜、宗白华、方东美美学思想的形成与桐城文化",并负责其中子项目"方东美美学与桐城文化"的研究,2020 年又参与了爱人金小方主持的国家社科基金项目"现代新儒家跨文化传播模式研究",这也是对本项目的拓展研究了。本项目于 2019 年结项,鉴定等级为良好。结项之后我就考虑将书稿出版,又对书稿进行了全篇修改、完善,增加了部分章节内容,如今终于能付梓,也算是有所获。

感谢张先生数年来的悉心教导,无论求学时或毕业后,张先生对我皆有求必应,有惑必答,师恩永志。感谢爱人对我项目研究上的帮助,感谢家人的支持鼓励,你们是本书出版的最大助力。感谢单位领导同事潘峰、彭松、栗翰江对本项目研究和书稿出版的大力支持,感谢合肥大学国资处袁园老师、人民出版社武丛伟老师的辛苦付出,因为你们的帮助,本书才得以顺利出版。

本书的出版获得金小方国家社会科学基金"现代新儒家跨文化传播模式研究"(20BZX084)、教育部人文社科项目"现代新儒家哲学话语创新研究"(19YJA720009)、宛小平教授国家社科基金重大项目"朱光潜、宗白华、方东美美学思想的形成与桐城文化关系研究"(17ZDA018)的资金资助,在此一并致谢!

李春娟

2024 年 5 月于合肥

责任编辑：武丛伟
封面设计：石笑梦
版式设计：胡欣欣

图书在版编目（CIP）数据

现代新儒家美学的现代性研究 ／ 李春娟著. -- 北京 ：
人民出版社，2024. 11. -- ISBN 978 - 7 - 01 - 026894 - 1

Ⅰ. B222. 05；B83-092

中国国家版本馆 CIP 数据核字第 2024N6Y048 号

现代新儒家美学的现代性研究

XIANDAI XIN RUJIA MEIXUE DE XIANDAIXING YANJIU

李春娟　著

人民出版社 出版发行

（100706　北京市东城区隆福寺街 99 号）

北京汇林印务有限公司印刷　新华书店经销

2024 年 11 月第 1 版　2024 年 11 月北京第 1 次印刷
开本：710 毫米×1000 毫米 1/16　印张：21
字数：310 千字

ISBN 978 - 7 - 01 - 026894 - 1　定价：88.00 元

邮购地址 100706　北京市东城区隆福寺街 99 号
人民东方图书销售中心　电话（010）65250042　65289539

版权所有·侵权必究
凡购买本社图书，如有印制质量问题，我社负责调换。
服务电话：（010）65250042